中国公共管理学科前沿报告

总主编：赵景华

经济管理学科前沿研究报告系列丛书

THE FRONTIER RESEARCH REPORT ON DISCIPLINE OF PUBLIC SECTOR STRATEGIC MANAGEMENT

李宇环 主 编

公共部门战略管理学科前沿研究报告

经济管理出版社
ECONOMY & MANAGEMENT PUBLISHING HOUSE

图书在版编目（CIP）数据

公共部门战略管理学科前沿研究报告/李宇环主编．—北京：经济管理出版社，2019.11
ISBN 978－7－5096－6757－6

Ⅰ．①公…　Ⅱ．①李…　Ⅲ．①公共管理—学科发展—研究报告　Ⅳ．①D035－0

中国版本图书馆 CIP 数据核字（2019）第 143415 号

责任编辑：范美琴　张莉琼
责任印制：梁植睿
责任校对：陈　颖

出版发行：经济管理出版社
（北京市海淀区北蜂窝 8 号中雅大厦 A 座 11 层　100038）
网　　址：www. E－mp. com. cn
电　　话：（010）51915602
印　　刷：三河市延风印装有限公司
经　　销：新华书店
开　　本：787mm×1092mm/16
印　　张：22.75
字　　数：511 千字
版　　次：2020 年 1 月第 1 版　　2020 年 1 月第 1 次印刷
书　　号：ISBN 978－7－5096－6757－6
定　　价：98.00 元

前　言

公共部门战略管理属于一门新兴学科，兴起于20世纪80年代的“新公共管理运动”，这场席卷全球各国的运动提升了“管理主义途径”在公共行政学研究中的地位。公共部门战略管理是受私人部门战略管理的示范影响而引进的，战略规划首先作为指导公共部门管理的技术和工具得到应用，随着公共部门面临的环境更加复杂和动荡，战略规划开始向战略管理转变。公共部门战略管理的发展历史较短，无论在国外还是在国内它都是一门新兴学科。作为新兴学科的公共部门战略管理亟须在基础概念、研究对象、研究内容及研究方法等方面进行理论体系的构建。国外文献研究内容的丰富性、研究主题的渗透性、研究方法的实证性值得我们借鉴和学习，但我国的公共管理背景与国外存在较大差异，完全照搬国外已有的研究成果可能导致水土不服。因此，探索中国本土化的公共部门战略管理理论既是完善学科体系的需要，更是中国公共部门战略管理实践的需要。

《公共部门战略管理学科前沿研究报告》主要包括五个部分，即国内外研究综述、期刊论文精选、出版图书精选、大事记和文献索引。

第一章是国内外研究综述。本书以2013年国内外高水平专业期刊发表的公共部门战略管理学术论文作为研究对象，对公共部门战略管理理论研究成果进行系统梳理和比较分析，概括本领域的研究热点和主题，并提出公共部门战略管理研究的未来趋势。

第二章是期刊论文精选。基于对2013年公共部门战略管理研究领域的文献梳理和专题划分，共得到相关的期刊论文173篇，其中国内期刊论文131篇，国外期刊论文42篇。基于研究内容、研究方法、研究视角以及学科发展的前瞻性、系统性、引领性等方面的原则考量，通过编写团队的一致评选，本书选登21篇中文期刊论文和10篇英文期刊论文。

第三章是出版图书精选。对2013年国内外与公共部门战略管理理论相关的出版图书进行梳理，共得到与该领域相关的图书40部，其中国外出版图书13部，国内出版图书27部。本书评选出12本中文图书和11本英文图书。

第四章是大事记。本书对2013年国内与公共部门战略管理学科相关的会议进行梳理，并对会议内容进行综述。

第五章为文献索引。在本书最后附上2013年公共部门战略管理国内与国外的文献索引，供读者参考。

本书在写作过程中，借鉴和参考了大量文献资料，谨向各位专家学者表示谢意。另外，特别感谢为本书提供帮助的领导、老师和同学，感谢中央财经大学政府管理学院院长赵景华教授对《公共管理学科前沿研究报告》系列丛书的策划组织，让我们有机会系统地梳理公共部门战略管理领域的一些成果，对此我们深表敬意；中央财经大学政府管理学院博士研究生冯骁、陈新明，硕士研究生吴忠荣、梁晓琼、严慧为本书的资料整理工作付出了辛苦努力，在此表示诚挚感谢。

由于时间和水平所限，本书还存在许多不足之处及待完善之处，诚请学界同仁和读者提出宝贵建议。

目 录

第一章　公共部门战略管理2013年国内外研究综述

第一节　公共部门战略管理的研究历程与现状

公共部门战略管理是公共管理学科的一个新兴研究领域，这一领域的兴起和发展，使公共管理研究领域从传统公共行政学的低层和中层管理拓展到高层管理，从而提供了一个更加完整的研究公共部门管理的框架（马骏、郭巍青，2002）。然而，由于兴起的时间不长，这一研究领域呈现出分散化的研究状态，尚未形成系统的理论体系和统一的研究范式，还存在大量的理论研究的探索空间。

一、企业战略管理的示范效应

公共部门战略管理是受企业战略管理的示范效应而兴起和发展的。纵观20世纪60年代以来企业战略管理模式的发展演变，历经了对环境、结构、资源、绩效、合作、创新和变革等不同战略管理管理要素的关注和强调。明茨伯格对企业战略管理理论的发展进行了系统总结，他将自20世纪60年代以来的战略管理研究划分为十个学派，即设计学派、计划学派、定位学派、企业家学派、认知学派、学习学派、权力学派、文化学派、环境学派和结构学派。尽管明茨伯格（Henry Mintzberg）严格区分了每个学派的差异性，然而十大学派之间并没有清晰的分界线。在此，我们对20世纪60年代以来的理论进行重新梳理，并根据各理论对战略要素提炼的差异，总结出企业战略管理研究的四种模式（见表1）。

（一）“环境—战略—结构”模式

这一模式的主要代表人物有钱德勒（Alfred D. Chandler）、安德鲁斯（Andraws）、安索夫（A. I. Ansoff），包含了明茨伯格划分的“设计学派”和“计划学派”。该模式的核心思想是企业战略的制定要建立在对环境进行分析的基础上，组织结构要适应企业战略，并随着战略的变化而变化，即“战略决定结构，结构跟随战略”（钱德勒，1963）。

表 1　企业战略管理模式分类

理论模式	年代	代表人物及著作	主要观点与贡献	创新工具与研究方法
“环境—战略—结构”模式	20 世纪 60 年代至 70 年代	塞兹尼克（Philip Selznick）《经营中的领导力》（1957）；钱德勒（Alfred D. Chandler）《战略与结构》（1962）；安德鲁斯（Andraws）《公司战略概念》（1971）；安索夫（A. I. Ansoff）《战略管理》（1979）	“战略决定结构，结构跟随战略”（钱德勒，1962）	SWOT 模型规范分析、案例研究
“结构—行为—绩效”模式	20 世纪 80 年代	波特（Michael Poter）《竞争战略》（1980）、《竞争优势》（1985）、《国家竞争力》（1990）	通过对产业结构的调整，可以改善和加强企业的相对竞争地位，获取市场竞争优势	波士顿矩阵、五力模型、价值链分析
“资源(能力)—战略—绩效”模式	20 世纪 80 年代末至 90 年代	沃纳菲尔特（B. Wernerfelt）《企业资源基础论》（1984）；巴纳（Barney）《获取并保持竞争优势》（1997）；格兰特（R. M. Grant）《竞争优势的资源基础论》（1991）；普拉哈拉德（C. K. Prahalad）和哈默（Gray Hamel）《企业核心能力》（1990）	企业的独特资源或能力是保持企业持久竞争优势的关键因素	案例研究法
“创新(合作)—战略—变革”模式	20 世纪 90 年代至今	达维多和马隆所著的《虚拟公司》（1992）；詹姆斯·莫尔（J. moore）《竞争的衰亡》（1996）；纳尔巴夫（Nalebuf）和布兰登伯格（Brandenbuger）《合作竞争》（1996）；波特《产业集群与竞争》（1998）	在高速变化和不可预测的环境中，唯有柔性结构、灵活反应、寻求合作，不断学习和创新，才能赢得战略主动和竞争优势	—

资料来源：根据相关文献整理。

首先，该模式对环境分析的重视和强调奠定了战略管理理论发展的基础。它强调企业自身发展和外部机会对企业战略的影响，即企业与环境的关系。对此，安德鲁斯（1971）提出了至今仍被各类组织广泛运用的 SWOT 战略分析模型，企业要充分发挥自己的优势，规避劣势，开拓利用外部环境中的机会，避免减少外部环境中的威胁，在 SWOT 分析的基础上制定企业的发展战略（见图 1）。这一工具的最大优点是简单、直观、清晰，但也存在一些局限：其一，该模式对环境的分析和评估相对静态，即“战略的形成过程是一个概念形成过程，而不是一个学习过程”（明茨伯格等，1998：26）。SWOT 分析是一种定性方法，对企业的优势、劣势、机会和威胁的分析是一种模糊的描述，是建立在讨论、评估等思维活动之上的，而不是在经验和实践中获得，基于此做出的判断带有一定程度的主观臆断。其二，该模式中的战略制定与战略执行相分离，由高层经理人制定战略计划，然后通过目标、项目和预算的分解由各部门负责具体实施。这会导致没有参与战略制定的执行人员难以达成对既有战略的共识，而脱离现实实践制定的战略计划最终也将遭遇失败。

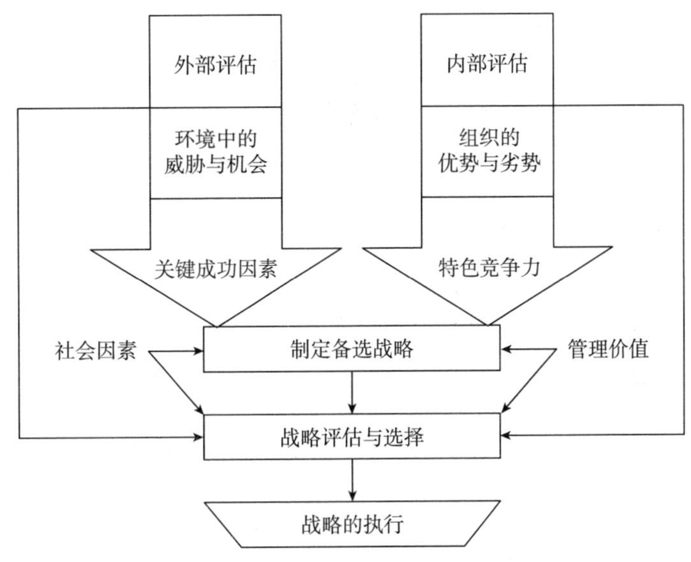

图1　环境对战略的影响模型

资料来源：明茨伯格等：《战略历程》，机械工业出版社 2006 年版，第 21 页。

其次，钱德勒采用案例分析和比较分析的方法，通过集中考察四家大企业的公司战略与结构的范式转变，发现大企业在美国的工业部门中是按照横向合并、纵向一体化、海外扩展和多样化经营的途径展开的。据此，他认为扩张战略必须有相应的结构变化相跟随。当企业采取多样化扩张战略开始在若干不同的市场进行运营时，高层管理人员的决策环境日益多样和复杂化，必须雇用受过专门训练的职业经理从事日常管理和运营，在这一过程中管理权和所有权的分离开始出现，多部门结构也由此出现，因此，企业战略必须先于结构，组织结构跟随战略的变化而变化。但在现实中战略必须先于结构的观点不是绝对的，战略发展与结构设计之间很难说孰先孰后，“两者既可能相互追赶，也可能齐头并进”（明茨伯格等，1998：27），对结构的调整是必要的，但不能仅仅因为战略的频繁变化而随意调整结构，结构与战略之间应该是相互支撑并共同作用于组织的发展。

（二）“结构—行为—绩效”模式

20 世纪 80 年代之前的战略管理理论主要采用规范研究或说明性研究，在此之后，战略管理理论在方法论上发生了重要转折。“经济学的统计方法引入战略管理理论，一些学者开始研究公司的战略、组织等因素与公司绩效的关系”（陈宏志，2008：96）。战略管理的理论研究逐渐由归纳法转为演绎推理法。迈克尔·波特（Michael Poter）发表《竞争战略》《竞争优势》《国家竞争力》的战略三部曲，基本主导了 20 世纪 80 年代的战略管理理论。波特受产业组织理论的影响，遵循“结构—行为—绩效”的分析模式。该模式认为产业结构是决定企业盈利能力的关键因素。产业结构主要受五种作用力的影响，即新的竞争对手入侵、替代品的威胁、客户的砍价能力、供应商的砍价能力，以及现存竞争对手之间的竞争。"五种作用力的综合作用力随产业不同而不同，在五种作用力都比较理想的产业中，许多竞争者都能赚取客观的利润。而在那些一种或多种作用力形成的压力强度很大的产业中，几乎没有企业能获取满意的利润。产业的盈利能力并非取决于产品的外观或其技术含量的高低，而是取决于产业结构"（波特，1985：4 –5）。在企业的产业结构并不理想的情况下，可以选择低成本或差异化战略获取竞争优势，而成本优势和差异化的获取又源于企业具有比它的对手更有效的处理五种作用力的能力。

"结构—行为—绩效"模式通将战略制定和执行有机地结合起来，并引入产业组织的相关理论对组织的战略管理环境进行了系统分析，为企业战略管理的实践提供了五力模型、价值链等一套分析工具，并为战略管理理论研究提供了实证分析和经验研究的典范。但该模式对企业竞争优势的讨论仅限于企业短期战略的定位，并没有从企业长期发展的战略制定和执行进行分析。但这一理论分析模式仍为资源基础理论和产业市场层面的衔接奠定了基础。

（三）"资源（能力）—战略—绩效"模式

"资源（能力）—战略—绩效"模式认为独特资源与能力是建立和保持企业持久竞争优势的关键因素。该理论模式以资源基础理论学派和核心能力学派为代表。资源基础理论受产业组织理论中的芝加哥传统影响，更多地关注企业内部的资源配置效率。资源基础理论的发展有两种不同的路径，一种路径以巴尼（Barney）为代表，他总结了对增强企业竞争力有促进作用的战略性资源的四个特征，即战略性资源必须是有价值的资源，必须是稀缺的资源，必须是不完全模仿的资源，必须是不完全替代的资源（Barney，1991）。另一种路径以比特罗夫（Peteraf）为代表，他以动态的视角区分了四种类型的竞争战略：一是以资源异质性为核心的竞争战略；二是采取事后限制竞争的战略；三是不完全流动性的竞争战略；四是事前限制竞争的战略。其中异质性战略为基础，其他战略与其存在密切联系，四种战略的组合构成了企业获取持续竞争优势的充分必要条件（Peteraf，1993）。两种研究路径的差异主要表现在，巴尼侧重对战略性资源的静态分析，主要对资源和战略性资源的概念进行了剖析，而比特罗夫侧重动态分析，区分了不同的竞争战略及其结果。但两者都统一于资源的一致性和不完全流动性的基本假设。

核心能力理论从属于资源基础理论，它以对保持企业持续竞争优势起关键作用的独特能力为出发点来分析企业内部的战略问题。哈默（Gray Hamel）和普拉哈拉德（C. K. Prahalad）是核心竞争力理论的主要代表人物。他们认为企业具有的不同资源（包括知识、技术等）形成了独特的能力，而这种独特的资源或能力隐藏在企业产品的背后，不易被模仿，是企业形成竞争优势的关键。因此，企业经营战略的关键不在于优秀的产品，而是一套使企业可以创造优秀产品的独特能力。他们将核心能力看作是"组织集体学习，尤其是学习如何使不同的产品技术性系统整合"的结果（Prahalald，Hamel，1990：82）。企业核心竞争力可以通过向外辐射，影响和作用于其他能力。但并不是企业所有的资源都能形成核心竞争力，只有当资源、知识和能力同时达到珍贵、异质、不可模仿和难以替代的标准时，方能成为核心竞争力（Prahalald，Hamel，1990：79－91）。核心能力理论将企业的内部资源与无形知识联系起来，并着眼于企业的长期发展。但该理论尚未形成完成的理论体系，对核心竞争能力的识别方法没有给出详尽的论述。

综上所述，可以看出该模式认为企业的资源与能力的组合是影响企业绩效的关键要素，把企业看成是资源的集合体，将战略目标集中在资源的特性和战略要素市场上。但该模式过分强调企业内部而忽视了企业外部环境的分析，例如，当外部市场发生技术革新的重大变化，原有的核心能力反而会成为企业发展的障碍。如风靡胶卷时代的柯达品牌，在彩色胶片业务以每年25%的速度迅速下滑时，柯达的决策者依旧将重心放在传统胶片上，面临数字化浪潮的来袭企业最终走到了辉煌的尽头。此外，该模式对资源异质性和不完全流动性的假设与现实相去甚远，在信息和技术高度发达的现代社会，资源的可获取性和可模仿性已经变得越来越容易。

（四）“创新（合作）—战略—变革”模式

20世纪90年代末以来，信息技术和网络技术被广泛应用，企业面临的市场竞争环境比以往任何时期更加复杂多变，企业高层领导人在瞬息万变的社会环境中难以对前景做出准确地预测，要保持企业的持久竞争优势已变得几乎不可能，传统的战略管理理论开始变得不合时宜。这一时期，在战略管理领域，虚拟组织理论、合作竞争理论、产业集群理论等相继产生。虚拟经营战略将环境看作是高度变化和不可预测的，主张企业只保留核心业务，将低附加值和企业不擅长的业务外包，通过灵活反应、柔性结构和持续创新来赢得竞争优势。但业务外包又衍生出了外包方和承包方之间的合作沟通等问题，如何建立有效的战略联盟成为虚拟组织面临的关键问题。1996年，美国学者莫尔（James Moore）出版《竞争的衰亡》，书中提出了企业生态系统观，认为社会中的企业共处于一个有机系统中，企业间应加强相互合作。纳尔巴夫（Nalebuf）和布兰登伯格（Brandenbuger）也提出了合作竞争（Co－petition）的新理念。以上理论及其之后出现的产业集群理论都强调在知识信息时代，合作在企业经营战略中的重要性。传统企业战略管理理论对竞争的过分强调已与时代的新变化不相适应。合作竞争理念的提出为企业战略管理理论注入了新的思想。除了强调创新与合作外，该模式还致力于战略变革的实现。布朗与艾森哈特（Brown & Eisenhardt）在《边缘竞争》一书中阐明了战略变革的重要性，他们认为领导变革是战略变革的前奏，同时也认同设计学派关于组织结构对战略的支撑作用，认为战略变革的实现需要与之相适应的组织结构支持，或者是固定式结构或者是松散式结构（Brown & Eisenhardt，2001）。“创新（合作）—战略—变革”模式更适应快速变化的时代环境，竞争越是激烈，环境越是复杂，创新、合作和变革也就越成为企业保持竞争优势的首要和必要选择。该模式的提出进一步丰富了战略管理的理论，创新和创造性活动成为企业战略管理面对新环境的新重点，它同时也标志着战略管理理论动态化的发展趋势。但绝对动态的环境是不存在的，认清环境的同时把握管理的规律，以不变应万变才是企业的长久之策。

综观20世纪60年代以来企业战略管理模式的发展演变，历经了对环境、结构、资源、绩效、合作、创新和变革等不同战略管理管理要素的关注和强调。每一种理论和模式都带有时代的烙印和特色，同时相互之间又呈现出一脉相承的联系。最新理论都是建立在前期理论的基础之上，并融合了不同流派的合理观点。随着时间的流逝和环境的变化，现有理论对现实的解释力会逐渐减弱，新的理论会应时而生。但理论之间并不存在相互替代的关系，每一种理论都是从不同的视角对战略管理主题的深入和完善。企业战略管理分析模式中对“环境”“结构”“资源”“绩效”“合作”以及“创新和变革”的论述，对政府组织战略管理的研究同样具有重要意义。政府战略管理需要在充分吸收和借鉴企业战略管理理论的基础上获取新的发展。

二、公共部门战略管理的研究现状

每一种理论和模式都带有时代的烙印和特色，同时相互之间又呈现出一脉相承的联系。最新理论都是建立在前期理论的基础之上，并融合了不同流派的合理观点。随着时间的流逝和环境的变化，现有理论对现实的解释力会逐渐减弱，新的理论会应时而生。但理论之间并不存在相互替代的关系，每一种理论都是从不同的视角对战略管理主题的深入和完善。

20 世纪 60 年代末至 70 年代初，特别是 1973 年第一次石油危机过后，所有西方发达国家无一例外地出现了经济停滞、高失业和高通货膨胀并存的滞胀现象。同时，西方社会为了建立“福利国家”，每年要负担大量的转移性支出，因此造成政府严重的财政危机，人们对政府的信心受挫。另外，工业化和科学技术的发展在促进社会进步的同时，也引发了诸多的社会问题，如人口膨胀、治安混乱、环境恶化、失业率升高、教育问题等，加之国际经济自由化趋势加强，竞争压力逐渐加剧，对各国政府的改革形成巨大的国际压力。如何促进经济发展、节约政府施政成本、提升公共服务质量、增强国际竞争力，成为各国执政者面临的核心问题。在这些问题面前，政府面临着复杂、动荡、多元的环境，传统的、内部取向的公共行政无能为力，从英国开始，波及法国、德国、美国、澳大利亚、新西兰、希腊等国，开展了一场大规模的政府改革运动。改革的主要方向是借鉴私营部门及市场的经验管理公共部门。在这一背景下，20 世纪 80 年代注重环境分析的战略管理被引入公共部门。欧文·E. 休斯（Owen E. Hughes）在《公共管理导论》一书中提到，战略计划在公共部门的运用是在 20 世纪 80 年代，它落后于私人部门十几年；而战略管理的引入却是在 20 世纪 80 年代后期，只比私人部门晚了几年。①

公共部门战略管理的发展历史较短，无论在国外还是在国内它都是一门新兴学科。在教学方面，战略管理在 20 世纪 90 年代以来成为西方尤其是美国大学 MPA 及 MPP 等研究生教育的一个重要课程，如哈佛大学肯尼迪政府管理学院。从国内的教学情况来看，开设《公共部门战略管理》课程的高校较少，厦门大学和中央财经大学是国内少许几所开设

① Owen E Hughes：Publication Management and Administration（2nd，ed），Macmillan Press Ltd.，1998.

《公共部门战略管理》课程的高校之一，中央财经大学在本科、硕士、博士三个层次都开设了此课程。北京大学政府管理学院开设的相关课程有《战略管理》和《战略管理与公共政策》，中山大学政治与公共事务管理学院开设有《领导与战略管理》课程。因此，全国高校公共战略管理的学科发展还处于完善过程中。从理论进展来看，西方行政学的发展基本可以分为两个时期，即公共行政时期和公共管理时期。从威尔逊将行政学作为一门独立的学科开始到20世纪70年代末属于公共行政时期，这一时期的行政学研究强调政治与行政二分论，强调行政效率；20世纪80年代随着新公共管理运动的兴起，行政学研究逐渐打破传统的局限，广泛应用经济学和管理学的方法，并将注重外部环境分析的战略管理引入公共部门。根据美国学者波兹曼的划分，公共管理学的研究主要有两大途径，即公共政策途径（P途径）和一般管理途径（B途径），P途径认为公共管理与公共政策的形成与制定密切相关，而且着重强调高层决策者的管理策略，比较重视公共管理的政治面向。B途径依循商学院的传统，并不强调公共与私人组织的差异性，主张将一般管理的理念和方法移植到公共部门，重视组织的设计、人事、预算等问题。公共战略管理的研究则是对这两种途径的整合。其研究对象包含以下特点：以公共价值为取向，在战略管理的每个环节都植入价值选择的要素；将外部环境分析引入管理活动中，将内外整体环境看作是行政系统的一部分；公共部门战略管理并不排斥一般管理的工具和方法，但它同时更重视来自公共权威的制约和授权；平衡多元利益需求，推崇“政治回应”和“责任”，维护社会公平以实现公共利益最大化；注重绩效管理的“结果导向”，着眼于政策产出的终极产品和实际社会效果；以可持续发展为理念，既关注当前利益，更着眼长远利益和可持续发展。

第二节　国内公共部门战略管理的研究主题与文献评述

近十年来，公共部门战略管理已成为中国公共部门管理实践和公共管理研究的热点前沿，战略管理作为我国公共部门，特别是政府部门行政改革的重要工具和内容，其地位和重要性日益突出。

我国专家学者从20世纪90年代初便开始对公共部门管理实践问题进行相关探讨，但相关的理论研究和实践都非常落后。以中国知网数据库（CNKI）为样本来源，在“内容检索条件”中的“篇名”和“关键词”中均键入“公共部门管理”检索词，检索逻辑关系选择“或”。经过人工甄别、去重，并剔除一些与公共部门管理研究无关的文献，最终得到762篇文献。如图2所示。

按时间序列对我国公共部门管理发展进行纵向阶段划分，以2001年为界，1994～2001年为我国公共部门管理研究的萌芽期。2002～2008年，发表的文献数量渐渐增多，2008年迎来了国内公共部门管理研究的“春天”，仅这一年国内CNKI期刊上就发表文章101篇，2002～2008年为初步探索期。2008年之后，国内相关文献数量减少，但研究

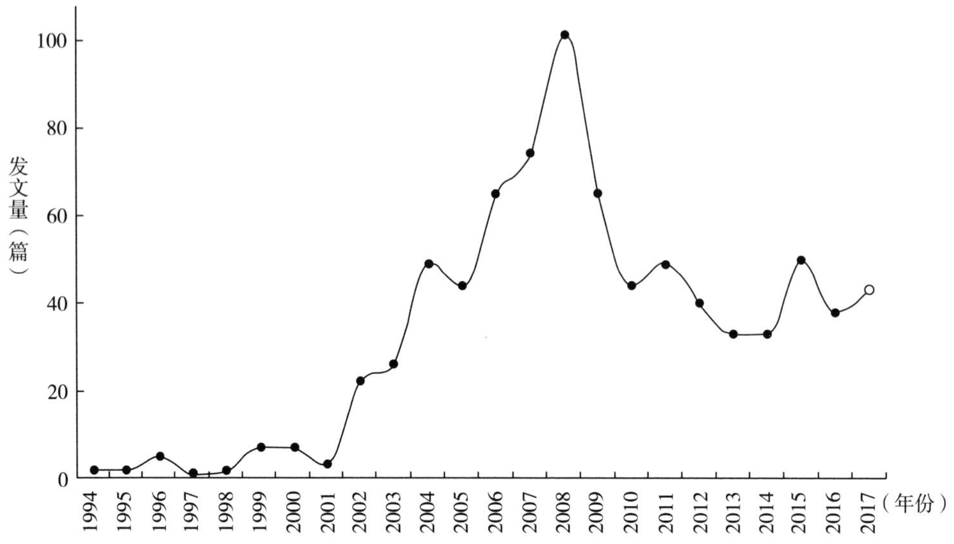

图 2 1994～2017 年 CNKI 中学术期刊（会议）文献量逐年分布

往纵横方向不断拓展，如公共价值理念引入公共部门管理，以及战略与绩效管理学科领域交叉研究等，这也体现了随着 20 世纪 80 年代新公共管理运动的发展，公共部门在引入私营部门管理工具和手段后出现了诸多问题，国内专家学者开始从新的研究视角、研究方法以及学科领域纵深方向研究公共部门管理问题。

战略管理在公共部门管理中的应用一直是公共部门管理研究的热门主题，但通过梳理文献发现，目前国内对公共部门战略管理研究非常少，而已有的研究又多集中于非营利公共组织战略，而对于包括政府部门在内的公共部门战略管理研究较少。以中国知网数据库（CNKI）为样本来源，在“内容检索条件”中的“篇名”和“关键词”中均键入“公共部门战略管理”检索词，检索逻辑关系选择“或”。经过人工甄别、去重，并剔除一些与公共部门战略管理研究无关的文献，最终仅得到 29 篇文献。如图 3 所示。

由此可见，目前国内对公共部门战略管理的研究起步时间较晚，且总体数量较少，而已有的研究又大多是从微观视角出发，如针对政府某就业部门，或者集中于图书馆、档案馆的战略管理研究。因此从宏观视角把握公共部门战略管理问题具有非常高的理论和实践价值。

一、分析样本与研究工具

鉴于此，笔者借助文献计量法，使用文献同被引分析绘制公共部门战略管理研究的知识图谱。基于数据库的权威性、影响力以及文献信息的完整性，笔者选择中国知网数据库（CNKI）为样本来源，在“内容检索条件”中的“篇名”和“关键词”中均键入“战略”检索词，并均在“并含”中键入“公共”检索逻辑关系选择“或”，检索控制条件

的“发表时间”选择为2013年1月1日至2013年12月31日，共检索出79条记录。经过人工甄别、去重，以及选择与公共部门相连接的文献，最终得到41篇文献。

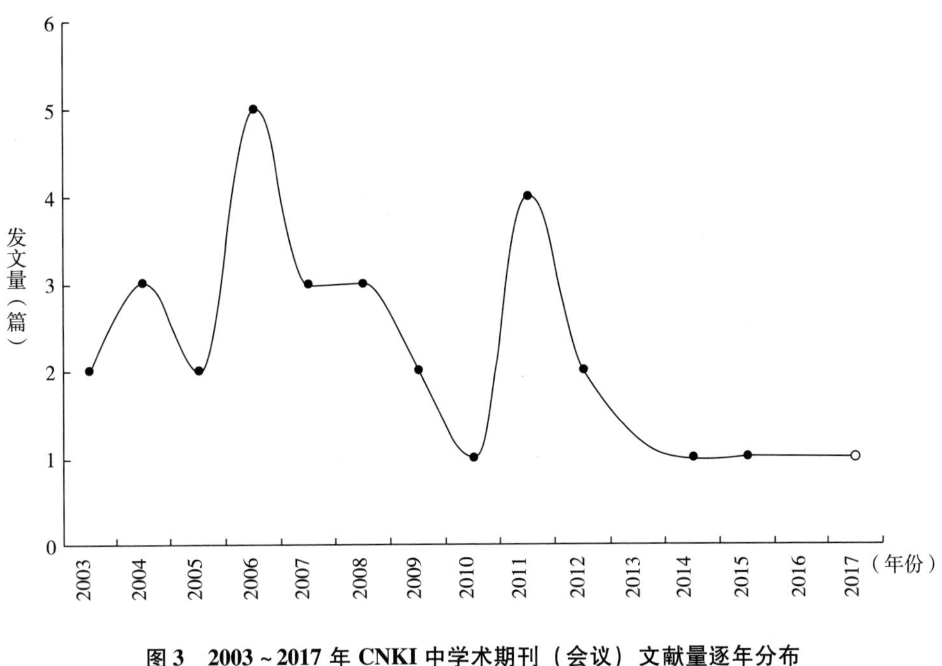

图3　2003~2017年CNKI中学术期刊（会议）文献量逐年分布

二、中国公共部门战略管理研究的核心作者与研究机构分析

（一）核心作者

对作者发文量进行统计分析，如表2所示。

表2　发文量排名统计

序号	作者	篇数	序号	作者	篇数
1	王学军	3	8	赵景华	1
2	张弘	2	9	李宇环	1
3	刘承礼	2	10	张永桃	1
4	贾冬琴	2	11	陆家骝	1
5	樊胜岳	2	12	孟庆国	1
6	卢梅花	2	13	吕志奎	1
7	包国宪	1	14	周省时	1

续表

序号	作者	篇数	序号	作者	篇数
15	曹海林	1	29	王岳	1
16	张青	1	30	高元琪	1
17	周林兴	1	31	李军	1
18	吴涛	1	32	林春霞	1
19	廖鹏洲	1	33	陆楠	1
20	何颖芳	1	34	常红	1
21	郑方辉	1	35	朱明	1
22	陈周燕	1	36	刘昱汐	1
23	侯剑华	1	37	吴舫	1
24	唐杨	1	38	傅雅儒	1
25	谭英俊	1	39	黄淑英	1
26	朱方伟	1	40	王莹	1
27	徐东华	1	41	洪一云	1
28	李一男	1	42	赵立波	1

2013 年，王学军、张弘、刘承礼、贾冬琴、樊胜岳的发文量较多，在 2 篇及以上，被引率也相对较高，王学军发表的“公共价值的研究路径与前沿问题”一文被引频次达 47 次。但是，从总体情况来看，公共部门战略管理研究的作者比较分散，在 40 篇分析样本中仅发表一篇的作者占总体的 62.5%；另外从发文作者的知识图谱来看，研究“公共部门战略管理”的作者之间相对独立，除了包国宪、王学军、张弘共同探讨了战略管理与公共价值的关系，其他作者之间并没有形成联系紧密的研究共同体；最后，知识图谱结果还显示，专门研究“公共部门战略管理”的作者多是政府部门人员或者非营利公共组织工作人员，这类作者占总体样本的 28.6%，在一定意义上可以推断，国内公共部门战略管理的研究兴起主要是由于新公共管理运动下公共部门在应用战略管理工具和手段过程中出现了诸多问题，公共部门内部人员开始思索如何根据公共部门的公共性来有效应用战略管理工具。由此也可以看出，公共部门战略管理的研究力量还比较薄弱，未来需要更多领域相关研究者的推动和深入研究。

（二）主要研究机构

从发文机构来看（见表 3），兰州大学、南开大学、中国地方政府绩效评价中心的发文数量都是 4 篇，发文量排前 7 位的只有 2 个是党中央或者国家研究机构。不仅如此，从整体发文机构来看，高校和高校图书馆占比最大，是样本总量的 64.9%。在一定意义上可以推断，当前对“公共部门战略管理”问题的研究大多数还是集中于相对独立的高校，而党和国家的决策咨询机构没有充分关注公共部门战略管理问题。从发文机构的知识图谱来看，高校对公共部门战略管理问题的研究方向比较集中，未来可能更多地与绩效管理研究相联系。自2000年以来，高校内部成立了越来越多的研究中心作为第三方机构来参与政府绩效评价，例如，复旦大学的公共绩效与信息化研究中心、兰州大学的中国地方政府绩效评价中心、华南理工大学公共政策研究中心等。这些研究中心或者研究会从一开始只关注政府绩效管理，到越来越注意到政府绩效管理与公共价值的关系，开始重视从战略管理视角思考政府绩效管理有效提升的手段和工具。最具有代表性的是2005年成立的兰州大学的中国地方政府绩效评价中心。从其评价中心主任包国宪自2005年发表的有关绩效管理的文章内容来看，他的研究重点从关注中国政府绩效管理理论与实践，到自2012年开始越来越集中研究公共价值在政府绩效管理中的应用。由此进一步推断，高校内的第三方绩效评价中心未来将可能成为研究公共部门战略管理问题的新型智库。

表3　发文机构排名统计

序号	机构	篇数	类别	序号	机构	篇数	类别
1	兰州大学	4	高校	18	中山大学	1	高校
2	南开大学	4	高校	19	山东工商学院图书馆	1	图书馆
3	中国地方政府绩效评价中心	4	党/国家研究机构	20	新疆克拉玛依市图书馆	1	图书馆
4	中央财经大学	2	高校	21	华南理工大学	1	高校
5	湘潭大学	2	高校	22	河海大学	1	高校
6	厦门大学	2	高校	23	甘肃省图书馆	1	图书馆
7	中央编译局	2	党/国家研究机构	24	饶河县图书馆	1	图书馆
8	清华大学	1	高校	25	广东省深圳监狱	1	政府
9	复旦大学	1	高校	26	南昌大学	1	高校
10	武汉大学	1	高校	27	中央民族大学	1	高校
11	四川大学	1	高校	28	北京电子科技学院	1	高校
12	南京大学	1	高校	29	大连理工大学	1	高校
13	广东省政府绩效管理研究会	1	党/国家研究机构	30	江西渝州科技职业学院	1	高校
14	中国浦东干部学院	1	党/国家研究机构	31	黑龙江旅游职业技术学院	1	高校
15	中共青岛市委党校	1	党/国家研究机构	32	福建省南安市就业管理中心	1	政府
16	广西行政学院	1	党/国家研究机构	33	连云港工商局开发区分局	1	政府
17	青岛行政学院	1	党/国家研究机构	34	以色列海法大学	1	高校

三、公共部门战略管理研究的热点主题

利用Citespace对2013年1月1日至2013年12月31日的40篇文献样本的关键词共现情况进行研究，可视化后对几个关键的簇进行内容分析。

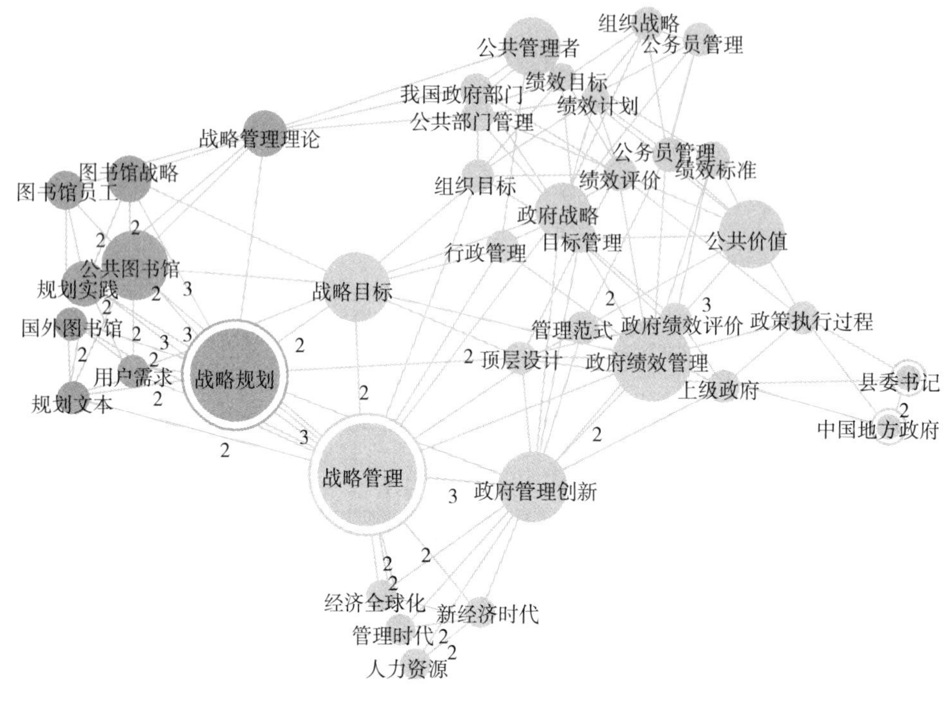

图 4　关键词分析

（一）公共部门战略管理与绩效管理

国内学者开始从战略管理视角研究公共部门绩效管理体现了公共部门绩效管理研究变得更加慎重、冷静。对公共部门绩效的战略层面思考有两个诱因：一方面是一些学者对20 世纪 80 年代新公共管理运动下公共部门绩效管理实践进行了反思，认为当前公共部门绩效管理存在诸多问题，如许多政府或其他公共组织对绩效管理科学内涵认识不清等；另一方面是公共管理中缺失公共价值的衡量，公共部门还需要更加富有回应性。

面对公共部门绩效管理出现的公共价值忽视、评价指标体系混乱、为了绩效而进行绩效管理等问题，研究者开始思索如何提高公共部门绩效管理的科学性和效率，由此，许多学者开始将战略管理工具和方法引入公共部门绩效管理。

通过内容分析，我们发现关于两者关系的探讨有很多研究，一些学者基于目标管理理论将战略管理与绩效管理紧密联系在一起。例如，郑方辉、廖鹏洲将我国政府绩效管理定位为“绩效导向下的目标管理”。[①] 他们认为政府绩效管理成败在于“顶层设计”，要求实现“三个统一”，即统一管理组织、统一技术体系以及统一结果应用。卢梅花则以美国战略规划与绩效评价体系为例，论述了战略管理、绩效管理与目标管理的关系，提出了绩

① 郑方辉、廖鹏洲：《政府绩效管理：目标、定位与顶层设计》，《中国行政管理》2013 年第 5 期。

效战略是战略管理与绩效管理理念对政府目标管理的二维改进。据此她进一步提出了推动我国政府部门绩效管理发展的三大措施，即以目标管理为基础，推进绩效战略；加快绩效战略法制化；推进政府部门绩效预算改革。①

有的学者从政府管理改革的角度分析战略管理工具和方法在政府绩效管理中应用的重要理论和实践意义。例如，王莹基于战略管理视角提出了对我国政府绩效管理改革的三大改进建议，即设置专门的组织机构进行政府绩效管理，将政府绩效管理提升到战略高度，以及政府进行绩效管理必须符合中国国情。②

此外，还有的学者将研究视角转向公共部门绩效管理过程，论述了绩效规划在整个公共部门绩效管理过程中的核心地位。例如，高元琪认为科学有效的绩效管理应该以战略规划为导向，实现政府的公共价值。③ 在此基础上他依托平衡计分卡构建了战略规划导向下的政府绩效评估体系，并将其定义为愿景激励型绩效评估体系。周省时论述了政府战略绩效管理与战略规划的关系，制定战略规划是政府实现科学管理的前提，战略绩效管理体系是战略规划目标实现的重要保证。据此，他依托战略性绩效考核工具，即平衡计分卡，对我国政府领导干部考核机制提出了一系列建议和策略。④

由此可见，关于战略管理工具和方法在公共部门绩效管理中的应用研究非常广泛，但是，通过文献内容分析也可以看出目前国内对公共部门战略性绩效管理的讨论多限于平衡计分卡在绩效考核中的应用以及重点论述战略对绩效管理改革的重要性，对什么是战略性绩效管理，公共部门战略性绩效管理最关注的核心问题是什么，如何有效应用战略管理工具推进公共部门绩效管理改革等问题还没有深入研究，战略管理理论在公共部门绩效管理中的本质特征和应用范畴也没有形成系统的知识体系，更没有贯穿绩效管理全过程。私营部门积累起来的战略绩效管理的理论成果，为我们进一步研究提供了丰富的文献资料，但公共部门公共性等特征使战略在绩效管理中的应用更加具有复杂性和挑战性，还需要我们结合公共部门面临的内外环境、公共部门战略目标、绩效管理改革路径等多方面因素进行全面而深入的研究，从而为公共部门战略性绩效管理改革提供坚实的理论基础。

（二）公共部门战略管理理论与方法

2013 年国内公开发表的期刊中，涉及公共部门战略管理理论与方法的文章共有 9 篇，主要来源于《管理现代化》《政治学研究》《社会科学管理与评论》等期刊。通过对公共部门战略管理研究文献的关键词共现网络分析，2013 年公共部门战略管理理论和方法讨论主要围绕以下几个主题：

第一，协作治理理论。林春霞提出协作性管理基本概念，即通过正式或非正式的，志

---

① 卢梅花：《从政府目标管理走向绩效战略——以美国战略规划与绩效评价体系为例》，《行政论坛》2013 年第 2 期。

② 王莹：《战略管理视角下对我国政府绩效管理的研究》，《现代经济信息》2013 年第 22 期。

③ 高元琪：《战略管理视角下政府绩效评估体系重塑研究》，硕士学位论文，湘潭大学，2013 年 4 月。

④ 周省时：《政府战略绩效管理与战略规划关系探讨及对领导干部考核的启示》，《管理世界》2013 年第 1 期。

愿或管制性的方式，多组织共同工作以解决单个组织不能或不易解决的问题。[①] 在此基础上，他分析了城市政府协作性管理的特点、城市中跨越组织结构普遍存在的原因以及协作性管理的现状和前景。王金水从理论层面分析了网络舆论转化为网络危机的独特规律及其对我国转型时期政府公共治理的影响和挑战，以增强政府网络危机治理能力为出发点，从战略视角探索了政府网络危机长效治理机制。[②] 谭英俊则认为一个现代化的政府治理体系需要战略管理思维，并指出在中国政府改革运动的特定时空情景中，政府战略管理存在战略主体、战略客体、战略环境和战略方法等方面的问题，需要在强化战略意识、组织再造、提升战略管理能力以及结合中国实际发展战略管理理论等多方面努力。[③]

第二，重建管理战略理论（TMS）。例如，陈周燕通过一项关于 TMS 对群体层次组织公民行为影响的实证调查，阐述了重建管理战略对组织行为的影响，并提出重新定位和重组公共系统的一系列建议。

第三，战略管理过程理论。例如，吴舫阐述了政府的战略要素与战略制定的关系。他认为政府战略管理是一个连续、系统的过程，政府在战略制定过程中，需要综合战略依据、战略方针、战略目标和战略重点等战略决策要素，同时还需要将各个步骤紧密结合在一起。[④]

第四，构建政府战略管理评价指标体系。例如，赵景华、李宇环认为对公共部门战略管理的研究不应该仅仅理论性地描述其存在的问题，而应该对地方政府进行专门的实证研究。[⑤] 据此他们进一步构建了地方政府战略管理的评价指标体系，从战略规划与重大项目、协作性治理结构、创新性工作方式和战略管理绩效四个维度出发，基于灰色关联度分析对中国省级政府战略管理现状进行了探索性研究。

第五，战略管理理论发展综述。侯剑华、朱方伟基于文献信息可视化分析的视角分析了战略管理学理论研究的历史和现状。他们通过分析关键词共现网路图谱发现，我国战略管理学已经开始出现细化分支学科和交叉研究领域，其中“新公共部门战略管理”是一个重要研究趋势，2009 年开始出现了大量以图书馆战略管理与规划、新公共服务理论研究等为核心的研究。[⑥] 同时，他们还强调公共部门战略管理研究需要关注案例研究、内容分析、定性数据编码等定性研究方法，以期弥补我国公共部门战略管理理论建构过程中的理论和文献相对缺乏的不足。

从上述公共部门战略管理理论与方法的研究主题来看，该领域的研究视角不断扩展，结合的学科领域不断增多，包括现代市场经济学、政治学、社会学、网络信息分析等多学

---

① 林春霞：《城市中的协作性管理：地方政府的新战略》，《现代商业》2013 年第 15 期。

② 王金水：《网络政治参与与政治稳定机制研究》，中国社会科学出版社 2013 年版。

③ 谭英俊：《战略管理：21 世纪政府治理的挑战及其应对》，《管理现代化》2013 年第 1 期。

④ 吴舫：《政府的战略要素与战略制定的关系》，《经营管理者》2013 年第 13 期。

⑤ 赵景华、李宇环：《基于灰色关联度分析的中国省级政府战略管理评价研究》，《第八届中国管理学年会论文集》，2013 年 10 月。

⑥ 侯剑华、朱方伟：《战略管理学在中国：历史、现状和未来——基于文献信息可视化分析的视角》，《社会科学管理与评论》2013 年第 1 期。

科。同时可以看到实证研究方法在公共部门战略管理领域的应用也越来越多，这些新的研究视角和方法不断丰富和完善了公共部门战略管理理论和方法，更加契合我国公共部门管理改革的目标和要求。

但是，从目前的公共部门战略管理理论的知识图谱来看，相关的理论发展还未形成系统的知识体系，每一种理论仅有部分学者参与研究，研究的深度和广度还有待进一步扩展。比如协作治理战略理论，学者仅仅初步探讨了战略思维在协作治理体系中的重要地位，而对具体如何应用战略管理思想和方法来设计协作治理体系，战略过程是否与协作治理过程相契合，是否有具体战略管理工具能应用到协作治理过程中等问题未来还需要进一步讨论。

此外，当前对公共部门战略管理理论的研究还是以定性研究为主，实证定量研究方法运用较少，同时对战略管理过程研究主要集中于战略规划和战略评价，而对公共部门战略管理过程其他环节缺乏足够的重视，这些都是未来公共部门战略管理研究有待进一步拓展的方向和领域。

（三）图书馆、档案馆战略规划

从发文机构的知识图谱来看，除了高校学者之外，高校图书馆在公共部门战略管理研究中表现出一股强有力的研究力量。究其原因，2013 年 2 月文化部提出《全国公共图书馆事业发展“十二五”规划》（以下简称《规划》）。这是 1949 年以来首次由政府主管部门牵头制定的全国公共图书馆事业中长期发展规划，为此《规划》列出了公共图书馆发展的基本原则和十大重点任务，但留给各大高校图书馆一个重要问题是，如何以《规划》为依据制定适合本组织发展的战略规划使之匹配。基于此，许多图书馆、档案馆工作者开始思考组织战略管理问题，研究重点也集中在战略流程设计方面。

有的通过分析公共图书馆、档案馆战略规划发展现状来探索战略规划改进路径和手段，例如，贾东琴、柯平提出了涉及我国高校图书馆有效开展战略规划活动的七个关键问题，即增强图书馆战略规划意识；持续创新图书馆战略规划文本体例和内容；加强理论研究；在总体规划指导下注重专项规划的制定；有效整合高校和隶属图书馆的战略目标；注重图书馆战略规划的有效实施；有效衔接图书馆的长期、中期、短期发展目标。① 何颖芳、张文亮等评述了我国目前公共图书馆战略规划的现状，总结了当前战略规划实践的现状、特点和存在的问题，并指出要扭转当前公共图书馆战略规划的现状需要进一步强化公共图书馆的战略规划意识，将战略规划纳入公共图书馆日常工作体系，以及综合应用公共图书馆战略规划的理论研究成果。②

还有的学者总结了影响我国公共图书馆、档案馆战略规划发展的重要因素，例如，常

---

① 贾东琴、柯平：《我国高校图书馆战略规划的实践与思考》，《情报资料工作》2013 年第 1 期。

② 何颖芳、张文亮、陆晓红、张海梅：《我国公共图书馆战略规划的实践与思考》，《情报资料工作》2013 年第 1 期。

红以山东工商学院图书馆为案例，从特色馆藏战略的清晰度、特色馆藏战略制定的用户参与度、特色文献资源保障和整合度、环境不确定性四个维度论述了特色馆藏战略规划有效执行的影响因素及改进措施。① 李军将公共图书馆与企业的战略规划流程进行了比较研究，主要从四个方面进行了对比分析，即影响因素比较、需求因素比较、目标因素影响、决策因素影响。②

有的学者还形成战略规划工具方法来指导公共图书馆、档案馆建设发展。黄淑英讨论了公共图书馆战略规划发展的基本特点，原理和规律，现状问题等，据此进一步构建了我国公共图书馆战略规划流程的决策思维框架。③ 闫娜、李健、纪树峰从图书馆的个体、联盟和国家三个层面论述了《图书馆战略规划编制指南》的应用范围，在此基础上以 TALIS 编制的“十二五”战略规划为例，论证了《中国指南》的理论意义和实践价值，他们认为《中国指南》作为图书馆战略规划的重要依据和管理工具，具有很强的指导意义和参考价值。④

最后，还有一些学者集中讨论了战略目标选择在图书馆、档案馆建设发展中的重要地位。少部分学者从整个公共文化服务体系角度出发探讨了公共档案馆战略目标实现的路径选择和价值取向。

从上述内容分析可以看出，公共图书馆、档案馆战略规划研究比较丰富，不仅讨论了战略规划的发展现状、特征及其影响因素，还开发了战略规划工具来指导其发展，并通过案例研究论证战略规划工具的科学性和重大指导意义，基本契合《规划》的总体要求。

但是，从已有研究来看，公共图书馆、档案馆的战略管理问题的主要研究力量来自图书馆、档案馆的工作者，专业的学者较少涉及相关的研究，说明该领域的战略管理研究力量比较薄弱，且可能难以形成系统的战略管理理论和方法。同时现有相关研究多是采用单案例研究方法，研究方法比较局限。未来要完成《规划》提出的重大政治任务，还需要更多的专家、学者在该领域深入地进行研究。也需要更多地考虑多种研究方法的结合使用。此外，目前涉及该公共部门领域的研究主要集中于战略规划流程设计，并非从整个组织的战略管理过程来思考，我们还需要在战略目标、组织内外环境分析、战略决策方式、组织结构等方面有更深入的研究，从而丰富公共图书馆、档案馆战略管理理论知识体系。

值得注意的是，目前关于公共部门战略管理的研究主要集中于政府和公共图书馆、档案馆等类型组织，未来我们还需要进一步拓展其他类型的公共部门战略管理研究，在借鉴已有的理论和方法的文献资料基础上，结合不同类型公共部门的特点，深入进行相关的研究，从而为丰富宏观公共部门战略管理研究提供坚实的理论基础。

---

① 常红：《特色馆藏战略规划的实践与思考——以山东工商学院图书馆为例》，《图书馆》2013 年第 1 期。

② 李军：《公共图书馆与企业的战略规划流程比较研究》，《办公室业务》2013 年第 7 期。

③ 黄淑英：《公共图书馆战略规划的流程设计》，《黑龙江史志》2013 年第 11 期。

④ 闫娜、李健、纪树峰：《我国〈图书馆战略规划编制指南〉的应用与实践探讨》，《情报资料工作》2013 年第 1 期。

（四）公共价值与战略管理

对公共价值和战略管理关系的理解，穆尔在《创造公共价值：政府中的战略管理》中指出，公共部门管理者缺乏如何思考和行动的战略框架，因此以公共价值作为政府战略思考的开端，他创造了一个战略概念框架，帮助公共部门管理者分析所处的环境，包括机遇、威胁、优势以及劣势，并充分利用它们来创造公共价值，赢得社会对政府的公信力。[①] 由此可见，创造公共价值体现了政府工作的战略视野和战略思维。近几年来，随着新公共管理运动的发展以及伴随战略管理引入公共部门之后一系列问题的出现，各学科领域的学者试图重新解读公共部门战略管理，其中以公共价值为中心探讨公共部门战略治理的研究为公共部门战略管理提供了新的研究视角和路径。

关于公共价值在政府战略管理中的应用研究主要分为三个方面。

第一，在操作层面上，公共价值为战略管理实现路径提供操作化支持。王学军、张弘认为战略三角模型是用于解释和分析公共部门实践、阐述组织使命和测量绩效的有效管理工具，而公共价值范式则为公共部门行政过程和价值冲突管理提供了新的视角。据此，他们结合战略三角模型分析政府战略管理，认为应当以公共价值为基础推动政府战略管理变革和建设创新型政府。[②]

第二，以公共价值为基础，发展政府战略管理理论和工具，将公共价值置于政府决策和管理的中心位置，作为判断政府绩效是否达成的关键依据，并发展了新的绩效战略管理理论。例如，包国宪、王学军提出了以公共价值为基础的政府绩效治理战略理论与模型，即 PV - GPG 理论，并进一步依据该理论与模型从五个方面论述了我国政府绩效治理战略体系的核心内容，即社会价值建构体系；组织管理体系；政府战略体系；政府绩效治理的部门体系；政府绩效治理的协同领导体系。[③] 他们以新的以公共价值为核心的绩效观回答“我们需要一个什么样的政府”这个根本问题。樊胜岳、陈玉玲、徐均从公共价值视角探究了生态建设政策的绩效战略，并以宁夏盐池县四种生态建设政策绩效评价为例，通过实证研究说明了将以公共价值为中心的生态政策绩效评价指标体系纳入政府战略绩效管理体系之中的重要战略意义和实践价值。[④] 王学军、张弘对政府绩效管理的研究从新公共管理向以公共价值为基础的政府绩效战略治理的研究路径转换。[⑤] 他们认为绩效管理应该与战略相衔接，并提出了以公共价值为基础的政府绩效战略治理体系。[⑥]卢梅花认为“公共价值计分卡”为公共部门管理者提供了一个执行战略绩效衡量的思考框架，构建了基于公

---

① 穆尔：《创造公共价值：政府中的战略管理》，哈佛大学出版社 1995 年版。

②⑥ 王学军、张弘：《公共价值的研究路径与前沿问题》，《公共管理学报》2013 年第 2 期。

③ 包国宪、王学军：《我国政府绩效治理体系构建及其对策建议》，《行政论坛》2013 年第 6 期。

④ 樊胜岳、陈玉玲、徐均：《基于公共价值的生态建设政策绩效评价及比较》，《公共管理学报》2013 年第 2 期。

⑤ 王学军、张弘：《政府绩效管理研究：范式重构、理论思考与实践回应——“公共绩效治理：国际学术前沿与全球实践经验高端论坛”综述》，《中国行政管理》2013 年第 3 期。

共价值的政府绩效审计通用指标体系。①

第三，从资源有效配置和提高行政效率的视角，以公共价值为基础推动行政体制改革和政府职能转变。李一男、魏宁宁等衡量了政府绩效的效率范式和信任范式，前者属于管理战略，后者属于治理战略。他们认为对公共行政路径而言，以公共价值和公民需要为核心的信任范式比以结果测量为核心的效率范式更加具有战略意义，建议地方政府转变政府职能，开展基于价值的激励、领导、治理等战略。②

可以看出，自新公共管理运动以来，以政府为代表的公共部门引入私营部门的管理手段和工具，战略管理以结果为导向，追求效率、效果。但是，公共部门与私营部门存在本质的差异，学者反思战略管理在公共部门中应用中出现的问题，开始思考引入公共价值概念，这与新公共服务的兴起有密不可分的联系，同时对政府的战略定位而言，公共管理者变为公共服务者，抽身于盲目的效率追求反映出了公共管理理论较为明显的进步与变化。

但是，公共部门战略管理引入公共价值概念目前还处于初步探索阶段，国内学术界还没有对公共价值与战略管理的关系作出明确的阐述和论证，对以公共价值为基础的战略管理实现路径还没有形成一致的意见和系统的知识体系，研究方法上主要是定性研究，缺少严谨的实证定量研究。同时，公共价值的应用领域局限于政府绩效管理中的绩效评价环节。未来以公共价值为基础的战略管理研究还需要从更多的研究视角和研究方法上往纵深方向发展。

（五）公共部门的战略人力资源管理

首先，从关键词共现网络分析图谱来看，“公务员管理”“公务员培养”“人力资源”“地方政府”“上级政府”“公共领导”“乡镇干部”等词语出现频次较高，共同形成公共部门战略人力资源管理热点主题。关于战略管理在公共部门人力资源管理中的应用研究比较丰富，相关的理论研究成果较多。首先，在宏观层面上，有的学者提出了战略性人力资源管理的概念，例如，陆楠提出了战略性人力资源管理的概念，即通过对人力资源的开发和管理以达到提高整体竞争力，有效应对复杂环境挑战的目的。战略性人力资源管理要求管理目标必须符合组织整体发展方向，管理系统内部各要素间要形成协调一致的整体性规划等。③ 还有的学者论述了政府进行战略性人力资源管理的重要性及面临的问题，并结合问题提出了改进措施，包括调整政府人才结构，创新人才培养机制，改进培养方法等。

其次，围绕新经济、新管理的时代特征，致力于公务员管理改革的路径和价值选择研究。例如，徐东华从战略性人力资源管理的视角提出了我国公务员管理改革的策略，包括明确政府使命，建立以战略规划为牵引的改革动力机制；优化政府业务流程与组织结构，

---

① 卢梅花：《基于公共价值计分卡的政府绩效审计通用指标框架》，《行政论坛》2013 年第 6 期。

② 道格拉斯·摩根、李一男、魏宁宁：《衡量政府绩效的信任范式和效率范式——对地方政府领导和决策的启示》，《公共管理学报》2013 年第 2 期。

③ 陆楠：《浅谈政府人力资源的战略管理时代》，《经营管理者》2013 年第 11 期。

改善政府组织文化；健全公务员管理职能以及重视公务员管理授权等。[①]

再次，在微观层面上，集中讨论公共领导力问题。吴涛探讨了公共领导者的战略领导力，他认为公共领导者的战略领导力是公共领导者的核心领导力，在具体公共领导的实践中，公共领导者的战略领导力主要表现在五个方面：公共发展战略的制定；公共事务的决策与执行；公共组织和社会的变革；公共价值的创造；公共危机与冲突的化解。由此他构建了包含公共决策与执行、价值引导、危机应对、创新再造、组织文化保障的公共领导者战略领导力的分析框架。[②] 刘承礼则依托于田野调查中收集的文本材料和访谈记录，基于发展社会学、资本形成理论和组织理论的垃圾桶模型等提供的相关知识，将地方县乡干部描述为“战略性群体”，即保护或追求群体利益时做出战略性决定的行为主体。在此基础上，借助这一概念化的研究方法他解释了地方领导干部在政策制定及其执行过程中的战略能动性和政策执行之间的关系。[③]

最后，有些学者将研究视角集中在某些特定公共部门领域，深入研究战略性人力资源管理问题。例如，傅雅儒认为要推动政府就业部门的改革和进步，核心问题在于政府就业部门对人力资源的科学、有效的战略管理。政府就业部门的发展绝不仅在于表面创造和扩大就业机会，而是要从宏观战略层面上推动政府各社会服务职能的改革和协调发展。[④]

公共部门战略人力资源管理文献资料比较丰富，战略管理在人力资源领域中的应用广泛，无论是从宏微观层面，还是从人力资源管理全过程来看，战略管理研究都有所涉及，并且形成了一系列建议和策略。但是，具体战略管理理论与工具在人力资源中的应用相对不足，相关的讨论集中于运用战略思维推动公共部门人力资源管理改革，而对于公共部门人力资源领域中具体战略管理理论和工具，如目标管理理论、平衡计分卡、PEST 分析框架等的应用研究几乎是空白领域，也可以看出未来公共部门战略人力资源管理研究可能会拓展到战略管理理论和工具的应用研究领域和方向。

（六）公共部门战略管理工具应用研究

从西方关于战略管理工具研究的理论和实践成果来看，在私营部门，战略管理工具种类繁多，包括 3C 战略三角模型、PEST 分析、五力模型、平衡计分卡、利益相关者分析、战略地图等在内的 100 多种战略管理分析工具。这些战略管理工具在私营部门得到了广泛的应用和发展，但是，目前战略管理工具在公共部门的应用研究文献资料较少，同时在这有限的文献资料中涉及的战略管理工具类型比较单一，主要是平衡计分卡在政府绩效评价中的应用研究。例如，高元琪依托平衡计分卡构建了愿景激励型绩效评估体系；[⑤] 周省时

① 徐东华：《战略性人力资源管理视阈中的公务员管理改革研究》，《国家行政学院学报》2013 年第 3 期。

② 吴涛：《论公共领导者的战略领导力》，《学术界》2013 年第 6 期。

③ 刘承礼：《作为战略性群体的县乡干部——透视中国地方政府战略能动性的一种新方法》，《经济社会体制比较》2013 年第 2 期。

④ 傅雅儒：《政府就业部门人力资源的战略管理时代漫谈》，《现代经济信息》2013 年第 17 期。

⑤ 高元琪：《战略管理视角下政府绩效评估体系重塑研究》，硕士学位论文，湘潭大学，2013 年。

借助平衡计分卡，完善了我国政府领导干部考核机制[①]；潘燕萍将平衡计分卡应用于公共部门绩效管理，并结合组织公共性本质，建立了绩效管理六维度评价框架；[②] 孟庆国、吕志奎提出了政府组织实施绩效管理的五项战略选择，并构建了江苏淮安市国税局平衡计分卡以帮助政府制定核心战略。[③]

除此之外，有的学者也分析了其他战略管理工具在政府战略管理中的应用。王学军等认为战略三角模型是用于解释和分析公共部门实践、阐述组织使命和测量绩效的有效管理工具[④]；曹海林、张青基于 SWOT - PEST 矩阵集成模型，以新沂市为例，对县级政府小型农田水利供给进行了战略分析。[⑤]

总结学者关于公共部门战略管理工具的应用研究，可以看出战略管理工具由私营部门引入公共部门战略管理是可行的，而且对中国公共部门的管理实践具有显而易见的现实意义。尽管战略管理工具在公共部门的应用还处于尝试和探索阶段，存在诸多问题，例如，工具类型比较单一，以平衡计分卡应用为主；应用领域狭窄，主要集中于绩效管理领域；主要围绕政府部门，其他公共部门战略管理工具研究文献资料较少等。但若能将各种战略管理工具与公共部门自身的内在属性结合起来，未来战略管理工具将会在公共部门战略管理的实践中发挥更大的功用。

四、国内公共部门战略管理文献评述

自新公共管理运动以来，公共部门引入战略管理理论和方法，盲目追求效率和以结果为导向，随着新公共服务的兴起和发展以及战略管理在公共部门应用中出现了诸多问题，学者开始认识到公共部门和私营部门的本质差异，重新思考公共部门的战略定位，越来越明确公共部门战略管理的概念、理论、应用范畴和应用路径，不断回应战略管理理论和方法在公共部门应用中出现的问题，这与我国社会环境现状、公共部门管理创新和改革浪潮相适应，更好地推动了中国公共管理实践改革，也推动了战略管理理论的发展。同时，从公共部门战略管理的热点主题来看，涉及的研究内容丰富，从公共部门类型来看，包括政府部门、图书馆、档案馆、高校等；从涉及的学科来看，包括社会学、生态学、经济学、管理学、信息学等多学科领域；从研究方法来看，不仅包括基于理论模型的各类定性研究方法，还包括文献计量法、案例研究法等各种实证定量研究；从研究领域来看，包括战略绩效、战略人力资源、公共价值等。这些研究成果丰富了公共部门战略管理理论知识体

---

① 周省时：《政府战略绩效管理与战略规划关系探讨及对领导干部考核的启示》，《管理世界》2013 年第 1 期。

② 潘燕萍：《浅议平衡计分卡在公共部门绩效管理中的应用》，《企业导报》2013 年第 5 期。

③ 孟庆国、吕志奎：《政府组织实施绩效管理的战略选择——江苏省淮安市国税局的实践》，《中国机构改革与管理》2013 年第 6 期。

④ 包国宪、王学军：《我国政府绩效治理体系构建及其对策建议》，《行政论坛》2013 年第 6 期。

⑤ 曹海林、张青：《基于 SWOT - PEST 矩阵的县级政府小型农田水利供给战略分析——以新沂市为例》，《水利经济》2013 年第 2 期。

系，为新公共管理时代下的公共部门管理创新与改革奠定了坚实的理论基础。

但是，目前国内公共部门战略管理的研究也存在一些有待进一步改进的地方。首先，关于公共部门战略管理研究比较分散，缺乏深入探讨，基本上每一个研究领域、每一种研究视角都只有一篇文献资料。除了关于公共价值的讨论存在以包国宪、王学军为中心等作者合作网络，其他研究视角和领域基本都是一个作者的独立研究，这不利于公共部门战略管理研究的纵深发展，也不利于形成规范统一的公共部门战略管理的知识体系。

其次，目前战略管理在公共部门中的应用领域比较狭窄，从公共部门类型来看，局限于政府部门和图书馆、档案馆；从应用范畴来看，主要涉及绩效管理、人力资源管理领域；从应用工具来看，以平衡计分卡为主，缺乏其他战略管理与分析工具的综合使用；从研究方法来看，还是以定性研究为主，未来需要综合运用各种实证定量研究方法；从研究内容来看，主要强调战略思维对公共管理的重要性，而对公共部门战略管理、战略绩效管理、战略人力资源管理、战略性公共价值基本概念、本质特征、实现路径缺乏系统的统一认识和深入研究。这些都是未来公共部门战略管理研究改进方向。

第三节　国外公共部门战略研究主题与评述

新公共管理运动以来，随着公共部门管理内外环境的变迁，公共部门战略管理逐渐发育成为一门具有独立地位的公共管理分支学科。为了较全面地把握西方公共部门战略管理的研究和实践，本文基于 Web of Science、百度学术网等数据库，分析 2013 年国外公共部门战略管理的研究主题和研究前沿。

一、文献样本收集和分析工具

本书首先检索了知识网（Web of Science）数据库，在“关键词”中键入“Strategic Management”，并在“AND”中键入“Public”，检索控制条件的“发表时间”选择为 2013 年，共检索出 22 条记录。在筛除关于商业破产、电影投资等不相关文献后，最终进入文本库的文献合计 16 篇。然后检索了百度学术网，在“关键词”中键入“Strategic Management”，时间跨度选择 2013 年，核心期刊选择“SSCI + EI”，共检索出 67 条记录。在剔除 Web of Science 数据库已经检索出的 22 篇文献以及筛除关于商业挑战、服务业战略等其他领域的相关文献后，最终得到 2 篇文献。汇总两个数据库的检索结果，最终得到样本文献 18 篇。

二、国外公共部门战略管理研究主题

2013 年公共部门战略管理研究的各个主题活跃程度不同：公共部门战略管理理论与方法研究占据的比重最大，达到 22.2%；居于第二位的是公共关系与战略、战略性人力资源管理、公共部门战略与组织理论的关系研究、与战略有关的管理领域研究，各占了 16.7% 的比例；居于第三位的是公共部门与绩效之间的关系研究，占了 11.1% 的比例。具体如表 4 所示。

表 4　2013 年国外公共部门战略管理研究主题

作者	战略管理研究主题	研究方法
J Meng，Y Jin，FCJ Hung – Baesecke，JeongNam Kim，Lan Ni，JE Grunig	公共关系与战略管理	在线调查；理论研究
S Mantere，S Ollila，J Molineux	公共部门战略性人力资源管理	理论研究；案例研究；
GG Dess，MW Peng，D Lei，BP Tucker，H Thorne，BW Gurd，J Zhang，MC Unal	公共部门战略管理理论与方法	理论研究；问卷调查；案例研究
RM Walker，M Dan，SW Geiger，WJ Ritchie	公共部门战略管理和绩效	理论研究
AR Villadsen，Augier，C Casey	公共部门战略管理与组织理论	定量研究；理论研究
HN Van，AR Van Oosten，K Jordaens，E Matthysen，T Backeljau，P Stephenson，TL Ely，B Jacob	公共部门与战略有关的管理领域研究	案例研究；理论研究

（一）公共关系与战略管理

该主题重点探讨了公共关系在公共部门战略管理中的地位和作用，如何利用公共关系指导和审查战略管理范式，以及在实践中如何应用战略思维处理公共关系问题等。

第一，公共关系与战略管理的关系研究。例如，JE Grunig 认为公共关系是一种战略视角，公共关系能创造价值。据此，他进一步提出了卓越公关理论。卓越公关理论研究将公共关系推至一个更广泛的层面：它证实了公共关系不仅只是组织的传播工具，它更是一个提高组织效率，增进组织与公众的相互利益，以及加速社会正向发展的专业管理功能。[①] 他认为卓越公共关系是在微观层次上从战略上加以管理，并在此基础上提出了公共关系战略管理十大原则。

第二，运用公共关系理论指导和审查战略管理范式。Jeong Nam Kim、Lan Ni 通过对两类公共关系问题和战略管理范式的相关理论研究的回顾，基于情境理论和关系理论，提

① James E. Grunig，CF Hung – Baesecke，Jeong – Nam Kim：A Strategic Management Approach to Reputation，Relationships，and Publics：The Research Heritage of the Excellence Theory 1 ［J］. Blackwell Publishing Ltd.，2013：197 – 212.

出了一种评估公共部门战略管理有效性的新方法，该方法侧重于对公众的认同。①

第三，应用战略思维处理公共关系问题。在当今的公共关系实践中，伴随数字革命的发展和社交媒体的崛起，公共部门对信息和突发问题的处理效率的问题是非常紧迫的问题。如何解决这个问题呢，有的学者从战略管理视角进行了深入研究。例如，J Meng、Y Jin、FCJ Hung－Baesecke 基于一项针对中国内地 132 名公共关系从业者的实证调查研究，提出解决公共关系实践中的主要问题的关键措施是灵活应用各种反应性战略，包括创建衡量社交媒体活动的关键绩效指标、提供更多组织成员自主权等。②

（二）公共部门战略性人力资源管理

自 20 世纪 80 年代以来，战略管理理论和方法不断引入公共部门人力资源管理领域，公共部门战略人力资源管理研究逐渐形成了较为完善的理论、方法、技术和实践操作体系。该主题的研究主要分为三个方面的内容。

有的学者从语言学的视角阐述组织战略。例如，S. Mantere 认为组织战略是一种语言游戏，而基于语言视角的战略管理，最重要的是战略角色，即那些在战略语言游戏中有语言权威的扮演专家角色的人。③ 在这里他强调了战略领导者在语言劳动分工中的重要地位和作用。

有的学者从经济学视角研究公共部门战略人力资源管理问题。例如，S. Ollila 重点研究了芬兰政府公共福利服务中战略能力的管理与生产力之间的张力，发现领导力在战略能力的管理中扮演着重要的角色，提出为了保证公共福利服务的质量，加强公共组织的领导力建设和组织成员培养是很重要的。④

还有的学者探讨了战略人力资源管理与组织文化的关系。J. Molineux 通过对澳大利亚大型公共部门机构变化的纵向评估案例研究，发现系统战略人力资源管理（SHRM）能够促进组织文化变革。⑤

（三）公共部门战略管理理论与方法

该主题研究公共部门战略管理的理论发展史、管理过程、与私营部门战略管理的区分

---

① Jeong Nam Kim，Lan Ni. Two Types of Public Relations Problems and Integrating Formative and Evaluative Research：A Review of Research Programs within the Behavioral，Strategic Management Paradigm ［J］. Journal of Public Relations Research，2013，25（1）：1－29.

② J Meng，Y Jin，FCJ Hung－Baesecke. Top Issues and Responsive Strategies in Public Relations Practice：An Empirical Assessment in the Greater China area ［J］. Public Relations Review，2013，39（5）：597－599.

③ S Mantere. What Is Organizational Strategy? A Language－Based View ［J］. Journal of Management Studies，2013，50（8）：1408－1426.

④ S Ollila. Productivity in Public Welfare Services is Changing：The Standpoint of Strategic Competence－Based Management ［J］. Social Work in Public Health，2013，28（6）：566－574.

⑤ J Molineux. Enabling Organizational Cultural Change Using Systemic Strategic Human Resource Management－A Longitudinal Case Study ［J］. The International Journal of Human Resource Management，2013，24（8）：1588－1612.

以及各种应用模型，这些方面的研究有助于人们对公共部门战略管理的本质属性和特征的认识。

1. 公共部门战略管理的理论发展史

自新公共管理运动以来，公共部门引入战略管理理论和方法，并在管理实践中不断总结与反思，不断发展了公共部门战略管理理论。例如，GG Dess、MW Peng、D Lei 就总结了公共部门战略管理研究的三个研究流，即战略领导、资源和能力以及战略环境和结果。①

2. 公共部门战略管理与私营部门战略管理的区别

战略管理作为一个私营部门的管理模式，在应用实践中表现出与公共部门政治背景、公共性特征以及对公平的价值诉求等的冲突和不兼容。为了帮助公共管理者更加有效地将战略管理理论和方法应用到管理实践中，学者对公共部门战略管理与私营部门战略管理在概念、战略目标、应用模型和战略工具等方面的区别展开了讨论。例如，MC Unal 认为战略管理在很大程度上依赖于效率、有效性和灵活性，这与公共组织的结构和程序、战略目标，以及需要对公众回应等相冲突，公共组织应该根据自身特征设计组织战略管理方法。②

3. 战略管理过程研究

公共部门战略管理过程研究是公共管理研究比较成熟的领域，随着研究的深入，有的学者开始将战略管理过程与其他管理理论相结合。例如，BP Tucker、H Thorne、BW Gurd 讨论了公共部门战略过程与管理控制系统之间的关系。他们基于 182 个澳大利亚非营利性组织的问卷调查发现，战略和管理控制的结合应用对公共部门管理具有相当大的社会和经济影响，并提出了进一步研究这一领域的分析框架。③ 还有的学者研究了战略管理过程中的战略问题管理。J Zhang 以两个案例研究为例，确定了战略问题管理（SIM）过程的四个阶段，即问题发酵阶段、前摄期、反应期、消退期和新问题发酵阶段。他还论证了在战略问题管理的第一阶段和最后阶段，社交媒体是最主要的战术工具，同时，社交媒体可能会成为反应性阶段的战略工具，帮助管理者对冲突做出反应。④

（四）公共部门战略与绩效的关系

对于公共部门战略与绩效的关系的研究一直是公共部门战略管理研究的热点主题，有的学者通过实证研究方法探讨了战略与绩效之间是否存在相关性。例如，M Dan、SW

① GG Dess，MW Peng，D Lei. Strategic Management：Current Issues and Future Directions ［J］. Journal of Leadership & Organizational Studies，2013，20（4）：373 – 374.

② MC Unal. How Far Can the Public Organizations Be Strategically Managed? Strategy as a Term，Strategic Planning/Management and its Compatibility – Conflict in the Public Sector ［J］. Amme Idaresi Dergisi，2013，46（2）.

③ P Tucker，H Thorne，BW Gurd. Uncharted Waters：Exploring the Relationship between Strategy Processes and Management Control Systems in the Nonprofit Sector ［J］. Nonprofit Management & Leadership，2013，24（1）：109 – 133.

④ J Zhang. A Strategic Issue Management（SIM）Approach to Social Media Use in Public Diplomacy ［J］. American Behavioral Scientist，2013，57（9）：1312 – 1331.

Geiger、WJ Ritchie 以 258 个医院基金会为研究样本，发现不同的医院基础战略与不同的绩效水平相关。他们还发现更精明的捐助者、技术导向的金融工具和不断变化的人口结构的结合，影响了医院基金会的筹资方式和战略选择。据此，他们认为管理条件较差的基金会通过采用高性能配置的战略，可能会提高组织绩效。①

还有的学者通过反思已有的理论成果对两者的关系进行了研究。例如，RM Walker 基于迈尔斯和斯诺框架的研究成果探讨了公共组织的战略管理和绩效关系。迈尔斯和斯诺勾画了战略、过程和结构之间的关系，主张组织采用最适合自己情况的策略。但 RM Walker 认为该框架没有提供任何经验证据来支持战略、结构、过程和环境的一致性。据此，他在公共组织战略管理实践研究的基础上，总结各国政府管理改革实践，从六个方面分析了战略选择的有效性和战略与环境、内部流程与结构的一致性对公共部门绩效的影响。②

（五）公共部门战略管理与组织理论的关系

战略与组织结构的关系研究一直是战略管理研究的重点，公共部门引入战略管理理论和方法之后，许多学者也开始研究战略与公共组织结构的匹配和适应性问题。虽然公共组织的组织结构和战略在公共管理学者之中引起了大量的研究关注，但很少有研究探讨这些组织的核心维度是如何相互关联的，是否受到相似的压力影响。针对这一问题，有的学者进行了深入研究。例如，AR Villadsen 通过纵向量化研究探讨了丹麦城市的支出战略同构与结构同构之间的关系，发现支出战略同构与结构同构之间存在一种逆 U 形关系，提出并确定了丹麦城市的战略与结构同构的非线性关系。同时，他还发现组织存在于并发的压力中，为了适应这一挑战，组织可以在一个核心维度上增加相似度，以提高在另一个核心维度上的相似性，但只有在达到一定程度的同构之后才可以。③

除了研究战略与组织结构的关系，有的学者还探讨了行为组织理论和战略的发展。例如，Augier 概述了 Simon 和 March 早期的组织管理视野以及他们建立的跨学科行为组织理论，其中包括战略与行为组织理论的关系研究。他还进一步阐述了卡耐基的“形成行为愿景”，包括卡耐基的组织愿景与组织行为的关系等研究成果。④

还有的学者从女权主义和后现代主义视角探讨了组织理性的争议问题。C Casey 论述了女权主义和后现代主义的两大贡献：生态女权主义和“关系自治”的概念。在此基础

① M Dan, SW Geiger, WJ Ritchie. The Hospital Foundation Strategy and Performance Relationship [J]. Nonprofit Management & Leadership, 2013, 23 (4): 427 -411.

② RM Walker. Strategic Management and Performance in Public Organizations: Findings from the Miles and Snow Framework [J]. Public Administration Review, 2013, 73 (5): 675 - 685.

③ AR Villadsen. Similarity or Difference? The Relation between Structure and Strategy Isomorphism in Public Organizations [J]. British Journal of Management, 2013, 24 (Supplement S1): S62 - S75.

④ Augier. The Early Evolution of the Foundations for Behavioral Organization Theory and Strategy [J]. European Management Journal, 2013, 31 (1): 72 -81.

上，组织战略被用于讨论组织理性中的“社会主体性”“关系自治”等争议问题中。①

（六）与战略有关的管理领域研究

公共部门战略管理研究已经广泛渗透到公共管理的各个领域，如危机管理、协作治理、民主政治管理等。随着新信息技术革命的发展，公共组织越来越重视组织危机管理，并反思如何有效进行危机管理。在这样的社会背景下，战略管理理论和方法开始引入公共部门危机管理。P Stephenson 探讨了公共卫生危机对法国公共管理的影响，重点研究了在危机后的改革过程中，公共管理者是如何确立责任并吸取教训的，并指出了危机调查框架背后的政治因素。在此基础上，他提出后危机时代的改革必须与公共组织政治战略管理相协调，团结是一种有效的政治管理战略等一系列建议。②

此外，战略管理研究也越来越关注网络治理的过程，有的学者认为公共机构和非政府组织之间建立伙伴关系的战略机制比以往更加重要，他们还将战略思维引入国家治理体系，提出协作治理理念。例如，NV Houtte、ARV Oosten、K Jordaens 等通过借鉴加拿大的例子，论述了公共组织在应对复杂且动荡的外部环境中明智的策略就是进行战略性的组织间合作。据此他们进一步提出了公共管理者采取协同网络治理战略的三个关键要素，即联合政策行动的纵向和横向管辖维度；代理人之间的解释的多样性，包括非政府利益相关者的看法和价值，以及公共机构对这些群体的战略延伸；突出联合政策行动中涉及的过程变化和适应性。③

最后，有的学者研究了战略管理在民主政治管理中的应用。例如，TL Ely、B Jacob 讨论了直接民主威胁下的战略管理，重点探讨了公共部门回应选民的战略行为。目前关于公共管理者对选民回应的战略行为主要有两种形式：一种形式是直接反应，即公共管理人员在选民有时间反应之前就采取行动锁定政策结果，并批准领导计划。另一种形式是间接反应，即在投票表决前，政治行动者对计划的威胁做出回应。TL Ely、B Jacob 主要阐释了公共官员的间接反应战略行为，包括影响其行为的关键因素、行为结果以及相应的管理对策。④

三、国外文献研究述评

从以上内容分析可以看出，国外公共部门战略管理研究不仅停留在一般性的理论发展

---

① C Casey. Contested Rationalities, Contested Organizations［J］. Journal of Organizational Change Management, 2013, Volume 17（3）：302－314.

② P Stephenson. Solidarity as Political Strategy［J］. Public Management Review, 2013, 15（3）：402－415.

③ NV Houtte, ARV Oosten, K Jordaens. Strategic Inter－Organizational Cooperation in Complex Environments［J］. Public Management Review, 2013, 15（4）：501－521.

④ TL Ely, B Jacob. Beating the Clock：Strategic Management under the Threat of Direct Democracy［J］. Public Administration Review, 2013, 73（73）：38－48.

和管理过程描述上，还与众多学科，包括政治学、经济学、公共关系学等学科领域形成了交叉研究和渗透，如将管理学与政治学交叉研究，分析战略管理在公共组织政治民主管理中的应用；将管理学与经济学交叉研究，探讨战略与绩效之间的关系；将管理学与公共关系学交叉研究，提出对于公共组织而言，公共关系是一种新的战略视角等论断。不仅如此，国外公共部门战略管理研究注重研究的科学性和严谨性，实证研究的方法是主导方法，其中调查法和案例分析法占据最大比例，其次是文献法和实地研究，目前还没有实验法用于公共部门战略管理的研究。

此外，国外公共部门战略管理工具和技术研究相对较少，究其原因可能是战略管理工具或技术的应用在国外公共部门已经比较成熟，已经有丰富的相关文献资料研究。但以往的战略管理工具研究主要涉及的是平衡计分卡的应用，未来可以考虑研究私营部门战略管理其他管理工具和技术引入公共部门的可能性和有效性。

第四节　转型期公共部门战略管理面临的挑战

一、效率与公平的价值取舍

改革开放之前，平均主义的分配方式造成了共同贫穷的问题。因此，在极端贫困的情况下，“效率优先、兼顾公平”自然成为地方政府遵循的基本原则，效率优先带来的经济发展大大提高了人们的生活水平。但随着经济的持续增长，各种问题也随之而来。如何将经济增长的“蛋糕”公平分配给社会成员成了比发展经济更为重要的问题。单纯的经济增长不仅难以消除不公，而且会带来贫富差距的扩大，使公平问题更加突出。追根溯源，政府的根本使命是追求社会利益和公共价值的最大化，效率不是发展的最终目的，如何在保证效率的同时实现社会的公平正义对地方政府战略管理提出了挑战。

二、民主行政与科学管理的逻辑冲突

现代行政的民主价值要求社会公众广泛参与地方政府的行政活动，这固然是一个善意的初衷。但现代民主也需要具备一定的条件，罗伯特·达尔（Robert A. Dahl，2012）认为现代的市场经济和社会是有利于民主的条件之一。但我国的市场经济还不尽完善，也不存在成熟的公民社会，如果地方政府在管理中完全从民主行政出发解决问题，则难免出现“集体非理性”的现象，这不仅走向了民主的反面，也会给经济社会发展造成混乱的局面。因此，民主并不一定能产生合乎理性和科学的公共行政（麻宝斌，2005）。尽管改革开放以来我国取得了令人瞩目的发展成就，但同世界发达国家相比我们的发展水平仍然较

低，因此，今后很长一段时期内科学发展仍然要高于民主发展，有时为提高绩效的需要，在不违背基本原则的情况下，灵活调整民主程序是必要的。但若能达到民主行政与科学管理的有机统一则是最佳的选择。地方政府战略管理过程中会时常遇到类似困境。

三、短期与长远的利益矛盾

地方政府出于政绩的考虑，往往采取急功近利的粗放型发展方式，如不惜低价甚至无偿提供土地进行招商引资，以资源的破坏式开发赚取经济增长，采取以邻为壑的地方保护主义等，类似于此的短期行为是以透支下一代的发展权利为代价的。当地方政府沉浸于短期发展带来显著政绩的喜悦时，实际上也遮蔽了短期行为造成的高昂治理成本。地方政府在战略管理的过程中，需要从制度安排、管理方式创新等方面突破短期利益与长远发展之间的矛盾冲突。

四、上层与基层的意愿冲突

由于转型期的复杂性和信息不对称的存在，上级政府的决策即使是出于善意的初衷，也可能与基层的意愿发生冲突。当这种情况出现时，处于中间的地方政府被置于矛盾的旋涡中。但在层级节制的行政体制中，下级政府一般对上负责，例如，在经济发展任务的指标压力下，行政机关可能会逆市场化配置资源，并且不顾基层被征地农民、房屋拆迁居民关于合理补偿的要求，以完成上级政府的任务。当利益受损的群众通过上访争取权利时，地方政府又不惜采取一切措施拦截上访群众，因为在政绩考核中“稳定”是一票否决制，如果发生了稳定问题，地方政府一年的政绩即化为零。这种唯上级意志是从的状况不完全由地方政府造成，主要与上级对地方政府的政绩考核相关，如何设计科学的绩效考评体系也是转型期地方政府战略管理的挑战。

第二章　公共部门战略管理2013年期刊论文精选

本章以上述公共部门战略管理的研究主题为划分基础，对2013年国内外与公共部门战略管理相关的期刊论文进行梳理和内容划分。本文献资料整理共得到与公共部门战略管理理论相关的期刊论文，共得到相关的期刊论文173篇，其中国内期刊论文131篇，国外期刊论文42篇。基于研究内容、研究方法、研究视角以及学科发展的前瞻性、系统性、引领性等方面的原则考量，通过编写团队的一致评选，本章选登16篇中文期刊论文和10篇英文期刊论文。

第一节

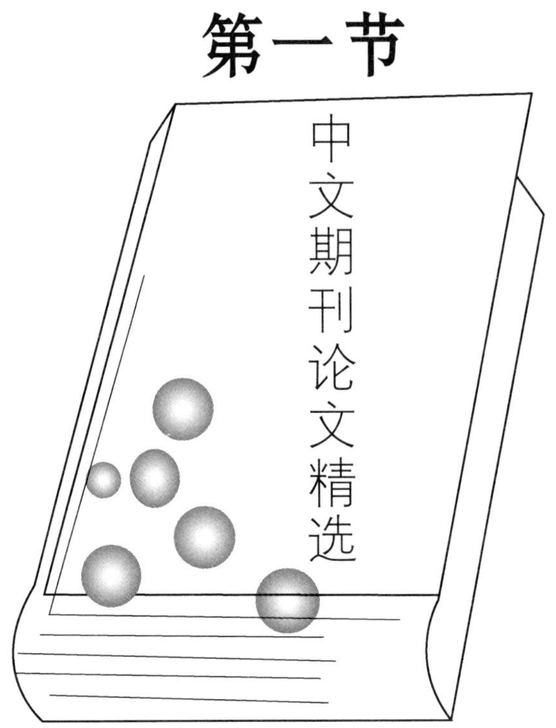

公共价值的研究路径与前沿问题*

王学军　张　弘

（兰州大学　中国政府绩效管理研究中心，
兰州，730000，中国）

【摘　要】自 20 世纪 90 年代公共价值被公共行政学者正式提出之后，对其研究就没有间断。近几年来，公共价值逐步成为公共行政学界研究的热点问题，但公共价值研究的统一话语体系并没有形成。回顾公共价值研究意在对公共价值的基础概念和研究脉络进行梳理，并深化公共价值对公共行政研究重要性的认识。本文从研究文献中公共价值概念的分析入手，在区别定义结果主导的公共价值（PV）和共识主导的公共价值（PVs）基础上，明确了公共价值研究的不同路径，并分别对公共价值研究的主要内容进行了梳理和阐述，为理解现有文献中公共价值概念的不同内涵提供了思路，也为进一步深化公共价值的研究提供了概念框架和逻辑基础。公共价值是公共行政研究的基础性问题，未来公共价值研究的关键领域主要包括公共价值的内容和创造机制的实证研究、公共价值的冲突管理问题研究。同时，公共价值研究也对革新政府治理模式具有启示意义，在中国情境下具有一定的应用价值。

【关键词】公共价值；战略三角模型；公共价值范式；价值冲突；研究启示

一、研究背景和现状

公共价值自 1995 年被 Moore 作为学术术语在其专著《创造公共价值：政府中的战略

---

* 本文来源于《公共管理学报》2013 年第 2 期，第 126—136 页。

收稿日期：2013 - 01 - 16，基金项目：国家自然科学科学基金项目（71073074），2012 年度教育部博士研究生学术新人奖项目。

作者简介：王学军（1986—），男，兰州大学—美国波特兰州立大学，联合培养师资博士生，研究方向：政府绩效管理理论与方法，E - mail：wangxuejun@ lzu. edu. cn；张弘（1989—），女，兰州大学管理学院硕士研究生，研究方向：政府绩效管理。

管理》中正式提出以后，就得到了研究者和实践者的广泛关注。对公共价值的关注本质上是对政府合法性和结果的关切，在一定程度上反映出公共服务所应承载的社会价值通过传统公共行政所强调的官僚制和新公共管理所推崇的类私人部门管理模式不能被准确地表达。一方面，反思新公共管理范式的管理主义和工具主义特征并予以理论和实践回应，是后新公共管理时代公共行政研究的一个重要问题，而公共价值往往被视为对公民本位的回归，在一定程度上能够修复新公共管理因为对效率和“顾客导向”的过分强调而造成的政府信任和合法性危机；另一方面，公共行为的多元价值属性一直困扰着以政府为主体的公共组织，如何确定组织决策和行为的价值取向并调和相互冲突的公共价值成为许多公共组织的首要目标，公共行政过程被视为平衡多元价值目标的利益均衡过程。近些年，公共价值研究呈现快速发展的趋势（见表1）。

表1 公共价值研究文献统计

时间	期刊文章	专著（章节）	报告	会议论文
1995～2000年	0	1	1	0
2001～2006年	9	1	17	1
2007～2011年	33	7	7	0
文献总计（篇）	42	9	25	1

资料来源：根据相关文献统计得出。

从表1可以看出，公共价值是一个崭新的研究领域，研究成果的总量相对较少。1995～2000年，公共价值的研究开始出现，Moore的著作奠定了公共价值研究的基础；2001～2006年，公共价值的研究成果大多以报告的形式呈现，这表明公共价值研究的共识还没有形成，尚处于讨论和尝试阶段；2007～2011年，国际学术期刊刊发公共价值领域文章的总量显著增加，关于公共价值的专著也陆续出版，公共价值研究逐步得到了拓展和深化。2012年第1期《公共行政评论》（Public Administration Review，PAR）杂志刊发了关于公共价值研究的专刊征稿启事，征稿主题主要分为两个领域，一是强调公共价值如何被创造（或者没有被创造）的研究，二是关于识别、测量和评估公共价值的路径及公共价值的创造方式的研究①，这是国际公共行政研究杂志首次以公共价值为主题刊发专刊征稿启事，标志着公共价值研究进入或正在试图进入公共行政研究的主流领域。尽管如此，公共价值研究的实质进展却非常缓慢，关于公共价值的统一概念体系和话语平台尚未形成，公共价值的研究尚处于正在起步的初级阶段。我国对公共价值的系统研究几乎没有，现有的研究成果主要以对西方研究的引进和介绍为主。

虽然公共价值作为学术术语出现仅仅几十年的时间，但对于公共行政价值的讨论自从

① 2012年第1期《公共行政评论》（PAR）杂志第166～167页刊发了题为Call for a Papers for a Conference and Special Issue of Public Administration Review on Creating Public Value in a Multi－Sector，Shared－Power World的征稿启事。

公共行政学诞生以来就没有停止过，公共行政学得以存在的正当性或合法性的前提，正是因为其区别于私人部门而具有特殊的价值追求和运行模式。对公共价值研究进行回顾和分析，意在系统梳理公共价值的基本概念和主要研究成果，形成对其研究脉络和研究共识的有效总结，提出前瞻性的研究问题，以深化公共价值研究和公共价值对公共行政研究重要性的认识。本文在分析公共价值定义的基础上，将公共价值研究分为结果主导的公共价值（PV）研究和规范主导的公共价值（PVs）研究。以这一分类为依据，从公共价值研究的不同路径着手，分别对其中的主要研究内容进行梳理和总结。结合当前研究进展，提出未来公共价值研究的关键领域，并对公共价值研究在中国情境下的应用问题进行讨论。

二、公共价值的概念分析：PV 还是 PVs?

公共价值研究难以有效推进的其中一个重要原因是：公共价值缺乏一个清晰的定义。本文将对现有文献中的公共价值概念进行描述，通过词义分析，将公共价值分为结果主导的公共价值（Public Value）和共识主导的公共价值（Public Values），并将这一分类作为全文研究的主线。

具体而言，现有文献中公共价值的定义主要包括：

（1）公共价值是公民对政府期望的集合。主要是 Moore 的研究，认为价值的概念不仅包括创造的收益，也包括了公共部门在追求价值的过程中使用的资源，包括财政资源、立法权威和公共权力，如果公共部门以很小的公共支出或者公民权力的牺牲而达到了价值创造目标，那么就是有效率的。公共价值作为一种框架，将“政府认为重要和需要资源的公共服务供给”与“公众认为重要的需求”连接起来。公共价值的达成取决于公民的意愿和判断，是公众所获得的一种效用。

（2）公共价值是政府通过服务、法律规制和其他行为创造的价值。Kelly 等的研究认为，公共价值应该作为资源配置决策、绩效测量和服务系统选择的标准。他们提出了公共价值的三个关键组成部分：一是服务，通过对公民的直接服务和对公平、平等及相关价值的表达来提供传递公共价值的工具；二是结果，通过结果的性质将公共价值和私人价值进行区分；三是政府的信任和合法性，而这一点是最重要的，即便达到了结果和服务目标，如果缺失了信任，那么也将损害公共价值。他们认为这三个部分提供了思考政府行为的基础和指导决策者思考价值创造的方式。

（3）公共价值是公民集体偏好（Collective Preference）的政治协调表达。主要是 Stoker 以及 O'Flynn 的研究，认为公共价值是公共服务生产者和使用者偏好的集合，主要通过政府官员和核心利益相关者的协商过程来共同创造，是一个更加复杂和广泛的治理过程，一定程度上是一个社会交换过程。在他们的公共价值定义中，集体偏好是一个很重要的概念，它将公共价值与新公共管理中个人偏好通过聚集来反映公众需求相区分。公共价值路径提供了对政府行为、政策制定和服务供给的一种新的思考方式，也对新公共管理范式提出了挑战。

（4）Horner 和 Hazel 通过将公共价值与私人价值进行对比来定义公共价值，认为价值可以由经济繁荣、社会和文化发展等实现。但与私人价值不同，公共价值最终要由公民决定，公共价值是解释合法性、资源配置和评估的最重要框架。

（5）公共价值是关于权利、义务和规范形成的共识。Bozeman 的研究认为，公共价值提供了关于下述三个方面的规范性共识：一是公民、法人组织和其他组织团体应该（或者不应该）享有的权利和利益；二是公民、法人组织和其他组织团体对社会、国家的义务以及公民、法人组织和其他组织团体之间的相互义务；三是对宪法和社会运行有影响的政策和规则应该遵守的原则，无论这些政策和规则是政府组织还是非政府组织建立的。

对于任何一个研究领域而言，概念的清晰都是理论延展的前提条件，公共价值研究也不例外。从以上公共价值的定义来看，至少存在两种不同理解：定义（1）~（4）将价值视为结果，价值是作为公共行政的目的而出现的，公共价值的概念主要强调价值是由"公共"来决定的。"公共"不仅仅指公民，也包括以政府为主体的公共组织，他们共同组成了"公共域"，来共同创造公共价值。正如 Moore 所言，当政策和管理战略在政治上具有合法性、可行性和持续性，在操作上具有可行性和实际性，并且对公民有价值时，公共价值就会被创造。在定义（1）~（4）中，公共价值来源于社会价值，由公民和政府共同决定，反映公民的共同偏好，其形成过程是一个多方参与的政治过程。公民意愿的实现和公民权利的表达是公共价值概念的核心，一方面，政府将实现公共价值作为其主要使命和目标，围绕公共价值的实现来配置公共资源和公共权力，制定公共政策和提供公共服务，以取得公民信任和合法性。另一方面，公共价值的确定过程是一个双向的沟通过程，以政府为主体的公共组织可以在公共价值的确定过程中发挥其主观能动性，对公民的价值偏好进行积极引导。同时，公民在公共价值确定过程中扮演着重要角色，是公共价值的最终决定者。公共价值是一个结果概念，是对公民有价值的结果，公共价值概念的核心内涵是政府的产出要满足公民的需要。也就是说，公共价值是从政府的使命和目的的角度进行定义的，其概念内涵已经超越了传统公共行政和新公共管理范式下的价值概念。从词义来讲，定义（1）~（4）中的公共价值意指 Public Value（简称 PV，单数），主要源自 Moore 的公共价值研究，与公共产品、公共利益等概念相比[①]，其独特性在于对公民认可和合作生产的强调，本文将其定义为结果导向的公共价值。举例来讲，公民人身和财产安全、食品和药品安全、经济增长、环境美化、公民幸福指数提升等都属结果导向的公共价值。

定义（5）将价值视为一种共识或者规范，价值以认知为基础，是对公共行政合法性的强化或者对公共行政过程的约束，公共价值的概念主要强调"公共"为了最大化公共利益而秉持的理想或者规范。在定义（5）中，公共价值对公民、政府和社会的行为具有

① 关于公共价值与公共产品、公共利益等概念的详细区别，参见文献［10］。

指导和合法化意义，其作用域主要在公共行政过程之中。作为共识或者规范的公共价值往往是多元的，而且同时存在于公共行政过程，公共行政过程本质上成为相互冲突的价值选择和平衡过程。从词义来讲，定义（5）中的公共价值意指 Public Values（简称 PVs，复数），本文将其定义为共识导向的公共价值。举例来讲，对效率的追求、创新和改革精神、依法行政、对公民的责任、合作等都属共识导向的公共价值。共识主导的公共价值和结果主导的公共价值在一定程度上也存在重合，比如，民主既可以视为公共行政过程中的规范，作为一种共识的概念，也可以视为公共行政的目的，作为一种结果的概念。

结果主导的公共价值（PV）和共识主导的公共价值（PVs）是公共价值研究的两个不同学派，其关注的重点自然也有所区别。依照 Davis 和 West 的观点，公共价值研究根据路径不同可以分为生成路径和制度路径，生成路径认为公共价值主要来源于公共过程，而制度路径则试图通过对核心和衍生价值的分类来勾勒价值地图，这个观点从根本上与本文上述的分析结论是基本一致的，即生成路径主要研究结果主导的公共价值，而制度路径主要研究共识主导的公共价值。遵循结果主导的公共价值和共识主导的公共价值划分，本文将分别对两个学派主要的研究成果进行回顾和梳理。

三、结果主导的公共价值（PV）研究

结果主导的公共价值研究主要源自 Moore 提出的公共价值框架以及后来学者对这一框架的拓展和深化，现有文献中讨论的公共价值概念大多数指的是结果主导的公共价值。

（一）战略三角模型——公共价值研究的起源

公共价值的概念最早出现在 Moore 提出的公共部门战略三角模型中（见图 1）。作为哈佛大学肯尼迪政府学院公务员培训项目的核心成果，战略三角模型的主要目标是为公共部门管理者构建一个战略管理框架。

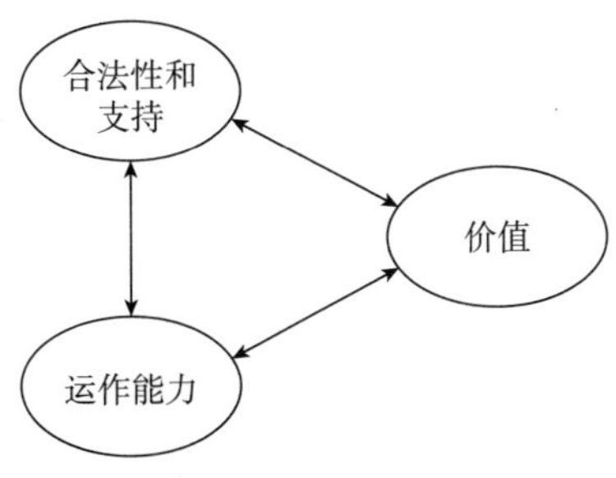

图 1　战略三角模型

战略三角模型主要包括价值、合法性和支持以及运作能力三个维度。其中，价值指向引导组织的价值目标，强调价值目标对公共领域的重要性以及对公民期望的表达；合法性和支持指向公共价值实现的合法性来源，称为“授权环境”（Authorizing Environment），强调政治支持和其他利益相关者的认同；运作能力指向达成价值目标的能力，强调资源可得性和管理运作能力对于价值目标实现的重要性。公共价值最初被视为是战略三角模型的一个维度。战略三角模型的重要性无疑是显著的，首先，它强调战略三角模型三个维度的共同重要性。Moore 认为，公共管理者在制定和实施战略过程中最具有挑战性的工作是不断寻求价值、合法性和支持以及运作能力三个维度之间最大限度的匹配。他将创造公共价值视为公共管理者的核心任务。其次，他重新定义了公共管理者的角色，公共管理者必须同时在战略三角模型的三个维度工作，这与传统公共行政和新公共管理对公共管理者角色的定位是完全不同的。传统公共行政秉持“政治—行政”二分的原则，政治家在公共领域价值目标的确定中具有绝对权威，价值的确定过程在传统公共行政中是一个完全的政治过程，公共管理者的任务主要是通过层级执行政治命令。在战略三角模型中，公共管理者被赋予了更多责任来寻求公共价值，他们可以与政治家、公民和其他利益相关者通过协商共同确定公共价值，并完成价值创造过程。关于这一点的讨论也成为自公共价值路径提出之后争论最多的话题之一。批评者认为，公共价值路径过分地提倡公共管理者的政治角色，政治家的合法性权威却因此受到了破坏，而公共价值路径的支持者则认为，战略三角模型非常清晰地说明，公共管理者的权威受到政治过程的限制，战略三角模型中授权环境的重要性正是对公共管理者确定“什么是公共价值”的合法性限制。公共价值路径实际上并没有给予公共管理者在确定公共价值中的优先权，而是强调将公共管理者关于公共价值的主张体现在政策过程中，他们更多地将对公共价值路径的批评解读为批评者对战略三角模型的忽视或者误读。新公共管理倡导竞争、外包、私有化和工具主义，为了提高公共部门的运行效率，公共部门大量引入私人部门的管理手段和方法，对效率和效益的追求成为公共部门和公共管理者的首要价值取向，公共行政所应当承载的价值理性完全被工具理性所淹没和边缘化了。在新公共管理中，公共管理者更多地被视为技术专家，体现在战略三角模型中，公共管理者的主要工作落在运作能力和价值互动的区域，并且主要关注运作能力对效率和效益价值的提升。与此不同，在公共价值路径中，公共管理者不仅仅是技术专家，更是一个战略家，他们需要在关注创造的价值的同时，将政治环境和运作环境进行结合来解决合法性和效率问题。

公共价值路径被提出以后，至少从三个方面得到了拓展和应用。①作为一个理论模型来解释和分析公共部门实践。例如，Bryson 将其作为一种框架应用到利益相关者分析中，Try 等运用它来解释以结果为基础的管理在加拿大公共部门实施进展缓慢的原因，并分析了战略三角模型的解释力；O'Toole 等以美国得克萨斯州教育部门为研究对象，运用它来分析管理对于公共项目目标达成的影响。②作为一个实践蓝图来阐述组织使命，最典型的是英国 BBC 广播公司于 2004 年公布的“建构公共价值”宣言，将公共价值作为其行为和改革理念①。③作为一个绩效分析框架来测量绩效。公共价值提供了一个测量政府绩效和指导政策决策的更加宽广的路径，公共价值的整体视角能够改进政策决策，也能够改进政府与公民的关系。例如，Cole 和 Parston 提出了公共服务价值模型（PSVM），来寻找一种定义、测量和改进公共服务价值的有效方式。

在 Moore 及其追随者工作的基础上，近几年，公共价值被视为一个新的公共行政学范式而引起了广泛讨论。尽管在 Moore 的研究中强调政治支持，且政治家与公共管理者在公共价值确定和创造过程中的关系也有不少争论，但公共价值研究在学术界更多地被认为是一个公共行政问题，这也是本文认可的观点。

（二）公共价值范式

"范式"一词最早由 Kuhn 提出，认为"范式代表着一个特定共同体成员所共有的信念、价值、技术等构成的整体，另外，范式可以当作模型和范例，以取代明确的规则作为常规科学中其他谜题解答的基础。"研究范式是一个学科或学术领域的公理性假设和逻辑前提，就公共行政学而言，一般将传统公共行政、新公共管理和新公共治理视为学科范式。也有学者将新公共行政和新公共服务视为公共行政学范式，但都在一定程度上受到了质疑，主要原因是这些所谓的范式缺乏支撑其理论建构的方法和工具体系。在传统公共行政、新公共管理和新公共治理之后，公共价值被视为新的公共行政学范式。国内对公共价值范式已有相关介绍，本文着重介绍其范式内涵和管理启示。

新公共管理是过去三十年统治公共行政研究和管理实践的学科范式，主要强调以管理主义为中心的制度安排、结构形式和管理法则，后来产生的新公共服务理论和新公共治理都是为了回应新公共管理实践中出现的问题。Stoker 认为一种管理路径要能够成为公共行政范式，至少需要围绕公共服务供给为以下三个问题给出明确的答案，即效率如何实现？责任如何维持？公平如何保证？基于公共部门和私人部门的区别，Stoker 提出了定义公共价值范式的四点主张：一是公共行为通过寻求公共价值进行定义；二是更广泛的利益相关者应该具有合法性；三是公共服务提供中的开放路径和对公共服务精神的承诺；四是应对公共服务供给挑战中的适应性和以学习为基础的路径。他认为，公共价值范式将公共价值实现视为公共行政的主要目标，对什么是公共价值的判断建立在多方利益相关者的协商基础上，而公共价值的实现则是基于对网络的构建和维护，这正适应了以网络治理为特征的公共管理新挑战。与公共行政学的其他范式相比较，公共价值范式的基本主张可归结为关注集体偏好、重视政治的作用、推行网络治理、重新定位民主和效率的关系以及全面应对效率、责任和公平问题。在 Stoker 以及 Kelly、Mulgan 和 Muers 研究的基础上，O'Flynn从七个方面总结了新公共管理范式和公共价值范式的主要区别（见表2）。

---

① BBC 的"建构公共价值"宣言也受到了学者的批评，比如 Oakley 等认为 BBC 倡导公共价值完全是机会主义的，公共价值被视为一个噱头；Elstein 批评道，BBC 宣言公共价值的原因在于争取持续的政府补助，BBC 只是需要一个新的和有力的表面战略来应对新环境。参见文献［17］～［18］。

范式的转换意味着对人性本质以及效率、责任和公平之间价值竞争的不同的理解①。不同的公共行政学范式都包含着一些核心问题，居于其运作和叙述的中心。在 O'Flynn 看来，传统的公共行政热衷于建立官僚原则，新公共管理认为管理主义会带来收益，而公共价值则强调持续的反馈、学习和适应，预示着从主要关注效率和结果向关注更加广泛的公共价值创造的目标转换。不可否认公共价值管理范式在对公共利益的定义、服务供给的途径和对恪守公共服务精神等方面与传统公共行政和新公共管理范式有一些共同之处，但是这个范式的主要目标、对民主的态度和公共管理者角色的理解等方面都超越了之前的范式。

表 2 新公共管理范式和公共价值范式主要区别

	新公共管理	公共价值
特征	后官僚主义，竞争政府	后竞争主义
主要关注	结果	关系
管理目的	达成一致的绩效目标	多元目标，包括对公民偏好的回应、通过服务获得信任以及对网络的控制等
对公共利益的定义	个人偏好的累积	共同偏好的表达
绩效目标	对投入和产出管理来确保经济性和对顾客的回应	多元目标，包括服务产出、满意度、结果、信任和合法性等
责任实现模式	通过绩效契约的自下而上责任和通过市场机制由内向外对顾客的责任	多元责任体系，包括公民作为政府的监管者以及顾客和纳税人对服务的监管
偏好的供给系统	私人部门或者公有机构	实用主义主导的选择

在公共价值范式中，公共价值创造的主体是多元的，是政府、公民、社会的共同责任。公共价值不一定非要由公共部门创造，实际上，在复杂多变的棘手环境中，公共价值也不可能由公共部门单独创造，“横向”而非“纵向”结构上的合作对于公共价值创造更加重要。Alford 和 Hughes 倡导公共价值实用主义（Public Value Pragmatism）精神，他们认为，无论是传统公共行政所强调的官僚制和科学管理、新公共管理下的公共服务外包，还是合作治理中基于信任的合作都不可避免地倾向于寻求一个“唯一的最佳路径”来解决纷繁复杂的公共管理问题，而忽略了公共问题的环境和管理模式的适应性。公共价值实用主义则认为不同的环境需要不同的管理路径和工具，它倡导公共行政的“问题解决精神”和权变理论传统，而不是“唯一的最佳路径”。政治家和公共管理者必须针对具体的价值目标来配置资源并且通过战略计划来推进与公共价值创造相一致的管理实践，将制

① Stoker 认为，在传统公共行政中，人性假设和激励由等级制度进行主导，在新公共管理中，对人性的理解其实是建立在个人主义和企业家精神之上的，而公共价值管理对于人性假设和激励的理解是一种沟通和合作的视角。参见文献［5］。

度、政治和运作及管理控制系统结合在一起创造公共价值。与战略三角模型相比，公共价值范式对政治家和公共管理者在确定和创造公共价值中的角色给予了更加清晰的论述。公共价值范式认为，政治家作为一种社会协调机制处于核心位置。首先，它能够使公民超越狭隘的市场主义来进行合作和决策；其次，政治决策具有弹性，因此可以应对不确定性、模糊性和变化；最后，政治家能够构建一个多方合作的社会生产过程。在公共价值范式下，政府行为是相互连接和相互依赖的，公共管理者面临着创造公共价值的挑战。公共管理者也必须参与政治过程、与制度边界内外的其他主体相互合作、追求管理的效率和效益、与社区和用户进行合作，并相应地发展其公共职责和责任。这对在新公共管理范式下关注于竞争、契约和效率的公共部门管理者提出了极大的挑战，要求公共管理者跨边界工作、发展新的领导技能以更好地符合公共价值“框架”，一个长期的关注于冲突解决、信任构建、信息共享和目标厘清的关系管理能力是需要的。公共管理者的领导角色在公共价值范式下得到了强化，有学者强调将公共价值框架与适应性领导相结合来解决以复杂、竞争和不确定为特征的“适应性问题”，也有学者提出了与公共价值框架相关联的具体领导技能的重要性，包括对模糊和不确定的宽容、承认全知全能的不可能、保持个性和自我知识、批判性反思以及分布式领导力等。

公共价值范式是战略三角模型的进一步发展，它们研究的问题都是围绕什么是公共价值和如何创造公共价值这两个问题展开的。然而，战略三角模型和公共价值范式对这两个问题，尤其对什么是公共价值的回答还值得进一步思忖和商榷。从文献来看，公共价值还没有一个清晰的概念，这一点已经被许多学者所提及，成为公共价值概念被滥用和公共价值研究难以推进的主要原因之一。公共价值有时候看起来更像是一个象征性的口号，虚无缥缈而在实践上很难找到出路。Bovarid 曾尖锐地指出，如果公共价值的概念是可以操作化的，那么，公共价值“黑箱”就需要被打开来显示公共干预创造的公共价值的不同部分。Benington 则从“‘公共’为什么重要”和“什么能够增加公共领域的价值”两个问题来尝试打开公共价值“黑箱”，认为公共价值包含四个方面：①生态价值，通过促进可持续发展和减少“公共垃圾”来增加价值；②政治价值，通过促进和支持民主对话以及激发公民参与来增加价值；③经济价值，通过创造经济活力和就业来增加价值；④社会和文化价值，通过贡献于社会资本、社会凝聚力、社会关系、文化认同以及个人和社区福利来增加价值。类似的提法不少，其目的都是解开公共价值谜题。结果主导的公共价值是情境依赖的，首先，政治和政体结构在公共价值确定中居于支配地位；其次，公共价值在社会发展的不同阶段呈现出连续但又有所不同的特征；最后，公共价值的来源不同，部分是由于政治的推力，而部分则是因为满足了一定的社会需要。但是，公共价值的情境依赖特征并不代表公共价值是不可知的，恰恰相反，是在呼吁一个更加明确的公共价值研究框架。从范式的角度而言，公共价值范式对公共服务供给中的效率、责任和公平问题给出了不同于以往范式的新回答，但如果缺失一个清晰的公共价值概念和明确的公共价值研究框架，公共价值范式的自身合法性就必然会受到质疑，况且公共价值范式与新公共治理范式的界限本身就存在模糊。

四、共识主导的公共价值（PVs）研究

共识主导的公共价值内涵上与传统意义上的行政价值存在一定的延续性，主要强调一种共识或者规范。行政价值自从公共行政学诞生以来就一直是学界争论的焦点，哲学、法学、社会学和经济学的视角都曾被用来解释行政价值的本质属性，关于行政价值（Values）的研究文献汗牛充栋，其涵盖范围却已远远超出本文的研究意图。从文献的角度看，Public Values 是共识主导的公共价值研究的关键词，在概念上遵循 Bozeman 对公共价值的定义。

（一）公共价值类型与价值集

共识主导的公共价值研究在过去十几年迅速发展，在市场化背景下对公共价值的保护、私人部门管理方式引入公共管理后对公共价值的调和、公共价值的内容和分类以及公共价值集的实证研究都成了学者关注的热点问题，其中，最具有影响力的是 Bozeman 等关于公共价值类型的系统研究。他们对 1990 ~ 2003 年关于公共价值研究的 230 篇文献进行了系统梳理，创造性地将“价值影响公共行政或者公共组织的哪一方面”作为公共价值分类的基础，并由此提出了公共价值的七种类型，分别是与公共部门对社会贡献相关的价值、与社会利益向公共决策转化相关的价值、与公共管理者和政治家的关系相关的价值、与公共行政和环境的关系相关的价值、与公共行政内部组织相关的价值、与公共管理者行为相关的价值以及与公共行政和公民的关系相关的价值，并分别确定了每一种公共价值类型下的价值集（见图 2）。

在 Bozeman 看来，公共价值是关于权利、义务和规范形成的共识。虽然 Bozeman 等的研究仅从规范形成这一个方面直观地描述了共识主导的公共价值类型和价值集，但其对于研究公共价值的重要意义是毋庸置疑的，其中许多公共价值集在当前全球公共治理实践中是具有一定的普遍意义的。在他们看来，共识主导的公共价值是具有结构的，也就是说公共价值间是相互联系的，其中一些价值可能比其他价值更加重要，某些价值可能居于核心位置。他们认为，公共价值结构的研究应该从三个维度着手，分别是相近性（Proximity）、层级（Hierarchy）和因果关系（Causality）。其中，相近性阐述一个特别的公共价值与另外一个的接近程度，层级阐述某些公共价值的相对重要性，因果关系阐述某个公共价值是达成其他价值的一种方式。对于公共价值的相近性而言，可以将公共价值的相互关系表述为是相关的、相邻的、相对应的价值，或者将那些与大量公共价值相互关联的价值称为节点价值。公共价值一般都是以簇群的方式出现的，价值簇群和节点价值对公共部门的组织设计有影响，一来提供冲突的价值和价值簇群的选择，二来也预示着在实践中不存在单一的公共价值模式。对公共价值的层级和因果关系的阐述其实都归结到了对工具性价值和本

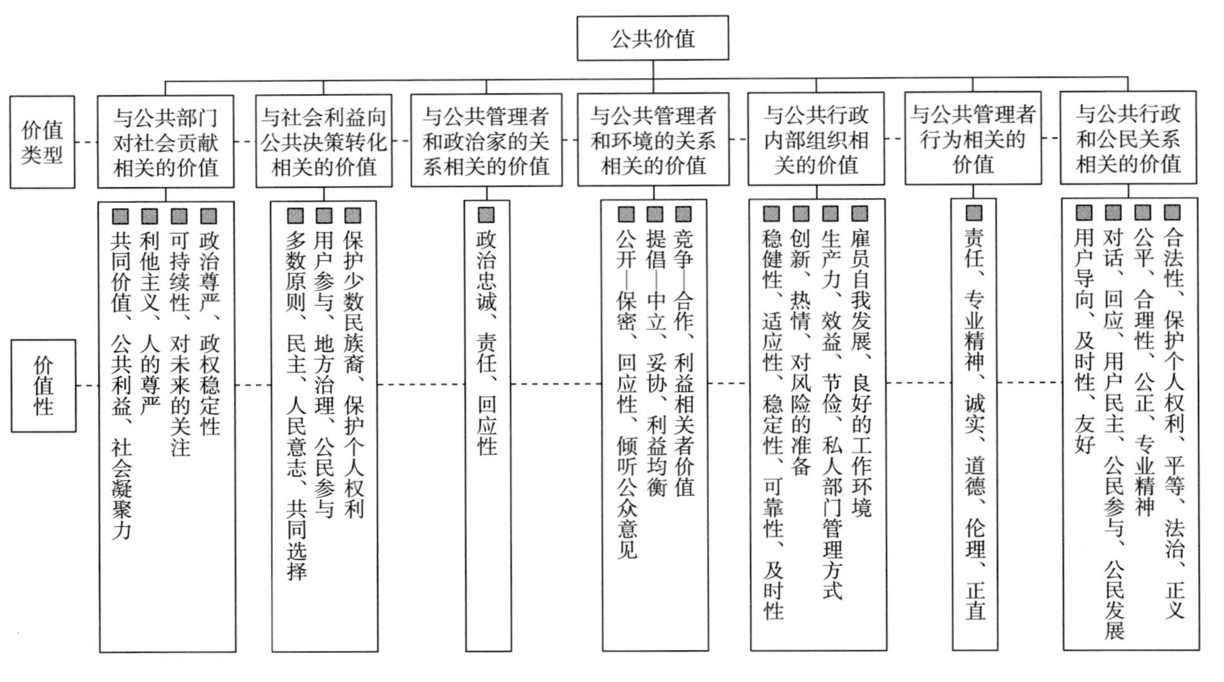

图 2　公共价值类型和价值集

位价值的区别。本位价值以达到某种价值为结束，其特点是价值为其自身服务，而工具性价值的目的是达到其他价值。工具性价值和本位价值的关系可以视为条件与结果的关系。

除了上述运用文献分析方法对公共价值类型和结构的研究之外，许多学者都试图通过其他研究方法来解构共识主导的公共价值。例如，VanWart 区分了个体价值、专业价值、组织价值、法律价值和公共利益价值；Kernaghan 区分了道德价值、民主价值、专业价值和公民价值；Rutgers 提出了三个公共价值排序的一般路径，包含聚焦核心价值、运用年代顺序区分新旧价值和其他的划分标准，但他同时指出："公共价值分类的尝试很多都缺乏一个明确的标准，因此也就丧失了理论和实践的可行性。" Van Der Wal 和 Van Hout 则认为，公共价值的多样性和冲突特征主要通过模糊性（Ambiguity）、价值竞争（Competing Values）和复杂组织（Hybrid Organization）等方面体现出来。可以看出，共识主导的公共价值是一个复杂的多元系统，对公共价值进行分类和排序，其目的主要是帮助学者和实践者更好地理解公共行政过程中相互竞争和冲突的公共价值，并进一步影响管理决策和组织行为。公共价值冲突研究是共识主导的公共价值研究的重要方面。

（二）公共价值冲突

公共政策过程本质上是平衡相互冲突的公共价值的过程，不同的情境、角色和利益使公共价值体现出差异和冲突，公共组织的不同属性和环境变化则加大了冲突的强度。公共价值冲突在公共政策制定、公共服务供给和公共项目实施中扮演着重要的角色，对相互冲突的公共价值属性的理解影响着公共决策，如何调和相互冲突的公共价值成为许多公共组织的最大挑战和首要目标。

上文曾提及，公共价值创造（PV）的主体是多元的，这一方面有利于创造公共价值，并使其获得持续发展的基础，因为公共价值的创造过程建立在多方协作的共治之上，公共价值的创造网络能够得到有效的维护和发展。另一方面，多元的公共价值创造主体也增大了公共价值（PVs）冲突的可能性，这在任何公共过程中都是不可避免的。

Davis 和 West 提出要解决公共价值间的冲突问题，必须用不稳定的价值管理系统来取代静态的公共价值分类，并提出了一个包含先行条件、价值分析、价值制度和授权环境等部分的结构图，试图将冲突的公共价值转化为公共政策输出；De Graaf 和 Van Der Wal 将公共价值冲突与"善治"联系在一起，善治被定义为关于"政府应该带来什么"的普遍价值标准，能够为可能存在相互冲突的公共价值提供管理框架，认为有效的治理会达成结果，而有价值共识的治理能够获取社会的信任和支持从而贡献于"善治"；公共价值能够通过制度化过程来影响战略产出和结果，从而在不同程度上实现公共价值结果和达到公共性。

Moulton 将公共性定义公共价值输入导致公共价值结果的过程，并提出了一个理解公共性的框架，包括公共价值、公共价值制度（包含政治权威）、战略（政策制度和管理）和公共性实现（产出和结果）等部分，而公共性的实现有可能塑造未来的公共价值，因此整个概念框架是一个反馈回路，而非线性的。她认为这个框架可以被用来管理公共性，首先，确定特定环境下要达到的公共结果或者是度量公共性实现的公共价值指标；其次，确定组织或者政策环境中潜在的公共价值制度；最后，要在一定的环境下提出不同的公共价值制度与结果之间的关系假设，因为不同的公共价值制度对公共性实现的预测能力不同，特别是要评估不同的公共价值制度间潜在的相互影响和公共价值制度与经济权威之间的相互影响，以及这些相互关系对公共价值结果的影响。

共识主导的公共价值为竞争性的利益的表达和制衡提供了一个框架，从文献来看，公共价值冲突的研究以冲突管理为主，而冲突管理的研究则主要分为两类：一是提供显性价值冲突的管理策略，比如如何平衡公平与效率之间的价值冲突、效率与民主之间的价值冲突；二是从理论视角解释公共价值冲突管理的框架和路径，如从治理的视角、善治的视角和公共性视角所做的研究。这些研究是公共价值冲突管理研究的有益尝试，为后续讨论提供了切入口和平台。但研究中较为缺乏的是关于公共价值冲突来源和机理的研究。如果能够解释冲突的来源和冲突机理，公共价值的冲突管理就更加易于操作，冲突间的相对稳定性也将得到加强。

同时，需要指出的是，公共价值冲突在结果主导的公共价值中同样存在，只是冲突的原因是公共价值的供给与需求之间的矛盾和不匹配，即政府创造的公共价值与公民需要的公共价值之间存在出入和差距。这类公共价值冲突的解决主要依赖于公共价值确定和创造过程中的多元主体协商和合作。

五、讨论与研究展望

本文从概念分析入手，将公共价值研究划分为结果主导的公共价值研究和共识主导的公共价值研究，为理解纷繁复杂的公共价值概念和研究文献找到了一条切实可行的路径，也为进一步深化公共价值研究提供了概念框架和逻辑基础。结果主导的公共价值（PV）和共识主导的公共价值（PVs）的区分，不但从理论上说明公共价值研究存在不同的派别，而且从实践的视角意指它们在公共行政过程中扮演着不同的角色。但是结果主导的公共价值和共识主导的公共价值并不是没有联系，也不可能截然分离：第一，两者都内生于社会价值[①]，以共同的社会价值为基础；第二，共识主导的公共价值贯穿于结果主导的公共价值实现的整个过程，是公共价值实现的制度基础；第三，结果主导的公共价值和共识主导的公共价值都以实现根本公共利益为其最终目的。两者之间的关系如图 3 所示。

从研究层面看，公共价值是一个新兴的学科领域，也是公共行政研究的基础性问题。国外相关的研究才刚刚开始起步且并没有形成关于领域知识的系统性认识，国内研究则几乎处于空白。未来公共价值研究的关键领域主要包括：

（1）公共价值内容和创造机制的实证研究。公共价值研究的实证基础缺乏是自从其概念被提出以来就一直被批评的。最近的研究越来越明确地显示出，公共价值概念及其框架在实践中的解释力受到了限制，其主要原因是公共价值的研究大多基于规范的路径或者对现状的反思。无论是结果主导的公共价值还是共识主导的公共价值，其包括的具体内容都需要通过案例、访谈、史料和调查研究的方法获得，唯此才能凸显公共价值研究对具体公共行政过程的指导意义。同时，多元主体在公共价值创造过程中具有合法性，并共同构建和维护公共价值网络，那么，如何打开公共价值"黑箱"，挖掘公共价值创造过程中的主体合作和影响机制，则是另外一个重要的研究问题。

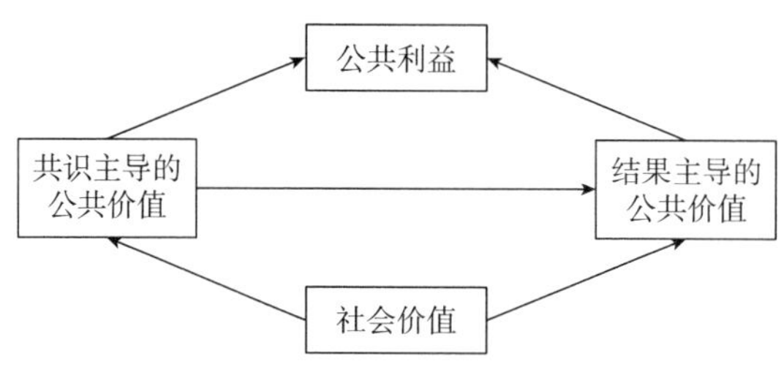

图3　公共价值关系

（2）公共价值的冲突管理问题研究。主要包括两个方面：一是对冲突的来源进行分析，从形成冲突的根本原因，而不是从冲突的外在表现形式对公共价值冲突进行管理。对结果主导的公共价值而言，分析的视角主要是公共价值供给与公共价值需求间的矛盾分析，对于共识主导的公共价值而言，分析的视角主要是多元主体间的价值博弈关系。二是研究公共价值的冲突管理机制，形成稳定的冲突应对策略，并在冲突管理机制运行的过程中形成公共决策。一方面，将公共价值管理过程与公共政策过程进行有机对接，另一方面，公共价值冲突间的相对稳定性也将得到加强。Bovaird 等倡导用价值链分析方法将公共价值与组织结构和公共服务供给过程进行连接，以分析公共价值创造中的价值节点和合作生产过程，为公共价值冲突管理提供了一个新的视角，值得进一步关注和深入研究。

从应用层面看，公共价值研究虽然刚刚起步，但其成果已经开始逐步应用于公共行政实践，并显示出其在现实中的应用价值。上文已提及，战略三角模型被用于解释和分析公共部门实践、阐述组织使命和测量绩效，公共价值范式为全面应对网络治理环境下的管理挑战提供了新的路径，公共价值类型和价值集的研究则为更好地理解公共行政过程和价值冲突管理提供了新的视角。虽然公共价值研究起源于西方，但其在中国情境下也具有一定的适应性。在全球化背景下，中国的公共管理者面临着和西方公共管理者几乎相同的挑战，他们都需要解决价值冲突程度和复杂性都很强的棘手管理问题，以回应公民诉求、获取公民信任并维持政体合法性。对于公共行政试图要解决的公共问题而言，其异质性在不断减弱，而共同特性在不断增加。这类棘手问题的应对和处理需要一个以价值为基础的路径和框架，将情境背景、公共价值、政体结构和过程以及组织管理和领导等要素进行协同。从中国的具体问题讲，自改革开放以来，中国经济建设取得了极大成就，民生逐步得到改善，但改革发展的一些关键领域却矛盾频发、易发、多发，"唯 GDP"式的经济发展方式所带来的负面效应，如环境污染问题、贫富差距问题和发展质量问题等已经不容忽视。公民在共享改革发展成果的同时，对政府某些领域的政策开始质疑，对政府的满意度并没有明显提高。究其根本，就是因为政府的某些政策和行为偏离了公共价值轨道，公共价值没有对政府政策的制定和政府行为进行有效的约束。无论是作为共同“使命”还是共同“规范”，公共价值研究对于解决这些问题无疑是具有积极意义的。同时，公共价值路径已有的研究成果在中国应用也存在一定的局限，主要体现在两个方面：一是中西方政治制度和政体结构存在差异，现有西方公共价值研究文献中重点关注的关于公共价值创造过程中政治家和公共管理者关系的描述在中国政治—行政生态下不一定合适。二是关于共识主导的公共价值的种类和价值集的研究主要是基于西方研究文献的，虽然在全球公共治理中具有一定的普遍意义，但不同情境条件下的公共价值种类和价值集等问题需要进一步挖掘。

具体而言，公共价值研究在中国情境下可以应用在以下三个方面：

第一，以公共价值框架为路径，从操作层面上强化“以人为本”理念的实施。公共价值的确定和创造过程是一个政府与公民进行协商并与利益相关者合作的过程，这一过程将打开政府和其他治理主体沟通协作的管道。战略三角模型中的“合法性和支持”维度契合于“以人为本”理念，而战略三角模型中三个维度的平衡以及匹配过程则为这一理念在中国的具体实施提供了有益的借鉴路径。

第二，以公共价值为基础，发展政府管理理论和工具，将公共价值置于政府决策和管理的中心位置，作为判断政府绩效是否达成的关键依据，并解释公共行政中的制度安排和具体组织管理问题。实际上，我国已有这方面的相关研究，如包国宪等提出了以公共价值为基础的政府绩效治理理论（PV - GPG 理论），将政府绩效视为价值建构、组织管理和协同领导系统共同作用的结果，认为以公共价值为基础的政府绩效治理的本质是在政府绩效价值建构基础上对政府绩效管理体系的构建，以及在公共管理者的领导作用下对政府行为和产出的选择、约束和创新，从而以新的绩效观回答“我们究竟需要一个什么样的政府”这个根本问题；董晓松构建了一个公共部门创造公共价值的概念模型，并通过实证研究说明公共价值创造是政府取得公信力的直接来源。

第三，以“公共价值实用主义”为基础，看重问题的本质、背景及可得的技术和资源对于策略选择的重要性。一方面，在公共行政中积极引入治理创新机制，摒弃传统官僚制的束缚和新公共管理对于效率的过分强调，以创造公共价值为目的，整合创新元素，为建设创新型政府提供理论依据；另一方面，从资源有效配置和提高行政效率的视角，以公共价值为基础推动行政体制改革和政府职能转变，逐渐向社会和市场放权，从而形成多元主体共同创造公共价值的机制。

致谢：感谢兰州大学包国宪教授、美国美利坚大学 David H. Rosenbloom 教授和美国波特兰州立大学 Douglas F. Morgan 教授提出的修改建议。

参考文献

[1] Moore M. Creating Public Value: Strategic Management in Government [M] . Cambridge, MA: Harvard University Press, 1995.

[2] Hefetz A. , Warner M. Privatization and its Reverse: Explaining the Dynamics of the Government Contracting Process [J] . Journal of Public Administration Research and Theory, 2004 (140): 171 - 190.

[3] Williams I. , Shearer H. Appraising Public Value: Past, Present and Futures [J] . Public Administration, 2011, 89 (4): 1 - 18.

[4] Kelly G. , Muers S. , Mulgan G. Creating Public Value: An Analytical Framework for Public Service Reform [M] . London Cabinet Office, UK Government, 2002.

[5] Stoker G. Public Value Management: A New Narrative for Networked Governance? [J] . The American Review of Public Administration, 2006, 36 (1): 41 - 57.

[6] O' Flynn J. From New Public Management to Public Value: Paradigmatic Change and Managerial Implications [J] . The Australian Journal of Public Administration, 2007, 66 (3): 353 - 366.

[7] Horner L. , Hazel L. Adding Public Value [M] . London: The Work Foundation, 2005.

[8] Bozeman B. Public Values and Public Interest: Counter - balancing Economic Individualism [M] . Washington, DC: Georgetown University Press, 2007.

[9] Bozeman B. Public - Value Failure: When Efficient Markets May Not Do [J] . Public Administration Review, 2002, 62 (2): 145 - 161.

[10] Davis P. , West K. What do Public Values Mean for Public Action? [J] . The American Review of Public Administration, 2009, 39 (6): 602 - 618.

[11] Rhores R. , Wanna J. The Limits to Public Value, or Rescuing Responsible Government from the Platonic Gardens [J] . Australian Journal of Public Administration, 2007, 66 (4): 406 - 421.

[12] Alford J. , O' Flynn J. Making Sense of Public Value: Concepts, Critiques and Emergent Meanings [J] . International Journal of Public Administration, 2009, 32 (3 - 4): 171 - 191.

[13] Bryson J. What to Do When Stakeholders Matter: Stake - holder Identification and Analysis Techniques [J] . Public Management Review, 2004, 6 (1): 21 - 53.

[14] Try D. , Radnor Z. Developing and Understanding of Results - based Management through Public Value Theory [J] . International Journal of Public Sector Management, 2007, 20 (7): 655 - 673.

[15] O' Toole L. , Meler K. , Nicholson - Crotty S. Managing Upward, Downward and Outward: Networks, Hierarchical Relationships and Performance [J] . Public Management Review, 2005, 7 (1): 45 - 68.

[16] British Broadcasting Corporation. Building Public Value: Renewing the BBC for a Digital World [R] . London: British Broadcasting Corporation, 2004.

[17] Oakley K. , Naylor R. , Lee D. Giving them What they Want: The Construction of the Public in "Public Value" [R] . London: BOP Consulting, 2006.

[18] Elstein D. Building Public Value: The BBC' s New Phi - losophy [R] . London: Institute for Economic Affairs, 2004.

[19] Cole M. , Parston G. Unlocking Public Value: A New Model for Achieving High Performance in Public Service Or - ganizations [M] . Hoboken, NJ: John Wiley & Sons, 2006.

[20] Kuhn T. The Structure of Scientific Revolutions [M]. Chicago: The University of Chicago Press, 1970.

[21] 包国宪, 王学军, 柯卉. 服务科学: 概念架构, 研究范式与未来主题 [J]. 科学学研究, 2011 (1): 18-24.

[22] 何艳玲. 公共价值管理: 一个新的公共行政学范式 [J]. 政治学研究, 2009 (6): 62-68.

[23] Brookes S., Grint K. The New Public Leadership Challenge [M]. Palgrave Macmillan, 2010.

[24] Alford J., Hughes O. Public Value Pragmatism as the Next Phase of Public Management [J]. The American Review of Public Administration, 2008, 38 (2): 130-148.

[25] Smith R. F. I., Anderson E., Teicher J. Toward Public Value? [J]. Australian Journal of Public Administration, 2004, 63 (4): 14-15.

[26] Spano A. Public Value Creation and Management Control Systems [J]. International Journal of Public Administration, 2009, 32 (3-4): 328-348.

[27] Osborne S. P. The New Public Governance? Emerging Per-spectives on the Theory and Practice of Public Governance [M]. London: Routledge, 2010.

[28] Domberger S., Fernandez P. Public-Private Partner ships for Service Delivery [J]. Business Strategy Review, 1999, 10 (4): 29-39.

[29] Entwistle T., Martin S. From Competition to Collabo ration in Public Service Delivery: A New Agenda for Research [J]. Public Administration Review, 2005, 83 (1): 233-242.

[30] Broussine M. "Public Leadership" in Public Management and Governance [M] //BOVARID T., FFLER E. London: Routledge, 2003.

[31] Bovarid T. Beyond Engagement and Participation: User and Community Coproduction of Public Services [J]. Public Administration Review, 2007, 67 (5): 846-860.

[32] Benington J. Creating the Public in Order to Create Public Value? [J]. International Journal of Public Administration, 2009, 32 (3-4): 232-249.

[33] Rosenbloom D. The Status of Non-mission Based Public Values in Contemporary Performance-Oriented Public Admi—nistration [C]. Paper Presented at the International Forum on Public Performance Governance, Lanzhou, China, 2012.

[34] Morgan D. The Trust versus Efficiency Paradigms for Measuring Performance: Some Implications for Local Government Leadership and Decision Making [C]. Paper Presented at the International Forum on Public Performance Governance, Lanzhou, China, 2012.

[35] De Bruijn H., Dicke W. Strategies for Safeguarding Public Values in Liberalized Utility Sectors [J]. Public Administration, 2006, 84 (3): 717-735.

[36] Frederickson H. G. "Public Ethics and the New Managerialism: An Axiomatic Theory" in Ethics in Public Manage ment [M] //Frederickson H. G., Ghere R. K. New York/ London: M. E. Sharpe, 2005.

[37] Jorgensen T. B. Public Values, Their Nature, Stability and Change: The Case of Denmark [J]. Public Administration Quarterly, 2007, 30 (4): 365-398.

[38] Jorgensen T. B., Bozeman B. Public Values: An Inventory [J]. Administration & Society, 2007, 39 (3): 354-381.

[39] Van Wart M. Changing Public Sector Values [M]. Hamden, CT Garland, 2008.

[40] Kernaghan K. Integrating Values into Public Service: The Values Statement as Centerpiece [J]. Public Administration Review, 2003, 63 (6): 711 -719.

[41] Rutgers M. R. Sorting Out Public Values? On the Contingency of Value Classifications in Public Administration [J]. Administrative Theory & Praxis, 2008, 30 (1): 92 -113.

[42] Van Der Wal Z, Van Hout E TH J. Is Public Value Pluralism Paramount? The Intrinsic Multiplicity and Hybridity of Public Values [J]. International Journal of Public Administration, 2009, 32 (3 -4): 220 -231.

[43] De Graaf G., Van Der Wal Z. Managing Conflicting Public Values: Governing with Integrity and Effectiveness [J]. The American Review of Public Administration, 2010, 40 (6): 623 -630.

[44] Marianne A., Jrgensen T. B. The "Publicness" of Public Organizations [J]. Public Administration, 1997, 75 (2): 337 -357.

[45] Moulton S. Putting together the Publicness Puzzle: A Framework for Realized Publicness [J]. Public Administration, 2009, 69 (5): 889 -900.

[46] Bao G. X., Wang X. J., Larsen G. L., et al. Beyond New Public Governance: A Value - Based Global Framework for Performance Management, Governance and Leadership [J]. Administration and Society, 2012, doi: 10.1177/00953997124 64952.

[47] Bovarid T., Loeffler E. From Engagement to Co - production: The Contribution of Users and Communities to Outcomes and Public Value [J]. Voluntas International Journal of Voluntary and Nonprofit Organizations, 2012, 23 (4): 1119 -1138.

[48] 包国宪，王学军. 以公共价值为基础的政府绩效治理：源起、架构与研究问题 [J]. 公共管理学报，2012 (2): 89 -97.

[49] 包国宪，文宏，王学军. 基于公共价值的政府绩效管理学科体系构建 [J]. 中国行政管理，2012 (5): 98 -104.

[50] 董晓松. 公共部门创造市场化公共价值的实证研究 [J]. 公共管理学报，2009 (4): 1 -8.

Research Approaches and Cutting - edge Questions of Public Value

Wang Xuejun, Zhang Hong

(China Center for Government Performance Management Research, School of Management, Lanzhou University, Lanzhou, 730000, China)

Abstract: Public value (s) has been a hot research topic in public administration since it was proposed in 1990s. However, a unified language system was far to be shaped. The purpose of reviewing public value (s) research is to present its basic concepts and research frame, and deepen the awareness of the importance of public value (s) to public administration research. Starting with the conceptual analysis of public value (s) in the literature, the article clarifies the difference of research approaches, presents and elaborates the main contents of public value (s) research based on differentiating Public Value and Public Values. The viewpoint of this article proposes a way of understanding the different connotation of public value (s) in the literature and provides a conceptual framework ot further deepen the public value (s) research. Public value (s) is a fundamental questionof public administration, the key research areas including the empirical research of public value (s) contentsand creating mechanism, and public value (s) conflict management. Meanwhile, public value (s) has implicationsto innovate the governance model, to some extent, it is applicable in China.

Key Words: Public Value (s); Triangle Strategic Model; Public Value Paradigm; Values Conflicts; Research Implications

目标治理是中国独特的制度创新

鄢一龙

人类历史上曾经出现过两种类型的五年计划体制的探索，都没有成功。第一种类型就是以苏联为代表的计划经济体制，保守估计占世界总人口和面积1/3的国家都采取计划经济体制，但是随着20世纪90年代初，苏联解体，东欧剧变，这一体制宣告失败。第二种是以法国以及东亚的日本、韩国等国家曾经采取过的指导性经济计划，但是也并不成功，这些国家先后抛弃了这一体制。

中国经济体制向市场经济转型的同时，中国的五年计划（规划）体制不但没有被抛弃，反而在中国的政策舞台上占据越来越重要的地位。中国经过长期探索形成的这种目标治理体制，是人类历史上没有出现过的，是中国独特的制度创新。

一、目标治理体制是经过长期探索形成的

走一条有自身特色的发展道路，这种对自身独特性的坚持对于一个国家至关重要，如同邓小平所总结的："中国的经验第一条就是自力更生为主。我们很多东西是靠自己搞出来的。"

中国的五年规划已经成为公共事务治理规划而不是经济计划。无论是社会主义国家曾经实行的指令性计划还是西方国家实行过的指导性计划，根本上都是对不同产业的投资、生产等作出安排的经济建设计划。中国的五年计划（规划）已经成为以公共事务治理为核心的五年计划（规划），从"九五"计划开始，中国的五年计划（规划）取消了实物量指标，不再对工农业生产下达计划指标。改革开放以来，公共事务治理类指标比例不断上升，"六五"计划中公共事务治理的指标比例占39.4%，到"十一五"规划的公共事务类指标的比例已经达到77.3%，"十二五"规划的24个指标中除了国内生产总值增长率、服务业比重、城镇化率3个指标是经济指标，其他全部是公共事务治理的指标，公共

作者简介：鄢一龙，清华大学公共管理学院副教授。

事务治理指标比例高达87.5%。

中国的五年计划（规划）是基于整体知识而不是分散知识。公共事务治理千头万绪，但是公共资源是有限的，实现有限资源的公共利益最大化就必须回答在未来的五年中要做什么？做到什么程度？优先次序是什么？这就有一个运用经济社会整体状况的知识进行规划的问题，或者说是运用整体知识进行顶层设计的问题。

由此引申出来一个结论：中国目标治理体制最为重要的创新是重新界定了政府与市场的边界。关于政府职能的主流理论认为，政府的职责在于弥补市场失灵，提供非竞争性产权和非排他性消费的公共产品。事实上，我们需要从一个更为根本性的视角，即决定经济社会运行的关键因素信息属性（或者说知识属性）来重新界定"政府之手"和"市场之手"的边界。中国的目标治理体制实际上给出了一个新的界定，即分散知识领域需要"看不见的市场之手"发挥配置资源的基础性功能，在整体知识领域需要"看得见的规划之手"发挥配置资源的基础性功能。因此，对于纯公共物品需要指令性计划，也就是我们看到的约束性指标，对于混合型产品需要引导性计划，对于私人产品我们需要预测性计划，提供预期信号。因此，中国实际上对"国家是否需要计划"这个世界范围长久争论的问题给出了一个新的答案，那就是：整体知识对公共事务的治理至关重要，而五年计划（规划）体制在产生和运用整体知识上比市场体制更为有效。

二、"有规划"的目标治理体制比"无规划"的自发治理体制更具优越性

中国的经验表明，最好的治理是自发治理和目标治理的结合。1953年以来，我国的历次五年计划（规划）都是中国追求社会主义现代化长远目标的一个具体战略步骤，同时又有不同的战略侧重。这也体现了中国独特的政治优势：既能够保持长远战略目标的长期稳定，也能够对战略步骤和具体战术进行灵活的阶段性调整，持续推动中国的发展不断迈上新的台阶，积累下来就成为中国经济社会巨变，并成为中国"发展奇迹"的重要来源。

中国更具有国家目标实现能力，具有更高的执行效率。在西方的政治文化中的国家目标大体上只是一个象征，并不需要实现。2000年欧盟提出新世纪头十年的里斯本战略，提出的三大目标都没有实现。年均经济增长3%，实际只有1.42%；研发投入资金占GDP的比例提高到3%，实际只有2%左右；将平均就业率提高到70%，实际上最高的2007年也只有65.3%。而中国的国家目标总体上都能够实现，国家"十一五"规划制定的22个指标，完成了19个，其他3个也取得了进展；我们刚刚完成的国家"十二五"规划中期评估显示，28个指标中只有3个指标稍显滞后，估计"十二五"规划指标实现情况将达到90%以上，创造一个新的历史纪录。

中国更具自觉的适应能力，具有更高的适应效率。诺斯认为制度之间的优劣比较比配置效率更为重要的是适应性效率，中国由于具有应用整体知识的目标治理体制，因此具有更高的适应性效率，除了自发适应能力之外，更具有自觉的适应能力，能够对目标、政策、体制进行前瞻性、主动性的调适。能够通过实践、认识、再实践、再认识的方式，来实现自我纠错，自我纠偏，以更好地适应变动的环境。这使中国的体制变迁是延续性和创新的结合，我们计算每个五年计划（规划）指标调整和延续的比例平均下来大体是40%和60%。不但长期制度变迁如此，“机会总是给有准备的人”，中国对于外部不确定的短期冲击也是如此。中国之所以能够“出手快、出手重、出手准”，成功应对金融危机，很重要的原因，就是四万亿元投资很大部分已经是“十一五”规划中准备上的项目，只不过因为应对危机提前推出。

当然，目标治理体制也有其局限性。第一是它具有短期性和不稳定性。目标一旦确定，所有的资源就如同涨潮一样都朝实现目标的方向配置，但是如果目标改变或者目标重要性下降，就如同退潮一样，所有资源又可能都消失，那么短期取得的成果就有可能丧失，又出现了反弹。第二是它更容易采取简单粗暴的行政手段。虽然目标实现实际上混合了法律手段、经济手段、行政手段，但是往往行政手段能够最快见效，当目标实现压力过大时，就会采取简单粗暴的行政手段，“十一五”规划为了实现节能减排的目标，许多地方采取的拉闸限电的措施，就是一例。第三是在一定程度上会造成市场扭曲。例如，由于国家规划鼓励清洁能源发展，一方面这是对市场的正确引导，另一方面也使风电产业、光伏产业等一哄而上，造成了产能过剩。

因此，中国的目标治理体制建设仍然需要不断地调适、不断地自我完善，需要进一步和长效机制建设结合起来，进一步和市场机制结合起来，进一步纳入依法治国的轨道。

正是有了实践的创新，才为我们的理论创新提供了可能。中国已经创新了更具优越性的制度体系，这也使我们有充分的理由增强制度自觉、树立制度自信。

规划：中国政策过程的核心机制

韩博天（Sebastian Heilmann）　奥利佛·麦尔敦（Oliver Melton）

【摘　要】目前中西方对中国政策过程的研究大多忽略了规划这个核心机制。与西方国家以立法为目标的政策过程不同，中国政府自2003年以来一直努力完善规划机制，希望以此建立起一个可预见的政策过程。通过对中长期规划及其子规划过程的研究，我们发现，规划在中国远远超出一个政策文本或一个封闭的政策过程，而是中央和地方多层次、多主体之间通过各种互动模式，不断协商、起草、试验、评估、调整政策的循环过程。通过规划机制，各个层级不同领域的政策主体相互链接成为一个庞大的网络，输出不计其数的政策文本，引导或干预经济主体的活动，塑造或制约各级政府的行为。规划依附行政层级体系运行，但决定其效率的却是党的干部考核制度。这个特点使中国与其他东亚发展型国家有了本质区别，也超越了现有西方主流解释框架，因此我们呼吁摆脱制度学派的束缚，进行理论创新。

【关键词】政策过程；中长期规划；层级互动；治理模式；干部考核

一、引言

长期以来，计划是西方研究中国政治经济的一个盲点，大部分学者把“取消计划”和“从计划到市场的转型”视为中国体制改革的基本途径，因此很多论文在解释中国经济增长现象时，很少甚至不提及计划的作用（Chai，1998；Liew，1997；Brandt and Rawski，2008；Huang，2008；Naughton，2007；Chow，2007）。对中国中长期规划的普遍看法是，既无力应对复杂多变的经济发展状况，对经济增长也没有实质影响，不过是政府所做的表面功夫。出于这些原因，西方的学术界因此更愿意关注市场化、监管、国企改革、民营企业和私有财产保护等这类话题。

跟主流研究相反，本文所要表述的观点是“计划在中国从未消失”。特别是1993年以后，计划的职能、内容、制定过程和方法发生了根本转变，新型计划体制不但为市场发展和政府放权提供了空间，同时也为行政部门和执政党对经济保有控制力提供了保障。2005 年“计划”更名为“规划”后，规划更是成为制定各种公共政策的主要手段。因此研究规划体系，能让我们更好地理解中国政治体系中特有的中央和地方之间摇摆不定的互动关系，以及机构权威和自治并存的复杂性。规划在中国政治的运作过程中，是确定政策优先顺序的推动力，是政策调整的界限，是授予机构权力的依据，是决定各级政府之间权力分配的关键。更重要的是，我们将会在下文证明，规划已经成为治理各种问题的核心机制。

二、1978～1993 年计划外的经济增长

目前仅有一小部分文献指出新型计划体系对中国经济发展的速度和模式所起的作用（Bramall，2009：473－474；Melton，2010），更广为接受的解释则是巴里·诺顿（Barry Naughton）1995 年所编著的《计划外的增长》（Growing Out of the Plan），该书指出，中国 20 世纪 80 年代到 90 年代初的经济增长主要来自计划体制之外，当年随着国有经济发展停滞，指令性计划范围不断缩小，体制外的民营经济迅速成长，这种此消彼长的形势一方面促进了市场经济的形成，另一方面降低了计划的重要性。这个解释框架看到了当年一些旧的计划元素消失，比如不计其数的指令性生产目标、实物供应，以及国家直接拨调物资，直接控制投资、信贷、价格和外贸等手段。这些过时的计划经济的元素确实随着经济体制改革逐渐减少甚至消失，但同时，中国政府自 1993 年以来，也不断给计划体系注入了一些新的元素（详见下文），而这些新元素却被《计划外的增长》一书忽略了。如果将中国经济增长完全归结于计划之外，那么我们该如何解释中国政府自改革开放以来从未间断地推出“五年规划（计划）”这种行为呢？中国政府除了在经济领域推出产业规划之外，为什么还在科技、环保、医疗、教育等非经济领域不断推出各种中长期规划？

更为重要的是，2003 年以后，中国政府甚至加强了规划的职能，并将规划过程进一步制度化，提升了规划在政策协调和政府监督中的作用。“十一五”（2006～2010 年）和“十二五”（2011～2015 年）期间甚至引进了新的指标类型（约束性指标），用以加强党对行政行为的约束，特别是在非经济领域，比如环境保护和土地管理（田锦尘，2010）。另一个显示规划重要性增强的信号是温家宝总理上任后所提出的“没有规划不批项目”①。

中国 1993 年之后建立的新型发展规划体系脱离了原有的苏联模式，转向发现和发挥国内国际市场发展潜力（李朴民、李冰，2001）。20 世纪 80 年代中央政府推行权力下放，目的是调动地方积极性，促进各地相互学习交流进而推动政策创新，但这一举措同时也削

① 这是温家宝在 2003～2004 年国务院内部会议上提出来的，虽然这一指令没有公开发布，但在笔者的采访中，规划制定者多次提到这个指令，并认为这个指令提高了规划的地位和作用。

弱了中央对宏观经济的控制。为了缓解这对矛盾，以江泽民和朱镕基为首的中央政府从1993年开始采取了一系列改革措施，建立起一个新型规划体系，在保留市场灵活性的同时，巩固中央权威。

新型规划体系虽然处于市场经济的环境中，但依然保留了计划经济最核心的国家职责，比如政府进行战略协调（从预期性、长期性、综合性的角度来确定经济发展优先顺序并对其进行协调）；主导资源调动（根据政策制定者对经济和社会持续发展必要性的判断，调动和集中有限的资源，对经济结构进行调整）；实施宏观调控（为了实现预定的发展目标，预防剧烈的经济周期波动和遏制外部冲击，国家控制主要经济总量的增长和水平）（Todaro and Smith，2006：518；Mohan and Aggarwal，1990：682；钟契夫，2007：52－59；相伟，2009：40）。除此之外，新型发展规划还把规划目标和干部考核结合起来（详见下文），目的是加强中央对地方的控制，要求地方跟中央决策保持一致。

三、转变计划职能

经过20世纪80年代早期探索性的计划体制改革和激烈的内部争论，中央以部门为主分配资源的做法自1984年开始急剧减少（陈先，1984；Ya－buki，1995：32－34）。这种以指令性计划为特征的资源分配方式逐步被限制在一些国民经济命脉产业或具有战略意义的经济"制高点"领域内，在以市场资源配置为主的消费品生产领域，指导性计划逐渐取代了指令性计划。中央政府把指导性计划解释为一种过渡性的制度安排，所提出的指标对国有企业没有强制性①，以此保证国有企业的自主性，政府通过指导性计划主要是控制经济总量（Hsü，1986：383；Naughton，1990：743－744；刘日新，2006：145，347－349）。从指令性向指导性计划的转变使很多行业的年度计划变成多余，尽管计划体制改革很早就把提高中长期计划的地位和作用设定为改革目标，但是从毛泽东时代流传下来的年度计划这一传统却无法打破，这种状况一直持续到1992年（桂世镛等，1994；Shi et al. ,1993）。

1992年中共中央决定建设"社会主义市场经济"，从那时起，旧的计划体系逐步被取代。首先，中共中央于1993年秋决定计划不再是市场的替代手段，要求计划制定者相应地转向"以市场为基础"，把国内外市场主要发展趋势融入中长期计划中，与市场一起为市场作计划。同时，把计划和财政、金融政策并列为国家宏观调控的三大手段，赋予计划"综合协调"和促进"总量平衡"的职能。与以往专注于量化目标和指标不同，计划制定者受命转向宏观的、战略性和政策性议题，不再直接给地方和企业下达指令。计划要以市场导向的产业政策为手段，为经济结构转型提供宏观指导（《中共中央关于建设社会主义

① 民营企业不在政府计划范围之内，所以指令性计划和指导性计划只针对国有企业。

市场经济体制若干问题的决定》，1993；李朴民、李冰，2001）。当时原国家计划委员会（以下简称“国家计委”）在一份关于计划体制改革的报告中，把计划协调的具体职能解释为“保持社会总供求的平衡以及国民经济重大比例关系的大体协调”，以及“弥补市场协调的不足”（桂世镛等，1994：72－76）。

在编制第九个五年国民经济计划（1995～2000年）过程中，计划制定者首次尝试新的计划方法（陈锦华，2005；李鹏，2007）。“九五”计划只提出了总目标，并把这个总目标称为预测性的和指导性的，而不是强制性的。同时还解释了转变经济结构的新方法和政策。除了很少几个国家大型投资项目，“九五”计划不再附带政府投资项目的明细表，政府投资项目被列入年度计划，投资数额改为每年具体协调（李鹏，2007：1206－1208）。1998年“九五”还剩两年，朱镕基一上任，便取消了所有指令性目标（常欣，2006：658）。

在编制第十个五年国民经济计划（2001～2005年）期间，朱镕基甚至提出了政府“不再是资源配置的主要力量”，应该通过市场信号和竞争来刺激经济增长。计划应该从设立量化的经济增长目标转向引导和协调社会和经济的结构转变和质的转型，比如发展服务业、提高内需、确保环境可持续性、促进城市化以及西部开发等（张卓元、路瑶，2006：665－667，674－677）。

2003年温家宝接替朱镕基任总理，中国政府的注意力从经济结构问题转向改善政府管理职能和提供公共服务等方面。与朱镕基重市场轻计划的态度相反①，温家宝强调国家要对经济、社会、科技和环境的发展进行长远协调，并重新重用制订计划的官员。在2003年11月召开的中共中央全会上，温家宝提出了“五个统筹”的纲领性口号，以此概括执政党重视和谐和科学发展的理念，强调政府协调发展的责任。对于解决城乡之间、地区之间、社会和经济、人和环境以及国内国际之间发展的不平衡，不应寄托于市场的自然演化过程（《中共中央关于建设社会主义市场经济体制若干问题的决定》，2003）。

温家宝提出的这五个统筹成为编制第十一个五年国民经济规划（2006～2010年）的指导原则。除了五个统筹之外，“十一五”规划对于国家和地方不同层次的规划工作进行了改革（详见下文）。此外，“十一五”决定在“十五”中期评估的基础上进行创新。这些创新的想法其实早在20世纪90年代中期国家计委就有人提出（马凯，2006；胡鞍钢等，2008；朱之鑫，2009；徐林，2010），当时正在编制“十五”计划，国家计委提议把“计划”改为“规划”，以区别于政府直接决定资源配置的指令性计划，但直到编制“十一五”规划期间，这个提法才获得政治决策层的首肯。②

“十一五”除了把计划改为规划之外，最重要的改变是扩大了指标体系，除了已有的预测性指标，还引进了新的约束性指标，到了“十二五”期间约束性指标进一步扩大了

① 国家发改委官员认为朱镕基一直削弱前国家计委的职权，自20世纪50年代朱镕基在国家计委被打成右派之后，他再没踏进过国家计委大楼一步，包括1993年到2003年主政国务院期间，国家原计委/发改委官员对笔者如是说。

② 在年度计划中以及一些按照“传统”方法制定计划的部门，比如铁路系统依然使用“计划”这个旧术语。

适用范围（见表1）。与以往计划经济中的指令性指标不同，约束性指标被视作“政府对社会的承诺”，约束的对象不是企业，而是各级政府，特别是政府在提供公共服务、保护环境和土地使用等方面的行为（杨伟民，2003、2010）。这种把国家规划和干部考核相结合的做法（plan - cader nexus）对党管干部这个共产党执政的根本制度带来了新的挑战（详见下文）。

四、规划层级

被称为五年规划的文件包括了2005年秋中共中央批准的《中共中央关于制定国民经济和社会发展第十一个五年规划的建议》（以下简称《规划建议》）和2006年春人大通过的《中华人民共和国国民经济和社会发展第十一个五年规划纲要》（以下简称《规划纲要》），这两份文件的文字表述比较简短和笼统，主要描述国家的主要任务和实现途径。这两份中央文件公布之后，国务院各部门和地方各级政府就纷纷开始各自制定具体实施的子规划。通过制定各种子规划，国家五年规划被一步步细化，出台的各级文件累计超过上千份，形成了一个层层叠叠、相互联系的政策网络。这个网络贯穿整个五年规划实施期间，覆盖中央各个部门、省（包括自治区、直辖市）和市县（包括县级市）地方各级政府，因此与其把五年规划看成一个完整统一的蓝图，不如把它设想成一个围绕着规划，不断循环进行协调、评估、调整的政策过程。

除了五年规划（又称总体规划）之外，国务院还可以组织编制专项规划和区域规划（国务院，2005）。与五年规划一样，国家专项规划和区域规划同样是省（包括自治区和直辖市）、市县级政府制定当地规划的依据，其内容会被一级一级地复制到地方规划中，并在各地方政府所编制的实施规划中一步步完善和细化。这所谓的“三级三类规划”（国家—省—市县和总体—专项—区域）实际上构成一个相互交织庞大的规划网络，把中央各部门及地方各级政府的政策制定者全都包括进来，在中央所给定的框架内，各自决定自己管辖范围内的政策优先顺序，同时通过规划协调中央与地方的发展目标和具体政策（杨伟民，2010；成思危，2004）。虽然这些子规划包含了比五年规划更详细的政策措施，但具体实施过程还要取决于实施细则、财政预算、具体实施者等因素，因此这些子规划是把《中华人民共和国国民经济和社会发展第十一个五年规划纲要》中所提出的宏观目标落实到具体行政行为的重要中间环节。

区域规划和专项规划在研究中常常被忽略，实际上这两类子规划是各部门实现五年规划所确定的宏观目标最主要的手段。区域规划是指跨省区的规划，覆盖范围包括相邻的省市，主要用来协调跨省区的发展目标，所以有别于地方规划。专项规划主要针对特定政策领域所编制的规划，这些特定政策领域往往是总体规划中提出要加强或加快发展的领域。

表1　约束性指标和预期性指标一览表

		“十一五”规划（2006~2010年）		“十二五”规划(2011~2015年)	
经济发展	国内生产总值（GDP）	年均增长7.5%	预期性	年均增长7%	预期性
	人均国内生产总值	年均增长6.6%	预期性	无	
经济结构	服务业增加值比重	累计增长3%	预期性	累计增长4%	预期性
	服务业就业比重	累计增长4%	预期性	无	
	研究和试验发展经费支出占GDP比重	累计增长0.7%	预期性	累计增加0.45%	预期性
	每万人发明专利拥有量	无		累计增加1.6万件	预期性
	城镇化率	累计增长4%	预期性	累计增长4%	预期性
人口、资源、环境	人口增长	年均增长<8‰	约束性	年均增长<7.2‰	约束性
	单位国内生产总值能源消耗降低	累计减少20%	约束性	累计减少16%	约束性
	单位国内生产总值二氧化碳排放降低	无		累计减少17%	约束性
	非石化能源占一次能源消费比重(非再生能源)	无		累计增长3.1%	约束性
	单位工业增加值用水量降低	累计减少30%	约束性	累计减少30%	约束性
	农业灌溉有效用水系数	累计提高5%	预期性	累计提高3%	预期性
	工业固体废物综合利用率	累计增长4.2%	预期性	无	
	耕地保有量	累计减少0.02亿公顷	约束性	不再减少	约束性
	二氧化硫减少率	累计减少10%	约束性	累计减少8%	约束性
	化学需氧量减少率	累计减少10%	约束性	累计减少8%	约束性
	氨氮排放总量减少率	无		累计减少10%	约束性
	氮氧化物排放减少率	无		累计减少10%	约束性
	森林覆盖率增长	累计增长1.8%	约束性	累计增长1.3%	约束性
	森林蓄积量	无		累计增长600亿立方米	约束性
公共服务人民生活	人均受教育年限	累计增长0.5年(至9年)	预期性	无	
	九年义务教育巩固率	无		累计增长3.3%	预期性
	高中阶段教育毛入学率	无		累计增长4.5%	约束性
	城乡基本养老保险覆盖人数	累计增加0.49亿人	约束性	累计增加1%	约束性
	城乡三项基本医疗保险参保率	无		累计增加3%	约束性
	城镇保障性安居工程建设	无		累计增加3600万套	约束性
	城镇新增就业人数	累计增加4500万人	预期性	累计增加4500万人	预期性
	转移农业劳动率	累计增加4500万人	预期性	无	
	城镇登记失业率	低于5%	预期性	低于5%	预期性
	城镇居民人均可支配收入	累计增长2897元	预期性	累计增长7701元	预期性
	农村居民人均纯收入	累计增长895元	预期性	累计增长2411元	预期性

资料来源：国务院：《中华人民共和国国民经济和社会发展第十一个五年规划纲要》，中国政府网，http：//www.gov.cn/ztzl/2006-03/16/content_ 228841.htm；国务院：《国民经济和社会发展第十二个五年规划纲要》，新华网，http：//news.xinhuanet.com/politics/2011-03/16/c_ 121193916.htm。

（一）区域规划

区域规划有一个很实际的功用就是协调地方经济发展，其中内容包括了向不发达地区转移经济发展所得，东部沿海发达地区内部的再分配，以及指导城镇化和基建投资。在这个过程中，中央政府的具体工作是协调跨省区的规划，审批和授权跨省区规划以及城市群规划。

编制区域规划最早是从20世纪90年代末开始的，当年中央政府通过出台西部大开发规划，加大了对西部基建和一些发展瓶颈的投资。继西部之后国务院又出台了以改造老工业基地为主的《东北地区振兴规划》、以发展世界一流产业和服务产业群为目标的《长江三角洲地区区域规划》以及促进地区融合和加强产业分工合作的《珠江三角洲地区改革发展规划纲要（2008－2020年）》（中国香港和中国澳门也包含在这个规划内）等（见表2）。西部开发和东北振兴甚至上升为基本国策，中央政府为此成立了专门领导小组，负责协调工作的领导小组办公室设在国家发展和改革委员会（以下简称国家发改委）内。这些规划所提出的任务、目标和投资渠道各不相同，但都超过了单独某个省区的范围，因此中央政府的协调不可或缺（Chung、Lai and Joo，2009）。

区域规划实际上可以说是中央与地方之间达成的一种默契，是中央为实现规划纲要所提出的目标，把一部分经济管理权下放给地方，鼓励地方尝试新的发展举措实现中央制定的目标。在规划实施过程中，中央的财政拨款和直接投资起到了支持作用（在东北和中部地区）甚至决定性作用（比如对于西部开发）。对于经济比较发达的长三角和珠三角地区，虽然对中央财政支持的需求不那么迫切，但是地方政府仍然需要这类国家规划作为“尚方宝剑”，表示中央承认地方享有先斩后奏的行政自由裁量权。[①] 地方发起的改革通过区域规划被纳入国家项目，比如连接重庆、成都和东部地区的重大基建投资；或者需要中央协调的监管，比如上海和广东所追求的金融中心地位，也写进了相应的区域规划中，以此保证资源和金融企业集中在这两个地方。

在笔者与地方规划制定者的访谈中，他们明确表示，这类中央授权的区域发展规划是一种有文件依据的政策资本，具有比五年国民经济和社会发展规划甚至国家法律法规更大的灵活性。这些规划甚至被当作“管红头文件的文件”，为地方政府提供了政策保障以及“先试先行”的权力。[②] 引人注目的是，在起草《成渝经济区区域规划》（包括成都和重庆）以及《珠江三角洲地区改革发展规划纲要（2008－2020年）》（包括我国广东及港澳地区）的过程中，北京派了由国家发改委带队的代表团到当地，主导了整个文件起草过程。地方政府只是提供政策建议、统计数据和调研结果，当然在规划起草过程中，国家发改委的起草小组也多次征求地方政府的意见，但是跨省区的发展战略（包括珠三角地区的港澳地区）最终还由北京来规划，毕竟这个任务超过了地方政府的权限。虽然广东省

① 信息来源于2009年和2011年在广州和深圳对当地规划制定者的访谈。

② 2010年在广东省人民政府发展研究中心的访谈。

政府作为珠三角区域规划发起者之一有自己的考量，但国家发改委强调，珠三角区域规划主要是为了促进珠三角区域内各行政区之间（包括中国香港、中国澳门）有效分工以及在未来行政和监管方面的融合。①

在国务院领导下，国家发改委地区司与地方政府合作，把区域规划和地方分散试验结合起来，建立了一个“多层次试点”的模式（《多层次改革试点格局基本形成》，2010）。这样做的好处是把中央规划和地方积极性结合起来，“推进地区探索不同的发展模式，同时避免重复建设带来的资源浪费”。中央牵头编制区域规划，实际上是中央和地方形成的一种默契，即中央通过授予地方政府一定的政策制定权，以换取他们对国家发展目标的认同以及对中央政府战略协调的配合（Chung、Lai and Joo，2009：125）。

表 2　区域规划和其所包含的试点方案

规划	国务院授权的分散试点（选摘）
《西部大开发“十三五”规划》（2007 年 3 月批准实施）	•西部地区循环经济试点 •建设一批现代农业科技推广示范基地 •建设西（安）咸（阳）经济一体化示范区 •西部地区人才市场建设示范项目
《东北地区振兴规划》（2007 年 8 月批准实施）	•新型工业化综合配套改革实验区 •资源型城市经济转型试点 •循环经济试点 •扩大中小企业贷款试点
《珠江三角洲地区改革发展规划纲要（2008－2020 年）》（2009 年 1 月批准实施）	规划包含了 24 个授权试点的方案，其中有： •政府机构改革和政府投资改革试点 •建立金融改革创新综合试验区 •建立产学研合作综合示范企业和基地 •统筹城乡发展综合改革试点，土地管理改革试点 •公共医院改革试点
《长江三角洲地区区域规划》（2010 年 5 月批准实施）	规划包含了 25 个授权试点的方案，其中有： •推进上海国家级信息化与工业化融合试验区建设 •设立苏州城乡一体化发展示范区 •开展环境税试点，探索开征物业税，创新出口退税负担机制 •设立区域发展促进基金，主要用于跨省市基础设施建设、生态建设和环境治理等方面 •开展区域生态环境补偿机制试点，开展低碳经济试点 •促进台州和温州建成民营经济创新示范区
《促进中部地区崛起规划》（2010 年 8 月批准实施）	规划包含了 14 个授权试点的方案，其中有： •土地管理试点 •重点流域实施生态补偿机制试点 •公立医院改革和养老保险试点 •煤炭工业可持续发展政策试点和煤炭资源有偿使用制度改革试点 •鼓励晋陕豫黄河金三角地区突破行政界限，开展区域协调发展试验

资料来源：区域规划引自国家发改委网站，试点方案摘自规划内涉及试点、试验和示范的内容。

① 2009 年和 2011 年跟国家发改委、广东发改委和深圳市政府官员的访谈。

（二）专项规划

专项规划主要是用于协调跨部门、跨政府的投资、监管以及政府行动（朱宝芝，2010）。由于专项规划是围绕某个主题而不是某个部门，所以参与的部门往往不止一家，其中由某个部门负责牵头。那些时间跨度超过五年的专项规划，往往意味着国家对某个项目长期稳定的支持，这对获取资源和加快审批可能起到关键作用。跟其他规划类似，专项规划也是分层实施，而不是由中央政府统一执行，这种政策过程允许把执行设计授权给各级地方政府及中央各部委，鼓励进行分散的政策试验。

根据国务院2005年对规划编制工作的解释，国家级专项规划原则上限于关系国民经济和社会发展大局，需要国务院审批和核准的重大项目以及安排国家投资数额较大的领域，这些领域包括基础设施建设，如农业、水利、能源、交通、通信；重要资源的开发保护，如土地、水、海洋、煤炭、石油、天然气；公共事业，如生态建设、环境保护、防灾减灾、科技、教育、文化、卫生、社会保障、国防建设；以及需要政府扶持或者调控的产业（国务院，2005）。

根据我们粗略统计，“十一五”期间，国家各部委共出台了一百六十多项专项规划，很多是“十一五”规划后半段才出台的，同时各级政府也出台了几十个当地的专项规划①。国家和地方的专项规划无论适用范围还是性质彼此差异很大，即使在国家专项规划之间，也是多种多样：其中既有为数众多的行业规划，比如涉及药品、食品加工、化学制品、水泥和纺织行业；也有涉及范围更广、规划周期更长的产业发展规划，比如造船业、炼油业等；更为广泛的专项规划是某个需要政府指导的领域，比如科技、节能、再生能源等，或者需要政府长期协调领域，比如铁路和高速公路网的建设、地区电网基建，以及涉及改善公共服务质量方面，比如减灾、教育、保护文物等。

下面我们将用“十一五”规划所提出的节能减排目标这个例子，来考察规划过程中各种规划如何相互衔接、相互适应，以及激励机制、调整机制和分散决策机制如何推动整个规划过程。我们之所以选择节能减排作为案例研究，是因为它将会是一个长期的政策关注点（比如“十二五”规划也制定了新的节能减排目标），同时这个政策领域也体现了中国政府所追求的从单纯关注经济增长到提高治理和公共服务的职能转变。

从这个例子也可以看出，哪些国家政策可以成功超越其他诱惑（比如地方官员对如经济增长和税收的执着追求），这对中国分散执行政策的体系是一个严峻挑战。由于节能减排其中一个很重要的部分是由一千家企业来执行，国家所设定目标如何通过规划体系转变成为企业行为，这将是我们关注的一个重点。同时，无论是政府自己的内部评估和第三方的专家评估都认为，节能减排是“十一五”规划中实施最成功的一项目标（国务院，2011；Yao and Kroeber，2010：6－8；Levine et al.，2010），尽管节能减排还有很多方面

① 该统计根据国家发改委网站所公布的“十一五”国家专项规划及地方专项，详见《“十一五”专项规划》，http：//www. sdpc. gov. cn/fzgh/ghwb/115zxgh/default. htm。

不尽如人意，但是“十一五”规划开创了一个先例。

（三）案例研究：“十一五”规划的节能减排行动①

2000~2005年经历了一次惊人的能源消费暴增之后，中国领导人规划了一个雄心勃勃的全国节能减排行动，把单位GDP能耗降低20%列入“十一五”8个“约束性”指标之一，同时作为干部考核的内容之一（国务院，2006a，2006d）。“十二五”期间中国政府继续承诺降低单位GDP能耗16%（国务院，2011）。

实际上第一个提出节能减排是2004年国务院公布的《能源中长期发展规划纲要》（以下简称《能源纲要》），“十一五”规划纲要比《能源纲要》晚出台15个月，是在《能源纲要》基础上提出节能减排目标的（Levine et al.，2010：15－16）。“十一五”规划纲要里列出了约束性节能减排指标以及10项重大节能项目，涉及建筑节能标准和改造燃煤设施等方面（国务院，2006a，2006d），然而这10个重大节能项目的具体实施方案是几年后才逐渐形成的。另外，“十一五”规划纲要只提出了目标，却没有说明节能减排行动从什么时候开始，严格说来，“十一五”开始前一年，随着《能源纲要》出台，节能减排行动就已经开始了。再者，“十一五”规划纲要也没有提出一个实现目标的实施方案，很多具体措施是在“十一五”开始两三年之后才陆续出台的。因此，我们把“十一五”规划纲要2006年所提出的建议和目标看成一个标志，标志着一个周期为5年，逐步展开的政策过程的起点。

在众多“十一五”节能减排执行方案中，有一个“千家企业行动方案”，这个方案是根据2003年山东省进行的节能减排试验制定的。山东的试验是政府单独跟每一个企业签合约实现节能减排的目标，这个过程中，政府补偿企业由此产生的费用并跟踪评估企业节能行动（Levine et al.，2010：59）。由于山东的试验成效显著，这种政府指导企业减排的方式于是被写进了《能源规划》，之后“十一五”也吸收了这种方式（国家发展和改革委员会，2004；Levine et al.，2010：59）。“十一五”规划纲要颁布后一个月，国务院公布了一个将节能减排指标分解给一千家能源消耗最多的企业的行动方案，作为地方和国家官员实现减排目标的措施之一。

这个行动方案由一个设在国家发改委节能和环保司的领导机构负责协调起草，之后以国家能源领导小组办公室、国家统计局、原国家质量监督检验检疫总局和国务院国有资产监督管理委员会（以下简称国资委）的名义联合发布（国家发展和改革委员会，2006a）。这是建立跨部门协调机制关键的第一步，因为随着这个联合指令自上而下传递，各级政府也会形成一个对应的联合工作机制，协调不同部门共同监督当地的企业行动。这种地方政府模仿上级政府行为的过程会在全国范围内重复成百上千次。

这份行动方案列出了一千家参与节能减排的企业以及他们节能的目标，并给参与的各部门各自分派了一个明确的角色：国家统计局受命建立一套广泛的统计汇报系统，省和直

① 该案例摘自麦尔登（2010：10－14）。

辖市政府被要求建立适合当地的监管程序，国资委则要为央企建立一套监督和评估体系等（国家发展和改革委员会，2006a；国务院，2006c）。2006 年 8 月国务院又发布了一份有关节能的决议，进一步阐明了一些任务和责任（国务院，2006c）。同年 9 月，国务院发布了另一份文件，详细说明了各个省的节能减排目标（国务院，2006b），这是中央跟省一级政府经过长期谈判所达成的结果。为了解决之前节能成效不佳的问题，这次不但设立具体的节能的目标和引进监督机制，同时还把节能减排列入对地方官员的政绩考核中（国务院，2007a；广东省人民政府办公厅，2008）。

与此同时，各省政府着手制定了本省实施规划，把分配给他们的节能减排目标再次分解。比如广东省在 2006 年 11 月公布了一个整体达标方案（减少 16%）和一个企业实施方案，这个企业实施方案是针对国务院所指定的一千家企业中的 27 家企业，这些企业位于广东省境内。与此同时，广东省政府还出台了一个省级千家企业行动方案（最初只有 625 家企业参加，2008 年调整为 918 家），这实际上是复制中央的做法，即把节能减排目标、干部考核和落实责任在省内层层分解下达，最后由企业驻地的市政府和乡政府监督企业实现节能减排目标（广东省经济贸易委员会，2008）。① 2008 年 12 月，广东公布了一个调整方案，对各市区节能减排目标和基层官员考核的标准进行了调整修订（《粤 21 地市签订节能“军令状”降耗目标将纳入政绩考核》，2006；广东省人民政府，2006c；广东省人民政府办公厅，2008）。

经过一层层地分解指标，到 2007 年初，也就是国家节能减排指标公布一年之后，遍布全国各地的一千家企业接到了所分配的任务；保证完成这项任务的责任制也被层层落实到各级政府部门，各级官员也被告知他们的考核内容。尽管如此，执行过程仍会有很多细节问题，比如对新的投资项目的能源标准在 2007 年才公布（国家发展和改革委员会，2006b，2007）；统计汇报和检测能源消耗的程序在 2007 ~ 2008 年才确定（国务院，2007a）；对企业完成任务的财政奖励措施也相继陆续出台。

到 2008 年底“十一五”实施过半的时候，中期评估开始了。中央政府、省政府和市政府才刚刚出台了基本的执行政策的工具，有很多甚至还在筹备中或在 2009 ~ 2010 年不得不进行修改。尽管如此，节能减排无论是从整体执行结果来看，还是从一千家企业实现目标来看，成就都引人注目，第三方专家也证实了这个成果。劳伦斯伯克力国家实验室（Lawrence Berkeley National Laboratory）的研究报告显示，2007 ~ 2008 年各类实施方案出台后，能源消耗急剧减少，节约效果明显，到 2008 年底，“十一五”所提出的节能减排目标已有 1/3 实现。2009 ~ 2010 年这个趋势似乎还在持续，20% 的目标将会基本实现。在各种实施方案中，千家企业的行动方案效果最显著，“十一五”的头三年就完成了 95% 的目标（Levine et al.，2010；Yao and Kroeber，2010：6 - 8）。这个过程实际上跟节能减排的各项政策出台过程同步。

① 广东省经济贸易委员会 2008 年所发布的文件列出了位于广东省境内参与节能减排行动所有企业的名单，省政府和各市县政府所监督的企业名单。

如上文所描述，节能行动在“十一五”期间尽管初期问题很多，实施过程也不是一帆风顺，但最后却实现了既定目标。取得这样的成就主要有两个原因：首先是领导高度重视，这让节能减排成为各项规划指标的重中之重。温家宝曾多次表达了对这项工作的重视，即使在2008~2009年的金融危机期间，温家宝依然强调这点。上层的重视对于基层干部来说无疑在释放一种信号，表示如果在这项工作上表现不佳，今后的晋升之路将会变得坎坷，地方干部为追求经济增长而不惜牺牲其他政策目标的偏差行为因此也会有所收敛。此外，节能减排的规划广泛而全面，并且做到了协调一致、调整灵活。具体措施也是经过试点成功后，才在全国范围推广和复制。为了更好地分析和评估政策执行效果，规划过程还努力提高国家收集信息的能力，发现政策执行的有效策略，及时调整政策目标，改进政策执行的激励机制。然而我们也发现，这种成功的经验在中国只局限在上级高度重视的领域，而这些领域往往有限，不受重视的领域则可能在低一级政府执行过程中不了了之。

从这个案例还可以看到中国规划体制的一个特点，即鼓励政策实施者“从干中学”(learning by doing)，这个过程虽然结果很有成效，但过程却很混乱。比如政策实施的最初阶段主要是试验，评估和协调机制是在试验成功推广之后才形成的。许多节能方案也因地方官员反对（比如关闭技术落后的工厂）而无疾而终。有关规划责任和任务分配的谈判不断遭到来自北京的施压。种种这些混乱的现象难免让人对规划的作用有所质疑，即使最后成功地实现了既定目标，也难以打消人们的疑问。

五、规划过程

目前对规划过程的研究大多集中于起草阶段，其他阶段则很少涉及（王亚华、鄢一龙，2007；Naughton，2006）。我们发现，党和国务院的高层领导以及他们的调研队伍位居整个规划过程的最顶端，但真正办公的地点却在国家发改委各司局里，他们审批和监督到市一级的地方战略规划，管理重大投资项目，几乎对每件宏观经济事务都拥有发言权。在地方上也是如此，省发改委和市发改委也是负责牵头起草、实施和评估所在辖区的发展规划。省发改委监督市发改委的工作犹如国家发改委对省发改委一般，尽管如此，许多地方大型投资项目，包括长期规划，依然要送往北京审批，有时甚至要经过国务院审批。

规划进入实施阶段后，目标和任务被分派给下一级政府和国务院各部门，他们再各自起草详细的实施计划并负责具体执行。各部门之间的协调主要由跨部门组成的领导小组负责，中央一级的领导小组一般由国务委员担任组长，领导小组的办公室则大多设在国家发改委内，这实际上赋予了国家发改委设置议程的权力。

省政府和市政府会模仿中央的做法：由副省长或副市长担任某项工作的领导小组或工作委员会负责人，领导小组或工作委员会的办公室则设在当地的发改委内，比如广东省在

2006年启动本省的“十一五”规划后，省政府决定由省发改委负责实施51个专项规划中的15个规划，同时协助其他专项规划的实施工作。这种分工赋予了国家和地方发改委高于同级政府其他部门的权力，特别是在政策设计、监督和评估过程。具体的政策实施则由其他的政府部门负责，他们常常会接到众多上级规划所指派的一堆任务。

下面我们将以五年规划为主，详细考察整个规划过程及其特点。

（一）五年规划的周期

五年规划实际上是一个周而复始的过程，从收集信息、分析研究、起草文件、组织实施，到评估和修订规划，每五年就会重复这些步骤。如表3所示，五年规划的起草准备工作在新规划正式启动前几年就开始了，一直持续到前一个五年规划的最后几个月，中央委员会在中央全会上批准新的《规划建议》为止。在起草阶段，地方政府和国务院各部委都会为规划收集和提供信息和数据，资深的官员则负责协调这些工作①。

中共中央的《规划建议》一般是在秋天批准并公布，之后国务院要求国家发改委根据《规划建议》起草《规划纲要》，在第二年的三月递交全国人大会议审议。全国人大审议通过后的那几个月里，国家各部委、各省市政府则根据《规划纲要》制定公布一系列实施规划，这些实施规划为具体实施《规划纲要》提供了初步的细节，尽管如此，这些实施规划依然很笼统。所以国家各部委以及各级地方政府、发改委等之后继续以《决定》《意见》《方案》《细则》和《方法》等形式发布一连串文件，指导规划的具体实施和协调工作。这些文件的内容包括任命负责协调、实施、监督和评估的部门，根据各地实际情况所确定的任务，并对如何评估和衡量工作进程提供初步的指导。各部门接到任务后，会再制订一系列“工作方案”和“实施方案”，进一步详细说明本部门将如何实现规划目标。这些“工作方案”可能需要一到两年才能出台，其中有很多措施是根据政策试验或地方自主创新的经验制定而成的。

五年规划实施到了第三年，各级政府都会开始对规划进行中期评估和调整目标。这个过程可能贯穿规划最后两年：比如“十一五”规划的中期评估从2008年年中开始，调整和修订政策则持续到2010年。这样，规划的中期评估跟下一个五年规划的起草准备实际上时间重叠，新一轮的规划周期因此展开。

（二）规划过程的交叉自治

参加起草党的《规划建议》和国务院的《规划纲要》的主体之间形成了一个紧密的人际网，这个人际网包括了高层的决策者如国务院总理和负责经济工作的副总理，以及辅

① 由中共中央批准通过的《规划建议》发布后，省、市一级的党委会相继发布类似的针对当地发展的《规划建议》。但是《规划纲要》发布的顺序则刚好相反：首先是市级发布本地的《规划纲要》，然后是省级，最后才是国家级的《规划纲要》。国家级的《规划纲要》需要经过全国人民代表大会审议通过，而全国人民代表大会一般固定在每年三月召开。这种先下后上的《规划纲要》发布顺序常常导致地方人民代表大会通过的《规划纲要》与全国人民代表大会通过的《规划纲要》相矛盾，地方规划所设定的目标因此有可能被国家规划取而代之。

助他们进行决策的各种机构及个人。这些机构和个人主要来自中央财经领导小组办公室及活跃在其周围的智囊团、国家发改委各司局、部委所属的部分研究机构以及一群经过精心挑选出来的、有名望的经济学家和顾问。这个人际网的成员大都是技术官僚出身，跟行业、地方及部门等利益团体没有直接的业务关联，与此同时，他们通过政策咨询或内部的讨论能获取大量第一手信息。这样的主体关系无异于“交叉自治”（embedded autonomy）的模式（Evans，1995；Heilmann，2012）。

从20世纪80年代中期起草第七个五年计划开始，到90年代中后期，中国的规划过程变得更加兼容、更多协商，除了直接利益相关人之外，国内外的相关专家也被吸收到规划中。到“十一五”规划制定的时候这个趋势更加明显，之前的规划主要是依据各部门和各行业所提供的建议稿制定的，从“十一五”开始，规划起草吸收了更加广泛的公开研究成果，比如官方智库报告、外国专家建议（包括世界银行和亚洲发展银行的专家）等。除此之外，在“十一五”规划纲要起草期间，国家发改委还成立了一个由37名专家组成的咨询委员会，这个委员会的成员大多是研究理论的学者，他们对发展的看法和主张不尽相同，有的主张国家主导发展（如胡鞍钢），有的则主张市场协调发展（如吴敬琏）。根据国家发改委规划司的说法，《规划纲要》起草过程，曾多次征求这个咨询委员会的意见，设法就规划的主要目标和经济转型等方面形成统一意见（赖睿，2010；于东晖，2001）。[①] 到“十二五”期间，各级制定规划的主体纷纷效仿这种做法，也各自成立了不同专业领域的专家咨询委员会。

在笔者对中央和地方规划机构分别进行的访谈中，受访对象不约而同地表现出相同的“机构视角”，显然中央和地方之间的互动频繁，贯穿各个行政层级的规划理念趋向一致。访谈中笔者得知，除了每年一度全国规划工作会议之外，国家和地方规划部门还经常召开各种联合工作会议。会议之外，国家和地方规划部门的工作人员平时也会通过电话或互访，讨论临时性的政策或调整投资等事宜。在中国，中央、省以及基层政府的工作人员彼此相互熟悉，大家都努力维护良好的人际关系。[②]

中国地方政府对国家规划的输入机制鲜有公开报道，但这不表示地方政府对国家规划毫无影响力。在国家五年规划起草阶段初期，国家发改委分别在四个大区组织省政府召开所谓的“片会”（即东北片、东南片、西北片和西南片）。在这四个“片会”上，各省的省长及省内主要决策者与中央政府的规划制定者聚在一起，确定急需解决的发展问题，讨论如何在下一个五年解决这些问题。[③] 除了正式制度之外，中央和地方之间在非正式渠道的信息交流和政策上讨价还价，因为没有媒体公开报道，这些信息既不完整也不透明。李

① “十一五”期间还引进了国家发改委之外三家机构对国家“十一五”规划进行中期评估，即世界银行、国务院发展研究中心和清华大学国情研究中心（参见《“十一五”规划实施总体进展良好经济社会发展主要指标达到预期进度要求》，2008）。广东省则由广东省社科院作为第三方对广东省的“十一五”规划进行评估（参见广东省人民政府办公厅，2008）。

② 韦伯（Max Weber）的官僚组织理论把非人格化作为现代官僚的特征之一，这个特征明显不适用中国。

③ 这个信息来源于对国家和地方发改委的访谈。

鹏卸任后出版的日记，记载了大量20世纪90年代中期他跟许多地方领导的会晤，当年这些信息没有公开，但却从侧面证实了中央和地方之间互动频繁的事实。①

表3　“十一五”规划过程的周期

年份	政治决策	行政规划
2002	10月开始，新一届的党和国家领导人上任，继续完成“十一五”计划（2001～2005年）所确定的工作重心	
2003	7月，国务院指示国家发改委开始起草“十一五”规划（2006～2010年）	9月，国家发改委征求公众和研究机构思路，确定新计划的议题
2004	政治局和中央财经领导小组确定下一个五年的核心任务和挑战	年底，中央财经领导小组办公室和国家发改委为新的五年规划征集22个主题研究报告
2005	2月，《“十一五”规划建议》起草小组成立，由总理领导，小组成员超过五十人，其中包括国务院各部门和地方政府的主要决策者、经济专家等；2～6月，起草小组召开8次全体会议	2～6月，中央财经领导小组办公室/国家发改委根据起草小组会议决议起草《“十一五”规划建议》
	6～7月，国务院党组讨论和通过起草建议	
	7月，中共中央办公厅将《“十一五”规划建议》征求意见稿发给上百家党内外机构，征求意见	
	7月，中央书记处召开座谈会，征求党外和个人的意见	7～10月，中央财经领导小组办公室/国家发改委将所征求的意见和建议写进《“十一五”规划建议》
	8月，党的最高领导到地方调研，听取对《规划建议》的意见	10月底，国务院要求把中央的规划建议转化为更详细的政府文件；国家发改委成立37人专家咨询小组
	10月，中央委员会全会通过和发布新的五年《规划建议》	10～12月，国家发改委征求公众对新规划的意见，国务院各部门补充新内容
2006	2月，国务院连续召开五天会议，讨论新五年规划最后的定稿；听取国企、民企和农民代表的意见和建议	
	3月，人大通过新的《五年规划纲要》（2006～2010年）	7月，国家发改委召开全国“十一五”规划会议，布置实施工作，准备起草专项规划和区域规划
2007	11月开始，中共中央和国务院改组，最高领导留任	
2008	国家发改委授命开始准备下一个五年规划，由于爆发世界金融危机，不确定因素增加，起草工作暂缓	年底，国家发改委公布“十一五”中期评估报告

资料来源：新闻报道跟发改委官员的访谈。

① 关于非正式的、小范围的中央和各省之间的经济会议散录于李鹏于2007年出版的上下两册自传中。

在地方政府起草本地发展规划期间，北京的规划制定者往往也借着到地方调研的机会给地方政府一些建议和指导。最近这几年，很多省市流行邀请国家部委所属的一些研究机构（比如国家发改委宏观经济研究院）帮助地方做规划或就具体政策提供咨询。这些北京来的研究人员因为经常参加国家各部委的文件编写工作，所以对国家政策了解透彻，他们把这些专业知识带到地方，有助于加强地方跟中央保持一致，或减少地方政策与中央政策之间的冲突。

中国这种中央决策，地方执行的政策过程有利于将政策实施和评估监督分开来（徐林，2010）。同样，规划的分层结构——规划建议和规划纲要由北京的技术官僚起草，执行规划的细节则通过下一级政府所制定的子规划确定，这样也有助于国家的核心任务和政策目标不受行业或部门利益的干扰，因此在一定程度上保护了“交叉自治”的总体目标和战略。

（三）规划的协商、衔接和锁定

总的来说，改革初期，五年规划具有集权、封闭、以内部交易为主的特征；改革之后，逐渐转变为规划制定主体主动寻求多方支持，通过精心组织的咨询和规范化的行政程序广泛征求政府机构、非政府组织甚至外国专家的意见，这些变化在中国被当成实现“科学”决策的途径。

然而这些改变并没能完全消除内部交易，而且《规划纲要》如果没有就每一项具体任务和目标进行广泛的协调、协商以及咨询，就无法付诸实施。重要的政策细节和专项规划通常由负责执行的地方政府或国家部委制定，因此留给规划实施者很大的空间，让地方和代表小众利益的团体有机会对具体实施细节施加影响。

由于任务、资源和责任都是由上面分配的，北京的规划制定者必须主动跟地方负责规划实施的部门协调，因此衔接各级规划对中央的规划制定者来说是一项重要挑战。毛泽东时代，计划衔接主要体现在把各地和各部门上报的指标和配额相加，根据发展目标作出相应的调整，之后把新的指标和配额再分解到各地和各部门。1993 年以后，这项衔接工作很少再由中央规划制定者独自完成，而更多的是通过跟地方政府沟通完成规划衔接。

“十一五”规划对节能减排约束性指标的衔接，形象地揭示了中央和地方政府之间协调行为的特点。2006 年，国家发改委规划司总共只有 27 名工作人员，其中只有 4 名工作人员负责审查地方规划，因此必须经常超负荷工作。地方报上来的规划已经由地方人大批准，国家发改委规划司的工作人员因此只集中审看地方规划中是否包含了国家规划中规定的约束性指标，特别是单位 GDP 能耗降低 20% 的指标。当时上海市政府上报的地方发展规划把节能减排目标定为降低 15%，理由是上海的经济结构以高技术企业为主，能源消耗本来就不高，再减少 20% 几乎不可能。国家发改委规划司却坚持要求上海市政府提高节能减排目标，于是上海市政府成立了一个专家委员会，对提高节能减排目标的可能性进行评估。专家的结论是上海仍然有潜力节能减排。最终上海市把节能减排的目标提高到了国家规定的 20%，上海市也相应地调高了对采用节能技术和设备的企业的财政补贴，可见国家发改委的干预能直接影响地方政府的财政支出。

同样的情形也发生在广东。广东省政府把当地节能减排的目标定为减少13%，低于国家20%的目标，而且广东省的发展规划在国家规划发布之前一个星期由广东省人大会议通过。广东省发改委向国家发改委陈述的理由是位于广东的企业率先采用了先进环保技术降低了能耗，如果要进一步节能减排，需要的时间长、费用高。广东省政府也成立了一个专家委员会来评估实现国家20%目标的可行性，结论是认同广东省发改委的理由，但是国家发改委和国务院依然坚持要求广东提高节能减排目标，最后协议结果是广东提高到16%。①

国家发改委规划司把这种与地方政府的互动以及妥协看成是一种进步，允许地方和行业规划与国家规划的目标有所不一致，改变以往的"一刀切"这种所谓"不科学"的做法。然而规划目标一旦确定，并与地方干部政绩考核相结合（详见下文），这个目标和做法在规划期间基本上就被锁定，不再轻易更改。

中国的规划周期有一个特点，即五年规划的周期跟党和政府任期不同步，党的领导更替及政府换届都是在五年规划的中期完成，因此新上任的领导在头三年必须先完成上一届政府制定的规划，不能公开地偏离前任定下的政策目标，由此出现了一种我们称为"规划锁定"的效应，导致政府换人换届但却不换政策的某种连续性。这种不同步的情况在"九五"（1996年）、"十五"（2000年）、"十一五"（2006年）和"十二五"（2011年）都曾出现，这期间国家立法、行政机构分别于1998年、2003年、2008年和2013年更换了主要领导，但既定政策依然持续。新的五年规划通常是政府换届前两年开始筹备，因此新领导上任后，往往很难在短时间内推倒重来。

这种不同步的情形允许党和政府新的领导人上台后，有三年时间稳固自己的地位，之后才开始推行自己的政策方针（比如胡锦涛和温家宝2003年上任后，从2003~2005年筹备"十一五"规划，2006年正式实施）。由此看来，是"执政党的步调"而不是"国务院换届"决定规划制定过程，这特别之处对理解行政部门是如何执行规划，规划又是如何影响政策优先顺序以及政策主体个人的利益偏好都非常关键。规划目标与干部考核相结合，这意味着政策主体的仕途取决于他们是否完成规划、实现前任所设定的目标。

六、规划与干部政绩考核挂钩

在中国，政治权威、政策偏好和许多个人利益都会受到"党管干部"这个人事制度（nomenklatura system）的制约，这实际上是一种个人化的，以干部为基础的、控制意识形态和升迁的机制。规划也不例外受这个机制的驱动，原因在于中国的经济管理体系虽然是按行政官僚的层级制度建立起来的，但同时处于党的干部层级制度的约束之下。这种干部

① 这个过程是在北京和广州与发改委官员访谈时了解到的。

层级制度容易形成一种自上而下的控制，与通过法律明文所形成的制约相比，这种干部控制相对含糊甚至有时自相矛盾，其目的是让上级领导满意，而不一定追求解决问题的最佳方案（足够维持正式的上下级制度和非正式的人际网络即可）。这种双层结构带来的后果是只有那些经过党的文件确认和强调的规划目标才具有强制执行的权威，才是决定下一级政府工作的关键。

在20世纪90年代之前，计划和干部考核的连接并不紧密也不全面。90年代以后，执政党改革了干部管理体制，逐步建立和规范了干部政绩考核体系，从那时候起，越来越多的经济、社会指标成为领导干部考核的内容（中共中央组织部，2009；李广存，2009）。到2006年，“十一五”规划引入“约束性”指标，其中三项指标（保护耕地、节能减排和减少污染物）进入了地方干部考核的内容。在吸取“十五”教训的基础上，“十一五”把“约束性指标”定得更加明确、更加一目了然，以便规划机构和组织部在评估的时候，更具有可操作性。在国家发改委官员看来，这个做法是“十一五”核心指标得以完成的关键。①

我们以重庆为例，来考察国家规划的指标分解到省、直辖市之后是如何进入各级地方干部考核体系的。2006年重庆市政府给每个县政府分配了6个约束性指标，这6个指标中有的是国家约束性指标，有的是市政府根据各县具体情况规定的指标。这6个指标不但贯穿整个五年规划期间，而且重庆市政府还会把它们分解成年度指标进行考核。干部考核不但用于完成约束性指标，同时也被用于规划评估和统计部门。②

从政治角度来看，将规划指标和干部考核结合起来会带来副作用，即提高了发改委系统的政治地位以及他们所制订的规划的政治分量，导致经济行政管理超越了干部体系，而后者恰恰是支撑政治等级制度最重要的支柱。在国家发改委最近编制的规划中，加强中央权威和控制的趋势显而易见（包括出自计划经济年代的用语“指标逐级分解”如今又出现在规划中），由于地方发改委同样复制了国家发改委这套做法（协调和审批规划以及评估监督规划执行），于是也都成了当地最有权力的部门。

把规划和干部相结合的机制的根源是计划经济和列宁主义政党组织，这种建立在个人基础上的责任制与以法律为准绳，以官僚体系为主的责任制大相径庭，实际上是中国政治经济特色的延伸，与其他东亚国家政府主导的经济体制截然不同。

七、规划中的治理模式

如果按不同的政策领域进一步考察中国各种发展规划，我们发现了以下三种治理模

---

① 信息来源于与国家发改委官员的访谈（2009，2010，2011）。

② 信息来源于2009年与重庆市发改委官员的访谈。另外重庆市政府办公厅2007年第184号文件、2008年第44号文件和2009年第11号文件，都提出将是否完成约束性指标作为衡量基层干部政绩的标准。

式，这三种模式无论是在效力、授权还是试验的作用都有所区别。

表 4　不同政策领域的规划治理模式

类型	Ⅰ	Ⅱ	Ⅲ
	指令性（以政府和国有企业为基础的公共产品供应）	契约式（中央和地方合作或政府与企业合作）	指导性（政府诱导的市场行为）
资源—增量	铁路建设	科技政策	鼓励企业海外投资“走出去”规划
分配性	扶贫	农村医疗服务	农民收入
监管	土地管理	能源产业重组	民营/国有企业重组

资料来源：分类的依据是“十一五”期间所公布的专项规划，引自 Sebastian Heilmann，“Economic Governance: Authoritarian Upgrading and Innovative Potential”，in Joseph Fewsmith（ed.），China Today，China Tomorrow：Domestic Politics，Economy，and Society，Lanham：Rowman & Littlefield，2010，pp. 109 – 126。

我们发现提供公共产品的政策领域主要靠指令性规划，比如修建铁路、扶贫、土地使用管理等，通过政府直接投资以及行政监督来实现（见表 4 第二栏）。另外，中国的规划制定者也越来越多采用各种形式的签约式的治理方式，以确保和激励下一级部门实施上级部门制定的政策（见表 4 第三栏）。签约一般在中央部委和省政府之间，或省政府和驻地的大型企业之间进行，多见于公路建设、建立高新区、能源生产、医院改革和市场改革（比如农产品市场和文化市场）。在这些政策领域，中央政府往往需要依靠地方政府合作以及自下而上的建议，甚至市场主体的参与。除了指令性和签约式的规划之外，我们还发现了大量的指导性规划，这些规划主要提供政府所作的经济预测（比如对某一产业增长的估计），向市场发出信号（比如关于逐步削减农业税或对国企的优惠政策），以及引进间接的激励机制（比如改善银行借贷和国内国际市场准入等），以达到刺激市场行为和引导资源配置，特别是针对政府所希望或所认为有发展潜力的产业（见表 4 第四栏）。

八、政策试验和规划调整

五年规划一个最重要的优势在于中央有意识地给地方在实施规划过程中尝试创新政策工具的空间，这主要是靠分散政策试验来实现的。根据对国家和地方所编制的总体规划、区域规划和专项规划的系统研究，我们发现分散政策试验在各级各类规划中无处不在，已经成为规划实施的一个固定工具。

由于分层次的政策试验是中央有意推行的、有所控制的过程（与地方自发的试错行为有所不同），因此适合用规划来为这种试验设定目标，北京的规划者则把试验当成调整规划的机制。通过试验，地方可以将政策工具可行性的信息直接反馈给上级，上级规划根据试验所取得的经验作出相应调整，试验区和试点项目因此成为连接中央和地方政策过程的纽带，有助于地方出台的政策激励和中央的目标保持一致（Heilmann，2010）。

中央设定规划目标和决定政策优先顺序，并赋予地方在执行国家政策过程中反复试验的合法性和空间，试验结果再反馈到中央，由中央来进行政策调整，这种从下至上的政策调整过程是中国所特有的方式，这与苏联的指令性经济不同，也和西方受立法驱动的政策制定过程相异。在苏联高度中央集权的党国体制下，从来没有出现过分散形成不同政策选项这种有利于创新的机制。然而不可否认，集中“制定全局性的政策”和分散“政策试验”也给中国的政策过程带来一种持续的矛盾张力。

1993 年以后形成的新型发展规划之所以有利于或至少没有妨碍中国经济起飞，关键在于它吸收了一些有效的调整机制。其中一些调整机制对抑制传统计划体制内僵化和集权倾向产生了作用，这些机制在东亚其他国家也曾使用过，它们包括：把指令性计划限制在少数几个国家严格控制的行业内；扩大和改善契约性和指导性计划（这里指以诱导为主、没有上下级关系的）；开放各种渠道学习国外经验，因地制宜加以实施；面向国际市场，引入创新和竞争。

除此之外的一些调整机制则是中国所特有的，根据自身实践形成的，包括：鼓励各方面进行广泛和持续的政策试验；容许过渡性、混合性和非正式机制长期同时存在（institutional layering）；保留中央集权和各地自治之间来回摇摆的模式；党内层级制度作为强制地方执行中央政策指令的保障，通过红头文件、党的会议决议、“搞运动”等形式把中央政令作为应急措施下达给地方；把党管干部的制度扩大到人才资源管理。

虽然中国的许多协调过程及政策工具与大多数工业化国家或新兴国家有很大的区别，但这并不意味着中国发明了全新的过程和工具，中国的创新在于根据自己的国情重新组合了指令性、契约式、指导性的协调机制，这些机制和工具的源头都可以追溯到中国自己的历史经验，或早先日本和韩国经济起飞阶段的经验。规划过程对鼓励和保留中国政治体系中这种独特性起了关键作用。

九、规划的局限

虽然“十一五”在节能减排方面取得了显著的进步，规划过程在一定程度上规范化，但是中国的规划体系依然有其局限。首先，基层干部有多达四十项必须完成的各种任务指标，从 GDP 增长到环境保护，从提高农民收入到保护耕地，其中不乏相互冲突的目标，最终政策执行效果难免打折扣。同时地方政府想方设法提高自己政绩的做法，难免跟政策初衷相背离（Kostka and Hobbs，2012）。为了解决这些问题，党的人事管理系统试图通过设定不同的比重，给各项任务排出优先顺序，但现实生活中，大多数官员都清楚，他们的政绩主要取决于几个“硬指标”，比如经济增长、计划生育以及维护社会稳定等，其他指标则可以忽略不计。除非是中央一再强调的指标，比如温家宝最重视的节能减排指标，才会引起基层官员额外的重视。尽管量化了各种指标，评估过程也尽量客观中立，但现实中上级的主观评价依然很关键。所谓“客观的”标准不过用来合理化一些主观评判，至于这些评判是基于行贿，或是出于上下级之间相互利用的考量做出的，则不得而知。

总的来说，如果国家规划与市场激励机制相违背，北京的规划制定者就很难强迫地方政府接受他们所设定的任务和指标。所以国家规划执行最有效的领域，往往是那些对干部晋升有利，同时又有市场发展机遇的领域。省一级的规划评估者虽然也认同，基层政府应该认真完成中央所下达的任务和指标，但是他们也明白，约束性的环境目标目前也无法改变基层所面临的各种相互冲突的激励机制。经济增长和税收增加才是衡量基层政绩最实际的指标。如果新的节能和环保技术能帮助地方发展经济，带来新的收入，如果关闭污染环境的企业不会减少税收或影响就业，基层政府就会积极配合完成这些任务指标。在这种情况下，干部才会把力气花在发展地方经济和完成从上面分派下来的任务，地方和中央的激励机制由此取得一致。

规划目标、市场力量，增加税收等现实追求，当基层政策代理人面对这些来自不同方向、相互冲突的诱导机制时，这种由上至下的政策代理系统有可能会崩溃。规划体系虽然是动态的，可以调整不同目标之间的相对值，比如降低干部考核中对经济增长的要求，提高环境保护的比重，但是这种调整只有减少目标和指标种类的情况下，才能发挥作用。目前政治决策者越来越多地强调民生和公共服务，这些领域的很多政策会限制经济发展，如果依然执着于效绩评估这种方式，那么规划系统将不胜负荷。

规划体系的第二个局限是不能有效地解决资源短缺问题。到目前为止，中国的规划对通过再分配实现公平以及改善弱势群体等方面没有多少建树。比如在农村医疗改革，社会保险改革，以及提供平等教育机会等方面，规划都没能消除不平等，规划制定者自己对此也很失望。①

第三个局限是国家发改委本身。虽然中央和地方都在争论国家发改委集权的倾向，但实际上国家发改委的强势大都停留在口头上。按照规划体制改革，本来应该由国家发改委为地方政府提供详细的实施规划措施（国家发展和改革委员会，2010），但实际工作中，国家发改委的官员自己也承认说，他们其实并没有足够的人手和能力，监督各个省落实政策的具体工作情况。②

中国规划体系的第四个局限是其所依附的层级体系，由于上级对下级的评估主要依靠下级所提供的数据和资料，这种对下级提供信息的依赖，实际工作中为下级谎报数据提供了便利，特别是在一些很难量化的政策领域（或很容易掩盖失误的领域）。另外还有一些影响经济、税收、就业的相关政策，基层政府则倾向虚报数据。这种谎报数据的行为很少

① 信息来源于与国家发改委官员 2007 ~ 2011 年的系列访谈。

② 信息来源于 2009 年和 2011 年与国家发改委规划司的访谈。

被揭露或被惩处，因为负责评估基层的省一级发改委和组织部同样倾向对北京报喜不报忧①。鉴于这种状况，北京对地方的评估以及干部考核的结果都会有所保留。这种两难的处境实际上就是中国治理模式的困境，相比之下，以法律制度为基础，政治责任和行政责任相分离的民主体系，比中国建立在党的人事制度基础之上，所有责任集中在位于权力顶端的党委书记一个人身上的模式，则很少会出现这种上下级之间相互不信任但又彼此依赖的困境。

最后，从发展规划所提出的雄伟目标来看，如调整经济结构、转变发展模式，以创新和国内消费带动经济发展等，规划所达到的效果也很有限。从 20 世纪 90 年代中期以来，所有“五年计划”都把“转变增长和发展模式”当成中心任务，包括“十一五”规划提出的节能减排也是为了转变高能耗的产业结构，但也有中国的学者指出，转变经济结构并不一定要大规模地修正发展优先顺序（比如为了发展服务业而降低经济发展目标），而是通过改善激励机制，比如对资本和能源等生产要素重新定价，改革金融业，简化政府对服务行业的审批等措施，也可以实现转变经济结构的目标（胡鞍钢、鄢一龙，2010：28）。

尽管上述种种局限，干部评估已经成为经济激励机制之外最重要的实现规划目标的激励机制。中共中央组织部和国家发改委都没有打算要放弃这个机制，而是希望通过调整干部考核标准以及改善评估过程来解决当前的问题（中共中央组织部，2009；李广存，2009）。特别是“十一五”规划中通过规划指标和干部考核相结合取得了显著成功，这更让人坚信这个方向是正确的。

十、结论

本文对中国规划过程的研究是把一个国家的政治经济分解为不同的政策子系统来考察，原因是我们认为每个政策子系统都有自己独特的发展动力（Howlett、Ramesh and Perl，2009）。通过这种研究方法，我们发现在某些子系统内规划得以有效执行，而在另一些子系统内，规划则有难以逾越的协调障碍或执行不力。面对子系统之间巨大的反差，我们必须尽量避免以偏概全给中国的规划体系下结论（比如“规划对中国依然有影响”或“中国的规划完全失败，必须让位给市场”）。

我们的研究表明，中国当前的发展规划不是一个完整单一的体系，而更像一个不间断循环往复的过程，参与这个过程的主体收集信息、协调、分析、起草文件、实施、试验、评估和修订规划，历时数年，并在各级政府层面同时进行。无论是从综合各种协调机制的努力来看，还是从规划最后所取得的成效来看，中国的规划体系并没有像它所宣称的那样

---

① 信息来源于 2009 ~ 2011 年与省一级发改委的访谈。干部考核中的标准机制或浮夸机制，参见 McGregor，2010：70 - 103。

解决一切问题，但是，规划所包含的评估和调整机制却发挥了实实在在的作用，因为决策者能够凭借这两个机制及时发现问题并调整政策优先顺序。

本文有助于打破一成不变的研究视角，从一个动态的角度来刻画一个逐渐形成的政策优先顺序的过程，这个过程中政策目标之间有时也会彼此竞争，同时包含了分散试验和统一规范的阶段。这种规划过程一方面允许政策的弹性和地区差异性，另一方面在高度集中规划和地方自治两极间不停摇摆寻找平衡。1993 年以后所形成的新型规划，其最大的优势就在于灵活性。这表现在三次经济调整期间（1993～1995 年，1997～1999 年，2008～2010 年），面对艰巨的宏观经济挑战，中国政府都能迅速脱离原来的规划目标采取应急干预措施，危机过后重新再回到原先的目标。

另外，把试验方案融入宏观规划中，以及最近所增加的中期评估机制和中央的巡视机制也有助于规划脱离僵化的陷阱。僵化是让社会主义和非社会主义国家在 20 世纪纷纷放弃计划实践的原因。正如一位规划制定者所说，当经济危机的应对措施与长期目标发生冲突的时候，中国政府会“牺牲长期目标”。但经济一旦复苏，又会重新回到既定的长期目标①。中国用规划来设立长远目标，但是它同时给反复试验不同的政策工具和逐步形成政策目标提供了足够的空间。

中国发展规划的特点是在松散的制度化基础上，在一个可塑的、不断调整适应的政策过程中，重新组合了各种治理方式。这种混合而成的治理机制超过了现有的分析框架和理论模型，无论是社会主义计划经济，还是东亚发展国家模式，或者英美规制国家的理论都无法单独解释中国的现实。未来的研究应该更多地关注这种多变的、流动的、混合的政策过程，以超越静态的制度主义研究范式。

本文所阐述的观点仅代表笔者本人立场，跟笔者所就职的机构无关。（译/石磊）

参考文献

［1］常欣．第九个五年计划的制定和实施［M］//刘国光．中国十个五年计划研究报告．北京：人民出版社，2006：63－660.

［2］陈锦华．国事忆述［M］．北京：中共党史出版社，2005.

［3］陈先．计划工作手册［M］．北京：中国财政经济出版社，1984.

［4］成思危．论中国社会主义市场经济制度下的发展计划［J］．公共管理学报，2004（2）：4－11.

［5］杜平．区域规划的演变与展望［M］//杨伟民．发展规划的理论和实践．北京：清华大学出版社，2010：79－97.

［6］广东省发展和改革委员会．关于广东省“十一五”规划纲要中期评估及部分目标调整草案的报告［EB/OL］．http：//www. gddpc. gov. cn/fgzl/fzgh/zqpg/200812/t20081208_ 27052. htm.

［7］广东省经济贸易委员会．关于印发广东省重点耗能企业“双千节能行动”实施方案的通知（粤经贸环资［2006］814 号）［EB/OL］．http：//www. gdei. gov. cn/zwgk/tzgg/2006/200612/t20061205_

① 这些信息来源于 2011 年与国家发改委规划司的访谈。

54132. html.

[8] 广东省经济贸易委员会. 关于调整广东省千家企业节能行动企业名单及进一步加强节能监管的通知（粤经贸环资［2008］643 号）［EB/OL］. http://www.gddpc.gov.cn/fgzl/nygzn/nyzc/200812/t20081210_27156.htm.

[9] 广东省人民政府. 广东省国民经济和社会发展"十一五"规划纲要［EB/OL］. http://www.gd.gov.cn/govpub/fzgh/sy-wgy/0200607260010.htm.

[10] 广东省人民政府. 关于进一步加强广东省节能工作的意见（粤府［2006］120 号）［EB/OL］. http://search.gd.gov.cn/detail? record=251&channelid=8907.

[11] 广东省人民政府. 关于印发广东省"十一五"期间单位生产总值能源消耗降低指标计划分解方案的通知（粤府［2006］125 号）［Z］. 2006-12-07.

[12] 广东省人民政府. 印发广东省节能减排综合性工作方案的通知（粤府［2007］66 号）［EB/OL］. http://search.gd.gov.cn/detail? record=164&channelid=8907.

[13] 广东省人民政府办公厅. 印发广东省单位 GDP 能耗考核体系实施方案的通知（粤府办［2008］20 号）［EB/OL］. http://search.gd.gov.cn/detail? record=66&channelid=8907.

[14] 桂世镛，魏礼群，郑新立. 中国计划体制改革［M］. 北京：中国财政经济出版社，1994.

[15] 国家质量监督检验检疫总局. 关于贯彻落实"千家企业节能行动实施方案"的通知（国质检量［2006］174 号）［EB/OL］. http://jls.aqsiq.gov.cn/gcjlxxzh/200610/t20061021_1501.htm.

[16] 国家发改委宏观经济研究院（AMR）. 我国主体功能区［J］. 宏观经济管理，2007（4）：3-10.

[17] 国家发展和改革委员会. 节能中长期专项规［EB/OL］. http://www.ndrc.gov.cn/xwfb/t20050628_27571.htm.

[18] 国家发展和改革委员会. 关于印发千家企业节能行动实施方案的通知（发改环资［2006］571 号）［EB/OL］. http://hzs.ndrc.gov.cn/newzwxx/t20060413_66111.htm.

[19] 国家发展和改革委员会. 关于加强固定资产投资项目节能评估和审查工作的通知（发改投资［2006］2787 号）［EB/OL］. http://www.gzqdc.com/detail1.asp? id=%202007012516515759 4723. 国家发展和改革委员会. 关于印发千家企业节能行动实施方案的通知（发改环资［2006］571 号）［EB/OL］. http://hzs.ndrc.gov.cn/newzwxx/t20060413_66111.htm.

[20] 国家发展和改革委员会. 关于印发固定资产投资项目节能评估和审查指南（2006）的通知（发改环资［2007］21 号）［EB/OL］. http://www.ndrc.gov.cn/zcfb/zcfbtz/2007tongzhi/t20070112_110694. htm.

[21] 国家发展和改革委员会. 关于印发促进中部地区崛起规划实施意见的通知（发改地区［2010］1827 号）［EB/OL］. http://www.ndrc.gov.cn/zcfb/zcfbtz/2010tz/t20100825_367456.htm.

[22] 国务院. 国务院关于加强国民经济和社会发展规划编制工作的若干意见（国发［2005］33 号）［EB/OL］. http://www.gov.cn/zwgk/2005-10/26/content_84417.htm.

[23] 国务院. 中华人民共和国国民经济和社会发展第十一个五年规划纲要［EB/OL］. http://www.gov.cn/ztzl/2006-03/16/content_228841.htm.

[24] 国务院. 国务院关于"十一五"期间各地区单位生产总值能源消耗降低指标计划的批复（国函［2006］94 号）［EB/OL］. http://www.gov.cn/gongbao/content/2006/content_443285.htm.

[25] 国务院. 国务院关于加强节能工作的决定（国发［2006］28 号）［EB/OL］. http://

www. gov. cn/zwgk/2006 – 08/23/content_ 368136. htm.

[26] 国务院．国务院关于落实《中华人民共和国国民经济和社会发展第十一个五年规划纲要》主要目标和任务工作分工的通知（国发［2006］29 号）［EB/OL］. http：//www. gov. cn/gongbao/content/2006/content_ 413969. htm.

[27] 国务院．国务院批转节能减排统计监测及考核实施方案和办法的通知（国发［2007］36 号）［EB/OL］. http：//www. gov. cn/zwgk/2007 – 11/23/content_ 813617. htm.

[28] 国务院．国务院关于印发节能减排综合性工作方案的通知（国发［2007］15 号）［EB/OL］. http：//www. 5izixun. com/fagui/show. asp？ id = 2155.

[29] 国务院．国务院关于推进重庆市统筹城乡改革和发展的意见（国发［2009］3 号）［EB/OL］. http：//www. gov. cn/zwgk/2009 – 02/05/content_ 1222355. htm.

[30] 国务院．国民经济和社会发展第十二个五年规划纲要［EB/OL］. http：//news. xinhuanet. com/politics/2011 – 03/16/c_ 121193916. htm.

[31] 胡鞍钢，鄢一龙．中国：走向 2015［M］．杭州：浙江人民出版社，2010.

[32] 胡鞍钢，王亚华，鄢一龙．国家“十一五”规划纲要实施进展评估报告［J］．宏观经济管理，2008（10）：13 – 17.

[33] 赖睿．更加开放自信的中国：“十二五”规划向全球取经［EB/OL］. http：//cppcc. people. com. cn/GB/34952/10916092. html.

[34] 李广存．干部考核［M］．北京：党建读物出版社，2009.

[35] 李鹏．市场与调控——李鹏经济日记［M］．北京：新华出版社，2007.

[36] 李朴民，李冰．“九五”时期我国计划体制改革回顾［J］．宏观经济研究，2001（2）：24 ~ 26 页。

[37] 刘国光（主编）．中国十个五年计划研究报告［M］．北京：人民出版社，2006.

[38] 刘日新．新中国经济建设简史［M］．北京：中央文献出版社，2006.

[39] 马凯．《十一五规划纲要》的编制过程和定位［N］．经济日报，2006 – 04 – 18.

[40] 粤 21 地市签订节能“军令状”降耗目标将纳入政绩考核［EB/OL］. http：//www. southcn. com/news/gdnews/nanyuedadi/200612150699. htm.

[41] 多层次改革试点格局基本形成［EB/OL］. http：//news. xinhuanet. com/politics/2010 – 06/07/c_ 12192753. htm.

[42] 田锦尘．规划指标的设计与测算［M］//杨伟民．发展规划的理论和实践，北京：清华大学出版社，2010：145 – 161.

[43] 王亚华，鄢一龙．十个五年计划的制定过程与决策机制［J］．宏观经济管理，2007（5）：67 – 70.

[44] 吴红缨．综改成重庆“两会”重中之重城乡统筹排序升位［N］. 21 世纪经济报道，2009 – 01 – 10.

[45] 武力．中华人民共和国实施计划管理的基础和条件［M］//刘国光．中国十个五年计划研究报告，北京：人民出版社，2006：1 – 51.

[46] 相伟．对“十二五”规划编制的思考［J］．宏观经济管理，2009（1）：38 – 40.

[47]“十一五”规划实施总体进展良好经济社会发展主要指标大多达到预期进度要求［EB/OL］. http：//news. xinhuanet. com/newscenter/2008 – 12/24/content_ 10554035. htm.

［48］徐林．规划编制程序和评估制度［M］//杨伟民．发展规划的理论和实践，北京：清华大学出版社，2010：163－179.

［49］杨伟民．我国规划体制改革的任务及方向［J］．宏观经济管理，2003（4）：4－8.

［50］杨伟民．发展规划的理论和实践［M］．北京：清华大学出版社，2010.

［51］余东晖．两会前奏："十五"计划是怎样制定出来的？［EB/OL］．http：//www. chinanews. com/2001－02－27/26/73800. html.

［52］张卓元，路遥．第十个五年计划的制定与实施［M］//刘国光．中国十个五年计划研究报告，北京：人民出版社，2006：661－703.

［53］中国推行严格的节能减排问责制［EB/OL］．http：//news. xinhuanet. com/politics/2007－04/28/content_ 6041195. htm.

［54］中共中央关于建设社会主义市场经济体制若干问题的决定［EB/OL］．http：//news. xinhuanet. com/ziliao/2005－03/17/content_ 2709770. htm.

［55］中共中央关于完善社会主义市场经济体制若干问题的决定［EB/OL］．http：//www. people. com. cn/GB/shizheng/1024/2145119. html.

［56］中共中央组织部．建立促进科学发展的干部考核评价机制十二讲［M］．北京：中国方正出版社，2009.

［57］钟契夫．钟契夫自选集［M］．北京：中国人民大学出版社，2007.

［58］朱宝芝．国家专项规划的编制与管理［M］//杨伟民．发展规划的理论和实践，北京：清华大学出版社，2010：99－109.

［59］朱之鑫．"十一五"规划实施中期评估报告［M］．北京：中国人口出版社，2009.

［60］Bramall，Chris. *Chinese Economic Development*［M］. London：Routledge，2009.

［61］Brandt，Loren and Thomas G. Rawski. *China's Great Economic Transformation*［M］. New York：Cambridge University Press，2008.

［62］Chai，Joseph C. H. China：*Transition to a Market Economy*［M］. Oxford：Oxford University Press，1998.

［63］Chow，Gregory C. *China's Economic Transformation*［M］. Malden，MA：Blackwell，2007.

［64］Chung，Jae Ho，Hongyi Lai and Jang－Hwan Joo. Assessing the "Revive the Northeast"（*zhenxing dongbei*）Programme：Origins，Policies and Implementation［J］. *The China Quarterly*，2009（197）：108－125.

［65］Evans，Peter. Embedded Autonomy：States and Industrial Transformation［M］. Princeton：Princeton University Press，1995.

［66］Hamrin，Carol Lee and Zhao Suisheng. Decision－Making in *Deng's China*：*Perspectives from Insider*［M］. Armonk，N. Y.：M. E. Sharpe，1995.

［67］Heilmann，Sebastian. Policy Experimentation in China's Economic Rise［J］. *Studies in Comparative International Development*，2008，43（1）：1－26.

［68］Heilmann，Sebastian. Economic Governance：Authoritarian Upgrading and Innovative Potential［J］. *China Today*，*China Tomorrow*：*Domestic Politics*，*Economy*，*and Society*，Lanham：Rowman & Littlefield，2010：109－126.

［69］Heilmann，Sebastian. Making Plans for Markets：Policies for the Long Term in China［J］. *Harvard*

Asia Quarterly, 2011, 13 (2): 33 -40.

[70] Heilmann, Sebastian. China's Core Executive in Economic Policy [R] . Paper presented at the conference, Power in the Making: Governing and Being Governed in Contemporary China, 2012.

[71] Heilmann, Sebastian Reas Hofem and Lea Shin. National Planning and Local Technology Zones: Experimental Governance in China's Torch Program [J] . *The China Quarterly*, 2013: 216.

[72] Heilmann, Sebastian and Elizabeth J. Perry. Embracing Uncertainty: Guerrilla Policy Style and Adaptive Governance [M] . Mao's Invisible Hand: *The Political Foundations of Adaptive Governance in China*: 1 - 29, Cambridge, MA: Harvard University Press, 2011.

[73] Howlett, Michael, M. Ramesh and Anthony Perl. Studying Public Policy: *Policy Cycles and Policy Subsystems* (3rd edition) [M] . Toronto: Oxford University Press, 2009.

[74] Hsü, Robert C. The Political Economy of Guid - ance Planning in Post - Mao China [J] . *Review of World Economics*, 1986, 122 (2): 382 -394.

[75] Huang, Yasheng. *Capitalism with Chinese Characteristics* [M] . Cambridge: Cambridge University Press, 2008.

[76] Kostka, Genia and William Hobbs. Local Energy Efficiency Policy Implementation in China: Bridging the Gap between National Priorities and Local Interests [J] . *The China Quarterly*, 2012 (211): 765 -785.

[77] Levine, Mark, D. , Lynn Price, Nan Zhou, David Fridley, Nathaniel Aden, Hongyou Lu, Michael McNeil, Nina Zheng and Yining Qin. *Assessment of China's Energy - Saving and Emission - Reduction Accomplishments and Opportunities During the 11th Five - year plan* [EB/OL] . http: // china. lbl. gov/publications/the - ace - study.

[78] Liew, Long H. *The Chinese Economy in Transition: From Plan to Market* [M] . London: Edward Elgar, 1997.

[79] Mcgregor, Richard. The Party: *The Secret World of China's Communist Rulers* [M] . New York: HarperCollins, 2010.

[80] Melton, Oliver. Understanding China's Five - year Plan: Planned Economy or Coordinated Chaos? [J] . *China Insight Economics* (*Gave Kal Dragonomics*), 2010 (9): 1 -19.

[81] Mohan, Rakesh and Vandana Aggarwa. Commands and Controls: Planning for Indian Industrial Development, 1951 -1990 [J] . *Journal of Comparative Economics*, 1990, 14 (4): 681 -712.

[82] Naughton, Barry. China's Experience with Guidance Planning [J] . *Journal of Comparative Economics*, 1990, 14 (4): 743 -767.

[83] Naughton, Barry, *Growing Out of the Plan: Chinese Economic Reform*, 1978 - 1993 [M] . New York: Cambridge University Press, 1995.

[84] Naughton, Barry. The New Common Economic Program: China's Eleventh Five - year plan and What It Means [J] . *China Leadership Monitor*, 2006: 16.

[85] Naughton, Barry. *The Chinese Economy: Transitions and Growth* [M] . *Cambridge*, MA: MIT Press, 2007.

[86] Shi, Qingqi, Yang Xiaobing, Huang Tianhua. Changing Patterns of Development Planning in China [R] . *Development Planning in Asia*, Kuala Lumpur: Asian and Pacific Development Centre, 1993: 91 -114.

[87] Shirk, Susan L. , *The Political Logic of Economic Reform in China* [M] . Berkeley: University of

California Press, 1993.

[88] Todaro, Michael P. and Stephen C. Smith. *Economic Development* [M] . London: Pearson, 2006.

[89] Wang, Lixin and Joseph Fewsmith. Bulwark of the Planned Economy: The Structure and Role of the State Planning Commission [R] . 1995: 51 – 65.

[90] Yabuki, Susumu. *China's New Political Economy* [M] . Boulder: Westview Press, 1995.

[91] Yang, Dali. *Beyond Beijing: Liberalization and the Regions in China* [M] . London: Routledge, 1997.

[92] Yao, Rosealea and Arthur Kroeber. Energy Efficiency: Damned Statistics [J] . *China Economic Quarterly*, 2010, 14 (3): 6 – 8.

论城市规划的公共性及其制度矫正*

王华兵[1,2]　秦鹏[1]

（1. 重庆大学法学院，重庆，400045；
2. 国土资源部，北京，100812，中国）

【摘　要】 城市规划是以空间规划为形式，以城市公共生活的全面塑造为内容的社会性规划。它的本质诉求在于通过提供公共服务建构公共领域，实现城市社会的公共利益最大化和利益冲突最小化。由于受到资本和权力两种主导因素的影响，当前的城市规划的形成和运行遭遇了诸多与公共利益不相适应的困境。城市规划的领导意志化、目标的经济化和效率化、主体的单极化、利益错置和问责机制的缺位，导致了许多社会公正问题。通过完善城市规划的决策体制、规划内容、绩效考核、问责制度等方式，可以彰显城市规划的"公共利益"诉求，矫正城市规划的各种困境。同时，城市空间的公共治理还应在组织载体、形式和方法等层面上对公众参与提供充分的制度空间。

【关键词】 城市规划；公共利益；权力逻辑；资本逻辑；公共参与

一、引言

现代城市规划作为一项事关城市的空间布局、功能扩展、社区培育、公众安全和生活样式的社会活动，其物质性、技术性的天然属性逐渐褪色，演变为以公共决策和公众价值为形式和依归的社会性规划。进言之，城市规划的功能外延不断从安排物质空间、筹划经济功能、美化居住环境向彰显社会文化、促进社会进步、保护生态环境、统筹城乡发展、实现社会公平等方面演进；城市规划的内涵属性也从以行政权力对城市的统领性安排为重心的"城市管理"向回应公众的公共利益的"城市治理"转变。在笔者看来，城市规划

---

* 收稿日期：2012－09－12。

基金项目：中央高校基本科研业务费重大项目（CDJSK100196）；中央高校基本科研业务费科研专项（CDJXS11082206）

作者简介：王华兵（1979—），男，四川安岳人，重庆大学法学院博士生，研究方向：经济法学、环境法学，多次参与《循环经济法》《能源法》《原子能法》等法律法规的起草研究工作；秦鹏（1969—），重庆大学法学院教授。

的这种转变背后的驱动力是现代公共生活中公共利益和公共性价值对权力决策活动的制约和渗透。在此进程中，多元的价值取向、错综复杂的利益纠葛和多方主体的相互钳制越来越明显地要求将单纯的空间布局议题置换为社会利益配置和实现的议题，将城市规划置于更具人文色彩的“治理”领域之中。与之相关的追问是，城市规划的治理属性是“谁之治理，何种治理”，本文正是在这个问题基础上，提出城市规划的公共属性的具体意涵，剖析其现实困境并提出相应完善的建议。

二、城市规划的公共性及基本内涵

从公共政策角度来说，城市规划实则上就是为解决城市公共问题、协调城市公共利益、满足市民公众均等化公共服务的需求，由政府及其他相关利益主体协商而成并由政府强制保障实施的城市空间使用政策，具有明显的公共性。

（一）城市规划的本质是建构和谐的公共领域

城市规划是对整个城市空间布局和各项建设的部署和安排，其涵盖的范围远远超出个人空间或局部的狭小领域。城市规划所涉及的是社会资源配置及城市基础设施规划建设等公共物品的供给问题，而社会资源的配置和公共物品的提供，从社会整体的层面上，其终极目标和归宿是社会整体福利的提高。事实上，现代城市规划的出现就是为了解决 18 世纪末工业革命所引起的城镇盲目扩展、居住环境恶劣、管网设施无序、生态污染严重等社会公共问题。1875 年，英国率先对公共卫生进行立法，以控制和解决城市中出现的公共卫生问题。1906 年，对公共卫生的规制延展到对城市建设的控制、对城市空间的配置，城市规划（town planning）的概念应势而生，并于 1909 年颁布了世界上第一部城市规划法。进入 20 世纪六七十年代以后，随着“二战”后老城市化的大规模推进，道路交通、产业布局、就业分布、旧城改造等，都纳入了城市规划研究的范围，城市规划存在的公共领域不断拓展。

城市物理空间的扩大和城市规划内容的扩展意味着更多的社会主体和社会关系进入了城市生活空间。比如，因商品房开发而带来的土地使用关系和制度变革，商品房开发带来的社区空间的塑造和因社区差异而带来的身份认同问题，这表明城市空间不仅是地理空间、地缘空间、建筑空间，还是生活的制度空间和关系空间。因而，对城市空间的规划同时也是对城市中的社会结构形态进行调整和塑造的过程。城市规划在很大程度上决定了社会交往的范围、形式和媒介，推动了新的公共领域的形成。在规划出来的公共空间中，不同社区（如不同档次的住宅区）、群体（如不同产业的从业者）、组织（如不同领域的企业和社会组织）和个人能够通过不同的空间媒介（如小区、产业园区等）探讨共同关心的事务，并影响与之相关的发展策略。在此意义上，在城市规划的过程中“个人与个人之间、个人与共同体之间、个人与共同体制度之间的关系不再是抽象的同质性的关系，而是获得了一种以‘参与性’和‘构成性’为特征的关系新质”。因此，随着现代城市发展理念的更新，现代城市规划承载着通过组织化力量构筑公共领域的历史使命，通过城市空间规划改变传统社会中占主导地位的“单位制”关系结构，通过人口聚集和功能分配增强空间结构、文化结构和利益结构的异质化、多元化、平等化，搭建基于社会福利均等化和平等的身份认同的公共交往平台。

（二）城市规划的实践形式是提供必需的空间资源公共服务

城市空间是自然空间、精神空间和社会空间的“三位一体”。城市空间中“弥漫着社会关系，它不仅被社会关系支持，也生产社会关系和被社会关系所生产”。这种社会关系的基本内容是对住宅、教育、健康安全、文体设施、交通条件、清洁环境等方面的集体性消费。这种集体消费的根本特征就是竞争和共生。因而，城市空间的规划承载着社会公平的诉求，与中国的城市社会结构的变迁休戚相关，城市空间的分化及其背后的可能冲突在很大程度上反映了城市主体结构、利益结构和制度结构的变迁并产生了一系列新的需求。城市空间的集体消费品属性决定了它的供给只能是公共权力机构而非个人。城市的空间资源不能被随机分配，也不能因身份、权势、机会、财力等因素而集中到少数人手中。

为保障城市空间的公共性，它必须由代表公共意志和公众利益的权力机构根据公平和效率的原则予以配置，其中公平应当被置于优先序位。城市规划作为政府配置城市空间资源的主要手段，其最终目标理应是提供相关的公共服务，消除市场中的资本逻辑对城市空间的聚集效应、垄断效应。在城市规划实践中，政府应通过担当城市空间资源的管理员、公共空间和基础设施的谋划者等角色来提供公共服务。

（三）城市规划的价值目标是实现公共利益最大化和利益冲突最小化

城市规划作为一种公共物品供应和协调，表面看是关乎城市空间资源的合理布局，实则是隐藏在布局与功能之后的利益关系。城市规划要解决的核心问题并不在于加快城市建设和发展的速度，更不是以是否有利于具体建设项目的开展作为评价的准则，而是在于如何实现公共利益最大化，并协调和消弭不同利益主体之间的矛盾。这些相互冲突的利益包括：①政府作为城市管理者的整体发展利益与作为超级企业的短期经济利益之间的冲突；②政府作为城市化建设主导者（更具体的是以城市化政绩为目标的政府官员）与城市土地使用权人之间的利益冲突；③土地开发商与公众之间的利益冲突；④土地开发商与政府之间的利益冲突；⑤城市建设与公众的环境利益之间的冲突；⑥现代化建设与历史文化传承和保护之间的冲突，等等。城市空间是公众的生活空间，公众对城市规划的最终诉求是期待它能够更好地满足生存和发展要求。当然，在坚持生态化、法治化、系统化、经济化、人性化及国际化的前提下，政府的城市规划可以在合理的范围内限制公众或个人的个体利益。但由于公共利益的内涵和外延具有较强的抽象性、不确定性和持续扩张性，在城市规划中不宜对公共利益进行随意解释，以公共利益之名行侵害私权之实。

三、我国城市规划的现实困境及其制度逻辑

（一）城市规划的困境及其现实表征

近年来，全国各地大量涌现的高新产业园区建设、主题公园建设、文化保护单位的强制拆除①、城市地下空间规划不合理造成的城市内涝②、房地产开发过程中的强制拆迁等规划乱象不断挑战公众的神经，城市规划逐渐偏离了公共性轨道，加剧了城市社会中的不公正问题。

1. 城市规划形成的领导意志化

在我国，城市规划由政府机构主导并受到政府领导者的极大影响。政府领导者不当的政绩观和晋升诉求往往对城市规划产生许多负面影响，逐渐偏离了规划应有的价值取向。一直以来，地方官员之间围绕 GDP 增长而进行的“晋升锦标赛”③，使官员有强大动力推动经济增长。但“为增长而竞争”的官员驱动模式却会使“官员的目标与政府职能的合理设计之间存在严重冲突的问题，导致了许多扭曲性后果，成为当前经济面临的各种重大问题的主要根源”。在城市规划领域中，这种晋升机制常常使地方官员的注意力集中在公路、机场、商业圈等显而易见的硬公共产品上来，却对公共住房、医疗机构、教育机构等与地方官员晋升指标相关性较弱的软性公共产品缺乏兴趣，形成“换一届政府换一张规划图”的过度规划，进而形成产业同质竞争、项目重复建设、空间批量生产的乱象。

---

① 近年，引起争议的大型城市规划项目有：一是建设方面：2010 年，成都投资 40 亿元的新非物质文化遗产公园使原建于 2007 年的老园仅仅三年就弃之不用；西安投资预计 400 亿元的大明宫遗址公园，尚未开园就面临着被拆除的命运；南宁投资巨大的“南宁水城”可能对现在的邕江沿岸生态造成严重影响。2008 年，鄂尔多斯规划建成的康巴什—东胜“双核城市”沦为“鬼城”，缺乏人文关怀；2007 年，浙江金华投资 3000 万元新建的建筑艺术公园，由于交通区位相对偏远和超前的建筑理念等多种原因，建筑艺术耗资 8 亿元兴建的沈阳市绿岛体育中心，占地 45.5 万平方米，可容纳 3 万多人，曾是亚洲最大的室内体育场，于 2012 年 6 月被拆除。二是拆除方面：2012 年重庆对国民政府军事委员会重庆行营“保护性拆除”；2011 年，北京对梁思成故居“维修性拆除”；等等。

② 2012 年 7 月 21 日，北京的强降雨造成了严重的城市内涝、人员伤亡与财产损失，南京、武汉、长沙、成都、重庆、天津、广州等多座城市也先后遭遇城市内涝之苦。根据住房和城乡建设部在 2010 年对全国 351 个城市所进行的专项调研结果显示，仅在 2008 ~2010 年，全国就有 62% 的城市发生过不同程度的内涝，其中内涝灾害超过 3 次以上的城市有 137 个，甚至包括了干旱少雨的西安、沈阳等城市；在发生过内涝的城市中，积水时间超过半小时的城市占 78.9%，其中有 57 个城市的最大积水时间超过了 12 小时。详情可参见王炜．城市如何不再“逢雨必涝”［N］．人民日报，2011 -7 -23（2）．

③ 周黎安将晋升锦标赛理论引入地方政府以 GDP 增长为核心的相关行为的研究之中，他认为，晋升锦标赛“作为一种行政治理的模式，是指上级政府对多个下级政府部门的行政长官设计的一种晋升竞赛，竞赛优胜者将获得晋升，而竞赛标准由上级政府决定，它可以是 GDP 增长率，也可以是其他可度量的指标”。参见周黎安．中国地方官员的晋升锦标赛模式研究［J］．经济研究，2007（3）．笔者认为，晋升竞标赛在很大程度上激活了地方官员的经纪人理性，进而将城市规划个人意志化。

2. 城市规划目标的经济化和效率化

城市规划的目的是通过社会资源的配置并提供公共物品服务以保障城市社会的有序发展。城市规划固然对城市建设的效率具有重要意义，但在公正和效率两者之间，城市规划的终极目标是公正而非效率。著名学者弗里德曼曾指出，公共领域的规划与市场理性观念无关，而主要对应于社会理性的概念。也就是说，城市规划最终目的不是市场效率，而是对市场效率的盲目追求进行制约。但是，长期以来我国许多城市的城市规划却产生了目标替代，城市规划的工具化倾向过重，许多城市规划是以“规划跟着项目走”和“根据投资需要调整和修编”为思路形成的。城市规划重视经济发展服务对效率和技术的追求，忽视了整体社会效益的提高。在国家推动工业化和城镇化的发展过程中，不少城市过于重视经济增长的速度和数量，偏重经济价值的产出而忽视城市空间资源的科学配置，城市规划被当作追求财富增长和招商引资的工具。政府对于经济增速和增量的追捧，市场主体的利益取向，很多时候通过变通的途径，转化为城市规划的技术语言。不切实际的城市人口与规模的扩张，开发区热、高新区热、房地产热、CBD 热，以及旧城改造对于城市历史文化的破坏，城市规划在其中都扮演了技术工具角色，通过具有市场取向的技术话语为经济增长的速度和数量服务。这不仅背离了城市规划的公共性，同时也增加了政府权力“设租”“寻租”的腐败机会。仔细研究美国在不同的发展阶段城市规划所关注的目标与重点及演进过程（见表 1），可以发现，城市规划终极价值意义在于摒弃市场理性的失灵及不当指引，彰显社会理性，实现社会资源、机会、财富及人的生存权利的公平公正。

表 1　美国不同发展阶段中城市规划所关注的目标与重点①

时期	阶段	城市特点或问题	规划的目标与重点	典型代表
1608～1776 年殖民时期	移植型城镇规划	城市规模小、空间结构简单	构建街道系统、营造公共空间、突出市中心的功能	1682 年，费城规划
1776～1840 年独立时期	反城市自由放任政策	市镇会议决定城镇事务，城市人口剧增，城市服务跟不上，土地投机拍卖盛行	建设铁路和公路，划分街区	1791 年，华盛顿规划
1840～1945 年工业革命时期	城市卫生和美化城市政策	卫生状况恶化、死亡率上升、贫富差距扩大	城市美化、市政工程	1903 年，霍华德的田园城市
1946 年至今后工业革命时期	综合性城市规划政策	城市人口郊区化、中心城区衰落、就业不足、贫困	改善穷人居住环境、种族和阶级公平、社会规划	1961 年，雅各布的美国大城市的死与生

① 部分数据参见曹传新．美国现代城市规划思维理念体系及借鉴与启示［J］．人文地理，2003（3）．

3. 城市规划结果的公平性缺失

一方面，城市规划中的公平性缺失表现在缺乏对弱势群体的关怀。城市规划的公共服务的重要内容是能为各种社会群体提供必需的住房、医疗、交通、教育等公共空间，保障和提高社会个体的生存和发展能力。但现实情况是，大多的城市规划都以高端的 CBD、一流的文化艺术中心、高精尖的技术示范基地等国家化城市指标的建设为核心，而对与一般公众日常生活相关的社区公共设施和氛围营建缺乏热情。以公共住房为例，政府权力以城市规划为媒介不断分配城市空间并造就了新的不平等，形成了住房阶层化现象。公共住房的空间不断地被商品住房压缩，无法满足庞大的低收入群体的需求，并且由于地方政府的土地财政策略使城市中心地价居高不下，普通民众的生活空间被迫与城市边缘置换，资本、权力通过拆迁的方式将城市弱势群体向城市边缘聚集，形成了新的基于城市空间的阶层区隔和不平等。

另一方面，城市规划中的公平性缺失表现在城市发展成本的不公正分配。城市规划通常能够将城市发展中的成本转嫁到公众身上并通过城市化的外部特征和总体效益掩盖群体之间的成本分配不公，形成负外部性。如城市规划造成的拆迁往往需要相关民众以丧失传统生活空间、重建社会网络和生存方式为代价，同时也会为土地利益的获得者埋单。再如城市规划常常会造成环境污染和生态破坏，这也需要公众无条件承受。可以说，城市规划成本的外溢将会进一步加剧贫富分化，增大弱势群体的相对剥夺感①，进而激发社会矛盾。

4. 城市规划主体的单极化和利益错置

城市规划主体以政府为主，专家和公众的参与仅具有形式意义，缺少公众监督。在城市规划的实际操作中，地方政府及官员由于受到土地财政和权钱交易等利益驱动，规划控制指标易成为讨价还价的筹码，规划缺乏应有的控制性和强制性。旧的城市规划的修订受到一系列规程规范的制约，审批程序复杂，而新任职的领导往往以非法定的形式变更原规划，如城市概念规划、新区发展规划等，对原规划做出重大变动以体现新任领导班子的意图。而这类规划由于没有按法定程序编制，在规划内容和规范性上无法达到公共利益的深度和应然要求，与城市规划追求的社会公正相去甚远。

从应然层面上看，城市规划从酝酿、论证、起草及执行等全过程，不但要保障相关利益主体的参与权利，而且要采取多种措施调动各方利益主体的积极性，使之主动参与规划制定，通过公众监督政府和官员等强权主体，防止规划利益偏置。《中华人民共和国城乡规划法》尽管规定了“组织编制机关应当充分考虑专家和公众的意见，并在报送审批的材料中附具意见采纳情况及理由，并规定采取听证会、论证会和其他方式听取公众意见作为规划的必要程序”，但这种制度安排将公众参与后置，实则是一种信息传递机制而非参与机制。这种关于公众听证及征求意见的相关规定也不具有实际可操作性，对于公众参与

① 相对剥夺感的概念被用来指称群体性事件中公众在权利遭受侵占时的普遍心态，具体可参见 Smelser N J. Theory of Collective Behavior [M]. Free Press, 1962. 和 Turner Killian. Collective Behavior [M]. Prentice Hall, 1987.

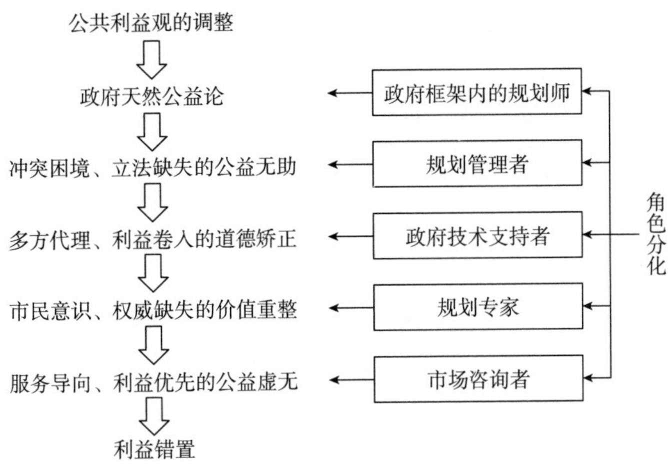

图 1　规划角色分化与利益错置

缺少强制性和程序性规定，听证和专家意见易受利益和权力操控。其结果是，城市规划中的公共利益常常被政府及官员“看得见的利益”取代，出现利益错置（见图 1）。

5. 城市规划实施后的行政问责机制缺位

相对于社会公众，政府必须承担起广泛体察社会公众的公共利益需求且主动回应的责任，对危及公共利益的行为与事件保持高度警惕。一方面要积极创造条件，提供高品质的城市设施公共产品；另一方面要准备承担与城市建设有关的义务性规划职责与消极性规划管理责任。这也是现代政府理念中责任政府作为一种政府属性和特征存在的逻辑基础。但近年来频发的城市内涝、圈地经济、土地财政以及政绩盲动在内的诸多问题，暴露出政府规划责任缺失下行政问责机制的虚弱，致使部分政府官员滥用手中权力而得不到相应的责任惩处。

以近年来屡屡发生的城市内涝为例，尽管来自媒体的报道以及政府的新闻发布揭示了内涝的原因主要是城市市区内包含排水系统在内的地下基础设施规划和建设亟待完善，该领域的规划建设远远落后于城市表面发展的步伐，但政府及官员应对其不作为而造成的财产和人身损失承担相应责任。

（二）资本与权力：城市规划现实困境的制度逻辑

公众对城市空间的消费和资本基于这种消费对城市空间的渗透是造成城市规划现实困境的一个制度逻辑。城市化过程中形成的交通拥堵、住宅拥挤、污染严重等问题在很大程度是由于城市空间消费（尤其是土地消费）与资本之间的联系越来越紧密。当前中国土地市场的资本化，使城市的空间生产和消费成为城市化进程中的最大买卖。社会分化、商业发展、旧城改造、人口流动等多种变量对不同城市空间的需要使城市土地成为极为稀缺的资源，成为资本争夺的战场。城市土地资源的稀缺使资本逐渐聚集，而资本的聚集反过来使城市空间更为拥挤。城市空间被条块分割，按价出售，它被规划的速度远远超前于对人口布局、价值转移的规划。“人们住得越拥挤，房地产主的受益就越大，而房地产主的收益越大，土地的资本价值也越高，如此恶性循环下去”，这种城市规划的最终目的是“满足不断扩张中的那种经济的利益”。而城市规划中资本运作的现实获益者则是土地开发商和依赖土地财政的地方政府。资本通过各种形态深入城市空间布局和再生产的领域，把它视为资本流动的制高点，并将建构城市生活空间作为获取利益的主要方式，这是当前城市规划问题的一个根源。

造成城市规划现实困境的另一个制度逻辑是权力的运行。前已述及，地方政府在城市规划中占据绝对主导地位，与政府作为公共利益的维护者的职能时常发生矛盾。同时，权力将公共、专家、政府机构中的不同意见者排除出城市规划的编制和执行过程，公众对城市规划没有发言权或仅有形式上的参与权。在权力的运行逻辑下，支配、服从和秩序高于自由、同意和参与的价值。公众参与沦落为政府权力筛选下的合作模式，公众参与的机会和能力受到政府的限制，合作的对象、领域、方式都由政府确定。这样一来，城市规划也就异化为权力的单方产品。同时，城市规划中的权力主宰和资本主导两种动力要素之间有天然的关联性。地方政府的企业化、市场化倾向和官员的政绩观进一步为合理的城市规划的形成和运行设置了障碍。获取土地出让收益、追求政绩、官员“寻租”等城市规划中权力要素引发了公众对政府权威的质疑，引发了诸如拆迁血案、大规模环境事件之类的安定危机。

还需注意的是，城市规划中的权力逻辑还有另外一个重要功能，就是通过塑造城市空间结构、形成城市文化和社会认同、促进城市群体的有机团结，进而实现城市治理的目标。城市社会的复杂性和流动性使原本的“单位制”社会模式日益式微，形成了更具分散性和多元性的治理结构。城市社会的模式转变决定了城市社会治理模式的调整，传统上国家权力直接调整个体生活的治理方式与市场化社会中的权利凸显和意识勃兴之间存在一定程度的冲突。以单位为载体建制的组织型城市社会治理模式转向了以“权力—权利”对话为根基的话语型治理模式。在话语型治理模式下，权力需要塑造新型的社会个体和话语空间，而这就需要以社区为单位形成不同种类的对话共同体。权力在城市规划中占据主导地位的重大意义就在于它可以借此分布社会阶层，强化相关群体对新社区的认同感，以此来支配社会日常生活秩序，保持政治结构的稳定性。

四、城市空间公共治理的应然价值回归

笔者认为，城市规划的命题之下包含这样几个需要破解的关键问题：规划的现代化、城乡统筹和社会公正、民生优先和社区建构、城市社会治理和公众参与、内生发展和权利保障、生态安全和防灾减灾。这些问题通过城市规划的技术性处理转变为多元价值和利益

的调试、社会资源的分配、社会公正的维持和公共政策的方向等社会性问题。城市规划不仅是城市土地的利用和空间开发，它更是城市治理模式及其相关制度设计的规划。

（一）关于城市规划中具体问题的若干对策建议

1. 完善城市规划决策体制和规划内容

首先，完善城市规划决策事项的前期调查制度。多渠道、全方位获取公众的利益需求，使规划充分体现公共利益。其次，完善城市规划委员会制度，扩大城市规划专家的数量，使其不至于成为市长办公会的翻版，保证集体决策的科学性和民主性。最后，完善城市规划内容，将城市安全方面的内容纳入城市总体规划，增强城市防灾抗灾能力。除了考虑诸如民防、消防、医疗救护、气象灾害、疏散避难等传统安全因素外，建议将城市内涝、能源资源紧缺、城市人口结构失衡、建筑工程结构和管线老化、化学品事故潜在危险、通信信息灾害等致灾因素纳入城市安全规划编制之中。除了将城市安全方面的内容和要求纳入城市总体规划外，还应在控制性详细规划之中予以深化和细化。

2. 健全城市规划中的政府绩效考核机制

一方面，将公众确立为政府规划绩效的评估主体，实现政府自身评估、专家评估和社会评估并重，形成上级自上而下的监督和公民自下而上的监督相结合的绩效推动机制，强化政府的服务意识。通过民间渠道进行的考核评估，可以采用民意测验、社会调查等方法，定期采集广大市民对城市规划的满意程度。另一方面，将改善民生纳入政府绩效指标体系的建立，将关系到市民切身利益的内容纳入指标体系中，特别是应将消防、医疗救护、气象灾害、城市内涝、能源资源紧缺、城市人口结构失衡、管线老化、化学品事故潜在危险、通信信息灾害等城市安全因素及其公共服务水平纳入政府绩效评估指标体系之中。

3. 明确城市规划中“公共利益”的范畴

《中华人民共和国宪法》《中华人民共和国土地管理法》《中华人民共和国物权法》《中华人民共和国城乡规划法》等相关法律均未对公共利益做出明确界定，这给行政权力的自由裁量和任意解释留下了空间。为防止对公共利益的范围进行扩张解释：第一，应在《中华人民共和国城乡规划法》中设置“公共利益”条款并通过正当法律程序保障公共利益条款发挥有效制约作用。具体而言，城市规划行为应当遵循如下步骤：①城市规划的预先通告；②规划目标确定与方案情况通报；③方案的制订与比较；④方案征求意见；⑤执行方案的细节设计；⑥出台城市规划中的利益纠纷救济方案；⑦城市规划的监督机制设计。第二，应将政府机构利益与社会群体普适性利益紧密联系起来，政府及其组织机构的利益是否为社会群体普适性利益的另一个侧面，为政府权力合法性的判断标准。第三，应将公共利益与自利性私益、局部利益、垄断性利益进行区别分析。第四，应将公共利益与社会的公平正义紧密联系。第五，应当在《中华人民共和国城乡规划法》中采取“罗列＋限缩解释”的方式框定公共利益的范围，形成更具可操作性的公共利益标准。

4. 完善城市规划修改程序及制度

第一，将城市规划修改的原因严格化。《中华人民共和国城乡规划法》在城市规划的修改条款中有“城乡规划的审批机关认为应当修改规划的其他情形”的兜底条款，应当予以删除，对规划修改的原因必须以法律明示的类型为标准。第二，将城市规划修改的程序严格化。城市规划的修改应当公示评估材料、更改事由和预期目标成效，征求公众意见（尤其是利害关系人的意见），详细规划应当举行听证会，接受质询和监督，并承担因规划更改给利害关系人造成的损失。城市规划的评估、维护和修改建议可按照图2所示的框架逻辑进行设计。

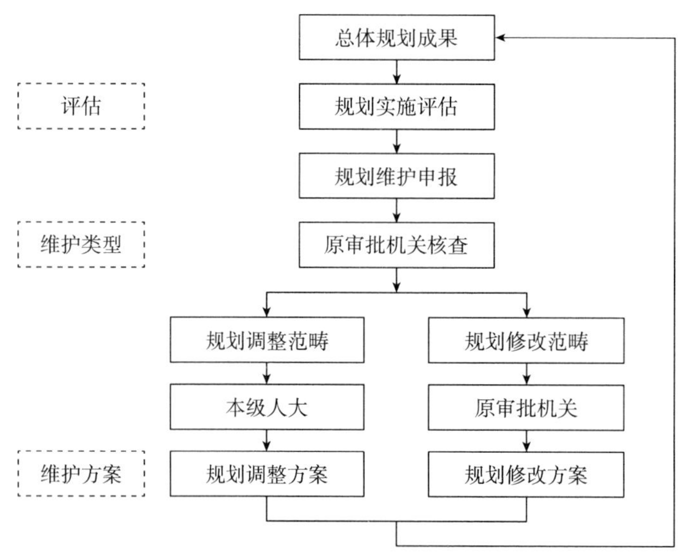

图2　城市规划中的评估、维护与修改的框架逻辑

5. 限制权力部门的自由裁量权，强化问责机制

城市规划中权力部门的自由裁量权过大是造成不公正的主要因由。为防范自由裁量权缺乏约束导致的相关机构对城市规划恣意更改，为在规划实施过程中受损害的相对人提供充分救济的前提下，建立责任追究制度遏制违反法律规定制定规划方案或随意实施规划的权力行为。滥用自由裁量权侵害公共利益或个体利益的，在依法撤销相关行政行为的基础上，赔偿当事人的损失并对作出违法规划行为的相关人员予以追责。同时应发挥人大的监督作用，例如，人大有权要求同级政府提交城市地下基础设施建设的专题报告，报告内容应包括城市排水管网设计标准、排水能力以及内涝防治的具体情况。对于重大的城市规划事项的制定和实施，人大还可以要求政府首长或主要负责人接受专门质询或调查，并且有权以专门委员会报告的形式对政府的决策做出评价，并有权对政府城市规划进行否决。人大也可以针对城市规划重大事项、城市安全问题事件组织专门的调查委员会，对事件中政

府机构的执法情况、相关官员的渎职、腐败等行为进行独立全面的调查，并依据调查结果审议决定提起对相关行政官员的罢免案或撤职案。

（二）如何实现公共治理：公众参与机制的具体安排

1977 年一些城市规划师提出的《马丘比丘宪章》就曾明确指出“城市规划必须建立在各专业设计人、城市居民、公众和政治领导人之间系统的不断互相协作配合的基础上”。城市规划的公共性属性与应然的公共利益取向要求必须将城市社会的权利主体纳入规划编制、监督和改善的全过程中去，实现公共治理。城市空间公共治理彰显的是基于公共利益的包容性的共同体法治逻辑，它强调城市规划不再是权力意志的集结，而是城市共同体成员协商一致达成的集体共识；不再是源于抽象的约束命令，而是公共利益的表达。这意味着必须对城市规划中的公众参与做出详尽的制度安排。

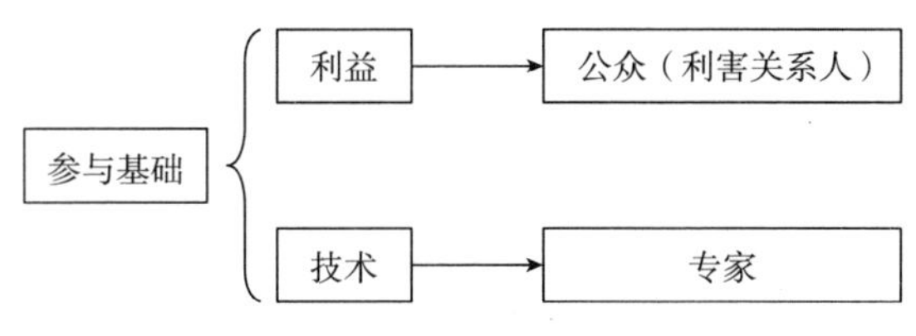

图 3　参与主体与基础

第一，参与主体包括公众（利害关系人）和专家（见图 3）。在规划过程中，专家应在城市规划前期的信息收集、规划准则和标准、规划方案和执行细节、规划中的利益处理方案等方面充当主要角色。公众除了在规划前期的信息收集、规划准则和标准方面充当主导角色外还应在规划目标确定、规划方案的筛选、规划方案本身和贯彻落实后的评价环节掌握足够话语权。

第二，由于组织化的参与比个体参与更能体现公共利益，更具影响力，因而，构建基于普遍互惠的规范、伙伴式的不同信任类型而又相互交叉的组织化参与机制，对城市空间的共同治理意义重大。可选择的方案有：①通过居委会的组织化参与。居委会在性质上既是政府在邻里社区中的代理人，也是公众与政府互动沟通的基层代表。这种参与模式一种基于“生活政治”和社区公民身份的自主参与。②通过各类公民团体的组织化参与。这些公民团体包括业主委员会、社区公民委员会、城市社会事务理事会等，公众或利益相关者通过这些组织积极有效地参与规划，将城市规划带入日常生活，将公众带入城市规划议程。③通过 NGOs（非政府组织）的组织化参与。尽管 NGOs 不能改变城市规划中的权力机构，但是它蕴含着纠正错误或失当的城市规划中的能力，通过为公众或利益相关者提供宣传、法律援助、知识普及、与规划部门的非正式接触等手段拓展其参与空间，唤醒公众对关乎切身现实利益的城市规划和相关政策采取切实行动，为公众实践自己的公民权利和责任提供组织化媒介。④通过民间非专业的规划机构的组织化参与。这种制度在美国已经成型且发挥重大影响。尽管这种机构不具有正式的规划权力，但应赋予其提出自己的规划方案供政府规划机构选择和参考的权利和资格。这样，公众可以以社会公共利益代言人的身份成为该结构的成员。这几种组织化参与中，第一类属于自上而下的组织化参与，是官方型组织参与；后三者属于自下而上的组织化参与，有自组织型和成员授权型两种来源模式。

第三，要在不同的阶段和层级上丰富参与的形式和方法。《中华人民共和国城乡规划法》中提到的公众参与方式有论证会、听证会、公告、公布、公示、村民会议或村民代表会议，以及其他方式。参与的方法则以参观、咨询、调查等手段为主。我们认为，应在城市规划的目标确认、方案选择和实施的不同阶段适用不同的方法。城市规划的目标确认阶段的主要参与方法有：公众意愿调查、参与规划论证会、向政府规划部门陈述公众意愿和利益诉求。方案选择阶段的参与方法有：形成公众方案并利用媒体宣传、官方方案的公众表决和宣传、不同版本的方案对比分析。方案实施阶段的参与方法有：通过诉讼救济因规划导致的利益损失、规划方案的效果调查和反馈、方案运行细节监督、情况通报和破解方法研究。这样就可以在城市规划的不同阶段搭建多样性和差异化的参与网络和方法系统。

参考文献

［1］赵民，雷诚．论城市规划的公共政策导向与依法行政［J］．城市规划，2007（6）：21－27.

［2］Lefebvre，Henr. The Survival of Capitalism［M］．London：Allison and Busby，1976：14－17.

［3］秦鹏，杜辉．环境义务规范论——消费视界中环境公民的义务建构［M］．重庆：重庆大学出版社，2012：113.

［4］［法］列斐伏尔．空间、社会产物与使用价值［M］//包亚明．现代性与空间的生产，上海：上海教育出版社，2003：48.

［5］张军，周黎安．为增长而竞争：中国增长的政治经济学［M］．上海：格致出版社、上海人民出版社，2008.

［6］周黎安．中国地方官员的晋升锦标赛模式研究［J］．经济研究，2007（3）：48.

［7］John Friedmann. Planning in the Public Domain：From Knowledge to Action［M］．Princeton：Princeton University Press，1987：181－224.

［8］孙施文．城市规划不能承受之重［J］．城市规划学刊，2006（1）：11－17.

［9］陈锋．转型时期的城市规划与城市规划的转型［J］．城市规划，2004（8）：9－19.

［10］郭夏娟．论城市规划伦理导向的困境及其超越［J］．理论与改革，2011（1）：149－152.

［11］刘易斯·芒福德．城市发展史——起源、演变和前景［M］．北京：中国建筑工业出版社，2004：434，551.

［12］陈洪连．公共政策的非公共性：问题意识与风险规避［J］．华东师范大学学报（哲学社会科学版），2010（1）：70－75.

The Public Nature of Urban Planning and Its Improvement

Wang Huabing[1,2], Qin Peng

(1. School of Law, Chongqing University, Chongqing, 400045;
2. Ministry of Land and Resources of the People's Republic of China, Beijing, 100812)

Abstract: Urban planning is a kind of social planning based on the spatial planning. The content of it is the urban public life. The demand of it is to construct public domain, and it provides public services to maximize the public interest and minimize the conflict of interests. Due to the capital and power of government, the formation and operation of the current urban planning has encountered many difficulties that are incompatible with the public interest. The urban planning aimed to economic and efficiency was deeply affected by the leadership. It is characterized by single subject, interests misplaced and lack of accountability mechanisms. These elements lead to many social problems. We should improve the decision mechanisms, the content of planning, performance evaluation and the way to cleary the scope of public interest to solve those difficulties. At the same time, the public governance of urban space also requests a complete program for public participation which includes organizational carrier, forms and methods.

Key Words: Urban Planning; Public Interest; The Logic of Power; The Logic of Capital; Public Participation

治理情境分析：风险约束下的地方政府行为

——基于武陵市扶贫办“申诉”个案的研究*

吕　方

【摘　要】地方政府的行为不仅受到经济激励和政治激励的影响，同时也面临着来自行政体系设计和治理对象主体行动的风险约束。本文通过对武陵市“整村推进”贫困治理过程中，地方扶贫部门借助“申诉”行为，寻求决策高层变革治理目标，进而软化风险环境的个案描述与分析，提出风险约束下地方政府行为的理论解释框架。本文认为，在日益凸显的行政风险约束环境下，地方政府发展出“变通”“共谋”和“申诉”等多重应对策略。这种应对策略的差异性，可以经由治理情境这一中观分析单元来解释。

【关键词】治理情境；风险约束；地方政府行为；申诉

从较长的历史时段来看，我们可以识别出转型中国地方政府的角色与行为所经历的前后相继的两个发展阶段（周黎安，2007；Landry，2008；周飞舟，2006）。在改革初期，以行政分权，尤其是财政分权为中心，确立了地方政府追逐经济增长的强劲动机（Oi，1992，1995，1998，1999；Walder，1995；Qian and Weingast，1997；Lin，1995；杨善华和苏红，2002）。研究者发现，在分权体制的不同阶段，地方政府运行的特点有所差异（周飞舟，2006，2007，2012），但毫无疑问，在中国独特的发展型国家实践中，地方政府扮演着推动地方经济增长的主导性角色——尽管这种推进模式可能不利于经济社会长期的可持续发展（陈抗等，2002）。随着经济中心主义发展模式外部约束的凸显和治理模式的改变（折晓叶、陈婴婴，2011；周飞舟，2012；渠敬东，2012），与活化地方政府主体动能的努力相伴，国家通过推动行政体制改革，不断推进行政体系的理性化程度，强化对

* 本文系教育部人文社会科学基金青年项目“过疏化对于新阶段扶贫开发工作的挑战与应对”（批准号：11YJC840035）及中国博士后科学基金面上资助“整村推进政策在特殊类型贫困地区实践绩效评估及其政策建议——基于恩施与凉山的实证研究”（批准号：20100480918）的阶段性成果。感谢田易鹏、周雪光、张永宏、符平、陈宁、王庆明等师友及两位匿名评审专家的帮助，文责自负。

作者简介：吕方，就职于华中师范大学社会学院、湖北省社会发展与社会政策研究中心。

政府行为的制度约束。虽然知识界对行政体制改革的讨论尚未形成一个广为接受的理论主张（张康之，2001），但从服务型政府的职能定位、依法行政的合法性供给、专业主义和科学主义的行政过程规范化导向、项目制的政策资源管理方式，以及逐步完善的行政问责制度等方面来看，行政体系的理性化①无疑是行政体制改革过程中的重要指向之一。就此而言，从制度主义的视角看，地方政府的行为不仅受到行政分权体制的政治与经济激励，同时也面临着发展模式调整导向下行政体系理性化过程的约束。

毫无疑问，在国家通过大规模、多领域项目治理来推动经济社会发展的背景下，行政体系的理性化改革显得势在必行，但值得追问的是，偏重自上而下控制体系建设的行政体系理性化改革，是否与地方治理过程的有效开展之间存在逻辑的一致性？行政体系的理性化趋向对于地方政府行为又产生了何种影响？地方政府发展出何种策略以应对变化了的环境？这一系列的问题还有待探索。近年来一批研究聚焦于“压力型体制”下地方政府的行为，发现地方政府，尤其是基层政府，处在“压力型体制”的末端，面对由“指标管理”方式下达的治理任务时，囿于资源约束和地方情境，不得已或有意地采用一些“变通”“共谋”的方式来“完成”上级的治理目标，以应对目标考核或推动地方治理。本文中，我们将关注另外一种情形，即当地方政府通过“变通”或“共谋”规避风险的行为存在现实的困难，在风险约束硬化的情境下，地方政府无法借用有效的资源和手段达成或应付治理目标的考核，从而只能试图通过“申诉”过程，达到说服决策层变革治理目标，进而寻求软化风险约束的行为。推而广之，“变通”“共谋”以及“申诉”行为，虽然在实践形态上存在差异，但分享着相近的制度“困境”。

一、理论背景与解释框架

20 世纪 90 年代，发端自海外中国研究学者的努力，地方政府行为成为认识中国市场转型过程的一个重要理论视角。诚如谢淑丽（Shirk，1993，2007）所言，后社会主义国家的转型为知识界留下了持久的论题。

（一）激励：行政分权改革与晋升锦标赛

与苏联激进市场转型的失败相对，中国的经济转型绽放出奇迹般的活力，围绕着对中

① 我们至少可以从三个方面来解读“理性化”这一概念。首先，作为精神指向的理性化，行政体系的理性化是韦伯现代性命题的一部分，是现代性在行政管理领域的经验呈现。其次，理性化的实现基于一套可以测度、不断精细化的指标体系。本文使用“行政体系理性化”一词，更多强调其改革过程和内容的理性化指向，而非对现行行政体系特点的事实性判断：事实上在此过程中，很多对治理过程的控制远未达到实质理性的程度，反而带来了在实践过程中的困难。最后，作为一个过程的理性化。理性化不是一蹴而就的，而是一个以科学主义、专业主义为导向的渐进发展过程，并且呈现出自反性或反身性。

国市场转型过程的分析，地方政府的角色与行为首次进入知识界的视野。虽然具体的解释路径存在差异，但诸多研究均分享着共同的理论起点：中国地方政府的角色和行为，对于理解转型中国的经济奇迹和社会治理显得至关重要。

借用“组织中理性”的观点，经典社会主义体制也并非完全基于刚性设计，而是广泛存在经济放权时期地方政府的“锦标赛”模式（周飞舟，2009）、上下级政府间的“讨价还价”（周雪光、练宏，2011；科尔奈，2007），以及“预算约束软化”（科尔奈，1986，2007）等现象。20 世纪 80 年代初，借鉴农村改革的经验，财税体制的“包干制”在较多的社会领域中推广。“包干制”设计和较大规模的行政分权，迅速地将之前地方政府追求更多再分配体系中资源的活动，转化为推动地方经济增长的动能。戴慕珍（Oi，1992，1995，1998，1999）通过“地方法团主义”视角来解释改革之初中国地方经济增长的奇迹，认为农村的非集体化运动和财政包干制的实施使地方政府发展经济的积极性大幅提升，地方政府在其运行中体现出诸多类似于公司的特征，通过介入工厂管理、提供行政服务、协调资源配置以及有针对性的投资与信贷，地方政府扮演着“企业家”的角色，全面地介入了当地经济发展的过程。沃尔德（Walder，1995）则进一步提出了“无私有化的进步”现象，认为财政激励对地方政府“厂商化”行为具有显著的影响。围绕着这一论题，还有其他一些颇具创见的研究，例如，林南（Lin，1995）借用新经济社会学嵌入性的观点，提出了“地方市场社会主义”学说；杨善华和苏红（2002）发展了张静（2000）关于“政权经营者”的观点，提出“谋利型政权经营者”的概念。上述研究均认为，行政分权、财政包干等制度环境的变革，激发着地方政府的创造性。当然，这种创造性不全然是积极的，经济中心主义的增长方式潜藏着较大的社会运行风险。尤其是 20 世纪 90 年代中期分税制改革的实施对地方政府行为的影响，甚至直接与当下一些社会矛盾相联系（陈抗等，2002；周飞舟，2006，2007，2010）。

官员的晋升体制不仅为官员行动提供了政治激励，同时也构成了官员行为的一重约束。而在既有的研究中，更多强调干部考核指标的设置及其实践对地方政府行为的激励作用。周黎安（2004，2007）认为，晋升的锦标赛体制是理解“非合作现象”如地方保护主义、重复建设等问题的重要因素。而白苏珊（2004）则发现，中国干部考核体系的变化，使基层官员倾向于执行有利于考核的项目来进行表现，即地方政府行为中出现了“高权数诱因”（high－powered incentives）。晋升锦标赛对于地方政府的行为颇具解释力，但更多侧重于政治激励所导致的积极后果和非预期后果的讨论，并且对干部考核体系的理解也是偏狭的。如果我们从较长的历史时段来回顾干部制度，就会发现我国的干部制度包含“德、能、勤、绩、廉”多个方面，在不同时期，几个方面权重有所不同，且内涵颇具差异。例如，1938 年毛泽东（1991：527）提出，干部政策应以“能否执行党的路线、服从党的纪律、和群众有密切联系、有独立工作能力、积极肯干、不谋私利为标准，而不是其他”。可见，那时的干部政策中，已经明确了“德、能、勤、绩、廉”五方面的内容，其中以政治忠诚为第一标准。1993 年，中央正式颁布了《国家公务员暂行条例》，尝试建立国家公务员制度，划分职级，并依据“德、能、勤、绩、廉”对干部进行考核，其中“绩”的方面被赋予了很高的权重。① 以此为开端，干部体系的职责划分逐渐明确，并且组织部门干部处对于具体标准的设定，往往要求与经济发展和社会治理的语境密切相连。干部考核一方面作为职务晋升的依据，另一方面更为重要的是对于官员行为的常规性引导与约束。

（二）约束：行政体系理性化与政策对象利益意识觉醒

行政体系理性化是国家建设中一项涵括甚广、至为复杂同时又十分重要的内容（张静，2001）。简单地理解，政府效能的提升，不仅要通过制度设置“激励”各层级行政组织的创造性动能，同时也要思考如何建立相关约束机制，使“组织中理性”的实践服务于国家治理的总体意志，并契合社会期待。在组织研究和行政研究领域中，长期存在理性化和反理性化的论争。按照韦伯（1997）的说法，理性化几乎是现代大规模社会组织发展不可回避的趋向，尽管理性化组织的低效率、刚性设计、反民主性质广受诟病。

以行政系统理性化的视角观察转型中国行政体制的改革，就会发现，中国行政体系正在经历一个不断理性化的过程。在既有研究中，学者更多关注以“政治承包制”为中心的“压力型体制”，以及政治体系中的干部考核过程。比如，有学者（荣敬本，1998，2001；欧阳静，2009）发现：

> 随着中国市场化改革的推进和中央放权让利改革的实施，地方政府日益卷入各种围绕着资源、政策等展开的竞争当中，并形成了某种“总体性”的压力环境。存在于此环境中的中国县乡政治体制则呈现为某种“压力型体制”，具体表现为：上级政府通过将确定的经济发展和政治任务等“硬性指标”层层下达，由县而至乡（镇），乡再到村庄，并由村庄将每项指标最终落实到每个农民身上。在指标下达的过程中，上级还辅以“一票否决”为代表的“压力型”惩罚措施。由此，县、乡两级首尾连贯的经济承包制就演化为“政治承包制”，并变相地形成县委（县政府）—乡（镇）党委（政府）—村党支书（村长）的“连坐制度”。因此，基层党政组织是在重重压力之下运行的。

压力型体制意味着，基层政府在面临经济和政治激励的同时，也直接面对着强劲的行政考核约束。这种做法产生了两个方面的作用：其一，通过建立目标责任制的“指标管理”体系，激发地方政府的工作积极性，并且使承担连带责任的各级政府部门能够紧密地团结在一起，高效率地协作以实现特定的治理目标。其二，“压力型体制”并不必然与地方政府的行政资源、能力以及地方情境具有一致性，从而导致了地方政府，尤其是基层政府运行的高政治风险。出于风险规避的考量，地方政府不得不通过“变通”和“共谋”

① 有学者指出，在当时发展主义导向的政经语境下，所谓“绩”主要指经济增长和社会稳定。在 1998 年颁布的《党政领导干部考核工作暂行规定》中，明确考核的“实绩”为经济建设、社会发展和精神文明建设、党的建设，以及推进改革、维护稳定。在 2006 年《体现科学发展观要求的地方党政领导班子和领导干部考核评价试行办法》中，规定“绩”包括履行职责成效、解决复杂问题、基础建设。

等手段应对体制压力。显而易见，这种独特的压力性体制，很难直接对应于西方公共行政领域中的问责制度。①

2004 年以来，中国政府形成了以“科学发展观”为核心的治国新理念，通过“行政吸纳政治”的逻辑，将法制化、规范化、技术化和标准化作为行政建设和监督的核心议题（渠敬东等，2009），并推行引咎辞职和官员问责的制度安排（毛寿龙，2005）、专业主义（郑永年，2010）、预算国家（王绍光、马骏，2008）、问责体系（毛寿龙，2005）、项目治国（周飞舟，2012）都是行政体系理性化的经验呈现。但总体而言，中国行政体系的理性化程度还处于不断提升的过程之中。总之，在行政系统的理性化调整是围绕着提升政府服务与经济发展、民生建设等目标展开的，期待一个更为有效率的、服务型的、依法行政的政府体系。然而，复杂之处在于，在行政系统的理性化改革过程中，地方政府运行的资源状况与有效治理之间未必具有逻辑的自洽性，地方治理场景的复杂性往往被剪裁为清晰化的数据指标，这就导致地方治理的实务中需要突破理性化的组织设计，从而形成了地方政府运行风险的结构张力。

此外，随着社会利益的多元化和公众自主意识的觉醒，社会公议逐渐成为影响和监督地方政府行为的重要力量。尤其是在“稳定政治”的总体要求下，地方政府的行为暴露在公共舆论的监督之下，更为直接地受到利益相关群体反应的影响。社会监督和被治理者的主体视角凸显，有其积极的一面，即构成了规范和监督地方政府行为，推动决策民主化的外部力量。地方治理事务的复杂性往往将基层政府夹在压力型体制的末梢和社会直观之间，带来了基层政府运行的高风险环境。欧阳静（2009）分析了乡镇政府的运行环境，认为由于“乡镇处于国家与社会的交接点上，这使乡镇需同时面对自上而下的压力型科层制与自下而上的非程式化乡村社会”。值得一提的是，既有研究虽然有触及但并未深刻辨析的是，近年来，对于政策资源的再分配领域（以转移支付形式下达的国家社会工程/项目），公众经常保持着高度的敏感，社会公议，甚至潜在的集体“抗争”行动往往成为地方政府风险的又一重要来源。在实践中，很多社会意见或集体行动所涉及的话题，在现行的行政治理体系中很难明确是哪一个环节的责任，甚或根本就是制度结构本身的问题，但在具体操作中，往往会以问责的方式平息社会情绪。虽然必须承认，在一定范围内，基层政府确实没有很好地贯彻自上而下的政策方针，但基层政府的能力与治理目标的匹配程度亦值得讨论。本文的个案即将说明，由于地方政府资源能力不足，使其很难完成上级的治理目标，其活动也面临潜在的社会不稳定预期。

① 问责制度的设计最初基于理性官僚组织的控制观点，强调“过程”问责（procedure accountability），即注重扮演行政角色的过程中，严格按照流程和规则办理相关实务，理想的行政过程应该是“零错误”（zero error）的，这种问责制度设计，体现了专业主义、客观主义和公平性的行政哲学观点。而随着福利国家制度在西方发达国家的普遍建立，公共行政实务的发展对问责体制提出了新的课题，西方问责制逐渐由“过程”问责向“绩效”问责（performance accountability）的方向转变，后者更多关注行政人员的谈判能力（negotiation）和共识形成（consensus making）能力。该领域最新的发展，认为随着“网络国家”（network state）时代的来临，行政责任不仅包括上面提到的方面，还应该注重行政过程中的创造性（inventiveness），以及灵活设置行政议程（an aptitude to set the political agenda）的能力（Birgitte，2009；David and Sung，2010）。

（三）解释框架：治理情境分析

在上文中，我们分析了地方政府运行的制度环境变迁。可以发现，地方政府的行动不仅受到经济激励和政治激励的推动，同时也面临着多方面的约束。行政体系理性化过程中，不断强化的抽象指标管理往往与地方政府的能力建设不同步，而且决策的统一性与治理实务的地方性、实践性之间的矛盾，使地方政府，尤其是直面社会的基层政府面临着较高的行政风险。在风险预期超越政治激励和经济激励时，地方政府的行为将为“风险理性”所主导，在实践层面，风险理性表现出多元的形式，如“变通”（孙立平，2000；孙立平、郭于华，2000；马明洁，2000；欧阳静，2009）、“共谋”（周雪光，2009a，2009b，2010）和本文将着力探讨的“申诉”。

面对着自上而下的体制性压力和自下而上政策目标群体的利益主体意识与行动，地方政府基于“风险理性”发展出多样的应对行为。如果我们承认这些应对行为分享着相同的结构性背景，那么，接下来需要解释的现象就是地方政府何以会出现多种应对策略？在何种情形下，地方政府倾向于采用“变通”的手段以“实现治理目标”？在何种情形下，地方政府通过细心经营的安全网，以“共谋”的方式来“应对治理目标”？以及在“变通”和“共谋”之外，地方政府通过启动“申诉”程序，寻求“变革治理目标”，从而软化风险约束，其情境特征及实践策略又是怎样的？同时，作为比较分析，还需要厘清上述诸种情形之下，地方政府可资动员的资源都有哪些？鉴于此，本文通过治理情境这个中观分析单位，从具体治理过程中潜在风险、现实资源、行动目标、行动策略四个方面，对“变通”“共谋”和“申诉”行为展开分析。于此，我们整理并列表，以便分析参照（见表1）。

表1　地方政府三种治理应对行为的比较

应对行为	潜在风险	现实资源	行动目标	行动策略
变通	目标考核	技术手段、乡土文本、一定程度的体制默许	达成治理目标	正式权力的非正式运作
共谋	目标考核	长期经营并维持的安全网、一定程度的体制默许	应付治理目标	欺瞒、造假
申诉	目标考核、社会不稳定预期	体制内讨价还价、体制外资源借用	变革治理目标	双重文本、双重管道

从表1中我们可以得出几个方面的认识：其一，“变通”“共谋”“申诉”三种行为分享着颇具共性的制度结构，即在压力型科层治理的体系中，以地方政府层级的资源和能力状况，在完成上级交办的治理目标方面显得困难重重；而无法完成目标考核则意味着官员职业生涯和本届政府（行政机构）的政绩会受到影响。在此情境下，地方政府的运行处于风险环境之中。其二，地方政府行为的差异，可以通过分析治理情境——包括达成治理

目标的难易程度、刚性程度、可资动员的资源和手段，以及采取特定行动所支付的成本和潜在的风险等——来做出解释。鉴于既有相关研究对三种应对行为中的“变通”“共谋”多有讨论，而对“申诉”行为则鲜有研究，我们将着力分析“申诉”行为发生的特定情境及其在哪些方面异于“变通”和“共谋”行为发生的治理情境。

二、方法与个案

作为一项关于“行为”的个案研究，有必要说明两个方面的问题。其一，该“行为”具有多大程度上的类型学意义？具体到本文的理论语境中，我们所要讨论的经验个案，体现了怎样的制度运行悖论？“申诉”行为的策略选择具有多大程度的普遍性？其二，“对某一类型行为（可理解的行为的类型）的正确的、因果的阐释，意味着，被认为是一种类型的过程既（在某一种程度上）显得意向适当，又在（某一种程度上）可能确定为因果适当”（韦伯，1997：46）。因此，就本文而言，必须说明地方政府“申诉”行为三个方面的内容：第一，阐明该行为的动机（意向），而意向唯有在相互关系中才能得以说明，即在何种情形下，行动者形成了特定的行为意向。第二，所采用的策略，有哪些资源是可资借用的，在资源的组合和策略的选择上，体现出何种可理解性。第三，行动的后果。对行动后果的预期不仅是行动的直接动力，也构成了行动路径选择的重要依据。

本文以武陵市（化名）“整村推进”式扶贫开发实践为个案。武陵市地处华中地区，是我国最大的内陆“连片特困地区”之一，同时也是新阶段（2011 年始）扶贫开发工作的主战场之一。当地的特点可以简单概括为“自然地理条件的复杂性与经济社会文化的多元性”并存。武陵市位于中部平原向云贵高原的抬升地带，为多山地区，生态高度脆弱，地力瘠薄，交通不便。当地的贫困发生率数倍于全国平均水平，工业部门产值比重极低，农业经济占据非常高的比重，由于自然灾害频发，长期处于“生存经济”的形态。武陵市境内分布着土家、苗、侗等 20 余个少数民族，各民族的生计模式和文化体系有较大差异。自 20 世纪 80 年代以来，国家不断加大对当地的扶贫开发投入，但由于资源总量有限，当地贫困面积广、贫困程度深、减贫成本高等因素的影响，实现全面贫困治理的目标仍是困难重重。

2003～2010 年武陵市在国务院扶贫办统一部署下实施了“整村推进”式扶贫开发政策。所谓“整村推进”式扶贫开发，是社区发展理念在贫困治理领域的应用。该模式的提出基于如下判断，即单纯以农户为单位的扶贫方式有难以突破的“瓶颈”，在社区性贫困（如基础设施建设滞后、基层组织乏力、基础产业缺失）未能有效治理的情境下，以户为单位的扶贫成绩难以得到巩固和提升。此外，2000 年之前，扶贫开发工作中采取的贫困瞄准机制主要是县级标准，即扶贫开发的资源最终投放到县一级，由县一级统筹安排；而在实际操作中，上级扶贫部门发现，很大部分的资金并没有直接用于贫困社区和贫

困农户，而是捆绑进县级经济发展规划中，致使资金使用的益贫性受到很大限制（李小云等，2005）。缘于此，整村推进的做法，被认为既体现了以社区为中心的贫困治理理念，又是中国政府扶贫开发工作中瞄准机制的一次重大调整。

武陵市自2003年开始，在下辖各县推行“整村推进”式扶贫开发。按照相关文件的要求，整村推进的资金来源由四个部分构成：①国务院扶贫办下拨的财政专项扶贫资金。②在县一级，通过财政专项扶贫资金整合的其他涉农资金，如交通、水利、电力、农业、林业等“条条部门”下达的部门资金。③省财政安排的配套资金和县财政配套资金。[①]④村民自筹资金。包括投工投劳的折算和直接的资金投入。另外，以社区为中心的发展观念，在当地被具体化为“四基新村”建设，即通过基础设施、基础产业、基层组织和基本素质的建设，来推进贫困社区和农户自我发展能力的提升。图1总体呈现了“整村推进”的政策设计。

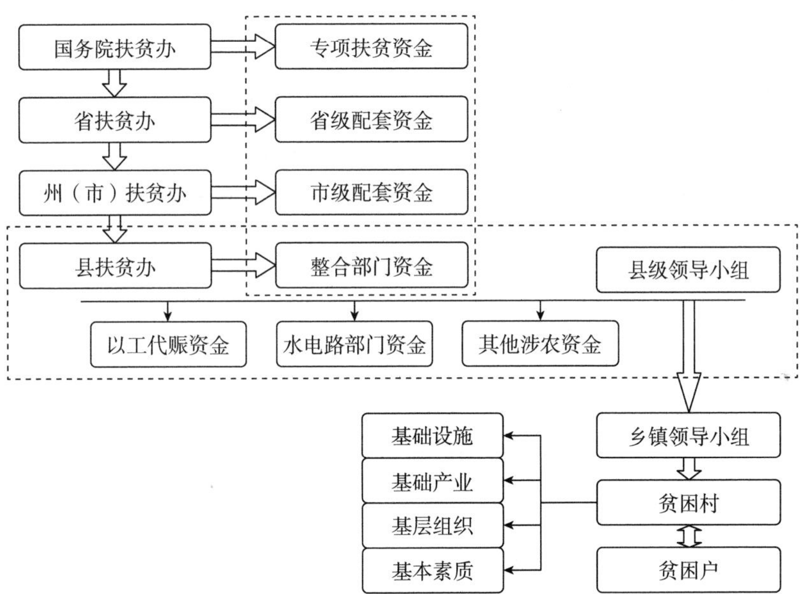

图1　整村推进式扶贫开发的政策设计

武陵市“整村推进”扶贫开发政策实践，在8年时间里，形成了前后两个阶段（如图2所示），第二阶段开始于2008年两个关键事件——“三个确保”要求和“项目资金专项化管理”——导入之后，面对两个关键性事件带来的影响，地方政府开始了以“申

① 县财政配套资金很难落实到位。在调查过程中，地方政府官员反映最多的问题就是在争取国家财政专项投入的过程中，需要县级财政配套相应比例的资金。而贫困县的县财政往往是“吃饭财政”，能够保证机构正常运转就不错了，很难拿出资金来开展配套项目。鉴于此，在密集调研之后，国务院扶贫办决定在2010年以后，取消对民族贫困地区的资金配套要求。

诉”方式寻求风险约束软化的努力。笔者于2010年7月开始，通过文献研究、焦点小组讨论、深度访谈等方式，持续进行了相关的经验材料收集。

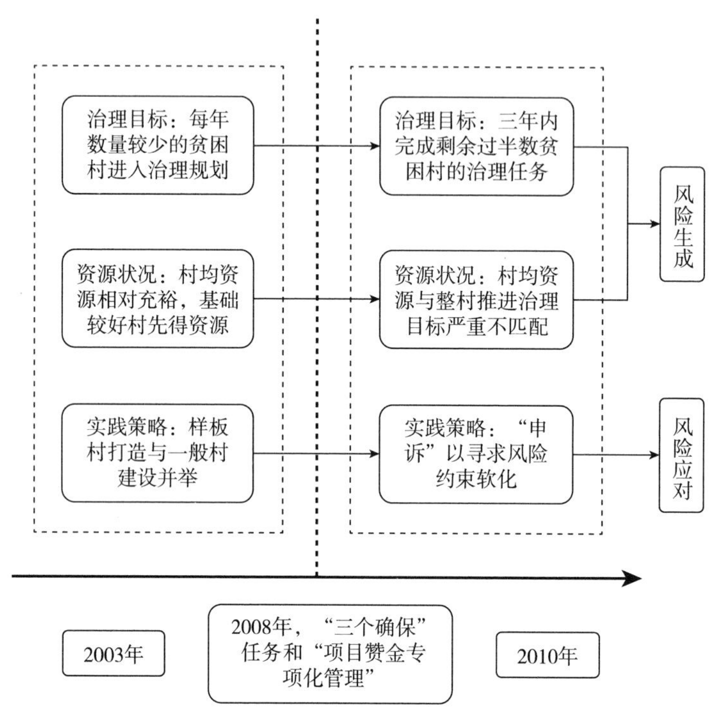

图2　武陵市“整村推进”的两个阶段

三、强风险约束：“申诉”行为发生的治理情境

从行政体系理性化的视角，整村推进式贫困治理无疑也是中国政府贫困治理体系理性化程度的一次跃升。该模式包含三个要点。

第一个要点，清晰的治理目标，国家层面的统一规划部署。按照国务院扶贫办的计划，2000~2010年，整村推进式扶贫开发在全国14.8万个贫困村实施。整村推进的资金来源，如图1所示，由四大块组成：其一，财政扶贫资金。中央财政根据一定的计算公式，下达扶贫资金。其二，省级和市级配套资金。其三，整合部门资金。在县一级，以财政扶贫资金为中心，整合水利、电力、交通、发改、农林等“条条部门”的涉农建设和发展资金，共同下放到贫困社区。其四，贫困社区自筹资金。包括农户的“投工”“投劳”，以及直接的资金投入。四个资金来源并没有确定的比例。从调查来看，主要是因为

"条条部门"也有自身的目标，只有能够覆盖到项目村的，才可能被"整合"进来，尤其是2008年各部委下达项目资金专项化管理通知以后，整合的难度尤为凸显；而自筹资金要取决于村组织的动员能力和农户的投入能力两个方面。

第二个要点，明确的组织体系，县一级统筹安排。成立县主要领导"挂帅"的工作小组，地方扶贫办和地方"条条部门"的负责人任副组长，由扶贫办具体协调和实施相关规划。县镇一级大致采用与县级类似的组织结构。值得一提的是，在贫困县，由于地方财力困难，中央拨付的财政扶贫资金占据地方财政收入的比重甚高，所以各县对这项工作均给予了高度的重视。村一级则由村两委负责组织，农户积极参与，所谓参与，指的是农户要投入一定程度的自筹资金，以获得相应的"奖补"支持。

第三个要点，明确的贫困治理目标。按照"一次规划、分步实施、三年见效"的要求，所有纳入整村推进的项目村都要通过一定程序形成村级规划。一个"合理"的规划，不仅要有经济可行性，还须包含四个方面的要求，在市县一级，社区为中心的贫困治理目标被"转译"为"四基新村"，即健全基层组织（包括村两委办公条件的改善）、强化基础设施（水电路、危房改造、节能改造）、劳实基础产业（以增收为中心）、提高基本素质（文化、健康）。最后，严格的财务管理和督察制度。资金管理采用财务报账制，而不是直接下发到村由村"灵活"支配，目的在于保证"规划"的贯彻，同时杜绝可能的违规操作。而督察制度，一方面要求财务向村民公开，另一方面县、乡工作组会定期不定期地督察工程进度和预算执行情况。尤为重要的是，县里面的工作，将面临市、省甚至中央的检查和专项督察，特别是2008年以后，围绕着"三个确保"目标建立的责任体系更为严苛（后文详述）。这样，整个专项工作，被严格地纳入理性化的组织制度结构之中。

（一）"准入政治"武陵市"第一阶段"的整村推进

从2003年开始，武陵市在全市范围的贫困村中开展整村推进式扶贫开发工作。由于所有贫困村都希望能够尽早争取到尽可能多的政府扶持，所以从一开始这项工作就显得特别艰难。按照"县为单位"组织领导的要求，县扶贫工作小组通过设定"指标配置"和设置"准入条件"来应对来自贫困乡镇和贫困村的压力。以武陵市下辖J县为例，据县里扶贫办L主任介绍，2003年，J县共启动了10个贫困村的整村推进规划。这10个村分别来自该县的10个乡镇。乡镇内部选择贫困村的条件，首先考虑"基础好"。所谓基础好，不仅指具有相对好的经济基础，容易见成效，同时也注重村两委的组织能力和动员能力。前文已述，整村推进的资金来源包括"村民自筹"部分。而这一部分的实现，很大程度上取决于村民的投入能力和村两委的组织能力。通过设置"基础好"这样的"准入条件"，政策资源分配的矛盾就从针对政府转移到针对村两委或"自身条件"。同时，在这一过程中更能与政府部门很好"配合"的村干部被筛选出来。

——选择项目村，有什么样的标准呢？

——还是要看基础。经济基础相对好的村，地理条件、生产条件较好的村，我们会首先考虑。毕竟做这样一项工作，要考虑尽快见到成绩，才能给人以信心。村里的班子也很重要，一些村里面（干部）很“软”，根本不能带领老百姓干事情，那就没办法交给他们做。而另一些村，干劲就很足。你来之前也看过一些报道吧，JG岭知道吧，（那个村）三面环水，背靠大山，自然条件十分恶劣，75%的耕地悬挂在25度以上的山坡上。可就是那个地方，干部肯干，能凝聚大伙儿，几年下来，硬是在悬崖上开出一条路来。这样的村，我们自然要支持。大概是2004年吧，就进（整村推进规划项目）来了（2010年9月1日JFL访谈）。

项目村的名单确定以后，就要围绕着规划内容讨价还价。村级规划的形成受几方面力量的影响。除了上述“自筹资金”能力，在实践中也经常见到，村里最初上报的是一个“盘子”很大的预算，乡镇和县级会通过几次“沟通”，砍掉其中一些部分，使“预算”回到一个合理的范围。在此过程中，一些“积极性高”（有关系、动员能力强、基础好、配合好）的村就有望成为“样板村”，从而得到更多资金扶持，其所获“到村资金”甚至十几倍于一般项目村。

在这样一系列兼具正式公务来往和非正式交往的运作之间，地方扶贫部门不仅平息了抓包阶段的资源争议，更与项目村干部和一些农户建立了相对融洽的关系。项目资源在村内的配置也同样采用大致类似的过程。值得一提的是，这种方式虽然平息了争议，但由于相对严格“准入条件”的存在，实际上使真正贫困的社区和农户很难得到政策资源的支持，一些农户为了争取资源，甚至通过举债的方式来筹集自筹部分，但生产性项目如果失败，则意味着不仅得不到收益，反而会背上沉重的债务。

项目村的名单和建设内容确定以后，县扶贫开发领导小组组织召开多个部门参与的协调会来落实项目资金。在2008年中央各部门全面推行部门资金专项化管理之前，县一级资金整合的活动还相对容易。尤其是一些与扶贫工作紧密相关的涉农部门，还是较有意愿在县“挂帅”领导的协调或私人关系的运作下将本部门资源“整合”投放到项目村。

之前扶贫办要争取各部门的（资金）资源还是相对好做的。主要是看关系，平时部门间关系相处得好，要争取一些整合资金还是可能的。县里发改局的X主任是从扶贫口上去的，做了很多年扶贫工作，很理解贫困的现实和扶贫工作的困难，对扶贫事业也有热心，扶贫办到他那里争取一些配套资金还是比较好办事。各个部门也都很支持扶贫工作，在县委县政府的重视下，也都给予了大力的支持。资金整合也收到了比较好的效果（2010年9月2日JFH访谈）。

总体而言，2003~2008年，由于每年进入“规划”的贫困村数量不多，“资金整合”的过程也相对容易，对于地方扶贫部门来说，整个工作也比较容易开展。还是以J县为例，2002~2006年，J县整合使用财政扶贫资金4138.2万元，占上级（中央和省扶贫专项资金）投入该县财政扶贫资金的60%，引导其他资金（部门资金）投入26958.53万元。2007 年整合财政局等 16 个单位财政扶贫支农专项资金 2222.5 万元，投入新农村示范村建设 1514 万元，重点贫困村整村推进扶贫开发 708.5 万元。[①] 而从贫困村的角度来看，到村资金也相对充裕，J 县 M 村是 2006 年进入整村推进规划的，3 年项目期内，共完成投资 999 万元，其中财政帮扶（财政扶贫资金与部门资金合计）449 万元，农户自筹（资金投入、投工投劳）550 万元。[②] 整个武陵市在 2008 年以前（含 2008 年），共启动 826 个村的整村推进，到 2010 年，这些村都已经通过了省级验收。[③]

相对而言，2003 ~2008 年，武陵市整村推进工作中存在的主要矛盾是稀缺政策资源的分配，而通过"指标管理"和"政策门槛"这样的"准入政治"，政策资源的分配矛盾被限制在一个较小的范围内。与此同时，这一时期地方政府在整合部门资源方面有相对便利的条件，通过正式和非正式的协调，"条条部门"资金对整村推进项目的开展起到了很好的支撑作用。而从治理任务上来看，有了这样的资源保障，完成治理目标并不是特别困难的事情，地方政府甚至有动力推动样板村的打造，以此来体现政绩。

（二）"三个确保"与项目资金专项化管理

2008 年，两个关键性事件的导入，使武陵市地方扶贫部门的运行环境发生了巨变。一是国务院扶贫办提出"三个确保"的政治目标，二是中央各个部委对下达资金加强了专项化管理。所谓"三个确保"是指"从 2008 年起，用 3 年时间，确保 22 个人口较少民族、重点县边境一线和革命老区的 24649 个贫困村完成整村推进扶贫规划"。[④] 根据"三个确保"的要求，武陵市"2009 年和 2010 年共需要启动 1140 个村的整村推进，占全国'三个确保'任务的 6.5%，占全省的 45.5%，比前 6 年完成的总数还要多"。[⑤]而强化资金专项化管理，也就是通常说的"戴帽"投放，则意味着之前在县一级整合部门资金的做法将面临严峻的局面：

> 在强化专项管理之前，部门资金在县域内使用有相对大的自由度，只要完成特定数量的工作，在验收时一般都不会遇到太大的问题。扶贫办要争取各部门的（资金）资源还是相对好做的（2010 年 9 月 2 日 JCW 访谈）。

项目资金专项化管理的办法，要求基层部门通过项目的形式向上级（省级和中央）申请资金，项目申请书里不仅要详尽地阐述资源投放的范围、用途、方式，而且对项目资金使用的投入产出也需要充分论证。专项管理项目的验收，则较为严格地依据项目申报材料中所设定的程序和预期的成就：

---

① J 县财政局：《强化财政扶贫引导作用，加快新农村建设步伐》，2007 年 10 月。

② J 县 M 村：《扎扎实实抓发展，件件实事凝人心——M 村整村推进工作总结》，2008 年 4 月。

③⑤ 武陵市扶贫办：《武陵市扶贫开发工作情况汇报》，2010 年 9 月。

④ 国开办发〔2008〕111 号文件：《关于印发范小建主任在全国扶贫工作会议上两次重要讲话的通知》。

2008 年各部委相继出台了资金使用的专项管理办法，项目资金都是专款专用，我们去整合，就存在挪用资金的嫌疑……2007 年的时候水利局提供了 200 万元用于解决 20 个贫困村的饮水困难，项目资金专项管理办法下来以后，这 200 万元就成了一个缺口，需要以后做计划的时候逐渐把这个缺给补上，至今还没有补完（2010 年 9 月 2 日 JCW 访谈）。

围绕着完成“三个确保”的政治任务，国务院扶贫办进行了一系列积极的努力。一方面，从中央一级开始，扶贫办加大了与部门协调的力度，与 12 个部门联合下发了《关于共同促进整村推进扶贫开发工作的意见》，但与体现“条条部门”利益的项目专项化管理部门文件相比，显然只是处于从属地位。另一方面，国务院扶贫开发领导小组办公室（以下简称国开办）加大了整村推进资金在财政扶贫资金中的比重，在“三个确保”任务比较重的省份整合不同渠道资源，加大了投入和工作力度，同时积极动员定点扶贫单位和东部省市认领“三个确保”村，并安排一部分福利影票公益金。但总体而言，资源总量相对于要完成的任务而言仍显得十分有限，尤其是对于武陵市这样传统的连片贫困地区。武陵市扶贫办 Y 主任回顾了当时的困境：

工作任务大幅度增加，但投入武陵市的财政扶贫资金较以往涨幅不大，按照国务院扶贫办的要求，村平（均）财政扶贫资金投入不少于 50 万元，但 2009 年我市扶贫资金总量只有 15223 万元，除去国家专项资金、老区建设、扶贫搬迁、雨露计划、贴息贷款等各类专项资金，可用于整村推进的资金仅为 7754 万元，平均每个村仅投入 14 万元，工作难度大，资金缺口大，很难达到扶贫效果（2010 年 9 月 3 日 WFY 访谈）。

综上，2008 年两个关键事件的导入，对于地方政府而言，意味着整村推进任务激增，但资源总量匮乏，且动员能力下降，这构成了地方政府运行风险的直接背景。此外，为了落实“三个确保”这一关涉民族地区、革命老区稳定与发展的政治任务，自上而下的行政考核体系在管理的项目检查与验收之外，同时设计了更为严苛的目标责任制。从我们掌握的资料看，很多牵涉“三个确保”任务的省份都建立了“一把手”负责或明确“第一责任人”的“目标责任制”，即通过行政压力体制，争取实现“三个确保”的政治目标。接下来发生在各级政府部门的故事就显得颇为老套，自上而下层层签订“责任状”和“包保合同”。笔者曾经假定，“三个确保”任务比较轻的省份，会倾向于建立更为严格的责任制度，但实际上，我们并没有看到这种情形，其中的原因，大概是地方直接工作部门面临近似的实践困境。

（三）强风险约束

治理任务激增与资源不足的背景，加上更为严苛的行政目标考核制度，地方政府运行的外部环境中风险预期已经上升。此外，政策环境的变化很快在政策对象，即贫困村和贫困户中间引起了热议和愤慨，一种潜在的社会不稳定预期在蓄积和酝酿。前文已述，在

“三个确保”提出以前，地方政府在整村推进贫困村名单拟定，甚至时序设置方面，都必须慎重地以“准入政治”应对各贫困社区对于政策资源的普遍渴求。2008 年以后，一方面，3 年内所有的“三个确保村”都要开展整村推进，这导致地方政府无法再采用“准入政治”的技术操作来平息矛盾。另一方面，相对于贫困村数量，能投放到整村推进式扶贫开发的政策资源显得杯水车薪。而老百姓甚至贫困村干部则不会去尝试理解地方政府面临的窘境，而是理直气壮地提出“同等对待”的诉求。当诉求无法得到响应时，来自各个层级的抱怨便纷至沓来，潜在的社会不稳定预期就会显现。Y 主任介绍，市里面多次组织全市扶贫干部会议，要求各县扶贫干部做好群众工作，但是在现实的困难面前，基层干部也深感工作难以开展：

市里面每次都会耐心细致地解释我们的困难，动员大家（县扶贫干部）坚定决心，完成任务，但县里面也确实有难处。他们怎么去做老百姓的工作？以前工作有样子在那儿，而且我们在之前的工作中也曾经承诺过，迟早大家都会进来（整村推进项目），这个时候就这么点钱，做起来难啊（2010 年 9 月 3 日 WFY 访谈）。

老百姓也什么都不问，只是说，别的村为什么给那么多资金？我们等了这几年，结果跟先来的比起来，少这么多？是不是得找个地方要个说法（2010 年 9 月 1 日 JFH 访谈）。

一个原本服务于民族地区减贫与发展，进而实现地区稳定的项目，反倒催生出社会不稳定因素。与此同时，自上而下的行政压力，也让地方政府处境窘迫。

这里，让我们回到文章一开始讨论的地方政府的“变通”和“共谋”行为。本文将“变通”“共谋”同样视为“风险理性”的实践，只是具体的治理情境有所差异，且“变通”与“共谋”往往不存在下文将要讨论的“文本策略”。

首先，“变通”行为需要有一个前提，即地方政府有足够的潜在资源和潜在手段可以调动。无论这种资源是“挪用”其他领域的资金还是“乡土社会中的非正式因素”（孙立平，2000），亦无论这种手段是“软硬兼施”（孙立平、郭于华，2000）、“乡镇公司化的权力经营”（马明洁，2000）还是“摆平策略”（应星，2001），或“打破既有的组织架构，以小组制的方式工作”（欧阳静，2009），总之，地方政府通过虽说有些艰难和复杂的“变通”行为，还是能够勉强实现治理目标，同时这种“变通”因颇能赢得治理对象利益或文化上的认可而不会引起过多的矛盾。

其次，作为一个“制度化了的非正式行为”（周雪光，2009a）的“共谋”，同样产生于“政府组织结构与制度环境”的矛盾，所谓“制度化”潜含着这种行为是为体制内所接受的。“共谋”行为之所以得到一定程度的默许，是因为它可能减轻地方政府在政策执行过程中可能遭遇的普遍性矛盾，即使较少受到来自政策对象的社会压力的影响。

与“变通”和“共谋”相比，本文所讨论的治理情境具有“强风险约束”的特征：①“三个确保”和部门资金强化专项化管理给地方政府带来的是激增的治理任务和弱化的资源动员能力。②围绕“三个确保”建立的“首长负责制”和项目管理的常规检查与验收并举，使地方政府处于强大的行政压力之下。③政策对象在政策运行过程中成为利益受损者，具有较强的不稳定预期。这就意味着“变通”和“共谋”的行为已经很难应付这种“强风险约束”局面。地方政府在此情境下，“要么是糊弄上级，要么是糊弄老百姓”（2010 年 WFY 访谈），但两者都会存在非常高的风险，官员政治生涯和本届政府的评价都受到威胁。可选择的路径自然而然地成为启动“申诉”程序，通过与上级磋商，讲明基层工作的难处，从而寻求治理目标的变更，以软化“强风险约束”。就官僚组织的体系设计而言，“申诉”管道的启用，不得不十分慎重，原因在于要保持体系运行的高效率，就要尽可能地避免这种“讨价还价”活动带来的组织运行成本。

四、文本策略与管道选择：“申诉”行为的实践

（一）“双重文本”：“申诉”过程中的话语策略

“申诉”的活动无法离开行政科层制的基本语境。从武陵市扶贫办的“申诉”过程，我们发现了很有趣的“双重文本”现象，即寻求组织目标变革以软化风险约束的意图始终包裹在恪尽职守、尽心竭力的公职人员形象措辞之下，在整个“申诉”的“文本”中，一直没有出现过地方政府“考量”自身风险规避意图的话语。

在“三个确保”的目标提出以后，基层的工作变得异常艰难。我们按照“县为单位、整合资源、整村推进、连片开发”的十六字方针，积极与国办、省办和市委市政府磋商，多渠道筹措资金，但总体上来看，收效甚微，与 1140 个村的资金需求还存在非常大的缺口。（访谈员：这个缺口指的是 2008 年以前推进水平所需的资金吗?）不是，按照整村推进的要求，至少每个村，到村资金不少于 50 万元，而现在的情况是，除去专项资金，我们的财政扶贫资金，村均仅有 14 万元，找剩下的钱是很不容易的。

在大会小会上，我们都动员我们的扶贫干部积极找资源，积极做村里的工作。但是意见很大，以前的推进效果在那儿摆着呢，弄得干部和群众的关系很紧张（2010 年 9 月 3 日 WFY 访谈）。

我们发现，干部在“申诉”过程中，并没有触及他们所处的压力体制，而是以一种近乎“诉苦”的形式，讲述基层工作的资源约束与所遇到的矛盾。通过“悬置”上级目标考核带来行政压力问题的话语策略，地方政府表明了在以往的工作中，是想尽办法来贯彻“三个确保”的治理目标的，只是在实际工作中确实存在困难，难以完成。接下来，地方政府提出了针对基层工作困难的解决办法：

我们多次和上级部门反映，武陵市整村推进工作重，资源少，矛盾多。这样下去，“三个确保”武陵市完成不了，要如期完成“三个确保”，除非加大财政支持。（访谈员：那后来支持有没有增加呢?）有一点，但少得可怜，根本不顶事。村里和群众不理解，认为我们干部有什么，要么是之前得了别的村的好处，要么是我们扣了他们的钱……后来我们就提出，能不能先“走”完一次，算是完成了“三个确保”，以后的几年内再陆续地补课？把做得不好的村，再重新做一次。这样，干部也好和老百姓解释，人家也有个念想（2010 年 9 月 3 日 WFY 访谈）。

地方政府“提解决方案”的行为本身以及所提“方案”的内容，同样没有触及自上而下的压力体制，而是表明自己在工作中扎实肯干，愿意迎难而上，只是资源的约束使工作开展起来难度很大，请求上级政府加大资金投放力度。并且社会不稳定的潜在风险，被表述为“对干部不理解”“矛盾多”和“让人家也有个念想”，而没有直陈这种不稳定预期对自身政治生涯和政府工作评价所带来的影响。

（二）双重管道："申诉"过程中的路径选择

武陵市扶贫办 Y 主任向笔者介绍，关于地方扶贫部门在实际工作中的这种窘迫处境，武陵市曾经多次向上级反映：

2008 年“三个确保”工作目标提出以后，我们的工作几乎没有办法开展。为此，我们多次在不同场合向上级部门反映。我们向省办做了说明，省办的结论是“三个确保”是政治任务，必须不折不扣地执行去年（2009 年）国办 F 主任和 W 主任到武陵市检查工作，我们也向国办说明了情况，但国办也表示任务是全国同步的，一定要在 2010 年底之前完成（2010 年 9 月 3 日 WFY 访谈）。

实际上，2008 年国务院扶贫开发领导小组办公室在提出“三个确保”目标的过程中，也意识到不同省份（市）的工作任务会有较大差别。例如，山西省、湖北省的工作任务是非常重的，而河北等省份则相对较轻。为此，国开办在投放资源的过程中，也做了一定程度的倾斜。但是，在工作开展过程中，基层政府遇到很大困难的时候，国开办并没有妥协，而是非常强势地提出“三个确保”是涉及民族地区、革命老区发展与稳定的政治任务，必须无条件地完成。不仅国开办对“申诉”的回应如此，省办对武陵市的回复也大致相同。

这就引出了一个值得探究的问题，何以国开办在意识到地方治理困境的情况下，依然没有对相关要求松绑，而始终采取强硬的姿态，坚持“三个确保”的目标如期完成？一个直观的理解是国开办为了维护自己的决策权威而拒绝进行调整。但本文认为，理解这一问题，要从国开办（中央部委）与省、市之间的工作关系说起。一般而言，国开办能下放的资金，相对于全面的贫困治理目标而言，总是不足的。因此，2000 年以后，国开办希望通过两种方式来解决这个问题，一是在资金下达的过程中，要求地方政府承诺相应的“配套资金”；二是要求在县一级，建立由县主要领导“挂帅”的工作组，协调部门资金，各部门“各炒一盘菜，共办一桌席”，将资源集中投放到贫困社区。用扶贫系统的话说就是，通过财政扶贫资金调动更多资金，起到“四两拨千斤”的作用。以“县为单位、整合资源”，也是考虑到县一级更能直接面对基层经验现实，而且县级政府，尤其是国家级扶贫开发工作重点县对于贫困治理目标会赋予较高的权重，如此，白苏珊（2004）所言的“高权数诱因”就会发挥作用。

对于“三个确保”这样艰难的任务，国开办期望省、市地方政府能够通过资源配套的方式投放更多的资源。事实上，我们在其他省也确实看到了这样的情况。例如，按照“三个确保”的要求，山西省在未来3年内需要实施整村推进的贫困村有5321个，按照每个贫困村财政扶贫资金投入不少于50万元的要求测算，山西省完成“三个确保”任务需要的资金总额达26.6亿元以上，任务之重，为全国之冠。国开办要求山西省委、省政府增加投入，确保任务如期完成。省委省政府也高度重视，召开专门会议布置工作，并以省扶贫办的名义下发了《关于确保完成35个国家扶贫开发工作重点县贫困村整村推进任务的通知》，将今后3年实施整村推进的目标任务和年度计划进一步分解落实到市、县，明确要求各级政府和扶贫开发部门切实加强领导、加大投入、强化资源整合、完善推进机制。同时为配合“三个确保”工作，省级政府多次投放配套资金，并以省政府名义下发《关于确保完成我省革命老区贫困村整村推进工作的意见》。其间，要求根据各市、县的财政实力和具体任务，明确需要落实的扶持资金：除忻州市财政承担辖区内规划扶持任务的10%以外，其他地级市财政要承担辖区内规划扶持任务的20%。财政收入在1亿~3亿元的县，县级承担本县规划扶持任务的20%；财政收入在3亿~5亿元的县，县级承担本县规划扶持任务的30%；财政收入在5亿元以上的县，县级承担本县规划扶持任务的40%。[①]

从上面的两个文件，我们可以看出，国开办之所以不轻易松口，是希望地方政府能够组织更多资源投放到“三个确保村”。在武陵市所在的X省也可以看到类似的情形。面对整村推进启动面大、“三个确保”工作任务重、资金相对不足的局面，全省扶贫开发调整思路，最大限度地整合各种资源向整村推进集合，确保项目村的投入。据不完全统计，2009年全省“三个确保”整村推进共投入财政扶贫资金3.9688亿元，整合资金9.6364亿元，村平均投入98.9万元，建设项目5504个。[②] 可见，在“条块”关系的大背景下，中央部委会尽可能地要求“块块”加大投入，以使本部门工作效果更好。

面对上级政府的强势态度，“强风险约束”似乎已经不可避免。对此，武陵市扶贫办想出了科层体制内“申诉”之外的“第二管道”，即通过“直达圣听”的方式，寻求变

① 山西省扶贫办：《坚定信心　加大投入　千方百计实现“三个确保”目标》（http：//www.fpb.heari.gov.en/asp/detail.asp？id=3583）。

② 《2009年X省农村扶贫报告》。

革治理目标的契机：

工作太难做了。后来我们动用了一些关系，找到了新华社驻X省记者站的记者，把我们的困扰，通过调研报告，走《新华社内参》提交了上去。我们也是没办法，多次的努力都没有结果，但实际的工作已经没法开展下去了。分管扶贫开发工作的回良玉副总理对内参文章做出了批示，转呈国开办范主任和王主任，要求调查研究，拿出解决方案来。经过一段时间的调研，国开办最终认可了“补课”的提议（2010年9月3日WFY访谈）。

启动“第二管道”的做法可谓迫不得已，这实际上是绕过体制内的渠道进行“申诉”。但在“体制内”申诉无效的情况下，地方政府为了软化风险约束，还是启动了“第二管道”。结果，上级部门认可了武陵市关于变革治理目标的提议，在保持全国统一进度的同时，照顾到区域的特殊性，并决议认可武陵市扶贫办关于“补课”的方案，即先按照现有的资源条件，在“三个确保村”做一轮整村推进，存在效果不理想的情况，不予苛责，并且在未来扶贫工作安排中，安排资金，保证这些“三个确保村”的扶贫开发效果。

五、总结与讨论

地方政府行为对理解经济发展和地方治理都具有重要的意义，在国家主导的改革中，中国的经济发展和诸多社会现象，都可以从地方政府所处的制度环境和运作方式中得到理解。在改革初期，行政分权和税制改革刺激了地方政府推动经济发展的积极性，同时也产生了诸如地方保护主义之类的现象。随着20世纪90年代中期分税制改革的实施，地方政府的经营策略发生了变化，其行为也发生了一系列值得警惕的趋向。以往的研究更多关注制度变迁对地方政府特定行为的激励及其非预期后果，而较少谈论地方政府所面临的外部约束和运行风险。近年来，行政体系的调整已使一批学者开始关注地方政府行为的变化。

新千年以来，行政体制改革逐渐铺开，虽然很难对行政体制改革的方向和过程做出明确的预测，但行政体系的理性化与对社会事务的有效治理，显然是改革的逻辑主线。问题也由此产生。行政体系的理性化改革与社会事务的有效治理之间并不必然具有逻辑一贯性。恰恰是在实践中，政策制定的统一性与治理过程的地方性，行政体系的科层化与地方过程的非正式性之间存在较为广泛的矛盾。这些矛盾直接导致了地方政府在执行相关政策时，同时面对正式体系的压力和地方过程的复杂性。地方政府能力与职责的失衡，以及不断凸显的外部约束，决定了其运行过程中不得不应对各种各样的风险。为此，地方政府发展出多元化的行动策略，包括“变通”“共谋”和“申诉”。这种策略的差异性需要置于特定的治理情境之中才能得到理解。

"变通"的做法，建立于体制内意识形态、行政考评尺度的弹性，以及地方资源的借用；"共谋"行为获得了正式体系一定程度的默许，并且能够动用经营日久的"安全网"等资源来应对压力。在这两种情形下，地方政府行为的风险约束，相对而言有其他的疏解方式，呈现为软约束的特征。而在本文所讨论的情境中，"变通"和"共谋"都已无法实现，地方政府的行政风险具有"强风险约束"的特征，即难以调动其他资源和技术手段来达成或者应付上级的目标考核，唯有通过"申诉"，寻求风险约束的软化。但从三种行为的共性上讲，"申诉"与"变通"和"共谋"分享着近似的结构性背景，只是在具体的情境变项上存在差别。

作为一项社会学的定性研究，相关结论和分析的"普遍性"，是这一研究是否具有社会学意义的决定性因素。事实上，我们很难在经验场景中发现两个完全一致的案例。个案研究的普遍性含义可以从两个方面来理解：一是"现象的普遍性"，这意味着所讨论的特定现象具有经验上的可重复观察性，那么，这种重复出现的现象背后的普遍性就具有探究的价值。二是"结构的普遍性"，指的是某几种现象分享着相同或者近似的结构性背景。这种结构性背景对理解某些现象具有一定的解释力。例如，一系列关于"财政包干制"的研究发现，地方政府竞争、地方保护主义和重复建设的现象都可以经由财税体制的研究来得到一定程度的说明。

本文的"普遍性"属于第二类，即"结构的普遍性"。其一，本文讨论的"整村推进"扶贫开发，代表了国家社会政策领域，管理和再分配资源的一般做法，体现了行政体系理性化的"普遍性"结构与过程。表现为通过项目制的管理办法，将整个基层治理对象和过程都纳入清晰而可控的组织体系内，并建立惯常的督察和责任制（问责制度），来约束各行政环节中政府官员的行为，推动项目治理过程的展开。其二，社会领域不断增长的权力意识，构成了对地方政府行为的另外一重约束力量。虽然在其他的案例中并不见得都会出现"三个确保"和"项目资金专项化管理"这种"关键性事件"，且"申诉"过程未必展现得这样完整，但本文所呈现的矛盾，其实在很多领域都并不罕见，只是程度有所不同。其三，行政体系理性化与治理过程地方性之间所存在的矛盾显然具有一般意义，尤其是考虑到新时期中国经济发展面临的多重约束，这一点就显得更确凿无疑。例如，环境治理的诉求与地方社区经济发展和百姓生计之间的矛盾，经济发展与地方生态承载能力和百姓生活资源之间的紧张，等等。从而需要进一步探讨的问题是，在未来的经济发展和社会治理项目实施中，如何平衡理性设计与多元诉求之间的关系？如何通过制度设计，调动各级政府的积极性，回避这种讨价还价的行政成本？自上而下的决策与治理体系，如何对基层情境保持更多的敏感？

参考文献

［1］白苏珊．中国乡村中的权力与财富：制度变迁的政治经济学［M］．郎有心，方小平译．杭州：浙江人民出版社，2004.

［2］陈抗，Arye L. Hillman，顾清杨．财政集权与地方政府行为变化——从援助之手到攫取之手

［J］．经济学（季刊），2002，2（1）：111.

［3］科尔奈，雅诺什．短缺经济学［M］．张烧光，李振宁，黄卫平译．北京：经济科学出版社，1986.

［4］马明洁．权力经营与经营式动员——一个“逼民致富”的案例分析，《清华社会学评论》特辑［M］．厦门：鹭江出版社，2000.

［5］毛寿龙．引咎辞职、问责制与治道变革［J］．浙江学刊，2005（1）：45－49.

［6］毛泽东．毛泽东选集（第二卷）［M］．北京：人民出版社，1991.

［7］荣敬本．再论从压力型体制向民主合作体制的转变：县乡两级政治体制改革的比较研究［M］．北京：中央编译出版社，2001.

［8］欧阳静．运作于压力型科层制与乡土社会之间的乡镇政权：以橘镇为例［J］．社会，2009（5）．

［9］渠敬东．项目制：一种新的国家治理体制［J］．中国社会科学，2012（5）：113－118.

［10］渠敬东，周飞舟，应星．从总体支配到技术治理：基于中国改革30年经验的社会学分析［J］．中国社会科学，2009（6）．

［11］容志，陈奇星．稳定政治：中国维稳困境的政治学思考［J］．政治学研究，2011（5）．

［12］折晓叶，陈婴婴．项目制的分级运作机制和治理逻辑——对“项目进村”案例的社会学分析［J］．中国社会科学，2011（4）．

［13］斯科特，詹姆斯·C. 国家的视角：那些试图改善人类生活的项目是如何失败的［M］．王晓毅译．北京：社会科学文献出版社．

［14］孙立平．“过程—事件”分析与当代中国国家—农民关系实践形态［M］//清华社会学评论（特辑），厦门：鹭江出版社，2000.

［15］孙立平，郭于华．“软硬兼施”：正式权力非正式运作的过程分析——华北B镇收粮的个案研究［M］//清华社会学评论（特辑），厦门：鹭江出版社，2000.

［16］王绍光，马骏．走向“预算国家”——财政转型与国家建设［J］．公共行政评论，2008（1）：1－37.

［17］马克斯·韦伯．经济与社会（上卷）［M］．林荣远译．北京：商务印书馆，1997.

［18］马克斯·韦伯．支配社会学［M］．简惠美译．桂林：广西师范大学出版社，2011.

［19］杨善华，苏红．从代理型政权经营者到谋利型政权经营者［J］．社会学研究，2002（1）．

［20］应星．大河移民上访的故事——从“讨个说法”到“摆平理顺”［M］．上海：三联书店，2001. 张康之．超越官僚制：行政体制改革的方向［J］．求索，2001（3）：32－36.

［21］张静．基层政权——乡村制度诸问题［M］．杭州：浙江人民出版社，2000.

［22］张静．国家政权建设与乡村自治单位［J］．开放时代，2001（9）．

［23］郑永年．中国的民主化及其限度［EB/OL］．www. zaobao. com/special/forum/page8/forum－zaobaol10322b. html.

［24］周飞舟．分税制十年·制度及其影响［J］．中国社会科学，2006（6）：100－115.

［25］周飞舟．生财有道：土地开发和转让中的政府与农民［J］．社会学研究，2007（1）：49－82.

［26］周飞舟．锦标赛体制［J］．社会学研究，2009（3）：54－79.

［27］周飞舟．大兴土木：土地财政与地方政府行为［J］．经济社会体制比较（双月刊），2010（3）：77－89.

［28］周飞舟．财政资金的专项化及其问题——兼论项目治国［J］．社会，2012（1）．

［29］周黎安．晋升博弈中政府官员的激励与合作——兼论我国地方保护主义和重复建设问题长期存在的原因［J］．经济研究，2004（6）．

［30］周黎安．中国地方官员的晋升锦标赛模式研究［J］．经济研究，2007（7）．

［31］周雪光，练宏．政府内部上下级部门间谈判的一个分析模型——以环境政策实施为例［J］．中国社会科学，2011（5）．

［32］周雪光．基层政府间的“共谋现象”——一个政府行为的制度逻辑［J］．开放时代，2009（12）：40－55.

［33］周雪光．基层政府间“共谋”的制度逻辑［J］．大经贸，2010（2）．

［34］周雪光．“上有政策、下有对策”的新变种［N］．北京日报，2009－11－23.

［35］周雪光．权威体制与有效治理：当代中国国家治理的制度逻辑［J］．开放时代，2011（11）：66－85.

［36］Birgitte，Poulson. Competing Traditions of Governance and Dilemmas of Administrative Accountability：The Case of Denmark［J］．*Public Administration*，2009：87.

［37］David，H. Rosenbloom & Deuk Hahm Sung. Public Administrative Theory，Performance，and Accountability：Problems and Prospects in Diverse Political Environments［J］．*Administration & Society*，2010：42.

［38］Gouldner，Alvin. Organizational Analysis［M］// Robert K. Merton，Leonard Broom & Leonard S. Cottrell，Jr. *Sociology Today：Problems and Prospects*. New York：Basic Books，1959.

［39］Gulick，Luther & L. Urwick. *Paper on the Science of Administration*［M］. New York：Institution of Public Administration，Columbia University，1937.

［40］Landry，Pierre F. *Decentralized Authoritarianism in China*［M］. New York：Cambridge University Press，2008.

［41］Lin，Nan. Local Market Socialism：Local Corporatism in Action in Rural China［J］. Theory & Society，1995：24.

［42］Oi，Jean. Fiscal Reform and the Economic Foundation of Local State Corporatism in China［J］. World Politics，1992：45.

［43］Oi，Jean. The Role of the Local State in China's Transitional Economy［J］. *China Quarterly*，1995：144.

［44］Oi，Jean. The Evolution of Local State Corporatism［M］// In Andrew Walder. *Zouping in Transition：The Process of Reform in Rural North China*. Cambridge，Mess：Harvard University Press，1998.

［45］Oi，Jean. Local State Corporatism［M］// Jean C. Oi. Rural China Takes off：*Institutional Foundations of Economic Reform*［M］. Berkeley：University of California Press，1999.

［46］Qian，Yinyi & Barry Weingast. Federalism as a Commitment to Preserving Market Incentives［J］. *Journal of Economic Perspective*，1997，11（4）：83－92.

［47］Shirk，Susan L. *The Political Logic of Economic Reform in China*［M］. Berkeley：University of California Press，1993.

［48］Shirk，Susan L. China：*Fragile Superpower*［M］. New York：Oxford University Express，2007.

［49］Walder，Andrew. Local Governments as Industrial Finns［J］. *American Journal of Sociology*，1995，1（101）：268－269.

论复杂性管理范式下的生态协同治理机制

张连国

（山东理工大学法学院，山东，淄博，255049，中国）

【摘　要】从复杂性管理范式的视域论述我国生态文明建设中的生态协同治理机制，生态协同治理的主体，政府与社会组织的合作网络机制，生态协同治理机制的基础，政府主导下的生态市场经济运行机制，生态协同治理机制的特色，适应性管理和复合生态系统风险管理机制的结合。

【关键词】复杂性管理；生态管理；协同治理；机制

2007 年中共十七大提出建设“生态文明”的战略后，我国学术界有关生态文明的研究文章剧增，经维普期刊资源网络服务平台检索，至 2012 年 6 月共发表有关生态文明的文章万余篇。但研究生态文明建设中的运行机制只有两篇文章。本文认为生态文明建设，不仅是理论问题，更是一个生态协同治理实践的复杂性管理问题。因而本文从复杂性管理范式的视域论述我国生态文明建设中的生态协同治理机制。

一、生态文明研究中的复杂性管理新视域

（一）管理学的复杂性管理范式的转换

传统公共管理的管理范式，是由伍德罗·威尔逊、马克斯·韦伯等公共管理学的创始者于 19 世纪末 20 世纪初建构起来的，归纳起来主要包括以下三个方面的内容：第一，一个占支配地位的权力中心。第二，政治与行政的二分法，即政治领域是政策和法律的制定过程，设定行政任务；行政领域包括法律和政策的执行，可以在政治的适当范围之外。第

* 作者简介：张连国，山东理工大学法学院教授。

三，效率原则。效率的取得依赖于依据技术理性而设计的正式的政府组织机构——官僚体制。

随着全球化拓展和后工业经济的出现，人类社会进入生态危机和社会危机交织的风险社会，以工业经济活动原则和特征为基础的官僚制管理方式面临着巨大的挑战，建设生态文明社会成为历史的必然。管理学专家比尔说："旧世界的特点是管理事务，新世界的特点需要处理复杂性。"生态文明社会的经济基础、上层建筑和文化理念都将发生前所未有的巨变，呈现出整体性、系统性、不确定性等复杂性的特点，对公共管理提出了新的要求：如何从系统论、非线性复杂系统的角度看待管理？如何改变传统发展观指导下的企业管理行为失衡，保护生态环境，实现企业可持续发展，使经济与自然环境协调发展？由此引发管理学向复杂性管理范式转换。把复杂性理论引入公共管理，是近年来管理思想发展的大趋势。复杂性理论引入管理，就是"复杂性管理"，或者"以复杂性为基础的管理方法"（complexity - based approaches to management）。复杂性理论为引入管理微观力学提供了一系列崭新的概念范畴和管理学问题，因而引导了管理学的范式转换。

（二）生态管理学中的生态系统管理属于复杂性管理范式

在环境治理方面，目前有两种依据不同的理论范式的管理学科：环境和资源管理（environmental management and management of resources）与生态系统管理（ecosystem management）。环境资源管理与生态系统管理的目的都是要维持生态环境和经济的可持续，但前者偏重于经济发展的可持续性，后者偏重于生态环境的持续性。

首先，两者的理论基础是不一样的。环境和资源管理的主要理论基础是福利经济学，属于机械论科学范式。如庇古的外部效应内部化理论、科斯定理的明晰产权理论、认为环境污染与人均国民收入存在倒 U 形关系的环境库兹涅茨曲线理论、环境资源的公共物品理论和环境资源交易系统的"最大的效用"理论等。从经济管理的角度看，其根本方法是末端治理的方法，"先污染，后治理"，在生产链终端或者在废弃物排放到自然界之前，对其进行物理化学和生物过程的处理，最大限度地降低污染物的自然界的危害。末端治理的主要经济理论范式新古典经济学，从根本上讲属于机械论、原子论的线性科学范式，是人类中心主义的。

把环境资源理解为能够进入劳动过程并被加工成生产资料的自然资源，没有把生态环境本身看作是自然资本，对环境资源的保护缺乏系统的、整体的和长时段的视野，也缺乏生态价值导向和复杂性系统的眼光，因而从根本上忽略自然生态系统的生态规律特别是自然生态系统阈值问题和自然资本问题，无法解决环境与经济的可持续发展问题。

生态系统管理理论基础是复杂生态系统科学，以生态系统的整体性、可持续性为管理目的。"生态系统管理是把复杂的生态学、环境学和资源科学的有关知识融合为一体，在充分认识生态系统组成、结构与生态过程的基本关系和作用规律，生态系统的时空动态特征，生态系统结构和功能与多样性的相互关系基础上，利用生态系统中的物种和种群间的共生相克关系、物质的循环再生原理、结构功能与生态学过程的协调原则以及系统工程的动态最优化思想和方法，通过实施对生态系统的管理行动，以维持生态系统的良好动态行为，获得生态系统的产品生产（食物、纤维和能源）与环境服务功能产出（资源更新和生存环境）的最佳组合和长期可持续性。”

环境资源管理理论和政策所引导的生态管理实践，是一种“末端治理方式”，即“先污染，后治理”，虽然在一定程度上解决了环境污染和自然资源节约的问题，但由于传统理论范式的局限性，把环境资源理解为能够进入劳动过程并被加工成生产资料的自然资源，没有把生态环境本身看作自然资本，对环境的保护和自然资源的利用缺乏系统的、整体的和长时段的视野，也缺乏生态价值导向和复杂性系统的眼光，不可能根本解决环境污染和资源的可持续利用问题。人们在生态复杂科学理论的基础上开始探讨大尺度的整体的生态系统管理问题。这对生态环境与经济可持续问题的解决，提出了崭新的思路。

其次，管理目标不同。资源环境管理强调资源的最大生产力，而生态系统管理重视生态系统的整体性、可持续性所带来的生态系统服务价值与生态生产力，其首要目的是维持生态系统的可持续性。

传统资源管理往往强调系统资源的最大生产力，而忽略了生态系统整体的服务功能；生态系统管理则注重生态系统整体性、可持续性所带来的生态系统服务价值和生态生产力。生态系统的整体性是相对的，它以保护自然、生物多样性有关的生态学过程的完整性为依据，生态系统管理关心的生态过程主要有：水文学过程、生物生产力、生物地球化学循环、有机物的分解、生物多样性维持等。不同生态学过程有不同的空间和时间尺度，往往是跨越行政/政治上的边界（国界、省界）。不同的生态学过程组成了有层级的整体复杂生态系统。生态系统复杂的相互作用和多样性，形成了生态系统的生态整体性（ecological integrity）、自维持活力（vigor of self－maintenance）、自调解力（self－regulation）和自组织力（self－organization），也是生态环境可持续性的原因。

生态系统可持续性可以理解为生态系统持久地维持自身健康生存和发展的能力，它决定于系统的生态整体性、自维持活力、自调解力和自组织力。这些内在的能力与系统结构的复杂性和多样性有关，保护和维持生态系统多样性（特别是生物多样性）和相应的复杂性是提高生态系统抵抗干扰和环境胁迫的有效途径。生物多样性是决定生态系统可持续性的核心，它在复杂的时空梯度上维持着生态系统过程的运行，是生态系统抗干扰能力和恢复能力以及适应环境变化能力的物质基础。

（三）生态协同治理：以生态系统管理为主，以资源环境管理为辅

首先，生态治理以生态系统管理为主导，重视生态系统的整体性、可持续性所带来的生态系统服务价值与生态生产力，因而生态治理的首要目的是维持生态系统的可持续性。

其次，在承认生态系统管理的主导地位的前提下，并不排斥传统环境和资源管理所形成的一些行之有效的管理手段和政策。这是生态治理的底线和出发点。环境管理手段按照其作用方式主要分为管制手段和经济手段两大类，此外还有教育手段。

二、生态文明社会的生态协同治理机制

（一）生态协同治理的主体：政府与社会组织的合作网络机制

面对复杂的社会—经济—自然系统的整体生态系统管理，市场经济手段的管理体制是有限的，一般会带来“市场失效”。通常采取的政府自上而下管制为主的管理体制的治理效果非常明显，但有时会造成“政府失效”。治理是一个上下互动的管理过程，它主要通过合作、协商、伙伴关系、确立认同和共同的目标等方式实施对公共事务的管理。治理的实质在于建立在市场原则、公共利益和认同之上的合作。它所拥有的管理机制主要依靠的不是政府的权威，而是合作网络的权威。其权力向度是多元的、相互的，而不是单一的和自上而下的。

20 世纪 90 年代在西方政治学、公共管理学领域兴起了一种新的社会管理理论，这就是“协同治理”（governance）理论。

从西方治理理论学者对治理的定义看来，治理不同于传统政治和行政管理之处，它不是强调国家或政府对社会的单向度的统治或行政管理，而是强调国家与社会组织之间的相互作用互动的复杂性的合作机制：联合国规划署将治理定义为“行使政治、经济和行政权力来对国家事务进行管理”，“它是一些复杂的机制、过程、关系和制度，通过这些公民和各种团体清楚地表达他们的利益，行使他们的权利，履行义务，调和分歧。治理包括各种方法——可能是好的，也可能是坏的——社会可以利用这些方法来分权，并管理公共资源和问题”。斯托克在《作为理论的治理：五个论点》中指出：“治理的本质在于，它所偏重的统治机制并不依靠政府的权威和制裁。治理的概念是，它所要创造的结构和秩序不能用外部强加；它只发挥作用，是要依靠多种进行统治的以及互相发生影响的行为者的互动。”斯莫茨在《治理在国际关系中的正确运用》中指出，可治理性问题成为当今政治思想的核心。治理有四个特征：治理不是一套规章制度，也不是一种活动，而是一个过程；治理的建立不以支配为基础，而是以调和为基础；治理同时涉及公私部门；治理并不意味着一种正式制度，但确实有赖于持续的相互作用。治理观念的魅力在于，它不仅关注传统体制、民主形式、权力及其工具，而且引发人们对政治行动成为可能的新的社会合作机制的兴趣。

如果说传统的政府理论认为政府是从事社会管理的主体，自上而下的统治是政府管理社会的主要方式，那么治理理论对传统政府理论的主要发展就是治理主体的多元化，以及由于治理主体多元化带来的政府和社会之间的双向互动，多元治理主体之间的相互影响。

受协同治理理论模式的启示，我们认为生态协同治理，既不能主要依赖国家集权管理，也不可能以地方自治管理为主；既不是简单加强国家统一管理，也不能简单引入市场

机制，而是一个以“良治”（good governance）为目标，追求经济和生态综合效益最大化，新型的统一集中管理与分级、分部门管理相结合政府与社会组织合作网络管理体制的现代综合治理模式。

（二）生态协同治理机制的基础：政府主导下的生态市场经济运行机制

市场经济具有负外部性，特别是生态负外部性。解决市场经济的负外部性必须充分发挥政府的公共职能，建立政府主导下的生态市场经济运行机制。要使政府承担公共职能的角色，必须在社会主义“全心全意为人民服务”为社会主义服务的公有价值观念的导向下，在社会主义公有制政治经济制度的主导地位前提下，建立公有制为主体的生态计划调控机制，克服市场经济经济人主体必然造成的对公共利益和生态整体利益的危害。

1. 公有制为主体的生态计划调控机制

基础工业往往是那些能源消耗量大、产品消耗量大和环境代价巨大的产业，支撑着一个国家的基本消费结构。但如果我们按照自由经济机制模式，一般情况下，在以逐利为核心目标的经济机制下，是无法构建循环经济、动态均衡经济发展模式的。因为循环经济就是一个发散式流程化不等式系统闭环结构。也就是说，在不同的经济闭环结构中，有的结构利润可观，有的结构利润甚微，甚至会出现负利润，冲抵其利润水平。在这种情况下必须建立公有制主导的社会主义生态计划经济，从人民群众的利益、社会整体长远利益与生态利益相统一的价值观出发，去平衡各种利益关系。

首先，对自然资源定价和实行公有产权明晰。按照自然资源定价的边际成本理论，资源使用者所付的资源价格应等于社会负担的自然资源利用与耗竭的代价—边际机会成本（MOC），即 P = MOC = MPC + MUC + MEC。其中，MOC 为边际生产成本，MUC 为边际使用者成本，MEC 为边际外部成本，按照边际机会成本理论，资源价格 P 应等于三者之和。英国环境经济学家皮尔斯（Pearce）认为，MOC 由三部分组成，即 MOC = MDC + MEC + MUC。其中，MDC 为边际直接成本，指资源生产过程中所消耗的各种生产要素的成本；MEC 为边际外在成本，是由于人们在开发某种自然资源的过程中会引起自然资源库中其他组成要素的退化，并对别的经济行为造成不利影响；MUC 为边际使用成本，来源于对跨时段的考虑，是资源的存在价值，即当资源被开采利用而造成其存量减少所导致的稀缺性加价，这是针对可耗竭资源及不可耗竭资源在非持续利用的情况下而言的。

其次，按照满足大多数人民的基本需要的社会效益、生态效益和经济效益相统一的目标制订国民经济发展计划。我国是社会主义国家，计划经济时期，我国把有计划按比例发展看作是社会主义区别于资本主义的基本特征。改革开放以来在建设有中国特色的过程中，我国仍继承了计划经济时期制定国民经济发展计划的传统。2010 年中共中央十七届五中全会提出了《关于制定国民经济和社会发展第十二个五年规划的建议》。中共十七届五中全会关于制定十二个五年计划的建议，是在科学发展观的指导下提出的，在新形势下，贯穿了社会效益、生态效益与经济效益相统一的原则。

最后，实行绿色 GDP 的国民经济核算体系。建立绿色国民经济核算体系。为反映经济发展过程中资源与环境成本，研究建立绿色国民经济核算体系，使国民经济的发展能不断地对生态环境与资源进行必要补偿，引导人们从单纯追求经济增长逐步转到注重经济、社会、环境和资源协调发展上来。绿色 GDP，即 GGDP，即国民生产总值减去环境破坏的成本，并引入自然资本的概念，可以改变以往不计自然资源成本的传统工业经济增长模式。

2. 公众参与的生态民主机制

建立让社会公众参与决策的有效机制。通过建立生态信箱、公布举报电话、奖励举报人员、成立非政府生态环境建设与保护组织，完善公众举报、听证、生态环境影响评价公众参与制度和生态环保问题公众听证会制度，充分调动社会各方面参与环境与发展问题决策的积极性；切实保护公众的生态环境知情权。进一步疏通生态信息公开渠道，规范生态环境信息发布，开展生态环境警示教育，使每个公民在享受生态环境权益的同时，自觉履行保护生态环境的义务，在全社会形成提倡节约、爱护生态环境的社会价值观念、绿色消费方式，激励公众保护生态的积极性和自觉性；引导公众参与形式多样的生态建设活动。如推行城镇生活垃圾的定点分类堆放，组织资源回收利用活动，开展义务植树造林活动，环保志愿者行动，生态旅游和创建绿色社区、绿色学校、生态产业园区等活动，组织引导公众投身到环境保护与生态文明建设。

3. 生态行政管理机制

要加快政府职能转变和管理体制创新，结合政府机构改革，转变政府职能，创新管理体制。在充分发挥市场配置资源基础作用的同时，强化政府在生态文明建设中的综合协调能力。建立部门职责明确、分工协作的工作机制，做到责任、措施和投入“三到位”。切实解决地方保护、部门职能交叉造成的政出多门、责任不落实、执法不统一等问题。

4. 生态公共政策机制

第一，实施环境保护指令控制。这是一种指令性的政府管制手段。政府部门以行政命令或法规条例的形式，向污染者提出具体的污染物排放控制标准，或令其采用以减少污染物排放量为目的的生产技术标准，从而达到直接或间接限制污染物排放、改善环境的目的。管制手段包括排放标准（或治理标准）、治污技术标准等。世界各国通过采用命令和控制式的直接管制手段极大地改善了环境质量，但是该手段在实施和强制执行中的达标成本远远高于人们所预期的水平。这是基于公共利益需要，利用行政和法律手段，实行环境保护明令和污染控制措施。管理措施，确定排污标准，并对超标的厂商惩罚。根据厂商和污染源产生的排污量征收税费。因此，厂商的理性选择是将污染削减到边际控制成本等于税率这一水平上。在理想状态下，税率应当等于污染削减的边际收益，这是效率最高。然而，政策制定者更倾向于考虑所要达到的清洁水平。

第二，征收污染税或庇古税。英国经济学家庇古提出，福利经济学私人成本社会化。使企业支付额外的环境成本，促使其减少产量继而减少排污。征收污染税或疵古税的设想是由英国经济学家庇古提出的，属于福利经济学，其思路是将私人成本社会化，使企业支付额外的环境成本，促使其减少产量继而减少排污。1978 年 12 月 31 日中央批转国务院环境变化领导小组《环境保护工作汇报要点》。1979 年《中华人民共和国环境保护法（试行）》对排污费制度作了明确规定。1982 年 2 月 5 日制定《中华人民共和国排污收费暂行办法》。2002 年 1 月 30 日国务院颁布《中华人民共和国排污费征收使用管理条例》，并于 2003 年 7 月 1 日实施。

押金返还制度是排污收费制度的一个特例。其做法是消费者在购买具有潜在污染特性的产品时预付一定数量的押金，当他们将产品（或其包装物）送回指定的循环和处理中心时，即取回押金。降低政府补贴是第四种市场导向政策工具。"补贴与税收相对，在理论上可为解决环境问题提供激励。但在实践中许多补贴造成了经济上的低效率和环境损害"。

第三，界定环境产权：科斯手段。案例：美国排放权交易制度。允许单个公司调整其对各个污染源的控制，只要该公司不超过总的污染控制。许可证在厂商内部交易：如果厂商某一部分减少排放，另一部分允许多排放。自 1979 年以来环境保护署 42 个泡沫计划节省 3 亿美元减污成本。

可交易的许可证制度。像排污收费一样，能以最低成本来分配污染控制负担，这当然也需要制定一个最大的总体污染排放水平。在可交易的许可证制度下，允许的总体污染排放水平制定后，就以排污许可证的方式将其在厂商中进行分配。如果厂商的污染排放水平低于其允许的开放水平，它们可将剩余的许可证出售给其他厂商或者用来取消本厂其他设施的过度排放。削减市场壁垒也可作为市场导向型的政策工具。通过消除外在和隐含的市场壁垒，厂商可从环境保护中大量获益。

5. 生态补偿机制

生态补偿机制是以保护生态环境，促进人与自然和谐发展为目的，根据生态系统服务价值、生态保护成本、发展机会成本，运用政府和市场手段，调节生态保护利益相关者之间利益关系的公共制度。以上关于生态补偿的各种观点，分别从生态学、经济学、法学等不同学科视角进行了分析，这也反映了生态补偿的学科的交叉性、含义的层次性、内容的复杂性。这些观点为生态补偿的研究与实践建设提供了一定依据。根据学者对生态补偿内涵的不同阐释，可以总结出生态补偿内涵包括以下几个因素：生态补偿的目的是恢复、改善和维护生态系统服务功能，促进人与自然的和谐，实现经济、社会和生态环境的协调发展；生态补偿的实质是调节相关利益者的环境利益和经济利益的合理分配，是为了实现相关活动的生态利益、生态成本的内部化；生态补偿是一种复杂性问题，是一个系统工程，是一种长效机制。因而，生态补偿本质是生态政治经济学的范畴。从生态政治经济的视野把握生态补偿，生态补偿是以政府为主导、以市场为辅助的一种生态政治经济制度安排。生态补偿是一个涉及公共决策及生态经济的生态政治问题；生态补偿是一个涉及工程、生物、经济、管理、政治和社会等诸多方面具有复杂性的系统工程；生态补偿的目的是恢复、改善和维护生态系统服务功能，促进人与自然的和谐，实现经济、社会和生态环境的协调发展；生态补偿的实质是调节相关利益者的环境利益和经济利益的合理分配，是为了实现相关活动的生态利益、生态成本的内部化；生态补偿是一种复杂性问题，是一个系统工程，是一种长效机制[10]。

（三）生态协同治理机制的特色：适应性管理和复合生态系统风险管理机制的结合

生态治理的对象是社会—经济—自然复合生态系统，生态治理的主体是政府与社会组织的合作网络体制，无论是管理主体还是管理对象都是典型的复杂系统，其组成单元数量庞大，单元之间存在复杂的相互作用关系，这种内部相互作用是系统复杂化、有序化及自适应化、自组织化的推动力，它使管理系统跟其他复杂系统一样处于混沌的边缘和临界状态，在有序与无序之间，呈现不确定性的特征。加上人类对之认知的有限性，更造成了生态治理的不确定性。而生态治理的不确定性，往往导致我们对其管理的盲目性，乃至无效性，造成“治理失效”。因此，面对管理对象和管理主体复杂性和我们认知局限性所带来的“管理失效”，生态系统的管理必然是弹性的，是一种适应性管理（adaptive management）。

适应性管理只能依赖于我们对生态系统临时的和不完整的理解来进行，允许管理者对不确定性过程的管理保持灵活性和适应性。生态治理作为生态系统管理所具有的不确定性主要由于生态系统复杂性和动态特征而引起的不可预知的突变事件以及生态系统对干扰响应的不同而引起的多种环境累计效应预测的不确定性。对“由于生态系统复杂性和动态特征而引起的不可预知的突变事件以及生态系统对干扰响应的不同而引起的多种环境累计效应预测的不确定性”的管理，是一种复合生态系统风险管理。

风险（R）是指不幸事件发生的可能性及其发生后将要造成的损害。这里，“不幸事件发生的可能性”称为“风险概率”（P，也称风险度）；不幸事件发生后所造成的损害称为“风险后果”（D）。目前比较通用和严格的风险定义是：风险指在一定时期产生有害事件的概率与有害事件后果的乘积，就风险自身而言，风险具有发生或出现人们不期望后果的可能性和不确定性或不肯定性，因而，对发展循环经济来说，值得研究的是复合生态系统的生态风险管理。

复合生态系统风险管理，是在复杂科学理论指导下，在环境风险管理和生态风险管理的基础上形成的，在评估人的经济行动引发的或面临的危害（包括自然灾害）对人体健康、社会经济发展、生态系统等所造成的风险可能带来的损失的基础上，进行管理和决策的过程。

复合生态系统风险管理，以环境风险评估和生态风险评估为前提。

环境风险评价是评判环境风险概率及其后果可接受性的过程。判断一种环境风险是否能被接受，通常采用比较的方法，即把这个环境风险同已经存在的其他风险、承担风险所带来的效益、缓建风险所消耗的成本等进行适当的比较。同时采用相应的评价标准，选择合适的评价层次、范围，确定风险的重大性和可接受性，并提出降低风险的措施与对策。采用的是传统经济学的成本收益法，属于传统科学的理论范式。

20 世纪 90 年代以后，生态风险评价逐渐成为新的研究热点。生态风险（Ecological Risk，ER）是指一个种群、生态系统或整个景观的正常功能受外界胁迫，从而在目前和将来减小该系统内部某些要素或其本身的健康、生产力、遗传结构、经济价值和美学价值

的可能性。生态风险的成因包括自然的、社会经济的与人们生产实践的诸种因素，其中自然的因素如全球气候变化引起的水资源危机、土地沙漠化与盐渍化等；社会经济方面的包括市场因素、资金的投入产出因素、流通与营销、产业结构布局等因素；人类生产实践包括传统经营方式和技术产生的生态风险，资源开发利用方面的风险因素等。当前，生态风险问题在自然资源综合开发中尤为突出，如在自然资源的保护性利用中资源储量耗损率的确定、资源利用方式与对策的确定、资源价格和投资形式等的确定等[7]。

具体而言，首先是生物技术如基因工程、细胞工程、酶工程和发酵工程以及生化工程引起的风险。

目前特别应注意的是，如转基因工程对人体健康的生殖具有某些危害性，对生态环境物质流和能量流和生物多样性的破坏，已经被许多科学试验所证明。

其一，转基因作物危害生态环境。转基因作物的巨大危害之一就是对原始的野生农作物具有灭绝作用。2011 年 8 月 31 日据路透社报道，美国联邦机构地质部门（USGS）长期跟踪调查发现，在美国集中种植转基因作物的农业区域（大约四个州范围）的河流水系和空气中，都发现足够大量的草甘膦转基因农药成分的严重污染。这说明，种植转基因作物的危害在短期内可能不显示，而长期种植则发生转基因农药成分释放累计而造成生态系统和国土农田的严重危害。美国联邦环保部门于同年 11 月底发布的公告说，转基因作物的抗虫除草功能已经严重退化甚至已经消失，已经造成“超级害虫”和“超级杂草”的严重危害，如今又出现生态系统严重危害，同时使农业区蒙受足够严重的损失。公告还特别指明，孟山都公司提供的相关分析和监测系统是很不足或很不完善的。

其二，转基因食物危害身体健康。1998 年英国普斯陶伊教授受农业部委托研究发现食用转基因土豆 110 天的老鼠个头比普通老鼠小得多，老鼠的肝脏和心脏甚至脑部都比正常老鼠小，免疫系统更加脆弱。2007 年法国科学家证实：孟山都出产的一种转基因玉米对人体肝脏和肾脏具有毒性。2008 年奥地利政府科研机构证实转基因玉米影响生育能力，用转基因玉米喂养的实验鼠产仔数量减少，幼鼠的体重也偏轻、体质较弱，几代后雌鼠的生殖器官也出现了一些变化。2009 年在《生物科学国际期刊》上法国科学家研究指出三种孟山都公司的转基因玉米能让老鼠的肝脏、肾脏和其他器官受损。

正由于转基因存在生态风险和人体安全风险，“大多数国家考虑到转基因作物及食品的潜在风险，对转基因作物的种植和消费仍持拒绝态度”。截至 2010 年底，全球种植转基因作物的国家也仅有 29 个，多集中在美国、巴西、阿根廷和加拿大。“各国政府和联合国等国际组织十分重视转基因生物管理工作，许多国家采取立法的形式实施生物安全管理，由于受技术发展水平、经济利益、公众接受程度等多种因素的影响，各国形成了各自不同的管理模式，其中，具代表性的是欧盟和美国”。美国对于转基因生物的管理始于 20 世纪 70 年代中期，是在转基因生物研究、开发、种植、销售和推广各方面领先全球的国家和积极推动者，但是美国的转基因作物安全管理制度并不宽松。美国设有科学的决策、监管机构。转基因食品主要由美国食品与药物管理局（FDA），美国农业部（USDA）和美国环保局（EPA）负责检测、评价和监督。从 1977 年开始相继出台了《重组 DNA 分子研究准则》《生物技术管理协调框架》《转基因食品自愿标识指导性文件》《转基因食品上市前通告的提议》《植物内置式农药（PIP）管理》等政策法规。通过严格的立法和制定技术标准对转基因生物及其产品实施安全监管是世界各国的普遍做法。在国际准则层面上，联合国相应机构及其他有关国际组织，如联合国工业发展组织（UNIDO）、粮农组织（FAO）、世界卫生组织（WHO）、环境规划署（UNEP）以及经济合作与发展组织（OECD）等已制定和颁布了几十个有关生物安全的共识文件。在与国际公认准则接轨的基础上，各国根据本国利益和对转基因生物安全管理的不同理念，有截然不同的态度和规定。

发展生态经济必然引起生态危险，如何规避生态风险、进行生态风险管理（Ecological Risk Management，ERM）是生态文明建设中发展生态经济的重要课题。而进行生态风险管理的前提条件是"生态风险评价"（Ecological Risk Assessment，ERA），它是指受一个或多个胁迫因素影响后，对不利的生态后果出现的可能性进行的评估。生态风险评估虽然继承了环境风险评估的一些方法，但与环境风险评估不同的是它属于复杂科学的理论范式，其理论基础是生态位原理、阈值原理和协同进化原理。

生态风险管理（ERM）是指根据生态风险评价（ERA）的结果所采取的决策过程。首先，最有效的方法还是通过立法来规范人类的生产和科研活动，减少人类对自然界的干扰。如大多数发达国家都对 GMO 的释放及生物安全性立法。基因工程农产品的商业化，在美国要经过三个政府部门的批准，即农业部（USDA）、医药与食品管理局（FDA）和环保局。1993 年 12 月我国原国家科学技术委员会发布的《基因工程安全管理办法》规定了我国基因工程工作的管理体系，按潜在危险，将基因工程工作分四个安全等级并规定了分级审批权限，但至今还未颁布法律。其次，选用有效的控制技术，进行削减风险的费用和效益分析，确定可接受风险度和可接受的损害水平，并进行政策分析及考虑社会经济和政治因素。最后，决定适当的管理措施并付诸实施，以降低或消除事故风险度，保护人群健康与生态系统的安全。最根本的措施是将风险管理与全局管理相结合，实现"整体安全"。

参考文献

[1]［德］马克斯·韦伯．经济与社会［M］．林荣光译．北京：商务印书馆，1997：311.

[2] 哈拉尔．新资本主义［M］．冯韵文，黄育馥译．北京：社会科学文献出版社，1991：119.

[3] 于贵瑞．略论生态系统管理的科学问题与发展方向［J］．资源科学，2001（6）：1～4.

[4] Grumbine R. E. What is Ecosystem Management?［J］. Conser Biol，1994（1）：27－38.

[5] Christensen N. L.，Bartuska A. M.，Brown J. H. The Report of the Ecological Society of America Committee on the Scientific Basis for Ecosystem Management［J］. Ecol Appl，1996（3）：665－669.

[6] 欧阳志云，王效科，苗鸿．中国陆地生态系统服务功能及其生态经济价值的初步研究［J］．生态学报，1999（5）：19～25.

[7] 张连国．广义循环经济学的生态经济学范式［M］．北京：群众出版社，2006：183～185.

[8] 张连国．复杂性科学视野下的生态省发展研究［J］．学术论坛，2009（4）：113～120.

[9] 中国生态补偿机制与政策研究课题组．中国生态补偿机制与政策研究［M］．北京：科学出版社，2007：74.

[10] 张连国. 生态政治视野中的生态补偿 [J]. 学术论坛, 2008 (7): 96~101.

[11] Christensen N. L., Bartuska A. M., Brown J. H. The Report of the Ecological Society of America Committee on the Scientific Basis for Ecosystem Management [J]. Ecol Appl, 1996 (3): 665-691.

[12] 于贵瑞, 谢高地, 于振良等. 我国区域尺度生态系统管理中的几个重要生态学命题 [J]. 应用生态学报, 2002 (7): 885~891.

[13] 顾传辉, 陈桂珠. 浅议环境风险评价与管理 [J]. 新疆环境保护, 2001 (4): 38~41.

[14] Keller. Brewery Residues and Wastes and the Recycling and Disposal, 1990, 42: 1827.3

[15] http://blog.sina.com.cn/s/bog_ 4dda76c30100lka3.html.

[16] 本刊编辑部. 转基因在中国 [J]. 环境教育, 2011 (8): 12~18.

[17] 转基因后院起火, 孟山都表现异常 [EB/OL]. http://club.china.com/data/thread/1011/2734/74/33/8_ 1.html.

[18] 转基因稻米之争 [EB/OL]. http://www.lwgcw.com/NewsShow.aspx? newsId=2584&page=3.

[19] 长期吃转基因玉米影响生殖能力 [EB/OL]. http://news.sina.com.cn/w/2008-11-13/152614725164s.shtml.

[20] 转基因安全疑问须由专家自身试验破解 [EB/OL]. http://news.163.com/10/0301/10/60MCINLA000146BB.html.

[21] 刘鸿雁. 生态风险评估 [N]. 科技日报, 1995-01-27 (7).

The Eco-Governance Mechanism under the Complexity Management Paradigm

Zhang Lianguo

(Law school, Shandong University of Technology, Zibo Shandong, 255049, China)

Abstract: This paper studies the eco-governance mechanism under the complexity management paradigm in the construction of ecological civilization in China. The subject of eco-governance: cooperation network mechanism between government and NGO; the foundation of eco-governance: The ecological market economic operation mechanism under the guidance of the government; the feature of eco-governance: the combination of adaptive management with ecosystem risk management.

Key Words: Complexity Management; Ecosystem Management; Governance; Mechanism

行政人·经济人·复杂人：公共部门行为逻辑与治理模式的一种谱系*

——兼论改革开放以来我国政府治理模式的演化历程

王连伟

【摘　要】社会公共事务的复杂性和不确定性，使公共部门的行为逻辑更加缜密。公共部门人员作为社会公共事务的管理主体，他们的行为逻辑很大程度上取决于其内在的本性。如何有效地调动和发挥他们的积极性，需要政府深入地分析他们的行为动机和行为逻辑，选择合适的治理模式。本文梳理了三种主要的人性预设以及与之相关联的三大主流的政府治理实践模式，并据此简要回顾改革开放以来我国政府机构改革和治理模式的演化进程，最后提出了一些需要讨论和说明的地方。

【关键词】公共部门；人性假设；治理模式；中国；政府改革

自从有了人类，便有了人性预设的争论。我国自古以来就主张性善论，倡导国家要礼治和德治；而西方坚持性恶论，认为人生来就带有原罪，主张运用法律和规则治理国家和约束社会。心理学认为人的需求诱发动机，而动机促使行为的产生。如果再往深层次细看，人的需求来自内心世界，源于人性的预设。因而，研究人性假设有助于我们深入地理解和把握人类组织的行为动因和逻辑。作为负责社会公共事务管理的公共部门（主要是政府部门）在国家管理和社会治理中发挥着举足轻重的作用，研究他们的行为逻辑意义深远，而这又需要借助于对其行为的预设。本文梳理了三种主要的人性预设以及与之相关联的三大主流的政府治理实践模式，并据此简要回顾改革开放以来我国政府机构改革和治理模式的演化进程，最后提出了一些需要讨论和说明的问题。

---

* 本文系国家软科学研究项目《区域循环经济范式下的我国新型城市发展战略研究》（编号：2011GXQ4D087）和福建省教育厅社会科学研究项目《福建省城镇化发展及城市公共管理研究——基于台湾地区城市发展的启示》（编号：JA09017S）的阶段性成果之一。

作者简介：王连伟，华侨大学公共管理学院硕士研究生。

一、相关概念的梳理和辨析

任何理论的阐述与分析都必须借助于一些基本的概念和命题。因而，在分析公共部门行为逻辑和治理模式演化的时候，有必要先来厘清一些基本概念，明确概念所指及其适用的情势和语境。

（1）政府与公共部门。政府作为人类社会自然演化的产物，它的历史与人类的历史一样久远。早在原始社会，便有了以非国家机构的形式出现的政府，尊重风俗习惯，利用道德和法律约束人类的行为。我国古代将政府视为宰相处理政务的场所，《资治通鉴》里面的记载“李林部尚书，日在政府”即为此意。近代意义上政府的概念主要来源于西方。洛克认为政府是人们自愿通过协议联合组成的共同体。卢梭则将政府视为主权者的执行人，是臣民与主权者之间建立起的一个中间体，负责执行法律并维护社会以及政治自由。随着研究的深入，人们对于政府的认识逐渐加深并初步达成共识。现代意义上的政府可以作广义和狭义的理解，广义上的政府包括立法、行政和司法机构；狭义的政府只是国家的行政机关，包括中央和地方各级国家行政机关。与政府相比，公共部门无论在内涵和外延范围都更广，更加难以界定。莱恩认为要想界定公共部门，其适度的规模至少应包含个人自由、资源配置、分配、生产、所有制和官僚制六个方面的问题。随着全球化、民主化的深入和治理理论的兴起，许多原先处于边缘地位的非政府、非营利组织也逐渐步入公共部门的范围，当前的公共部门包含了所有参与公共物品提供和社会事务治理的组织和团体，至少包括政府、非政府组织、公有企业、事业单位、社会团体等在内。

（2）行为与行为逻辑。行为与行为逻辑作为解释人和组织较为重要的概念，已在社会学、心理学和管理学等学科领域得到广泛的研究。在管理学领域，特别是行为科学和人本主义、关系学派的兴起，组织和团队成员的行为动机、影响因素、行为方式等逐渐成为研究的热点。行为包括潜在的行为（如日常用头脑思考）和显在的行为（如与他人谈话，活动手足）。梅奥实验、麦格雷戈的 X 和 Y 假设、威廉·大内的 Z 理论、赫茨伯格的双因素理论等一系列理论的提出丰富了管理学中个体和组织行为影响因素和行为模式的研究。人们不断地探索个体和组织行为逻辑（包括行为动机、行为策略、行为结果等），并试图与人性的基本假设结合起来，于是出现了“政治人”“社会人”“经济人”“自我实现人”“复杂人”等一系列假设。现在看来，研究组织和人的行为逻辑特别是其人性的假设对于深入理解其动机和行为，以便更好地进行管理意义重大。

（3）治理与治理模式。“治理”一词源自拉丁文和古希腊文，正式出现于 1989 年世界银行形容当时非洲情形时的“治理危机”中，以后便广泛地被应用到全球、国家、地区和地方各级层面的经济社会管理中。治理理论的创始人罗西瑙认为治理是由共同目标（不必出自合法的或正式的职责）支持的，不需要依靠强制力量克服挑战而使别人服从的一种现象，包括政府机制和各种非正式、非政府机制。斯托克认为治理是统治方式的一种新发展，意味着公司部门之间以及它们各自内部界限趋向模糊，其统治机制不再依靠政府的权威或制裁。罗茨认为治理是一种改变了的有序的统治状态或新的管理社会的过程，并区分了六种不同层次的治理。治理模式是在对治理理论和实践归纳分析基础上所形成的一种分析框架和类型谱系，是不同类型组织（包括公司、政府、国家等）治理手段、方式、方法的总和。彼得斯在《政府未来的治理模式》一书中，区分了市场式政府、参与式政府、弹性化政府和解制型政府四种未来政府治理模式，暗示着未来政府将走向一种复合型的治理模式。治理代表了未来政府改革的方向，而选择和实践适合本国国情的治理模式则体现着各国政府的能力和水平。

二、公共部门行为逻辑假设与治理模式嬗变的一个分析框架

与个人和其他组织一样，公共部门也是按照一定的逻辑进行活动的。由于需要管理的社会事务异常复杂，因而它们的逻辑更加复杂缜密。而这些行为逻辑却可以透过公共部门（主要是政府部门）的治理模式的选择展现出来。

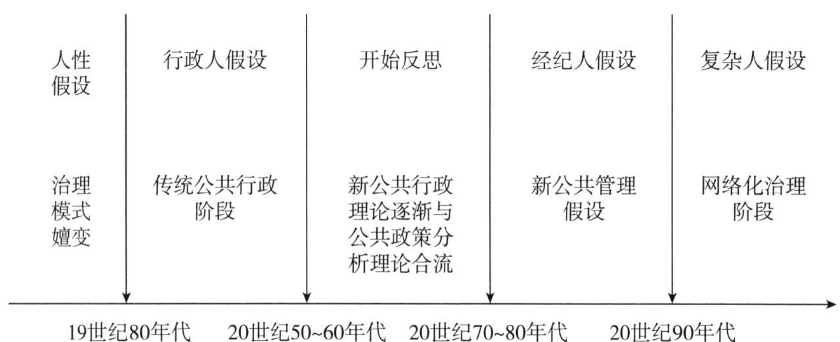

图1　公共部门治理模式嬗变谱系

纵观公共行政学（公共管理学）的百年发展历史，我们可以很清楚地梳理出一条关于公共部门（主要是政府）及其工作人员人性基本假定与治理模式演变的线索。如图1所示，公共部门管理或者公共治理的历史可以说是一部充满着人性色彩和人文旨趣的演化谱系。公共部门治理模式的选择很大程度上取决于当时的政治制度、社会环境、传统文化、风俗习惯等一系列外在因素，但更加重要的是部门和人员的基本价值取向、职业伦理操守、行为规范等一些内部因素。“人性假设是行政学理论建构的逻辑前提，也是行政实践的理论根据”，每一种治理模式的选择和实践都早已把一种人性的预设深深地根植于内

心深处，并逐渐被大众所接受。

（1）“行政人”假设与传统公共行政阶段。现代意义上的公共行政学诞生于 19 世纪 80 年代，以伍德罗·威尔逊 1887 年发表的《行政学之研究》一文为标志。此后历经古德诺、韦伯、泰勒、法约尔、怀特、古利克、魏洛毕等的发展，逐渐形成了一种研究传统或研究范式，即传统公共行政范式。20 世纪 60 年代以前，传统公共行政一直居于统治地位，这一阶段可以称作传统公共行政阶段。传统公共行政以政治行政二分法和韦伯的官僚制（科层制）为理论基础，并将公共（行政）部门的工作人员假定为不折不扣的“行政人”，能够按照规章制度秉公办事。专业分工、层级节制、对事不对人的法规构成了这一时期官僚制度的核心。所有的一切都是围绕着如何提高行政效率，为此可以赋予官僚适当的自由裁量权。但是官僚自由裁量权的“内部控制”和“外部控制”如何平衡问题却一直难以解决，为此芬纳和弗里德里奇在 20 世纪三四十年代展开了激烈的争论。随着时间的推移，公共官僚的行政人色彩逐渐淡化，而理性自利人的色彩逐渐增强，另外加之官僚制缺乏回应性、公平、公正等一些问题逐渐凸显出来。在 20 世纪 60 年代，官僚制和传统公共行政受到了猛烈的冲击，相继出现了以弗雷德里克森为代表的新公共行政学派和以德洛尔等为代表的公共政策分析学派，一时间理论流派林立。

（2）“经济人”假设与新公共管理阶段。政府工作人员一直以来被视为大公无私的，而这一理念在 20 世纪 70 年代发生了转变。特别是石油危机引起的西方经济危机、官僚制和福利国家失效、社会矛盾丛生，西方理论界开始反思，以公共选择理论、新制度主义和理性预期理论为代表的新自由主义经济学逐渐形成，而尤以公共选择理论发展最为强势。公共选择理论的代表人物主要有唐斯、布坎南、塔洛克、布莱克、奥斯特罗姆等，主张市场失灵不是政府干预的充分条件，政府干预也会失败，并且比市场失灵对社会的危害严重得多。理性经济人假设、方法论个人主义和市场交换范式构成了公共选择理论的基本内容。按照公共选择理论，公共部门人员作为理性的经济人，同样追求自身利益和效用（这种效用或价值既可以是财富、商品、收入，也可以是地位、权力、荣誉，甚至是友谊、慈善、和平、安宁等精神因素）的最大化。公共官僚和立法者、利益集团组成“铁三角”，追求部门预算和机构人员的最大化，而不是公共利益的最大化。20 世纪七八十年代公共选择理论与新公共行政理论和公共政策理论逐渐合流，形成了一种新的研究范式——新公共管理。新公共管理主张利用市场化、社会化手段和方法来改革公营部门，全力打造“少花钱，多办事”的企业家型政府。

（3）“复杂人”假设与网络化治理阶段。进入 20 世纪 90 年代，随着经济全球化、科技革命和民主化浪潮的发展，人们对于政府及其工作人员有了新的认识。平民运动、私营部门的竞争压力和第三部门以及社会组织志愿活动都促使政府越来越注重民众诉求。各国纷纷调整国家与社会、政府与市场的关系，力求寻找政府—市场—社会的最佳结合点，“更少的统治，更多的治理”成为一些国家改革和发展的口号。随着治理和善治理论的兴起，人类社会逐渐走向了网络化治理的阶段。网络化治理主张社会各治理主体在平等的地位上，通过协商对话和相互妥协达成一致同意的意见，各方相互信任，共同管理社会公共事务。在网络化治理中，各行动主体不再是单纯自私自利的理性经济人，而是既有追逐个人利益，又同时兼顾公共利益；既有分歧，又有一致；既有分工，又有协作。网络化治理可以从三个方面来理解：一是社会治理网络包罗万象，将所有社会主体和所有事务容纳进去；二是政府部门、私营部门、第三部门和公民等众多的行动主体构成了公共治理大网无数个网络节点；三是由垂直的管理线和水平的行动线结成的一张社会治理的大网。可以说，20 世纪 90 年代以来人类逐渐步入了网络化治理的新时代，社会治理的主体逐渐走向多元化。

三、改革开放以来我国政府治理模式的演化发展历程

政府的创新不是一时之举，而应是一种常态。我国政府历来十分重视自身改革和创新，改革开放以来，政府先后进行了六次大的机构和人员改革，小的改革更是不计其数。市场经济的深入发展、社会的分化和文化的进步，使政府的行为逻辑和治理模式发生了一次次的转变。综合来看，改革开放以来，我国政府治理模式发生了三次大的较为明显的转变，即从传统公共行政阶段，走向新公共管理阶段，继而迈向网络化治理阶段。这种转变，不仅仅是语词的转变，更体现了政府的行为逻辑、治理理念、治理方法的转变。

（1）1978～1992 年："行政人"假设与传统公共行政阶段。改革开放初期，我国政府还实行的是高度集中的管理模式。整个 80 年代实行的是"有计划的社会主义市场经济"，相关政府部门控制着市场的价格、企业的生产计划乃至商品的流通、消费各个环节，企业的自主权和积极性都没有很好地体现出来。对于各级政府部门及其人员的管理也体现了很强的集权色彩。中央政府和上级部门通过层层业务指标、预算划拨、政绩考核、人事升迁等方面牢牢控制着各级地方政府和相关部门。社会阶层分化不足，地域和社会地位流动性差，各类科研、行政和事业工作人员统一归为干部，作为"单位人"与所属单位牢牢绑在一起，形成统一的利益共同体。期间先后于 1982 年和 1988 年进行了两次大的国家机构改革，前者侧重于"精兵简政"，主要改进了国务院的领导体制和领导方法，明确了机构组成序列，确定了经济建设的工作重心，以及进行了干部制度改革。后者主要是以转变政府职能为中心，为经济发展改善环境和拓展空间。纵观这一阶段，当时政府的治理模式还是强调官员个体对部门组织的规章、指令、制度的服从，维护部门和整体利益，自主权和积极性被严格限制，试图用一种统一的整齐划一的管理模式来管理经济社会事务，管理方法和手段单一落后。

（2）1992～2005 年："经济人"假设与新公共管理阶段。邓小平"南方谈话"以后，全国市场经济发展热火朝天，对外贸易和国际交流不断深化。受市场经济观念的影响，人们的生活观念、生活方式发生了翻天覆地的变化，对政府治理能力提出了越来越高的要求。为了顺应社会经济发展和人民群众改革的要求，1992 年中共十四大提出了建立社会

主义市场经济体制的总体目标，翻开了政府改革的新篇章。在此期间先后于 1993 年、1998 年、2003 年进行了三次较大的机构改革，紧紧围绕着转变政府职能、提高政府管理水平，目的是适应经济体制改革和经济社会发展的需要。市场机制、市场秩序、市场化管理方法逐渐被重视起来。整个 90 年代，国企改革、下岗和官员下海经商成为时代的主旋律。21 世纪初特别是加入 WTO，使一些西方国家的现代化政府管理方法被大量引进。合同承包、委托代理、目标管理、绩效管理、战略管理、标杆管理等一些新的战略和思想也逐渐地被应用到政府日常的管理中来。人事管理、财政管理、机构运作、政策执行等都与绩效目标和绩效考核紧密结合起来，目的只有一个——全力打造一个“少花钱，多办事”的政府，最大限度地调动部门、机构和人员的积极性和主动性。这一时期，政府职能的发挥和机构人员的工作效率都比之前有了显著的提高和明显的改善。

（3）2005 年以来：“复杂人”假设与网络化治理阶段。社会的复杂性和不确定性决定了政府的管理任务注定是异常复杂和艰难的。除了经济调节、市场监管外，社会管理和公共服务也是当前和今后政府不可忽视的重要课题和工作重点。现实生活中公民与政府的关系不应该简单地被定义为顾客和企业家的关系，政府部门和工作人员应该“服务于公民，而不是服务于顾客；追求公共利益；重视公民权胜过重视企业家精神”，把公共利益与个人利益有机结合起来。2005 年以来，特别是“非典”的暴发，我国政府更加重视社会公共服务，加快了建设服务型政府的步伐。与此同时，许多非政府组织、非营利组织、民间组织、社会团体也纷纷出现在社会公共事务的治理中，社会治理主体逐渐走向多元化。多中心网络化治理已成为当前和今后我国社会治理的总趋势，推动社会自治和管理合作网络越来越成为当前和今后政府社会治理的重点和难点。处于合作网络中的政府及工作人员既要有大公无私的奉献精神，又要有妥协宽容的气质，通过维持和促进合作网络的运转，在促进公共利益的同时有效地发展个人利益，从而实现社会治理合作网络的长期有效运转。

四、结论与展望

关于人性假设与公共部门人员行为动机、行为逻辑的联系，以及与公共部门治理模式选择的关系方面，目前为止国内学界的研究还较为分散，缺乏全面系统的梳理和阐述。本文主要是将公共部门人性假设与其行为逻辑和治理模式结合起来，通过对公共部门人性假设和行为逻辑转变的分析，剖析了公共部门治理模式嬗变的内在逻辑，从而勾勒出了一个公共部门治理模式的大体轮廓和图景。并利用此分析框架初步分析了改革开放以来我国政府机构和行政体制改革的总体思路和具体路径，从而为今后政府机构改革和相关方面的研究提供一种思路。

自从国家和政府产生以来，围绕着如何实现良好的政府治理，人类在理论和实践方面不断进行探索求新。未来的社会将走向一种复合型的治理模式，政府可以根据治理的任务要求、背景环境、情势、绩效目标、自身资源等条件自由选择政府治理工具的合理搭配，最终目的是实现良好的治理愿景。而在治理的过程中，如何清楚地了解公共部门人员的本性和行为逻辑，有效地选择合理、高效的治理模式，充分调动他们的积极性和主动性，实现良好的治理（善治），成为政府部门和社会各界共同的愿景。

参考文献

[1] 乔耀章．论作为非国家机构的政府［J］．江苏行政学院学报，2004（1）．

[2] 谢庆奎．政府学概论［M］．北京：中国社会科学出版社，2005.

[3] 洛克．政府论（下篇）［M］．叶启芳，翟菊农译．北京：商务印书馆，1964.

[4] 卢梭．社会契约论［M］．何兆武译．北京：商务印书馆，1980.

[5] 简・埃里克・莱恩．公共部门：概念、模型和途径［M］．谭功荣等译．北京：经济科学出版社，2003.

[6] 青井和夫．社会学原理［M］．刘振英译．北京：华夏出版社，2002.

[7] 俞可平．治理与善治［M］．北京：社会科学文献出版社，2000.

[8] 詹姆斯・N. 罗西瑙．没有政府的治理——世界政治中的秩序与变革［M］．张胜军，刘小林等译．南昌：江西人民出版社，2001.

[9] 格里・斯托克．作为理论的治理：五个观点［A］//治理与善治［C］．北京：社会科学文献出版社，2000.

[10] 罗伯特・罗茨．新的治理［A］//治理与善治［C］．北京：社会科学文献出版社，2000.

[11] 盖伊・彼得斯．政府未来的治理模式［M］．吴爱明译．北京：中国人民大学出版社，2001.

[12] 颜佳华，黄克宇．行政学视域中的人性假设问题——近年来国内相关研究成果的总结与反思［J］．甘肃行政学院学报，2007（4）．

[13] 陈振明．政治与经济的整合研究——公共选择理论的方法论及其启示［J］．厦门大学学报（哲学社会科学版），2003（2）．

[14] 王连伟．网络治理的体系、困境和中国化分析［J］．汕头大学学报（人文社会科学版），2011（4）．

[15] 李文钊，毛寿龙．中国政府改革：基本逻辑与发展趋势［J］．管理世界，2010（8）．

[16] 罗伯特・登哈特，珍妮特・登哈特．新公共服务：服务而不是掌舵［M］．北京：中国人民大学出版社，2004.

衡量政府绩效的信任范式和效率范式*

——对地方政府领导和决策的启示

道格拉斯·摩根

（美国波特兰州立大学，美国俄勒冈州，97201）

【摘　要】在学术层面和实践层面，关于如何衡量政府治理和行政工作成功与否，长期以来仍存在争论。信任范式主张通过随时间演进的公共价值和公民需要来衡量政府绩效，而效率范式则以对结果的测量为中心，认为政府行政管理的质量比其形式更重要，将公共管理者当作政策执行的工具和被动代理人，受到民选领导者的政治性和政策性驱使。本文提出，衡量政府绩效的“效率范式”在世界各地的地方政府层面都是不可持续的。首先，本文通过最新的应用性学术研究成果和正在进行的行政改革实践来支持这样一个结论，即地方政府管理者所处的情境必然要求其在价值认定、促生和仲裁环节扮演积极代理人的角色。其次，本文广泛引用多个相关领域的学术研究成果，对这一观点进行了理论解释，论证地方政府采纳以价值为中心的公共行政路径的理论必要性。最后，本文总结了可用于协助地方政府行政人员开展以价值为中心的公共行政路径的战略，以及激励基于价值的治理、领导和行政方法的战略。

【关键词】地方政府；绩效；公共价值；治理；公共行政

一、引言

（一个）政府应当如量体裁衣般适合它的国家，因此……在美国费城是好的政府，对

* 本文来源于《公共管理学报》2013 年第 2 期，第 117—125 页。收稿日期：2012 - 11 - 28。

作者简介：道格拉斯·摩根，毕业于芝加哥大学政治学专业，博士，美国波特兰州立大学公共行政专业荣誉退休教授、EMPA 项目主任，兰州大学客座教授，研究方向：政府绩效管理，公民参与，公共服务，E - Mail：morgandf @ pdx. edu。

本文的初稿发表于 2012 年 10 月 5 日至 7 日在兰州召开的学术会议——“公共绩效治理：国际学术前沿与全球实践经验”，摘要和关键词由译者根据原文总结。

于法国巴黎可能是坏的，而在俄罗斯圣彼得堡甚至可能是荒谬的。

就政府的组织形式而言，即使是傻瓜（执政），只要允许竞争，都胜过（任何）最好的行政管理。

以上引用的两段文字代表两种相互对立的观点，长期以来处于学术界和实践领域关于“如何衡量治理和行政工作是否成功”这一争论的中心。

尽管一些人认为，过去数十年在公共行政（Public Administration）领域已经产生了一些创新与改变，并正在经历新的发展，这种争论似乎仍然无法终止。例如，美国国父之一的亚历山大·汉密尔顿（Alexander Hamilton）主张政府绩效必须通过公共价值和公民需要来衡量，而公共价值和公民需要总是随着时间不断演进，本文将这种观点定义为绩效测量的“信任范式”（The Trust Paradigm）。信任范式要求各级政府的政治领导者和行政管理者对公共价值和公民需要的演进历史有所理解，并将其渗透到治理实践中。事实上，这一范式获得了大多数现代民族国家（Nation States）① 创始人的青睐和贯彻。如奠定了现代世界基础的成吉思汗和忽必烈可汗，建立了土耳其共和国的阿塔蒂尔克（Mustafa Kemal Atatürk）②，首次在广袤丰饶的领土上建立起民主形式治理的美国的开国者们，主导了日本现代化的大隈重信（Shigenobu Okuma），等等。所有这些创始人都非常审慎地招募和任命国家行政管理者，候选者是否有能力建立信实（Trust - worthy）的行政系统，是否有能力洞察当地公民的需求和公共价值表达，是否有能力在整个国家政治系统中提升政府声誉及公民对政府的信任，是否有能力对公共价值和使命的创建及维护达成共识③，等等，都是重点考察的内容。无论他们自己是否仍把持着对国家的集权掌控，上述那些民族国家创始人在管理国家事务中对具备这些能力、胜任工作岗位的行政管理者和其他公职人员都会赋予高度的行政自由裁量权。

前文引用的亚历山大·蒲柏（Alexander Pope）的诗作中则对公共行政提出了相反的观点，即所谓的“效率范式”（Efficiency Paradigm），他认为政府行政管理的质量比其形式更为重要。这一观点指向超越了政体（Regime）④ 价值、时间和地点局限的，体现效率和效益的普世价值（Universal Values）。20 世纪上半叶学术界尝试将公共行政实践转化为一门真正的科学，而在 20 世纪下半叶，“再造政府运动”（Reinvention of Government Movement）应用这种新的“行政科学”（Science of Administration）使政府像企业一般运作，并在许多方面获得了巨大成功，这些都是对效率范式的回应。一般认为，政府绩效测量的效率范式在 20 世纪逐渐成为公共行政的主导范式。

---

① 原作者在文中统一使用 Nation States 这一概念，一般主流译作民族国家，译文中也统一使用这一称谓，但考虑到文中实际所指内容，原作者有时将民族国家与主权国家不作划分，特此说明。

② 原文中的 Ataturk，因译法不同，中文名又叫阿塔图尔克（土耳其共和国第一任总统），参见：http：//en. wikipedia. org/wiki/Mustafa_ Ke - mal_ Atatürk。

③ 作为文章核心概念之一，需要对公共价值的定义和内涵加以说明，参考澳大利亚学者 O’ Flynn 的观点，“价值”是扎根于个人的期望和感知的，而“公共价值”是公众偏好的集体表达和反应，是公众对政府期望的集合，需要通过政治过程来进行协调。公共价值的创造能够有效地提升公民信任。

④ Regime 又译作制度，本文中统一使用政体这一概念。

效率与信任两种范式对行政人员在政府体系中所扮演的工作角色有重要启示。效率范式以对结果的测量为中心，认为公共管理者是政策执行工具，其对目的、目标、结果和价值的测量受到民选领导者的政治性和政策性驱使。在这种模式下，公共管理者不是价值认定（Identification）、促生（Facilitation）[①] 和问责（Accountability）的积极主体，而是民选领导对仲裁（Arbitration）价值冲突负责。通过政府建立信任（Trust）和合法性（Legitimacy）的程度来衡量政府是否成功，使效率范式发生了巨变。信任范式认为，需要以更大的行政自由裁量权为基础，在政府流程和具体工作两方面构建公民对政府的信任和合法性。可以看到，这两种范式的相关程度及其在实践中的实施途径取决于我们身处哪个国家，以及着眼于哪一层面的政府组织。与此同时，来自世界各地的实践证据日益明确地显示，建立对于民族国家治理机构的信任与合法性，需要赋予地方政府管理者更大程度的自由裁量权。仅仅依靠中央命令、控制计划和战略，中央政府机构越来越难以承担上述这种“成功的政府治理”方式所造成的成本和负担。而当中央政府的治理对象拥有庞大地域，经济多样性，以及文化、民族信仰和其他历史性的重大差异时，这种情况尤其明显。

二、以价值为中心的公共行政路径在地方政府的现实必要性

本节将从三个方面来论证这一观点：在地方政府层面，采取以价值为中心的方法衡量绩效具有现实必要性。首先是笔者拥有过去数十年期间在美国、日本和中国对地方政府官员的访谈与培训经验。其次是从国际“地方政府自治运动”（Local Government Autonomy Movement）在全球发展过程中获得的经验。最后是公共行政各领域的研究成果对该观点的支持。

（一）针对地方政府官员的实证研究经验

在过去数年笔者曾有幸前往美国、越南、中国和日本等地协助设计和开展针对地方政府官员的领导力发展培训项目，同时通过对中美两国地方政府官员的正式访谈积累了一些实证经验，以此为基础，笔者得以分析地方政府行政官员遇到的领导力挑战和培训需求。地方政府行政官员希望我们协助厘清其执行工作、组织人事和管辖权设置方面如何权衡相互冲突的价值。在美国是如此，而其他国家的地方政府行政人员也会每年周期性地来到波特兰州立大学公共服务中心[②]参加培训和学习，其交流重点就是地方政府人员如何满足服务对象的多元化预期。在此前一项关于美国地方政府的研究中，笔者分析并总结了高级专

① Facilitation 通常译作促进，推动，这里译为促生，即促进价值生长之意，以保持行文工整。

② 美国波特兰州立大学公共服务中心详情，参见 http://www.pdx.edu/hatfieldschool/center-public-service（译者注）。

职行政人员在尝试权衡三个相互矛盾的公共价值时的道德焦虑（Moral Anxiety）：①对公众的回应；②创造绩效组织并维持其运行，相应的人员配置；③社区对其作为利益监护人角色的需求，但这种角色无法获得奖励，亦无正式组织的认可。与之有明显区别的是地方政府组织中处于中层管理岗位的那些人员，尽管同私人部门中与他们处于对等位置的中层经理人员在许多价值观念方面都相同（例如，理解和代表工作单位的利益，提供或确保工作协助，发展组织间/组织内关系，调动他人完成任务），但政府部门的中层管理者在将行使公共权力合法化的过程中扮演着决定性角色，他们在管理中更注重建立信任与合法性，而非单纯地通过管理确保“利润”（Profit）底线。

2011 年 6 月笔者在中国西部五个市县级行政区开展了一系列访谈，访谈的主要目的是继续研究地方政府官员经历的价值冲突，访谈对象包括 23 位高层官员。研究中最让笔者或者说几乎会让所有人感到意外的是，访谈结果与我们在美国开展的关于地方政府官员的访谈中获得的结果相似，这些中国官员一项共有的挫折感和焦虑是他们都担心上级各层政府发来互异指令，且在优先权不同的情况下，必然造成相互矛盾的价值，而他们自己如何才能胜任对这些相矛盾的价值的权衡处理。中央政府的指令将有效满足既定政策目标放在优先位序（例如，建造房屋的数目，经济增长率，基础设施建设数量等），但省级政府的可用资金量是有限的，因此他们感兴趣的是地方官员能否更有效率地工作（以较低的成本建造更多的房屋，用最少的投资金额增加经济增长率，设法提高建设能力，确保如期在预算内完成项目等），而在作为实际工作承担者的地方政府层面，政治领导者和行政官员无法回避的一个问题是：公众希望知道政府官僚在如何管理他们的工作，从而减轻对公民生活造成的不利影响。法律要求地方官员回应公民关心的这些问题，因此需要消耗的资源越来越多。中国的地方政府官员表达着诸如此类的顾虑，而类似的顾虑频繁被英国、美国和世界其他大部分地区的地方行政官员提起。所有人都在问：“我们如何在效率、效益和回应性相互矛盾的政治性价值之间实现平衡?”尽管各个国家中这些价值冲突的来源不同，但地方政府官员都在寻求帮助，以在尊重自己所处的权力架构与制度价值的前提下，理解并成功应对种种相互矛盾的价值。而对以上两国的实证研究结果进行比较，可以发现在衡量政府是否成功的标准中，信任范式侧重于“在公众中建立对政府的信任”，这种理念既适用于中国，也适用于其他国家，不受特定国家主体和文化背景的影响。

（二）国际地方政府自治运动

在过去的 20 年中，关于再造政府的尝试中有一个重要但被一些学者忽略的变革就是“地方政府自治运动”。包括日本、韩国、印度、印度尼西亚、英国等国家已采取重大措施，赋予各地方治理单位更大的自治权。虽然一般意义上分权并不简单等同于自治，但围绕本文讨论的主题，这两个概念都可以视作对全球共同变化的回应。

对东亚国家而言，分权和提高地方自治权的动机是通过再分配促进经济增长，减少贫困。“国家权力，责任与资源通过各种形式的合同、合作或委托代理关系分配给国家次级权力机构，私人和公民社会代理机构……这种治理方案被寄望能提供更好的服务，促进私营企业发展，越来越多人认为，新的公众参与形式和公共权力会在国家次级治理单位的整个区域范围内产生”。这种拆分的结果是，传统意义上的绩效是单一关注效率、效益和服务对象重视的目标、目的实现程度，而现在对绩效的定义则关注实现和维持权力机构和部门之间的联系与均衡，这就是“权力共享世界中的领导”，也是新的学术关注焦点，被称为新公共治理。

新兴的第三世界国家出于促进社会、经济和政治发展的动机，从而赋予地方更大自主权，与此同时，那些发达程度较高的发展中国家也对促进更大程度的分权和地方自治重新表现出兴趣。这是因为在地方层面，中央政府经常不能实际掌控资源、权力结构和决策过程，从而解决困扰市民、社区和公共管理者等的问题。诸如非法移民、污染、促进经济繁荣、卫生保健、住房保障、就业等问题，受到很多全球性因素的共同影响，没有一个治理实体（Governing Entity）可以单独控制这些因素，即使某个中央政府可以实现单独控制，它也越来越不具备单独行动所需的资源。这就产生了与其他层级政府、市场经济中的公司企业、非营利组织、民间社会团体甚至其他国家的合作需求，从而获得必需的许可及资源来满足公民对政府绩效的期许。

以上两点内容合起来阐释了一个简单却又深刻的道理：对于一个成功的政府而言，重要的价值星系（Constellation of Values）① 整体呈现在地方政府层面，最终要使公众满意，也需要在地方政府层面解决价值冲突的问题。实践经验显示，在地方政府层面，中央政府的合法性得到检验、塑造并最终实现。虽然中央政府可以通过政治、法律、管理权的结构性分离以及权利切割等方法来使自己同地方层面发生的具体事件保持距离，但在公众眼中，中央政府永远不可能逃避一切责任。其原因在于公民是在其居住的当地社区构建、调解（Mediate）和表达价值的。至于价值认定，促生和仲裁为何需要系统性地融入地方公共行政人员的日常治理责任中，下一节中将从理论层面展开论述。

三、以价值为中心的公共行政路径在地方政府的理论必要性

关于地方政府采取以价值为中心的公共行政路径，作为对其实践必要性的补充，得到了多个研究领域的大量理论支持。本节是对其中最重要的一些理论的回顾，包括：将公共行政研究“科学化”的尝试；政体理论（Regime Theory），以及治理理论（Governance Theory）——该领域通常关注对相互冲突的价值进行仲裁。

① 价值星系参见 T. B. Jorqensen, B. Bozeman, Public Value: An Inventory, “Administration & Society” 2007, nr39, s. 354 -381。

（一）将公共行政"科学化"的失败尝试

公共行政众多子领域中的研究达成了一项共识，即该领域任何研究项目都不可将价值彻底分离。事实上，在公共行政领域没有对价值中立的科学主张。现代公共行政的奠基人之一，Herbert Simon① 曾试图将"行政科学"的原则作为公共行政的基础，从而实现价值中立，但他这项雄心勃勃的创新性工作最终失败了。

Simon 认为，"真正的科学行政"需要开发一套全新的术语体系，其中事实同价值之间应该有清晰的界限。他提出，要证明事实命题，可以观察其对事实的反应，而价值命题则通过主体间的协议过程来证明，这种协议所依据的价值应当来自人类意志的认可（Fiat），而不是任何现实事件。Simon 对"事实"与"价值"之间的区别，反映了早期公共行政学者为创造一个独特的行政科学从而分离目的和方法的尝试。政治关注的是"如何确定目的"，而行政的焦点在于如何"最好地实现"这些预定的目的。Simon 的尝试性研究起始于将方法与目的相区分，建立在不完备的行政科学的基础上，因此只能以失败告终。

Herbert Storing 认真分析了 Herbert Simon 相关学术研究的成果和失败的原因，他认为 Simon 放弃采用前人以"方法—目的"作为研究出发点的范式有两个原因。首先，中间价值媒介内嵌在从属方法当中，是整个因果关系链条的一部分，行政人员无法将其独立分离出来。例如，在人力资源管理中，应用连续层级式雇员训导作为行为纠正方法，可以被理解成一种体现差异化目标的价值，因为纠正行为既有利于组织效率的提高，也能够较为公平地对待员工个人。其次，Simon 认识到实践中行政人员不可能严格按照字面意义将政治过程中设置的目标最优化地实现，因为没有足够的时间和金钱来计算所有可能的替代方案来实现该政治过程中既定的政策目标。出于这个原因，Simon 最终放弃了在他早期文章中提出的"最优化决策"的经济模型，以"令人满意"的组织模式作为衡量行政成功的标准，用"足够好"取代将既定政治目的组合最优化的目标。

Storing 提出，Simon 倡导的行政科学本身依赖于实践的评判，但实践的评判却不能被 Simon 的理论所验证。例如，Simon 使用的一些短语，如"正确的决策""理性""纯"价值、"有效""适当的""更多最终目的""更多最终目标"等，并没有详细阐述在他的理论中如何界定这些词面的意思。当 Simon 退回到将"满意"作为衡量行政成功的基础后，Storing 分析认为，这一概念回避了一个问题，即怎样才是足够好？同时也展示了 Simon 关于理性概念的从属性定义，即"非理性偏好"，而他自认为非理性偏好应被归类为价值。

Herbert Simon 尝试将价值锁进公共行政研究的密室不加探讨，这一想法宏大但没有获得成功。在公共行政的多个子领域与之类似的尝试也失败了，其中两个例证是决策理论和政策分析。在这两个子领域有近似的科学结构假设及下列顺序相关的分析过程：①确认和澄清目标；②确认阻碍目标实现的问题；③确认解决问题的可选方案；④确认评估可选方

① 赫伯特·西蒙，http：//en. wikipedia. org/wiki/Herbert_ A. _ Simon。

案的标准，包括成本与收益；⑤选择最优解决方案。

在整个分析过程中，充满了各类无法被科学模型的证据规则所解释的环节。分析过程始于目标的确认，而这些目标究竟是科学演算（Scientific Calculus）的结果，还是某种相互矛盾的价值之间协商的结果？如果原定分析方案需要实现多个平等的目标时，又当如何进行决策？作为分析过程的一部分，决策者是否会选择某个标准来比较相互矛盾的目标？如果是，所选择的标准是否像这些目标本身一样，是某种科学演算的产物？就像 Deborah Stone 论证的那样，按照对政治斗争的定义，基于理性分析的想法本身就是一类悖论。在政治产生之前或离开政治它们便不存在，又因为所谓基于理性的分析一定是抽象的（毕竟这只是一类想法），因此也可以有多重含义。因此，分析本身是政治的产物，是根据战略需要形成的论点，在其被设计出的同时就产生了歧义和悖论，然后在一个特定的朝向得到解决。Stone 的意见是，针对人类活动目的，如果没有理性模型，则无从确定问题是什么，以及该问题是否重要或紧急。“确定问题是什么是完全依赖于价值的，这不同于确定如何解决问题。”在公共行政领域，所有的科学分析基于一个价值前提，那就是我们都在为自认为值得的事务工作，而这也使公共行政同时具有了政治意义。

（二）政体理论的探讨

政体理论方向的研究与基于价值的治理途径同样有密切的相关性。政体理论的研究观点认为政治体系是由一套独特的价值、历史与规制来加以区分的，随着时间发展，这些价值、历史和规制显著地影响了公众期望和行为的塑造。最初这一理论用来描述国际社会中民族国家间的差异，随后被用于分析国家子系统，如城市、区域和社区多元化的形成，也有学者借鉴这一理论来解释是何种因素引导着公务员工作的核心政治价值，以及通过政体理论来解释价值和权力在公民社会中具体发生着何种方式的变化，市场经济与政府决策的互动产生一种“生活方式”，这就是亚里士多德所谓的“公民政体”（Politea）[①]，现在称为宪政。

本文对这种以制度为中心的价值表达、调解和构建过程模型在图 1 中给出了图形说明。这一过程始于情境设定，历史、文化、规制中渗透的价值通过家庭、宗教、文化、社会、经济和政治体制等多方面得到表达，其中有许多潜在的价值因素，但当受到领导者号召或代表社区开展集体行动时就会体现出来。价值的表达、调解和最终的实现方式很大程度上是因为受到了市场经济、政府和更高层面的公民社会中价值调解机制的结构及关系的影响。

通过对比图 2 中自由主义的西方民主国家和图 3 中一些东亚国家单一执政党的国家体系模型，或许可以更清晰地认识各方面主体间关系的重要性。在图 2 中展示的是西方自由民主国家的典型，即致力于有限政府和多党执政，该模型中公共社会部门和市场经济各自

① 对于 Politea 的解释有很多种，这里采用最广泛使用的一种，具体解释参见 http：//en. wikipedia. org/wiki/Politea。

具有相当大的独立性，其组织、机构和流程形成一个密集、复杂的阵列，给政府采取协调一致的集体决策带来挑战，在集体决策达成一致之前，各种非政府部门的价值诉求增加了价值调解的重要性。

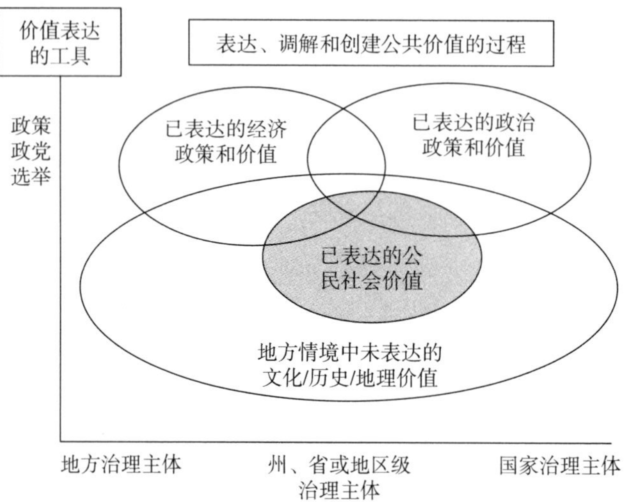

图 1　公共价值的创建

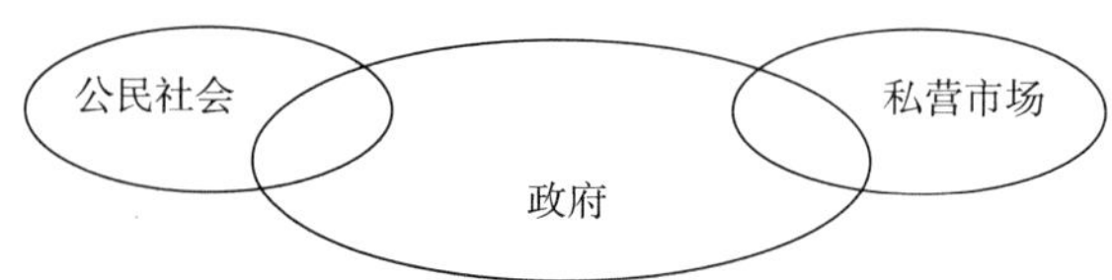

图 2　西方自由主义民主国家中典型的主体间关系

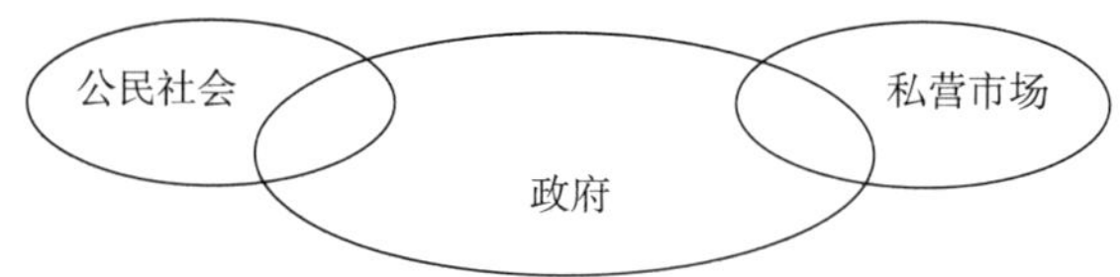

图 3　东方一党制国家中典型的主体间关系

图 3 中政府、市场经济和公民社会的关系模型较为符合那些由单一政党执政，并对市场经济与公民社会实施严格管制的国家，在这些国家中价值调解对政府而言困难不大，因为其公民社会和市场经济中不存在太多相互矛盾的价值主张，而在这种主体间关系中，调解价值差异的职责天然由政党领导人承担，调解的结构和流程也受到执政党的监督和控制。

图 1 ~ 图 3 展示了价值衔接、调解和创建流程在各级政府层面的产生及广泛的变化性，地方政府官员所处的独特位置能够理解和应用政府体制和制度设置的相关价值，通过他们的角色来影响和管理治理的内容和流程，从而建立对治理机构的信任和合法性。如同

图 1 中所展示的，地方政府官员不但能够影响价值认同、调解和创建的过程，也对价值的表达工具（纵轴）和该过程发生的位面（Locu）（横轴）有一定影响。

（三）治理理论的探讨

在过去的几十年中，依赖绩效测量的技术方法进步，学术界对“再造政府运动”和“使政府像企业一样运行”的工具性的关注得到了实践领域越来越多的重视，这种现象被称为新公共治理（New Public Governance，NPG）①。新公共治理信奉公共问题需要通过技术方案解决，同时也强调了单纯的技术方法在解决跨越组织、辖区和部门界限的问题时往往会暴露出缺陷。许多公共卫生、经济、环境和社会问题，需要一个更全面的路径来充分利用各利益相关方所有部门的资源和资产，以实现更广大的公众利益提升。因此，新公共治理从政治系统有机整体的角度来看待政府绩效，在这一有机整体中，公共、私人和非营利部门共同创造出一个社会特定的政治独特性。

新公共治理的治理方法将公共产品的创造视为一种随时间演进的社会互动过程，在这一过程中，公共价值首先由政府“构建”（Constitute），同时受到设定背景中的社会、文化力量的共同影响。这种治理方法使问题的设置和解决成为一个政治议题，而不是应用科学技术性专长进行绩效测量的简单工作。需要注意的是，在达成政治决议之前，对一些有争议的问题应该提前进行衡量和分析，这就要求我们重新定义“政治”这一概念。一个流行的观点是将政治等同于对政党（Party）、意识形态（Ideologicaj）和公民偏好（Citizen Preferences）的积聚与妥协，但本文认为基于绩效的治理首先是一个政治问题，意味着价值驱动才是衡量的对象，即对确定的集体偏好的政治调解性表达。集体偏好的确定过程不可被简化为投票、问卷调查或其他类似关于政府和执政党的工作业绩的衡量，因为这不仅是个人偏好的简单累加，也受到体制性价值、文化历史、个体间互动、意见领袖和政治代表共同的影响，最终在调节过程中形成的结果，这才是那些主张衡量政府绩效应基于价值的学者所表达的中心含义。

将政治等同于集体共同决定的偏好，明显有别于将政治等同于个人偏好的积聚。例如，最近几十年中英国已经采取了一系列针对社会服务、教育、医疗和司法服务等提供方案的改革措施。改革的结果是政府官员不再将政府绩效当作一套由个人偏好累积与妥协而产生的、经合理规划与选择的目标，而是一个对利益相关者的相互竞争进行政治调解的过程，在此过程中调解的核心应当是公共价值，各利益相关者对公共价值概念和内涵的理解存在合理的差异。英国政府所作的这一系列改革产生了多种在过去的行政框架下难以发挥作用的新政策工具、议定协议和绩效测量手段，因为在新公共管理运动初期阶段，解决方案通常被视为技术性问题，而现在人们则意识到其政治性属性。

① “新公共治理”（New Public Governance）这一名词首次以文字出版物形式出现是在 1998 年（参见文献[45]）。自当时起一直被用来描述新的治理结构和过程，包括政府间过程，公众、私人和非营利部门之间的合作关系以及提升共同利益的政策工具（参见文献［29］、［46－48］）。

从价值调解而非利益聚合的角度看待政府绩效的第二个结果是，公共产品的提供成为涉及公众、私人市场和非营利部门的合作生产过程。在这种模式下，政府的作用不是简单的规制、分配或再分配公共利益，而是让私人和非营利性利益相关者分享公共产品所有权，并在其中发挥催化作用。实践层面既有简单的形式，如社区警务方案的推行，也有复杂的网络化治理形式，如在一个广阔的地理区域中实施生态综合管理，这将涉及司法管辖和权力结构的协调和共享，需要调解多个利益相关者各自的价值取向。

四、激励地方政府采纳以价值为基础的公共行政路径

作为对相关理论的验证，前文列举了部分国家和地区的地方政府的实例，已经在实践层面实施基于价值的治理和领导路径并积累了一些经验，为了将以价值为中心的领导路径在更大范围推广实施，本文在最后部分总结了一些可行的具体操作方法。如表1所示，本文将政策发展和实施的整个流程和各具体步骤归纳为以下四个传统阶段：政策发展、政策制定、政策管理实施以及政策评价。在每个阶段，通过一些具体战略和措施的不同组合形式，可以有效鼓励地方政府采用以价值为基础的公共行政路径进行领导和决策。例如，咨询小组、中立第三方、监督委员会、流程公开、技术小组和多种信息收集策略都可以在各个阶段使用，一般而言这些战略和措施具有以下共同点：①从不同视角提供建议和意见；②所提供的建议和意见具体落实到某个组织或个人；③在特定阶段对具体政策的内容和形成过程产生影响；④为各利益相关方提供参与条件并确保各自权力归属。

表1总结了加强以价值为中心的地方政府决策和领导路径的各种可能措施，对于地方政府领导而言，如何激励他们主动利用这些机会去提醒和指导其所在部门的公共服务工作？在表2中，我们总结出可用于激励地方政府在开展工作的过程中坚持以价值为基础的人事、结构和政策战略。这些战略是平行于图1中纵轴的治理工具。

表1 地方政府以价值为基础的治理战略

阶段			内容			
政策发展阶段	由相关治理单位中领导、政治和技术分析专家组成政策咨询理事会	区域性评价过程和监督委员会，对按照本区域需求提出的措施建议进行价值调整并提供信息	主动利用省/州行政长官提供由对辖区的治理需求产生价值调整的法律议案	研讨会，市政厅及其他形式的直接集中讨论	公众和利益团体咨询理事会（可以是地理上的或基于观点/问题而划分）	议程设置中的听证会（应该采用什么政策？这些政策寻求实现时有何种价值?）

续表

阶段			内容			
政策制定阶段	跨行业的政策评估团队确认和评估价值权衡	由相关部门的关键性政治、管理和技术专家组成政府间技术咨询委员会	制定政策时就要求当地行政部门提出自己关于实施政策的翔实计划	主动利用技术手段（如博客、微博等电子政务技术）来收集有关价值的信息	主动采取调查	政策发展听证会、项目团队、选（Blue - ribbon）咨询委员会
政策管理实施阶段	广泛参与机会下正式、透明的行政规则制定，要求政府官员回应该过程中出现的问题	跨部门技术咨询团队在政策计划执行中受到各部门交互影响	政策执行专员（Ombudsman）	政府间咨询理事会	社区、利益团体和其他类似的咨询理事会	政策实施建议董事会
政策评价和反馈阶段	立法规定的定期（例如3～5年）政策审查	基于价值的第三方独立审计	调查	监督董事会和专项成员会	制定标杆而非标准	

注：①表中所列的内容只用作说明目的，不作为具体执行指导；②翻译对照：理事会—Council；委员会—Committees；董事会—Board；研讨会—Charettes；听证会—Hearing；专项成员会—Commissions。

在一定程度上，世界任何国家和地区的地方政府都是某一级权威的下属，无论是中央政府、政党还是州/省一级可以决定授权地方政府自治程度的权威。正因为这种从属关系，地方政府采纳以价值为中心的治理路径，需要从其管辖权内外部两方面进行激励。笔者广泛考察了人力资源、组织、政策和其他可利用的各类战略和措施，发现大多数战略和措施彼此相似，在一般的公共行政著作中也常有提及，而更有意义的可能是思考如何应用这些常见的战略和措施来激发和奖励地方行政人员，使其在组织和开展工作的过程中逐渐养成以价值为中心的工作习惯。

表2　激励当地政府采取基于价值的治理方式的战略

人事战略	结构战略	政策战略
要求所有公共服务工作的候选人有两年时间从事基于社区的政府项目	可采用表1中枚举的任何结构性战略组合	制定政策，要求地方行政单位提出自己的实施计划，受到上级政府金融和政策管制
在所有辖区各级别的组织中为管理者和政治领导者提供关于价值冲突管理技巧和战略的持续培训	需要开发公开的基于价值的战略管理计划，且受到正式的年度评价	财政和预算激励以促进和奖励地方行政单位的预期结果和行为

续表

人事战略	结构战略	政策战略
对成功的价值冲突管理者赋予高级权限或升职	地方选举	政策鼓励目标实现而非顺应规则和流程要求
利益冲突与反腐败	地方税务机关	
控制外聘人员的适当薪酬	地方行政自治和法规细分	

五、结论

树立公众对政府绩效的信任有两种途径：一种依赖于管理战略，使政府政策和公共项目更有效益和效率。另一种依赖于治理战略，提升公众对治理者和被治理者之间关系的信任和信心。在比较两种途径的基础上本文提出，评价公共行政工作的优劣，将越来越多地取决于政府在服务对象中建立信心和信任的能力和采取的战略。此外，人们在各自的地方社区生活和工作，通过地方政府体验到什么是政府，以及政府在做什么，作为政府在地方社区的代表者，最终是地方政府领导者和行政官员自己承担建立公众信任和政府合法性的责任，地方政府可能在提高效率和效益方面表现出极佳的管理能力，但如果公众真正关注的重点没有得到政府的回应，这种管理能力毫无意义可言。如果地方政府行政人员通过照本宣科、唯命是从或其他形式的“踢皮球”而制定政策，在基层执行的过程中就很可能因为细节混乱而产生价值争议，在这种情况下，如果地方政府行政人员为自己的责任辩解和开脱，只会对公众信任和政府合法性产生损害。政策和公共项目在这一层面对公众的影响最为直接，因此政府工作绩效评判取向的这种变化会直接对地方行政人员形成压力和负担。

对于如何在公众中树立信任，本文提出三个核心价值，可以将这些价值理解成公众期望，它们大多受到科技、人口、社会经济等外部因素影响和限制，形成于特定时空中并只在其中有效。但一些公众期望所承载的价值能够超越时空，因此如果政府希望不通过恐怖、暴力和信息控制等手段实现统治，就必须重视那些对维持其追随者的信任和忠诚必不可少的公众价值。

（1）为公共利益服务和牺牲——公众往往认为政府领导者和行政人员是为所有人共同利益工作的无私服务者。在实践层面，这意味着政府行政人员不能卷入各种形式的撒谎、欺骗和偷窃等通常称为腐败和假公济私的行为。在政府治理中，需要有适当的政策、法律和治理架构来体现这种价值观念的重要性，对司法犯罪作出迅速和公正的判决。

（2）对公众关注的问题作出回应——科技的发展使公众可以通过多种渠道广泛获得信息，尽管世界各个国家和地区的政府都在为了国家安全利益而努力运用科技手段保护国家机密，但仍然只取得了有限的成功，无论何种政府、公众都普遍期待更高的透明度。因此政府需要在其组织结构和工作流程中倾听和回应公众关注的问题，这不只是如何设计国家、党派对于政府控制机制的大问题，在地方政府的具体层面，同样需要细致的调整和设计。

（3）对政府价值权衡能力的信任——公众和政府各自重视的价值往往相互矛盾，双方都想要稳健的经济、清洁的环境和良好的社会治安，但对公众而言，实现这些目标不能以牺牲自己的隐私和便利作为代价。在地方层面，此类价值权衡问题可能很常见。例如，世界各地几乎任何地方的当地居民都会问：为什么当地政府花钱修建快速运输系统，通往他们永远也不会去的那些城市，而本地的街道却迟迟没有铺设？为什么征税修建桥梁而当地的学校旧得快要倒塌了也没人管？为什么有些企业污染空气却没有明显增加当地就业人数，却仍然能享受政府提供的免税政策？实践当中的一些个案积累了大量的经验为类似问题提供良好而有说服力的响应，但多数情况下，需要保持公众对政府的治理架构和工作流程以及政府领导者的基本信任，必须由地方政治领导者和行政官员正面回答这些问题，即使公众对价值权衡的结果不认可，地方行政官员也要向公众证明政府已经重视这些相互冲突的价值。

无论政府工作的效率和效益提升到何种程度，都不足以作为在公众中树立对政府信任的替代品，只有当政府治理架构和工作流程具有透明性、回应性和价值权衡能力，公众的价值诉求才有可能得到满足，政府的合法性和公众信任才可能得到维持和发展。

注：本文编译——李一男，兰州大学管理学院讲师；魏宁宁，西北民族大学管理学院副教授。

参考文献

[1] Hamilton A. To Marquis de Lafayette [M] //Harold C. S., Jacob E. C.. The Papers of Alexander Hamilton, Vol. 22. July 1798 – March 1799. New York: Columbia University Press.

[2] Pope A. Essay on Man [EB/OL]. http://classiclit. about. com/od/ essayonmanapope/a/aa — essayonman_ e3. htm, accessed on line February 2013.

[3] Weatherford J. Genghis Khan and the Making of the Modern World [M]. New York: Crown, 2004.

[4] Bay A. Ataturk: Lessons in Leadership from the Greatest General of the Ottoman Empire [M]. New York: Palgrave Macmillan, 2011.

[5] Mango A. Ataturk: The Autobiography of the Founder of Modern Turkey [M]. New York, NY: Overlook Press, 2000.

[6] White L. The Federalists: A Study in Administrative History, 1789 – 1801 [M]. New York: Macmillan, 1948.

[7] Green R. Alexander Hamilton: Founder of the American Public Administration [J]. Administration & Society, 2002, 34 (5): 541 – 562.

[8] Morgan D., Kent K., Rohr J., et al. Recovering, Restoring, and Renewing the Foundations of American Public Administration: The Contributions of Herbert J. Storing [J]. Public Administration Review,

2010, 70 (4): 621 -633.

[9] Smimasa I. Life of Marquis Shigenobu Okuma: A Maker of New Japan [M]. Kegan Paul International Ltd., 2006.

[10] Woodrow W. The Study of Public Administration [M]. Belmont, CA: Brooks/Cole, 1996.

[11] Fredrick T. The Principles of Scientific Management [M]. New York: Cosimo Books, 2006.

[12] Luther G., Urwick L. Papers on the Science of Administration [M]. New York: Institute of Public Administration, 1937.

[13] Simon H. The New Science of Management Decisions [M]. New York: Harper and Row, 1960.

[14] Simon H. Administrative Behavior: A Study of Decision - Making Processes in Administrative Organization [M]. New York: Free Press, 1957.

[15] Simon H. Administrative Behavior: A Study of Decision - Making Processes in Administrative Organization [M]. New York: Free Press, 1947.

[16] Storing H. The Science of Administration: Herbert A. Simon [M] //Stoping H. Essays on the Scientific Study of Politics. New York: Holt, Rinehart and Winston, 1962: 149.

[17] Morgan D. Administrative Phronesis: Discretion and the Problem of Administrative Legitimacy in Our Constitutional System [M] //Kass H., Catron B. Images and Identities in Public Administration. Newbury Park, CA: Sage, 1990.

[18] Morgan D., Kass H. The American Odyssey of the Career Public Service: The Ethical Crises of Role Reversal [M] // Frederickson H. G. Ethics and Public Administration. Armonk, NY: M. E. Sharpe, 1993.

[19] Morgan D., Bacon K., Bunch R., et al. What Middle Managers Do in Local Government: Stewardship of the Public Trust and Limits of Reinventing Government [J]. Public Administration Review, 1996, 56 (July/August): 259 -266.

[20] Bao G., Wang X., Morgan D., et al. Keywords and Concepts of Interviews in China County Level Government [R]. Field Interviews Conducted with Chinese County Leaders, June, 2011.

[21] Brookes S., Ggint K. The New Public Leadership Challenge [M]. Palgrave Macmillan, 2010.

[22] Micheli P., Neely A. Performance Measurement in the Public Sector in England: Searching for the Golden Thread [J]. Public Administration Review, 2010, 70 (4): 591 -600.

[23] United Nations. Economic and Social Commission for Asia and the Pacific, Local Government in Asia and the Pacific [EB/OL]. http: //www. unescap. org/huset/ lgstudy/index. htm.

[24] Schimdt C. The Changing Institutional Framework for Democracy in Japan [M] //Gyorgy S., Ute S. Quality of Life and Working Life in Comparison, in Labour, Education & Society Series. NY: Peter Lang Publishing Group, 2009.

[25] Shair - Rosenfield S., Hooghe L., Kenan W., et al. Regional Authority in Indonesia, Malaysia, the Philippines, South Korea and Thailand from 1950 to 2010 [C]. Paper Presented to the 2012 Annual Meeting of the American Political Science Association. New Orleans, LA.

[26] Stepan A., Linz J., Yadav Y. Crafting State - Nations: India and other Multinational Democracies [M]. Baltimore, MD: Johns Hopkins University Press, 2011.

[27] Fadzil F., Nyoto H. Fiscal Decentralization after Implementation of Local Government Autonomy in Indonesia [J]. World Review of Business Research, 2011, 1 (2): 51 -70.

[28] Brookes S. Responding to the New Public Leadership Challenge [C]. Paper Presented at the Herbert Simon 2nd Annual Conference, Manchester, England, 2008.

[29] Osborne S. The New Public Governance? Emerging Perspectives on the Theory and Practice of Public Governance [M]. London: Routledge, 2010.

[30] Wescott C. Hierarchies, Networks and Local Government in Viet Nam [J]. International Public Management Review, 2003 (4): 2.

[31] Wescott C. Decentralization Policy and Practice in Viet Nam: 1991 - 2003 [M] //Smoke P., Gomez E. Decentralization in Comparative Perspective. Edward Elgar Press, Northampton, MA, 1999: 208 - 234.

[32] Bruce G. The East Asian Legitimacy Premium [M] //Chan J., Williams M. East Asian Perspectives on Political Legitimacy. New York: Cambridge University Press, 2013.

[33] Crosby B., Bryson J. Leadership for the Common Good: Tackling Public Problems in a Shared - Power World [M]. San Francisco, CA: Jossey - Bass, 2005.

[34] Bao G., Wang X., Gary L., et al. Beyond New Public Governance: A Value - Based Global Framework for Performance Management, Governance, and Leadership [J/OL]. Administration & Society, 2012. http://aas. sagepub. com/ content/early/recent.

[35] Sarason S., Lorenty E. Crossing Boundaries: Collaboration, Coordination and Making the Most of Limited Resources [M]. San Francisco: Jossey - Bass, 1997.

[36] Morgan D., Green R., Shinn C., et al. Foundations of Public Service [M]. Armonk, NY: M. E. Sharpe, 2013.

[37] Kemmis D. Community and the Politics of Place [M]. Norman: University of Oklahoma Press, 1990.

[38] Stone D. Policy Paradox: The Art of Political Decision Making [M]. New York: Norton, 1997.

[39] Andreas H., Mayer P., Rittberger V. Theories of International Regimes [M]. New York: Cambridge University Press, 1997.

[40] Krasner S. Structural Causes and Regime Consequences: Regimes as Intervening Variables [M]. NY: Cornell University Press, 1983.

[41] Christopher L. City Politics in an Era of Globalization [M] //Lauria M. Reconstructing Urban Regime Theory: Regulating Local Govenrment in a Global Economy. Thousand Oaks, CA: Sage, 1997: 77 - 98.

[42] Lauria M. Reconstructing Urban Regime Theory: Regulating Local Govenrment in a Global Economy [M]. Thousand Oaks, CA: Sage, 1997.

[43] Rohr J. Founding Republics in France and America: A Study in Constitutional Governance [M]. Lawrence: University Press of Kansas, 1995.

[44] Rohr J. Ethics for Bureaucrats: An Essay on Law and Values [M]. New York: Marcel - Dekker, 1989.

[45] Toonen J. Networks, Managment and Institutions: Public Administration as "Normal Science" [J]. Public Administration, 1998, 76 (2): 229 - 252.

[46] Skelcher C., Mathur N., Smith M. The Public Governance of Collaborative Spaces: Discourse, Design and Democracy [J]. Public Administration, 2005, 83 (3): 573 - 596.

[47] Osborne S. The Third Sector in Europe: Prospects and Challenges [M]. London: Routledge, 2008.

[48] Gary L. Emerging Governance at the Edge of Constrained Federalism: Public Administrators at the

Frontier of Democracy [D]. Doctor of Philosophy, Portland State University, Portland, Oregon, 2008.

[49] Alford J. Defining the Client in the Public Sector: A Social Exchange Perspective [J]. Public Administration Review, 2002, 62 (3): 337 - 346.

[50] Moore M. Creating Public Value: Strategic Management in Government [M]. Cambridge, MA: Harvard University Press, 1995.

[51] O' Flynn, J. From New Public Management to Public Value: Paradigm Change and Managerial Implications [J]. The Australian Journal of Public Administration, 2007, 66 (3): 353 - 356.

[52] Elkin S. , Soltan K. A New Constitutionalism: Designing Political Institutions for a Good Societ [M]. Chicago, IL: University of Chicago, 1993.

[53] Moore M. Public Value as the Focus of Strategy [J]. Australian Journal of Public Administration, 1994, 53 (3): 296 - 303.

[54] Moore M. Managing for Value: Organizational Strategy in For - Profit, Nonprofit, and Governmental Organizations [J]. Nonprofit and Voluntary Sector Quarterly, 2000, 29 (1): 183 - 204.

The Trust versus Efficiency Paradigms for Measuring Performance: Some Implications for Local Government Leadership and Decision Making

Morgan Douglas

(Public Administration, Portland State University, Oregon, USA, 97201)

Abstract: Despite there is something new and innovative that has been occurring in public administration over the last several decades, on the academical and practical aspects there are still two opposing views about how to measure the success of governance and administrative work. The "Trust Paradigm" argues that government performance has to be measured against the values and character of its people as these evolve over time. While the "Efficiency Paradigm" puts importance on measurement for outcomes, argues that the forms of government matter less than the quality with which they are administered, and assumes that administrators are instruments of execution and measurement, politically and policy - driven by elected leaders as passive agents. This article argues that the "Efficiency Paradigm" is not sustainable at local levels of government around the world. This argument is developed in three parts. In the first part, the article draws on several bodies of current research and transformations occurring in administrative practice to support the conclusion that local government administrators are necessarily required by their circumstances to be active agents in identifying, facilitating and arbitrating values. The second part of the article draws on a variety of theories to explain why this role is necessary. The final part of the article summarizes strategies that can be used to assist local government administrators in undertaking a value – centered approach to public administration as well as strategies for incentivizing a valuebased approach to governance, leadership and administration.

Key Words: Local Government; Performance; Public Value; Governance; Public Administration

从政府目标管理走向绩效战略
——以美国战略规划与绩效评价体系为例*

卢梅花

（厦门大学公共事务学院，福建厦门，361005）

【摘 要】以政府目标管理为研究起点，从理论层面探究绩效管理与战略管理在政府运行中的导入机制，并提出“绩效战略”这一理念是现实之需。美国《政府绩效与成果法案》以对“战略规划”和“绩效评价”的规定为主要内容，超越了传统政府绩效评价体制，是战略管理与绩效管理理念的双重体现。以这一法案为依据的联邦政府战略规划和绩效评价体系实质上是绩效战略实践的典范，对我国政府管理重大的启示意义在于：一是以目标管理为基础，推进绩效战略；二是加快绩效战略法制化；三是推进政府部门绩效预算改革。

【关键词】目标管理；绩效战略；绩效管理

一、绩效战略内涵界定：从目标管理到绩效战略

（一）公共部门目标管理面临的核心问题

作为公共部门应对行政效率低下、行政成本高昂等方面问题，加强公共组织效能建设的一种重要管理内容和方法，目标管理被引进公共部门管理领域，在一定程度上，这种民主、自我控制式的管理方式迎合了行政生态环境变化的诉求，它在理论层面对传统公共行政理论进行了修正，在实践层面拓展了政府职能及管理形态，取得了广泛成效。但是，正如哈罗德·孔茨在《管理学》一书中所述，目标管理的缺点在于：设定目标的困难。目

* 本文来源于《行政论坛》2013 年第 2 期，第 67—70 页。

作者简介：卢梅花，厦门大学公共管理系博士研究生。

标管理理论的创始人德鲁克认为目标管理只是一种工具而已……你只有知道目标，目标管理才有效；而在90%的时间内你并不知道目标。目标界定的困难在公共部门管理中尤其突出，直接影响其在政府部门的实施效果：政府部门公共性所导致的目标模糊性、目标管理要求的时限性与政府部门长远利益考虑、目标管理向度有限性与政府职能全面性等方面的矛盾对政府部门目标管理的发展提出了严峻的挑战。

（二）绩效管理与战略管理在政府目标管理中的双向导入

1. 战略管理在政府目标管理中的导入机制

目标管理和战略管理存在密不可分的关系，如学者张泽忠、侯永平所言："通过将绩效导向的城市目标管理与战略管理对比我们会发现，无论从环境分析、目标设定、战略目标推进实现、测定最终结果的战略管理流程来看，还是从核心能力的培育、人的全面发展等内容上看，目标管理与战略管理有先天性的默契"。战略在提升目标有效性方面有着独特的优势，吉瑞赛特在《公共组织管理》一书中说道："当组织的目标在一个战略规划的背景下进行设定时，它通常是最为有效的，因为它预先考虑了将来的需求，并且准备采取行动去满足这些需求"。

作为一种新的管理实践模式及思维方式，"战略"为管理者应对改进政府目标、处理日益增长的不确定性等方面问题提供了一个思考和行动的框架，日益受到了公共部门管理者的重视。奥斯本曾提出有必要创造帮助政府持续关注最为重要的目标的体制，即帮助政府确定其使命和核心，并使整个系统以取得这些结果为目标，这被称为改进目标，又称为战略管理。他认为如果处于公共组织或体制之中的每个人都明确自身的根本目标，那么，改进绩效则更为容易，并且将帮助公共组织明确其基本目标这一措施作为改革政府最有力战略之一。可见，改进目标对政府战略管理实施的重要意义。在战略管理理念导向下，政府组织的使命、愿景、成果目标等具体地表述组织的性质和发展方向，明确地指向政府在社会进步、经济发展中应担当的角色与责任，可见，公共部门战略管理不仅关注一个组织，而且关系整个地区的未来、关乎整体公共利益，对比传统目标管理体现出明显的优越性。

2. 绩效管理在政府目标管理中的导入机制

回顾政府目标管理与政府绩效管理发展历史，可以看出两者在发展序列上呈现出明显的承接关系，学者马国贤认为"从某种意义上说，90年代的政府绩效管理改革是目标管理的延伸"。美国财政部财政科学研究所《绩效预算》课题组则认为政府绩效管理的基础是现代目标管理理论，目标是政府绩效管理的重要问题，政府绩效管理的目标——效果导向特点源于目标管理。政府绩效目标是政府绩效管理整个大系统中的一个子系统，是一般组织目标的具体化，与一般目标相比绩效目标更具明确性与可计量性，在政府目标管理中引进绩效管理理念，使政府目标与绩效相联结，有效地将政府目标提升到绩效目标层次，给政府目标管理带来了深远的影响。

对于公共部门绩效目标的定义学者持不同的观点，张金鉴认为公共部门的绩效目标就是指公共部门适应所处社会环境的需要，依共有的价值观念，根据国家或政府所赋予的使命和任务，经由构成人员的共同参与以及朝一致方向努力所追求的各种成就和最后结果。美国参议院政府事务委员会在《政府绩效与成果法案》（以下简称《法案》）中指出绩效目标是所期望达到的绩效水平，表现为一个明确而又可计量的目标，可以作为衡量实际成果的参照标准。总结学者研究，可以看出，政府绩效目标是指一定时间内，政府在绩效方面期待实现的最后结果，也是政府打算在未来一定时间内获得什么性质以及什么程度的绩效。政府绩效目标是组织目标的具体化，借鉴一般目标的分类方式可将政府绩效目标分为长期绩效目标、中期绩效目标、短期绩效目标或政府组织目标、政府流程目标、政府人员目标等多种形式。无论政府绩效目标如何分类，现代政府越来越需要考虑自身与外界环境的互动关系，应付复杂环境的挑战，在公共事务中应扮演掌舵者的角色，政府绩效越来越需要体现长期的战略愿景，兼顾整体利益与局部利益、长期利益与眼前利益。

（三）绩效战略内涵界定

绩效战略是战略管理与绩效管理理念对政府目标管理的二维改进。一方面，战略管理理念的引进促使政府等公共组织树立战略意识、具备战略理念，明确自身使命、明晰发展愿景，将目标与使命、愿景相结合，进而使政府目标向更具长期性、更具战略性的目标转化；另一方面，绩效管理理念的导入使政府目标由传统的计划、规划的形式转变为具有结果导向色彩的绩效目标，同时，突破目标单向度、难以考核等局限性，向多向度、效率导向转变，赋予政府目标以公正性、公正性等社会价值。

战略管理与绩效管理两者相互作用，推动绩效战略机制的有效运行。发挥战略管理对政府绩效目标的调控功能，关注战略管理在提高和整合政府绩效方面的价值，将公共部门绩效管理提升至战略高度，同时，作为市场理念融入政府管理的最具可操作性的环节，绩效管理的各种具体化手段能有效地促进战略目标的实现。战略管理与绩效管理的双重导入赋予政府目标管理应对现代复杂行政环境所必需的战略理念以及现代行政对效率追求所需要的绩效理念，有效地突破目标管理的“瓶颈”，向“绩效战略”这一更高层面的管理方式转化。绩效战略不仅仅是对传统政府目标管理的飞跃，而且使政府战略管理与绩效管理超越了“管理工具”的内涵，实现政府发展的方向性与目的性、战略性与可操作性、动态性与控制性、公共性与效率性的有机统一，对政府的存在价值与发展方向有决定性意义。

二、绩效战略实践典范：美国战略规划与绩效评价体系

虽然没有明确提出“绩效战略”这一概念，但是，作为一种现实存在绩效战略在现代政府运行实践中已较成体系。美国《法案》在一开篇就规定了其诞生的目的——“为

联邦政府制定战略规划和绩效评价”，这一规定明确体现了《法案》在保证联邦政府战略规划与绩效评价的实施方面的目标与努力。

（一）美国绩效战略实践背景

很大程度上，目标管理提高了美国政府运行效率，但是，它在联邦政府中应用的时间并不长，到20世纪90年代中期，一方面目标管理作为提升公共部门绩效管理中的一个基础性的传统工具而存在，另一方面却被认为是过时的、无效益的，与当前公共管理思想与实践不相符合的工具。面对愈加复杂多变的行政环境，联邦政府深刻认识到实行战略管理以应对环境变化的需要，与此同时，联邦项目中浪费和效益低下的情况削弱了政府满足公共需要的能力，由于没有充分地重视项目绩效和成果，国会在政策制定、支出决策以及项目考察等方面都存在严重的问题，联邦政府不得不重新审视政府的绩效成果和效率，在此背景下，1993年《法案》应运而生。《法案》所构建的体系包含战略规划、年度绩效计划、年度绩效报告、绩效预算等要素，此外，它还提倡下放权力以增加管理的透明度和灵活性，检查项目绩效预算的进展。学者张强在《美国联邦政府绩效评估研究》一书中总结了《法案》的基本框架，见表1。

表1 《政府绩效与结果法案》的基本框架

五年战略规划	1. 部门使命的全面陈述，包括部门职能和运作 2. 部门职能和运作的目的和目标，包括与结果相关的目的和目标 3. 描述如何实现目的和目标，包括达成这些目的和目标所需要的管理过程、技能和技术、人员、信息或者其他资源 4. 详述如何把年度绩效目标和绩效计划与战略目标联系在一起 5. 辨认对目标实现可能产生重要影响的外部因素和不可控因素 6. 对确立或修改基本目的和目标过程中所使用的项目评估进行描述，包括未来项目评估的日程安排
年度绩效计划	1. 确立绩效目标，以界定项目活动所应实现的绩效水平 2. 以客观的、量化的和可测量的形式表述绩效目标，除非被允许以其他形式表述绩效目标 3. 简要描述实现绩效目标所需要的运作过程、技能和技术、人员、信息或其他资源 4. 建立绩效指标以评估每个项目活动的产出、服务水平和影响 5. 建立一个把实际的项目结果与绩效目标进行比较的平台 6. 阐述用以验证评估价值的方法
年度绩效报告	1. 对绩效目标的实现程度进行评估 2. 根据前一财政年度的绩效结果修正当前财政年度的绩效计划 3. 解释和描述绩效目标未能实现的原因 4. 描述绩效目标的有效性；总结项目绩效评估中的经验教训

（二）美国绩效战略实践的特点分析

《法案》所规定的战略规划与绩效评价体系实质上是绩效战略的实践形式，《法案》的规定体现出战略管理与绩效管理的双重特点，以《法案》为依据的联邦政府管理实践体现了绩效战略的特点，具体地表现在以下几个方面：

1. 强化战略理念

《法案》规定各部门所提交的五年战略规划确立了组织使命，并根据使命进行长期战略规划，这些规划有助于机构长期保持正确的方向，对组织活动有很强的战略导向作用，促使组织更加重视追求长期结果，突破目标管理只顾短期利益的局限性，把组织日常活动与长期战略目标联系起来，避免由于目标考核期结束所导致的有关工作目标和方向的争论。同时，为组织年度绩效计划和绩效目标的制定提供了依据，把组织战略规划融入日常的绩效管理中，它有效地避免了由于高层职位更换所带来的管理上的变化。传统的联邦政府管理中，很少制定面向未来的、清晰的战略规划，没有清晰的战略规划，组织就无法制订出详细的绩效计划，绩效目标也会缺乏客观依据，而《法案》以立法的形式要求联邦管理者必须制定战略规划，从而保证了战略规划的广泛制定，使组织管理行为更具方向性与目的性，有很强的战略导向意义。

2. 彰显绩效特点

传统联邦政府管理中即使制定了战略规划也较少付诸实践，正如联邦管理与预算局曾在研究报告指出的：很多联邦部门已经制定了战略规划，但是，总体看来，这些战略规划却很少，或者被不适当地执行，其中，主要的原因是战略规划与部门的日常运作缺少直接联系，从而削减了它们的有效性。《法案》要求所有联邦部门都必须制订年度绩效计划，计划必须覆盖部门组织所有的项目活动，尽可能具体化地确立绩效目标、评估指标及实现目标所需资源，而且，最重要的是，规定年度绩效计划应与战略规划一致，计划中应包含年度绩效目标如何与战略规划总目标相联系的说明，不得提交未包括在战略规划中的财年绩效计划。而《法案》要求提交的年度绩效目标有效地把组织战略与日常管理工作直接联系起来，最终的目的是确保组织长期战略规划和战略目标的实现。同时，《法案》规定各部门必须在每个财政年度末期提交前一财政年度的绩效报告，对绩效实现程度做出评价，实质上，这是一种对管理者、决策者和公众的反馈机制，与绩效计划中要求大多数的绩效目标应以客观、可量化和可衡量的形式表达出来相一致，这些规定都有效地保证了战略的实现。可以看出，《法案》对于绩效计划与绩效报告的规定，突破了传统战略执行不力的情况，有效地将绩效目标与战略目标相联系，并通过报告的规定切实地衡量战略目标实现程度，使组织管理活动提升到绩效战略层面。

3. 以预算为手段调控绩效战略

美国传统部门预算建议总统在每个项目的开支额度以及如何在不同账户上分配资金做出规定，预算与预期的项目结果之间的联系相当薄弱，更不可能与组织的长期战略目标结合，而《法案》要求提交的绩效计划必须包含预算，虽然并不是预算本身，却开始有效地将预算与期待结果相挂钩。围绕着政府战略目标体系构建起的绩效预算体系具有很强的结果导向和目标驱动特点，试图将战略规划和绩效目标整合到政府绩效预算中，在绩效、预算、战略之间建立起联系。各部门要求使用战略规划制定各自的预算结构，这些预算结构中必须明确表明其使命、战略构成、总体目标、附有具体目标和指标的可计量的目标、用以实现这些目标的战略、效率测量、推行这些战略的行动方案，同时也包括绩效评价标准和绩效评价定义。这种与战略联系的绩效预算体系关注成果，能够迫使政府考虑是否使用了正确的战略并达到的最终的成果，能激励领导者创造性地思考战略与策略选择的问题，能有效地提高组织的掌舵能力。

政府绩效战略要求建立起围绕政府战略的预算体系，是政府战略目标体系逻辑链上的下一步，其目的主要在于提高政府掌舵能力。学者卓越在论述绩效预算时对此有相关论述：与传统的预算模式相比，绩效预算以“后果”为导向，借助于严密的绩效评价体系，注重预算制定前的预期效果分析，政府确定绩效预算指标要制订计划，而其中很重要的是战略计划，然后结合核心业务领域确定主要目标，进而确定绩效预算指标。可见，绩效预算比传统预算更能反映政府战略和成果目标，它有效链接了目标、战略、预算这三个政府运行中不可或缺的因素。

三、绩效战略：我国政府部门绩效管理发展方向

近年来，受到全球政府变革与发展浪潮的辐射，中国政府纷纷改进原有的目标考核机制，以期实现本土化行政管理方式与现代公共管理理念的契合。美国绩效战略实践对改进我国政府目标管理、推进绩效战略实现具有重要的借鉴作用。

（一）以目标管理为基础，推进绩效战略

政府目标不应该是孤立的，它必须与组织的战略规划结合起来制订具体的绩效计划与战略目标，这是对目标进行“管理”的依据，也是目标科学性与有效性的保证。我国各级政府以科学发展观战略思想为主导，以建设服务型政府为战略目标，实行绩效评估，但是，具体到各个组织、具体的部门，很少组织有明确的使命陈述，在机构的使命不明确的情况下，也很难面向未来的、清晰的战略规划，缺乏清晰的战略规划，组织便无法制订出详细的绩效计划，绩效目标也会缺乏客观依据，从而导致目标考核过程中出现目标设置不尽科学合理的现象。

因此，我国政府部门必须面对未来给自己以正确的定位，澄清自己使命，确定长期发展战略，改进政府目标，克服目标管理的局限以应对我国绩效战略发展的严峻挑战。美国战略规划与绩效评价体系为我们提供了很好的借鉴，根据政府使命进行长期的战略规划，以确保组织活动与组织使命的实现方向一致，把战略规划融入绩效评价中，在绩效目标中

体现组织的战略规划，促进绩效战略的实现是推进目标管理进一步发展的有效途径。

（二）加快绩效战略法制化

政府绩效战略必须要有一定的制度保障才能持续有效地运行。对比美国20世纪90年代之前的绩效评估，美国政府在1993年颁布的《法案》有效推动了美国全国上下绩效评估的热潮，据统计，美国50个州政府中有47个使用了一定形式的、以绩效为基础的预算管理，在一定程度上，这促使《法案》形成了统一的制度框架，以法律的形式确保了战略规划与绩效评价的实施。《法案》是世界范围内第一部专注于政府战略规划与绩效评价的法律，它以立法的形式肯定了战略规划与绩效评价制度，为当代联邦绩效建立了永久性的法律框架，并有效地推动其在联邦各部门实行，具有里程碑的意义。

当前我国政府推行各种形式的考核体系，但是由于缺少政策性指导，更缺乏相关的法律而处于自发状态，由各级组织自愿推进，没有建立起有效的制度保障体系。目标考核不是孤立的，它必须与组织的战略规划结合起来制订具体的绩效计划与目标，这是进行评估的依据，在实践中，没有法律保障，无法建立起有效的制度框架，无法保证目标考核的持续与稳定，就导致了评估只能是短期行为。因此，有必要借鉴西方国家的成功经验在保障绩效战略实行方面推进相关的立法程序，将政府使命、目标、原则方法以及程序以法律的形式固定下来，推进我国绩效战略科学、持续地发展。

（三）推进政府部门绩效预算改革

预算一直以来在政府活动中占有重要的地位，是公共财政管理的主要组成部分，更是公共财政框架中的核心问题，早期政府最重要的计划就是预算，因此，预算与生俱来就有战略性特点。绩效预算以早期的项目预算为起源，由关注投入转向关注产出，由关注后果转向成果预算，赋予了传统政府预算以绩效管理的理念，使传统政府预算变成以产出、结果为导向的有绩效内涵的预算形式。

我国政府预算一直处于传统的收入—支出模式，与组织目标实现没有任何关系，组织目标实现水平高低不影响预算的分配，因此，改革我国传统的预算模式，要求组织使用战略规划制定预算结构，建立起组织预算、组织绩效以及组织战略之间的联系，将战略规划和绩效目标整合到政府绩效预算中，这种方式从本质上说，是用预算来迫使组织正确地进行自我定位，慎重选择战略，严谨地制定战略规划，并保证目标成果，能有效地激励组织绩效战略实现。

参考文献

［1］张泽忠，侯永平．绩效导向的城市目标管理［M］．北京：中国社会出版社，2005：53.

［2］雅米尔·吉瑞赛特．公共组织管理——理论和实践的演进［M］．李丹译．上海：上海译文出版社，2003：185.

［3］奥斯本，普拉斯特里克．政府改革手册：战略与工具［M］．谭功荣等译．北京：中国人民大学

出版社，2004：65.

［4］马国贤．政府绩效管理［M］．上海：复旦大学出版社，2005：176.

［5］唐兴霖．公共行政组织原理［M］．广州：中山大学出版社，2002：114.

［6］财政部财政科学研究所《绩效预算》课题组．美国政府绩效评价体系［M］．北京：经济管理出版社，2004：59.

［7］Piisterth，Streibg. Mbo in Municipal Government：Variationsona Traditional Management Tool［J］. Public Administration Review，1995，55（1）：48－56.

［8］张强．美国联邦政府绩效评估研究［M］．北京：人民出版社，2009：91.

［9］卓越．政府绩效管理导论［M］．北京：清华大学出版社，2006：1.

From the Government goal Management to the Performance Strategy：An Example of the American Strategic Planning and Performance Evaluation System

Lu Meihua

（School of Public Affairs Xiamen University，Fujian Xiamen，361005）

Abstract：The government performance management as the research starting point，inquiry into the performance management and strategic management mechanism in the government run from the aspect of theory，and put forward the concept of "performance" strategy is the realistic need. The US government performance and achievement act takes the provisions of "strategic planning" and "performance evaluation" as the main contents. It surpasses the traditional government performance evaluation system，and it is the dual embodiment of the concept of strategic management and performance management. The bill for the federal government to strategic planning and performance evaluation system based on the model of performance is the essence of strategic practice，is of significance to our country government management major：One is based on objective management，promote strategic performance；the two is to accelerate the strategic performance legal system；three is to promote the performance budget reform of government departments.

Key Words：Target Management；Performance Strategy；Performance Management

基于灰色关联度分析的中国省级政府战略管理评价研究*

赵景华　李宇环

（中央财经大学政府管理学院，北京，100081）

【摘　要】地方政府面临的环境日趋复杂、动态和多样，加之中央与地方、政府与市场、政府与社会关系的重大变革，以及地方政府内部管理方式的重塑，引入战略思维，实施政府战略管理成为实现地方科学发展的重要途径。本文旨在通过对省级地方政府战略管理的实证分析，为地方政府开展战略管理提供理论和经验依据。本文首先构建地方政府战略管理的评价指标体系，运用层次分析法（AHP）对准则层和子准则层的指标赋权；其次收集中国31个省级政府战略管理活动的原始数据，运用灰色综合评价法对31个省份的战略管理水平进行排名；最后根据单项排名和总排名结果，对我国省级政府的战略管理现状进行具体分析。

【关键词】灰色关联分析；省级政府；战略管理；评价

我国地方政府在面临国际、国内要求变革的双重压力下，已开始尝试引入注重外部环境分析的战略管理工具，如在一些政府部门开展的目标管理、全面质量管理及万人评议政府运动等，都蕴含战略管理的理念。但若从战略管理的系统理论对当前实践进行评价，地方政府的战略管理还存在许多问题。有学者曾将我国公共部门实施战略管理存在的误区概括为十个方面，即没有公共战略滥用公共战略；按上级或长官意志制定公共战略；效仿他人公共战略或效仿自己过去的公共战略；发展型公共战略也会使公共部门陷入危机；公共战略管理能力不强；公共战略只停滞在纸面；体制、结构与公共战略不匹配；缺少足够的

---

* 本文来源于中国管理学年会2013年论文集，该文获2013年中国管理学年会优秀论文奖。

本文受国家自然科学基金项目“政府部门战略管理中的群体决策组织方式及其效果研究”（项目号：70775125）的支持。

作者简介：赵景华，中央财经大学政府管理学院教授；李宇环，中央财经大学政府管理学院副教授，硕士生导师。

公共战略实施人才；公共部门丧失公共战略优势；只顾短期利益，不顾长期利益。① 以上十个方面仅仅理论性地描述了公共战略管理中存在的问题，并未针对地方政府进行专门的实证分析。本文构建地方政府战略管理的评价指标体系，并运用灰色综合评价法对我国省级地方政府战略管理的现状进行具体分析。

一、中国地方政府战略管理的评价指标

地方政府战略管理就是地方政府领导者根据外部环境与自身情况的变化，在中央政府与地方政府战略协同的基础上，合理处理政府与市场、政府与社会等主体的关系，为实现地方的科学发展而对未来的全局性谋划及实现过程。本文中地方政府是指狭义上的政府，仅包括地方行政机关。根据这一定义以及获取数据的条件，我们从地方政府的战略规划与重大项目、协作性治理结构、创新性工作方式及战略管理绩效四个方面来构建地方政府战略管理的评价指标。

（一）评价指标体系的构建

1. 战略规划与重大项目

战略规划是地方政府开展战略管理活动的直接体现。有学者将政府的战略规划能力看作是一项重要的管理能力，它是指管理者和组织通过思考，在衡量影响组织未来的内部和外部环境的基础上，为组织创造目标、前进方向、焦点和一致性的能力。② 我国的中央政府历来有制定发展规划的传统，中华人民共和国成立以来除了 1949 ~ 1952 年以及 1963 ~ 1965 年为国民经济调整时期外，已编制实施了多个五年规划（计划）。在纵向一体结构的政治体制下，地方政府也要制定相应的地方五年规划，在五年规划的指导下再制定相关领域的专项规划。专项规划一般具有综合性和优先性的特点，通常需要跨部门的协作和配合，而且属于国民经济和社会发展中的战略性问题。随着政府执政环境的复杂化和动荡化，对国民经济各领域制定专项战略规划的要求越来越高，这同时也考验着地方政府的战略管理能力。一方面，受“摸着石头过河”的渐进式改革模式的影响，地方政府的管理焦点集中于眼前问题和近期问题，对地方或区域的长远发展没有系统的思考，更没有明确的战略目标。政府更多地扮演了救火者而不是防火者的角色。另一方面，由于地区间的经济、社会、文化等方面的差异性，地方政府制定的专项规划也参差不齐，例如，北京的专项规划包括了交通发展、高技术产业、对外经贸、现代产业、软件和信息、基础和新材

① 汪大海．试论公共部门战略管理的十大误区［J］．中国行政管理，2004（6）：19 - 23.

② 倪星，杨芳．试论新时期中国公共部门战略管理能力的提升［J］．武汉大学学报（哲学社会科学版），2006（1）：96 - 101.

料、航空航天、中小企业发展、汽车产业、都市产业、生物和医药、建筑业、历史文化名城保护、大型基础设施、国际商贸中心、老龄事业发展、节能降耗及应对气候变化、公共财政发展、能源发展、青少年事业发展、儿童发展、妇女发展、应急体系发展等70多项，而像内蒙古、黑龙江等地区的专项规划仅包括服务业、城市建设、科学技术、体育事业、消防事业、物流业、土地资源保护与开发利用等方面的多项规划。因此，我们选择"地方专项规划的个数"作为一项指标。

重大项目是将组织战略转化为可实现的必要路径。地方重大项目是为实现地方总体规划或专项规划确立的战略目标而投入建设的，关系地方长远发展的，投资巨大、影响广泛、社会效益高的建设项目。由于重大项目主要由政府投资，所以公共性程度较高，一般涉及交通、现代新兴及高科技产业、民生保障项目、生态环境项目等方面。重大项目建设是实现地方政府发展战略的重要契机，可以为相关产业的发展增强活力，是实现地方科学稳定发展的重要基础。重大项目的正确、高效、科学实施需要组成专门的项目团队对其进行计划、组织、领导和控制，考验着地方政府的时间管理、风险管理、资源管理、采购管理、质量管理等战略管理能力。在此，选择"地方重大项目的个数"作为衡量地方政府战略管理的一项指标。

2. 协作性治理结构

战略管理在某种程度上可以称为协作性管理，构建协同政府和整体政府是政府战略管理的核心理念。现代社会，受生产与消费模式、劳动力构成、信息技术、环境和社会问题、科技等多种因素的影响，公共服务需求的复杂性越来越高，需求的变化同时也对传统的公共服务组织结构提出了挑战。[①] 纯粹韦伯式的政府组织结构呈严格的金字塔式排列，纵向上是权力结构森严的科层制结构；横向上由相互独立的若干职能部门组成。在社会需求单一和稳定的情况下，这种组织结构尚可维持。但当公共需求复杂多变的情况下，传统政府组织结构的弊端就日益凸显。在这种状态下，需要政府在进行思考、实践和学习的过程中比以往更多地体现出战略性。[②] 于是，实现分权与重组，加强政府与社会、政府与市场的合作成为地方政府管理的发展趋势。统治的权威主要源于政府的法规命令，治理的权威则主要源于公民的认同和共识。[③] 从主体上看，治理包括政府、私人部门及社会组织在内的所有机构，强调主体间的平等地位，重视参与、协商、条例、谈判等方法。中国与西方不同，是一个"强政府""弱社会"的国家，市场和社会的发展是由政府培育起来的，这同时也说明，市场和社会力量还比较薄弱，难以承担起原掌握在政府手中的职责[④]。因此，我们选择地方政府每万人拥有的社会组织数量作为评判协作性治理结构的指标之一。另外，随着信息技术的发展，电子政务也已成为政府战略管理的一项重要工具，网络行政

① 曾维和．当代西方国家公共服务组织结构变革［M］．北京：中国社会科学出版社，2010：70－77.

② ［美］约翰·布赖森．公共与非营利组织战略规划：增强并保持组织成就的行动指南［M］．孙春霞译．北京：北京大学出版社，2010：5.

③ 俞可平．全球治理引论［J］．马克思主义与现实，2002（1）：20－32.

④ 曾峻．试论政府职能转变与市场质量的关系［J］．社会科学，2000（4）：20－24.

的发达程度直接关系到政务信息的公开化程度、网上办事的便捷程度以及官民互动的畅通程度，而这些又会直接影响到公众参与社会管理的质量。因此，网上行政也作为评价治理结构的指标之一。

3. 创新性工作方式

战略管理是未来导向的管理，是实现公共价值的创造性活动。面对未来复杂不确定的矛盾和问题，政府的战略思维就不能囿于传统的、陈旧的、教条的局限，创造性思维必须成为政府领导者战略思维的一种重要方式。① 政府的创新性工作既包括制度创新也包括技术创新，制度创新是指对现有制度进行改造或创立新的制度来因应社会经济发展的要求；技术创新指的是把科学技术手段应用到政府治理过程中或者对现有治理所使用的手段、措施、方法以及程序进行技术层面的改造。② 战略管理过程中会面对许多可能性和突发性的状况，政府领导者必须在全过程管理中贯彻战略思考、行动和学习，这必然需要政府应对环境变化的创新性工作方式。我们选择“获中国地方政府创新奖的个数”作为政府创新性工作的衡量指标。

4. 战略管理绩效

战略管理是结果导向的闭环过程，它不仅强调做正确的事和正确地做事，更强调做事的效果。战略管理绩效是对战略实施结果的评价，我们在此选择 GDP 增速、人均 GDP 和家庭恩格尔系数作为战略管理绩效的评价指标。GDP 增速主要用来衡量地方经济发展的活力；人均 GDP 主要衡量地方经济的实际水平；家庭恩格尔系数用来衡量居民的生活水平，它一般随居民家庭收入和生活水平的提高而下降。

根据以上论述，并遵循指标选择的目标一致性、可测性原则、可比性、可行性和整体性的原则构建中国地方政府战略管理的评价指标体系（见表 1）。

表 1　中国地方政府战略管理评价指标体系

中国	一级指标	二级指标	单位	类型
地方政府战略管理评价指标体系A	战略规划与重大项目 B1	专项规划数 B_{11}	个	正向指标
		重大项目数 B_{12}	个	正向指标
	协作治理结构 B2	人均社会组织数 B_{21}	个	正向指标
		网上行政 B_{22}	分	正向指标
	创新性工作方式 B3	获地方政府创新奖数 B_{31}	个	正向指标
	战略管理绩效 B4	GDP 增速 B_{41}	%	正向指标
		人均 GDP B_{42}	元	正向指标
		恩格尔系数 B_{43}	%	逆向指标

① 杨启国．领导干部战略思维能力培养［M］．北京：中国人事出版社，2011：48.

② 杨雪冬．中国地方政府创新：特定和问题［J］．甘肃行政学院学报，2007（4）：5－7.

（二）评价指标的标准化

中国地方政府战略管理的评价指标没有统一的度量标准，因此，在进行评价前，需要采取标准变换将各指标属性值统一变换到［0，1］的范围内，即对指标的属性值进行无量纲化操作。在以上构建的评价指标体系中包含两种类型：正向指标（越大越好）、逆向指标（越小越好），除恩格尔系数为逆向指标外，其余都为正向指标。本文将采用“Z－Score”法对数据进行标准化处理。原始数据经过标准化后均转换为无量纲化指标测评值，即各指标值都处于同一个数量级别上，可以进行综合测评分析。

“Z－Score 标准化”方法基于原始数据的均值（mean）和标准差（standard deviation）进行数据的标准化。将指标的原始值 x 使用“Z—Score”标准化到 x′。步骤如下：

（1）求出各变量（指标）的算术平均值（数学期望）x_i和标准差 s_i；

（2）进行标准化处理：$z_{ij}=(x_{ij}-x_i)/s_i$，其中：z_{ij}为标准化后的变量值；x_{ij}为实际变量值。

（3）将逆指标前的正负号对调。由于评价指标中有正向指标与逆向指标之分，所以还要将逆向指标（恩格尔系数 B_{43}）正向化，本文采用的方法为在逆向指标标准化数值上乘以－1，实现正向化。

标准化后的变量值围绕 0 上下波动，大于 0 说明高于平均水平，小于 0 说明低于平均水平。

二、层次分析法确定指标权重

本文运用层次分析法（AHP）确定评价指标权重。层次分析法将评价指标体系按目标层、准则层、指标层排列起来，形成一个多目标、多层次的模型，构成有序的递阶层次结构。

（一）构建递阶层次结构

根据构建的指标体系构造一个各因素之间相互关联的递阶层次结构，处于最上层的为目标层，通常只有一个元素，在本文中指“中国地方政府战略管理评价指标体系 A”，中间层包括准则层和子准则层，准则层有“战略规划与重大项目 Bl”“协作治理结构 B2”“创新性工作方式 B3”和“战略管理绩效 B4”，每项指标下面又包含若干子指标。

（二）构造两两比较矩阵

设计《中国地方政府战略管理评价指标权重专家评分表》，对每一层次中各因素的相对重要性采用专家打分法给出数值判断，并写成矩阵形式（见表 2）。矩阵 b_{ij}表示相对于

A_k而言，B_i 和 B_j 的相对重要性，取（1，2，3，…，9）及它们的倒数作为标度。任何判断矩阵都应满足 $b_{ij}=1$（$i=j$），$b_{ij}=1/b$（$i,j=1,2,\cdots$）。

表 2　两两比较矩阵

A_k	B_1	B_2	…	B_n
B_1	b_{11}	b_{12}	…	b_{1a}
B_2	b_{21}	b_{22}	…	b_{2a}
…	…	…	…	…
B_n	b_{n1}	b_{n2}	…	b_{nn}

（三）层次单排序和一致性检验

首先进行层次单排序，可以归结为计算判断矩阵的特征和特征向量问题，即对判断矩阵B，计算满足 $BW=\lambda maxW$ 的特征根和特征向量，将特征向量正规化，并将正规化后所得到的特征向量 $W=[W_1,W_2,\cdots,W_n]^T$ 作为本层次元素 B_1，B_2，…，B_n 对于其隶属元素 A_k 的排序权值。根据专家打分，对各指标的重要性判断矩阵进行计算，所得结果如下：

表 3　各指标的重要性判断矩阵计算结果

（1）判断矩阵 A（相对于总目标而言，各准则层的相对重要性）

A	B_1	B_2	B_3	B_4	W_i	CR（一致性检验）
B_1	1	5	6	3	0. 5696	0. 0621
B_2	0. 2	1	4	0. 5	0. 1470	
B_3	0. 1667	0. 25	1	0. 3333	0. 0635	
B_4	0. 3333	2	3	1	0. 2199	

（2）判断矩阵 B_1

B_1	B_{11}	B_{12}	W_i	CR（一致性检验）
B_{11}	1	2	0. 6667	0
B_{12}	0. 5	1	0. 3333	

（3）判断矩阵 B_2

B_2	B_{21}	B_{22}	W_i	CR（一致性检验）
B_{21}	1	4	0. 8	
B_{22}	0. 25	1	0. 2	0

（4）判断矩阵 B_4

B_3	B_{41}	B_{42}	B_{43}	W_i	CR（一致性检验）
B_{41}	1	0. 5	3	0. 3326	
B_{42}	2	1	3	0. 5278	0. 0516
B_{43}	0. 3333	0. 3333	1	0. 1396	

以上各判断矩阵的一致性检验 CR 均小于 0.1，因此都通过一致性检验。

（四）层次总排序

层次总排序需要从上到下逐层进行。如果因素 A 的 n 个指标 B_1，B_2，Bn 对 A 的排序数值向量为 WA→Bi（A_1，A_2，…，A_n），Bik 对指标 Bi 的层次单排序数值为向量 WBi→Bik（B_1，B_2，…，B_k），（i=1，2，…，n），此时，Bik 对 A 的数值向量为：WA→Bik = WBi→Bik × WA→Bi。分别将一级指标 Bi 相对于总指标 A 的权重向量 WA→Bi 和二级指标 Bik 相对于其隶属指标 Bi 的权重向量代入上述公式，可计算出层次总排序。根据计算结果，列出中国地方政府战略管理评价指标的权重（见表 4）。

表 4　中国地方政府战略管理评价指标权重

准则层		B_1	B_2	B_3	B_4	各指标相对于总目标的权重
		0.5696	0.147	0.1635	0.2199	
指标层	B_{11}	0.6667				0.3798
	B_{12}	0.3333				0.1898
	B_{21}		0.8			0.1176
	B_{22}		0.2			0.0294
	B_{31}			/		0.0635
	B_{41}				0.3326	0.0731
	B_{42}				0.5278	0.1161
	B_{43}				0.1396	0.0307

三、中国地方政府战略管理的灰色综合评价

灰色系统理论是由我国著名学者邓聚龙于 1982 年提出的。它的研究对象是“部分信息已知，部分信息未知”的“贫信息”不确定性系统，它通过对部分已知信息的生成、开发实现对现实世界的确切描述和认识。① 回归分析虽然是一种较通用的方法，但大多只用于少因素的、线性的，对于多因素的、非线性的则难以处理，灰色系统理论则提出了一种新的分析方法，即系统的关联度分析方法。关联度反映各评价对象对理想（标准）对象的接近次序，其中灰色关联度最大的评价对象为最佳。关联度分析方法对样本量的多少

① 杜栋，庞庆华. 现代综合评价方法与案例精选（第 2 版）[M]. 北京：清华大学出版社，2008：111.

没有严格的要求，也不需要典型的分别规律，在系统数据资料较少和条件不满足统计要求的情况下，更具有实用性。

（一）灰色综合评价法的原理与运算分析

基于灰色关联度分析的灰色综合评价是在各个评价对象之间排出优先顺序。灰色综合评判主要是依据以下模型：

$R = E \times W$

其中，$R = [R_1, R_2, \cdots, R_m]^T$ 为 m 个被评对象的综合评判结果向量；$W = [W_1, W_2, \cdots, W_n]^T$ 为 n 个评价指标的权重分配向量，其中 $\sum_{j=1}^{n} wj = 1$。

E 为各指标的评判矩阵：

$$E = \begin{bmatrix} \xi_1(1) & \xi_1(2) & \cdots & \xi_1(n) \\ \xi_2(1) & \xi_2(2) & \cdots & \xi_2(n) \\ \cdots & \cdots & \cdots & \cdots \\ \xi_m(1) & \xi_m(2) & \cdots & \xi_m(n) \end{bmatrix}$$

$\xi i(k)$ 为第 i 种方案的第 k 个指标与第 k 个最优指标的关联系数。

根据 R 的数值进行排序，步骤如下：

（1）确定最优指标集（F^*）。设 $F^* = [j1^*, j2^*, \cdots, jk^*, \cdots, jn^*]$，式中 jk^*（$k = 1, 2, \cdots, n$）为第 k 个指标的最优值。此最优值可是诸方案中的最优值，也可以是评估者公认的最优值。选定最优指标值后，可构造矩阵 D：

$$D = \begin{bmatrix} j_1^* & j_2^* & \cdots & j_n^* \\ j_1^1 & j_2^1 & \cdots & j_n^1 \\ \cdots & \cdots & \cdots & \cdots \\ j_1^m & j_2^m & \cdots & j_n^m \end{bmatrix}$$

式中，j_k^i 为第 i 个方案中第 k 个指标的原始数值。

（2）指标的规范化处理。即对原始指标数值进行规范处理，仍采用上节中介绍的"Z－core标准化"方法。

计算综合评判结果：

$$E = \begin{bmatrix} \xi_1(1) & \xi_1(2) & \cdots & \xi_1(n) \\ \xi_2(1) & \xi_2(2) & \cdots & \xi_2(n) \\ \cdots & \cdots & \cdots & \cdots \\ \xi_m(1) & \xi_m(2) & \cdots & \xi_m(n) \end{bmatrix}$$

根据灰色系统理论，将 $\{C^*\} = [C_1^*, C_2^* \cdots, C_n^*]$ 作为参考数列，将 $\{C\} = [C_1^i, C_2^i, \cdots, C_n^i]$ 作为被比较数列，则用关联分析法分别求得第 i 个方案第 k 个指标与第 k 个最有指标的关联系数 $\xi_i(k)$，即：

$$\xi_i(k)=\frac{\min\min|C_k^*-C_k^i|+\rho\max_i\max_k|C_k^*-C_k^i|}{|C_k^*-C_k^i|+\rho\max_i\max_k|C_k^*-C_k^i|}$$

式中，$p\in[0,1]$，一般取 $p=0.5$。

由 $\xi_i(k)$，即得 E，综合评判结果为：$R=EXW$，即 $r_i=\sum_{k=1}^{n}W(k)\times\xi_i(k)$。若关联度 ri 最大，则说明 $\{C^i\}$ 与最优指标 $\{C^*\}$ 最接近，亦即第 i 个方案优于其他方案，据此，可以排出各方案的优劣次序。

（二）评价样本的选择

本文的评价样本选择中国 31 个省级政府。之所以选择省级政府作为评价样本，第一，由于中国地方政府的战略管理刚刚起步，地级市政府和县级市政府的战略管理参差不齐，有的地级或县级政府甚至不存在真正意义上的战略管理，评价结果不利于做普遍性的规律分析；第二，中国有 600 多个地级市政府、2800 多个县级政府，样本数量庞大，受研究条件的局限，难以做出科学的评价结果；第三，在地方政府战略管理发展的起步阶段，以管辖地域范围更广的省级政府为评价样本，在一定程度上也能反映该省所辖地市及县级政府的战略管理状况，可以更宏观地把握当前中国地方政府战略管理的现状。

（三）指标数据来源

评价指标的数据主要来源于网站和统计年鉴。地方的专项规划和重大项目来源于各地方政府网站的统计；网上行政的打分，主要是根据地方政府网站在网上办事、信息公开和官民互动等方面的情况进行调查，设计 1~5 分的调查量表，1 分代表网上行政非常差，5 分则代表非常好；获地方政府创新奖的个数是根据中国政府创新网的数据进行统计汇总；每万人拥有社会组织数、GDP 增速、人均 GDP 和恩格尔系数则来源于《中国民政统计年鉴 2011》和各地方 2011 年的《统计年鉴》。

（四）指标数据的计算及结果

1. 确定最优指标集

我们在此选取各省份的最优值构建最优指标集。在构建的中国地方政府战略管理评价指标体系中，除恩格尔系数取值是越小越好外，其余指标的取值是越大越好。因此，本评价中的最优指标集为：

$F^*=[79,1016,7.16,5,18,16.4,85213,31.3]$

根据上节层次分析法得出的各指标权重为：

$W_j=(W_1,W_2,W_3,W_4,W_5,W_6,W_7,W_8)=(0.3798,0.1898,0.1176,0.0294,0.0635,0.0731,0.1161,0.0307)$

2. 评价数据

通过调查打分、各省网站和年鉴收集到各评价指标的原始数据见表 5。

表5 各省（市、自治区）战略管理评价指标的原始数据

省（市、自治区）	专项规划（个）B_{11}	重大项目（个）B_{12}	每万人拥有社会组织数（个）B_{21}	网上行政（分）B_{22}	获地方政府创新奖数（个）B_{31}	GDP 增速（%）B_{41}	人均 GDP（元）B_{42}	恩格尔系数（%）B_{43}
北京市	76	200	3.66	5	6	8.1	81658	31.4
天津市	33	90	3.2	2	0	16.4	85213	36.2
河北省	44	238	2.12	2	6	11.3	33969	33.8
山西省	24	240	2.91	4	0	13	31357	31.3
内蒙古	8	150	3.33	1	1	14.3	57974	31.3
辽宁省	28	468	4.35	4	1	12.2	50760	35.5
吉林省	1	251	3.05	3	1	13.8	38460	32.7
黑龙江	14	345	3.23	5	1	12.3	32819	36.1
上海市	23	70	4.39	4	5	8.2	82560	35.5
江苏省	68	200	4.34	5	10	1	62290	36.1
浙江省	60	1016	5.31	5	18	9	59249	34.6
安徽省	45	674	2.49	5	2	13.5	25659	39.8
福建省	79	529	4.23	4	4	12.3	47377	39.2
江西省	12	236	2.4	4	1	12.5	26150	39.8
山东省	20	100	4.85	4	4	10.9	47335	33.2
河南省	9	352	2.04	3	2	11.9	28661	34.1
湖北省	20	341	3.83	5	0	13.8	34197	40.7
湖南省	1	172	2.43	4	0	12.8	29880	36.9
广东省	17	280	2.73	5	8	10	50807	36.9
广西	10	237	2.82	4	6	12.3	25326	39.5
海南省	23	226	3.22	3	0	12	28898	44.9
重庆市	1	300	3.14	3	3	16.4	34500	39.1
四川省	12	174	3.62	4	1	15	26133	40.7
贵州省	25	538	1.9	4	3	15	16413	40.2
云南省	1	500	2.74	3	2	13.7	19265	39.2
西藏	7	137	1.29	1	1	12.7	20077	49.9
陕西省	1	106	3.52	4	0	13.9	33464	36.6
甘肃省	27	127	4.03	3	0	12.5	19595	37.4

续表

省（市、自治区）	专项规划（个）B_{11}	重大项目（个）B_{12}	每万人拥有社会组织数（个）B_{21}	网上行政（分）B_{22}	获地方政府创新奖数（个）B_{31}	GDP 增速（%）B_{41}	人均 GDP（元）B_{42}	恩格尔系数（%）B 43
青海省	16	58	4. 52	3	0	13. 5	29522	38. 9
宁夏	1	50	7. 16	2	2	12. 1	33043	34. 8
新疆	14	13	3. 7	4	3	12	30087	38. 3

3. 计算综合评判结果

将最优指标集、各指标权重和原始数据输入 MCE 软件（现代综合评价软件包）对原始数据进行标准化处理后，分别计算各单项指标的关联度和总关联度，计算结果见表 6。

表 6 中国各省级政府战略管理关联度及其排名

省（市、自治区）	总排名	总关联度	B_1 关联度	B_2 关联度	B_3 关联度	B_4 关联度
浙江	1	0. 859591	0. 9747663	0. 6907001	1	0. 7728957
北京	2	0. 682612	0. 7865137	0. 5648796	0. 4285714	0. 9504837
江苏	3	0. 675513	0. 7757836	0. 607993	0. 5294118	0. 7888654
上海	4	0. 660509	0. 7100874	0. 5607429	0. 4090909	0. 9621131
宁夏	5	0. 659075	0. 6955212	0. 8989048	0. 36	0. 6818742
福建	6	0. 624239	0. 8326628	0. 5495151	0. 3913043	0. 7234756
天津	7	0. 623934	0. 7229801	0. 4394414	0. 3333333	0. 9999801
广东	8	0. 61285	0. 7229175	0. 5188052	0. 4736842	0. 7359924
四川	9	0. 611914	0. 7069811	0. 5117996	0. 5625	0. 6663751
山东	10	0. 60517	0. 7091963	0. 5968385	0. 3913043	0. 7233403
辽宁	11	0. 59976	0. 7591699	0. 5578773	0. 3461538	0. 7358392
安徽	12	0. 588029	0. 8179871	0. 5087442	0. 36	0. 6653844
湖北	13	0. 58149	0. 7331446	0. 5747805	0. 3333333	0. 6847002
黑龙江	14	0. 577157	0. 7271214	0. 5420248	0. 3461538	0. 6813295
广西	15	0. 569028	0. 710925	0. 4719232	0. 4285714	0. 6646915
新疆	16	0. 56751	0. 7037706	0. 5163359	0. 375	0. 6749341
河北	17	0. 563838	0. 7493164	0. 3933249	0. 4285714	0. 6841381
青海	18	0. 562152	0. 7014899	0. 5401122	0. 3333333	0. 6736742
内蒙古	19	0. 561302	0. 7005922	0. 4317237	0. 3461538	0. 7667387
重庆	20	0. 561083	0. 7272966	0. 4565452	0. 375	0. 6854885
陕西	21	0. 556697	0. 7042612	0. 5062843	0. 3333333	0. 6829092

续表

省（市、自治区）	总排名	总关联度	B_1 关联度	B_2 关联度	B_3 关联度	B_4 关联度
贵州	22	0.556056	0.7654494	0.4356902	0.375	0.6480837
山西	23	0.534	0.7264094	0.475966	0.3333333	0.6778905
甘肃	24	0.55308	0.7192345	0.5060856	0.3333333	0.6536681
吉林	25	0.551925	0.7134147	0.4522323	0.3461538	0.6958987
云南	26	0.550275	0.7498399	0.4381849	0.36	0.6530754
海南	27	0.547487	0.7238927	0.4604736	0.3333333	0.6722491
江西	28	0.544949	0.7129453	0.4543073	0.3461538	0.6663899
湖南	29	0.543331	0.710009	0.4555015	0.3333333	0.6744796
河南	30	0.541218	0.7226597	0.4104423	0.36	0.6717704
西藏	31	0.512592	0.6984059	0.3513098	0.3461538	0.6544984

四、中国地方政府战略管理评价的结果分析

根据单项关联度和总关联度的计算结果，对我国以省（市、自治区）为单位的地方政府战略管理现状进行结果分析，为我国地方政府战略管理的改进和完善提供实证依据。

（一）单项关联度分析

根据单项指标关联度的计算结果，绘制31个省（市、自治区）的关联度折线图（见图1）。根据图示并结合地方政府的现实情况计算。

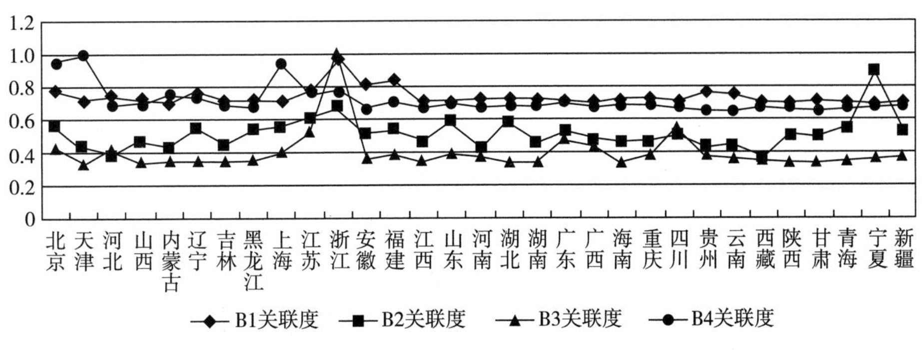

图1 中国省级政府战略管理单项指标关联度折线图

从图 1 可以看出，除了北京、天津、上海三个直辖市外，战略规划和重大项目、创新性工作方式以及战略管理绩效三条关联度曲线基本一致。直辖市的例外情况可能有两个主要原因：一方面，这三个直辖市的管辖范围相对于其他省份较小，战略规划和重大项目的数目受到局限，因而战略管理绩效曲线高于战略规划和重大项目曲线；另一方面，三大直辖市接受中央的优惠政策要多于其他省份，如北京建设世界城市的战略、天津市滨海新区战略以及上海的浦东新区等都上升为国家战略，这种政策上的优惠价值和当地良好的基础条件为 GDP 增长增添了新动力，从而拉大了与其他省份的差距。但从总体来看，三条曲线的一致性程度较高。这说明战略规划、创新性工作方式与战略管理绩效之间存在一致性。第一，从战略规划与战略绩效的关联来看，两者处于战略管理过程的两端，共同构成了政府战略管理过程的闭环系统，有战略无绩效和有绩效无战略的管理都构不成完整的战略管理过程。第二，创新性工作方式与战略规划和重大项目以及战略管理绩效的高相关性，说明战略规划的制定和实施离不开地方政府的创新性工作，开展创造性的工作是地方战略管理取得成效的重要因素之一。第三，除浙江省外，其他省份的创新性工作曲线的水平普遍较低，远低于战略规划曲线和战略管理绩效曲线的水平。各省区在创新工作方面还任重道远。

协作治理结构的关联度曲线在四条曲线中的波动最大，这也可以看出，地方政府与市场、社会的合作在各省份还存在较大差距，这主要是受每万人拥有社会组织数这一指标的影响。除此之外，全国的协作治理水平也处于一个低位状态。尽管我国的社会组织近年来飞速发展，但与发达国家相比还存在较大差距。据统计，在发达国家每百人就有一个社会组织，而按 2009 年注册登记的社会组织计算，我国相当于 3000 多人才有一个社会组织。协作治理结构的不完善会直接影响地方政府战略管理的开展，这可以通过浙江与宁夏的比较来佐证。在 31 个省（市、自治区）中，浙江的战略规划与重大项目指标得分最高，这主要得益于浙江对重大项目的投资和建设力度要远远高出其他省份。2012 年，浙江省的重大项目涉及产业平台、交通设施、能源建设、城市建设、社会事业、金融服务业及商贸综合体、旅游及文化创意、农水工程八大领域。其中，10 亿元以上项目 220 个，50 亿元以上 58 个，100 亿元以上 26 个。而且浙江省积极调动民间投资的热情，贯彻落实国务院促进民间投资“新 36 条”的 42 项实施细则。在一些民间投资进入意愿强烈、国家层面有突破空间的行业和领域，取得突破性实效。而宁夏回族自治区，在 2012 年实施的重大项目仅有 50 个，投资额还不到浙江省的 1/10。宁夏处于西部欠发达省份，生态环境较为恶劣，政府提供的公共产品和服务还局限于交通和物流等初级基础设施领域，难以吸引民间投资的进入，这些投资高、周期长、回收低的项目主要靠政府独立提供，因而导致了重大项目建设的局限性。通过比较，可以看出两个省份在市场化程度以及政府与市场、社会的合作程度方面存在很大差距。当地方政府面临的环境越来越复杂时，仅靠政府一方的力量则难以处理各种棘手的公共事务，走向协作治理是地方政府战略管理的题中之义。

协作治理结构与创新性工作方式的关联度曲线较为接近，说明两者之间存在一定的关联性。浙江、广东、江苏、北京、安徽、四川在这两条曲线上基本吻合。仍以排名靠前的浙江省为例，从浙江省获地方政府创新奖的申报项目来看，多与协作性治理相关。例如，

浙江省温岭市的参与式预算改革，实现了公众与政府的对话与协商，公众不仅能参与人民代表大会的预算草案审查，而且还能对镇政府的预算执行情况开展经常性监督。这一创新性工作方式通过公共的充分参与，使预算的编制和分配更符合公共利益，并维护弱势群体和低收入阶层的利益。杭州市政府的开放式决策也是一项政府治理方式的创新，包括建立市政府决策事项事前公示、听证制度；建立人大代表、政协委员列席市政府常务会议制度；建立市民代表和专家列席市政府常务会议制度；实现市政府常务会议网络视频直播互动交流；制订实施《杭州市人民政府重大行政事项实施开放式决策程序规定》（市长令第22号）和《杭州市人民政府开放式决策有关会议会务工作实施细则（试行）》，开放式决策由市级政府层面向区（县、市）级政府延伸；政府对开放式决策中收到的意见予以研究、采纳和公开回应。这些创新性项目为构建和完善公众参与政府管理和决策，并对政府活动进行监督的官民合作治理结构进行了有益的探索。由此可见，协作治理与创新工作是相互依存和相互影响的关系，协作治理就是对战略管理工作的创新，创新工作也就是探索政府、市场、社会合作治理的有效路径和方式。

从四条曲线的总体水平来看，我国地方政府战略管理在四项指标上还处于相对较低的水平，各省（市、自治区）之间的情况也参差不齐。除了浙江省的各项指标都比较突出外，其余省（市、自治区）都或多或少存在“短板”。从目前情况看，战略规划与重大项目、战略管理绩效两条曲线的水平要高于协作治理结构、创新工作方式的曲线水平。这说明我国地方政府的协作治理水平和创新工作水平还比较落后，而理论和实践都证明了缺少协作和创新的战略是难以持续的。

（二）综合排名分析

根据总关联度的计算结果，按照排名的先后绘制31个省（市、自治区）的折线图（如图2所示）。根据图示并结合现实实际对计算结果做出分析。

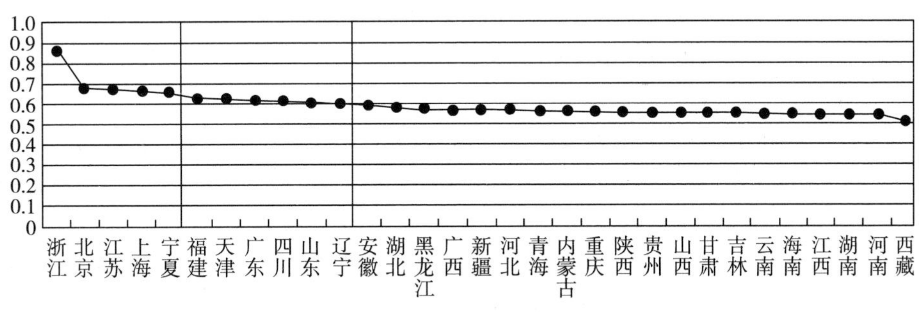

图2 中国省级政府战略管理总关联度折线图

根据总关联度的计算结果，可以将31个省（市、自治区）的战略管理水平分为三个层次，总关联度在0.65以上的包括浙江、北京、江苏、上海、宁夏；0.60～0.65的包括福建、天津、广东、四川、山东和辽宁；0.60以下的为安徽、湖北、黑龙江、广西、新疆、河北、青海、内蒙古、重庆、陕西、贵州、山西、甘肃、吉林、云南、海南、江西、湖南、河南、西藏。需要特别说明的是，排名第6位的宁夏主要是由于协作治理结构中的每万人拥有社会组织数较高，并非是因为实际的战略管理水平高，由于其人口数量比其他省份少，因此平均人口后的社会组织数相对较多，宁夏的每万人拥有的社会组织数要比总排名靠前的北京高出近2倍，因而宁夏的排名与其实际的战略管理水平不太相符。从总体关联度水平可以看出，排名靠前的省份与靠后的省份的关联度水平差距微小，关联度在0.5~0.6的有20个，占全部省份的65%，我国大部分省（市、自治区）政府战略管理还处于非常低的水平。

将31个省（市、自治区）的得分情况绘制在中国地图上，可以很清晰地看出中国省级地方政府战略管理水平的分布情况。关联度较高的省份一般分布在东部沿海地区，中等和低等关联度的省份大多集中在中西部地区。这说明地方政府的战略管理水平与经济发展水平和地区开放程度存在一定的相关性，但并不是绝对的，例如，经济排名靠后的青海要比经济排名靠前的湖北、河南的关联度高。东部地区战略管理水平较高，除了有良好的经济条件外，还与领导人的素质、对外开放水平、市场成熟度及公民社会的发达程度等因素相关。因此，政府战略管理水平与地区经济发展没有必然联系，落后地区甚至比先进地区更有提高战略管理能力的紧迫性。

（三）现状总结

从以上对评价结果的分析可以看出，我国省一级政府的战略管理还处于比较低的水平，由于对省级政府的调查中包含了该省管辖范围下的地级和县级地方政府的统计信息，因此，从评价结果也可以推断，包括省、市、县、乡在内的地方政府的战略管理水平还都有很大的提高空间，有的地方政府甚至没有真正意义上的战略管理，即使有些省份的排名较靠前，但仍然需要更加系统、科学和规范的战略管理理论的指导。当前，在全国主体功能区规划的顶层设计下，要在全国范围内划分主体功能区，实现不同主体区域的优化发展、重点发展、限制发展和禁止发展，需要各地方政府不能仅从地方经济发展出发制定政策，更要考虑在全国规划体系中的发展定位，运用战略思维开展工作。

评价指标体系中的四个维度为提高地方政府战略管理能力提供了方向。中国地方政府要在战略规划与重大项目、协作治理结构、创新性工作方式以及战略管理绩效方面有所提高和突破，就离不开战略管理理念的转变，离不开战略管理体制的转变，离不开战略管理方式的转变，而这三个方面的转变亟须理论工作者从管理理念、结构和过程的系统研究中探索适合中国地方政府本土化的战略管理模式。

参考文献

［1］汪大海．试论公共部门战略管理的十大误区［J］．中国行政管理，2004（6）：19-23.

［2］倪星，杨芳．试论新时期中国公共部门战略管理能力的提升［J］．武汉大学学报（哲学社会科学版），2006（1）：96-101.

[3] 曾维和．当代西方国家公共服务组织结构变革 [M]．北京：中国社会科学出版社，2010：70 -77.

[4] [美] 约翰·布赖森．公共与非营利组织战略规划：增强并保持组织成就的行动指南 [M]．孙春霞译．北京：北京大学出版社，2010：5.

[5] 俞可平．全球治理引论 [J]．马克思主义与现实，2002 (1)：20 -32.

[6] 曾峻．试论政府职能转变与市场质量的关系 [J]．社会科学，2000 (4)：20 -24.

[7] 杨启国．领导干部战略思维能力培养 [M]．北京：中国人事出版社，2011：48.

[8] 杨雪冬．中国地方政府创新：特定和问题 [J]．甘肃行政学院学报，2007 (4)：5 -7.

[9] 杜栋，庞庆华．现代综合评价方法与案例精选（第 2 版） [M]．北京：清华大学出版社，2000：111.

Research on Strategic Management Evaluation in Chinese Provincial Government based on Grey Relational Analysis

Zhao Jinghua, Li Yuhuan

(School of Government, Central University of Finance and Economics, Beijing, 100081)

Abstract: Facing more and more complicated and dynamic environment, the local government should bring strategic thinking and strategic management, which is the important way to promote the development of economy and society. The purpose of this study was provide empirical evidence for strategic management of local governments. First, we put forwards the evaluation index of strategic management in local government, and using analytic hierarchy process (AHP) to determine the weight of criterion layer and sub indicators; then gather the original data of Chinese 31 provincial government strategic management activities, and using gray comprehensive evaluation method to measure the strategic management ability in 31 provincal government; finally, according to the ranking results, we analysis the strategic management of Chines provincial government in detail.

Key Words: Grey Relational Analysis; Provincial Government; Strategic Management; Evaluation

我国政府绩效治理体系构建及其对策建议*

包国宪[1,2]　王学军[2]

（1. 中国政府绩效管理研究中心，2. 管理学院，甘肃兰州，730000）

【摘　要】政府绩效管理与评估中的唯GDP主义在我国一些地方政府较为常见，而且造成了极为不利的后果，其根源在于新公共管理中公共价值的缺失以及对政府绩效科学内涵的认识不清。我国处于改革发展的关键时期，政府绩效管理与评估既不能走新公共管理的弯路，也不能走计划经济时代的老路，面对棘手问题，必须构建政府绩效治理体系。依据以公共价值为基础的政府绩效治理理论与模型，从社会价值建构体系、组织管理体系、政府战略体系、政府绩效治理的部门体系和协同领导体系5个方面对政府绩效治理体系的核心内容进行阐释，提出政府绩效治理体系在实践中应树立和践行新政府绩效观，主要包括：深化对政府绩效概念的认识，理解公共价值对于政府绩效合法性的本质规定性；强化公民参与是政府绩效管理不可或缺的环节与重要机制的宣传教育，构建和完善公民参与机制；加强以政府绩效领导为主题的公务员培训，使之形成以公共价值为基础的新政府绩效观。

【关键词】政府绩效治理；公共价值；体系；新政府绩效观

* 本文来源于《行政论坛》2013年第6期，第9—12页。收稿日期：2013－10－08。

基金项目：国家自然科学基金项目“政府绩效管理的价值分析及其理论范式研究”（71073074）、“基于公共价值的政府绩效结构、生成机制及中国情境下的实证研究”（71373107）；2012年教育部博士研究生学术新人奖项目；中央高校基本科研业务费项目“中国行政管理体制改革绩效分析及其促进机制与对策研究”（13LZUJBWTD004）。

作者简介：包国宪（1955—），男，博士，主任，院长，教授，博士研究生导师，从事政府绩效管理和公共管理理论研究；王学军（1986—），男，兰州大学—美国波特兰州立大学联合培养博士研究生，从事政府绩效管理研究。

一、问题的提出与理论解析

（一）问题的提出

政府绩效管理与评估起源于西方，作为一种管理工具一直贯穿于政府改革过程之中，并成为提高政府运行效率和公共服务质量的关键手段之一。许多西方国家都专门制定了政府绩效管理法案和制度规则，建立起了适合自身特点的政府绩效评价制度体系和方法体系。随着实践和研究的不断深入与拓展，政府绩效管理与评估不再仅仅是作为一种管理工具出现，而是逐渐承载了政府创新与体制机制改革等更深层次的功能和内容。

20 世纪八九十年代政府绩效管理与评估引入我国政府部门后，得到了快速发展和推广，先后经过了初步探索、研究拓展和细化创新等阶段，现已作为一种政府管理的基本制度得以推行。2011 年，国务院批准建立政府绩效管理工作部际联席会议制度，并开展绩效管理试点工作。到目前为止，全国大部分地方政府设立了专门负责绩效管理工作的部门，并出台了相应的方案和办法，从一定意义上讲，也促进了政府职能转变和管理创新。中共十八大报告指出，要“创新行政管理方式，提高政府公信力和执行力，推进政府绩效管理”，对政府绩效的内涵及其管理工作有了新的认识和要求。可以预见，绩效管理将在我国政府管理中扮演越来越重要的角色。

政府绩效管理与评估管理技术与方法的共通共享特性，是作为一种其在各国政府受到青睐的关键原因，但这无法也不可能取代其对政治制度和社会结构差异的关切。西方政府在市场经济体制和代议民主制的基础上，通过分权、结果导向和内部市场机制等方法改进了政府内部管理和工作流程，提高了政府管理效能。与西方不同，我国政府绩效管理与评估的制度基础主要是中央集权的科层制体系，大多数时候政府绩效管理与评估被视为政府增强控制和实现责任的手段。由于缺乏明晰的价值约束和制度准则，过去二三十年我国的政府绩效管理与评估中出现了不少问题，这些问题存在于政府绩效管理与评估的价值诉求、指标体系设计、过程控制、方法和工具选择以及结果使用等各个环节，其根源则主要在于政府绩效管理与评估中不能很好地体现科学发展观要求的唯 GDP 主义，诸如重经济增长，而轻社会发展、民生改善和生态环境保护；重当前，而轻长远；重局部，而轻全局；重总量，而轻结构；重速度，而轻质量；等等。

政府绩效管理与评估的核心功能是导向功能。因此，政府绩效管理与评估中的唯 GDP 主义非但不能有效提升政府绩效，反而会推波助澜，甚至会强化政府部门的唯 GDP 的政绩观和工作中的唯 GDP 取向，产生最大的负面效应，甚至造成极大危害。一些地方政府追求的所谓“政绩”表现及其实现方式千奇百怪，其中很多让社会和公众瞠目结舌、难以置信。本文对唯 GDP 主义在现实中的一些表现予以归纳分析。

1. 政府扭曲的政绩观和发展观

突出反映为：一些地方政府在政绩饥渴、政绩竞争和政绩冲动的压力和驱使之下，违背中央精神和公民意愿，对公共权力与资源的滥用和乱用。长此以往，公众对政府不满，甚至导致群体性事件发生，执政党的执政基础受到削弱，社会危害极大。例如，近年来全国各地由于强征强拆而导致的群体性事件屡屡发生，成为导致社会秩序不稳定的重要因素。虽然中央明确要求，“发展为了人民、发展依靠人民、发展成果由人民共享”，国务院也于2011年通过了《国有土地上房屋征收与补偿条例》，国务院各部门随即密集发文，并开展专项检查，但由强征强拆引发的群体性事件却仍然屡见不鲜。据2013年《社会蓝皮书》数据，2012年由征地拆迁引发的群体性事件占全部群体性事件的一半左右。与此相印证的是，据《中国社会心态研究报告（2012~2013）》数据，2012年网络维权事件中，社会民生类网络维权事件占全部网络维权事件的1/3以上，位居第一。其中，强征强拆事件275起，占社会民生类网络维权事件的81.85%，占全部网络维权事件的30.09%。再如，一些地方政府不顾环境保护、不论地方承载力、不管是否与本区域的发展战略、产业定位、区域优势相适应的盲目招商引资行为，等等。这些唯GDP主义的政绩锦标赛扭曲了部分领导干部的发展观和政绩观，使他们肆意妄为，随意支配公共权力与资源，在实际工作中为了达到所谓的“政绩”而表现出专断、蛮横和霸道的工作作风。强征强拆和盲目招商引资等决策和行为的背后是政府对经济增长的片面追求，对公众利益和需求的漠视。

2. 政府以“父母官”姿态自居，做事武断草率

主要体现在：政府缺乏与公众沟通，仅以建立在自身利益基础之上的偏好和判断提供公共服务、实施公共政策和推进公共项目。其后果是政府的供给不符合公众需求，甚至背道而驰。例如，过去十年间我国农村中小学的撤点并校“大跃进”就造成了相当严重的社会问题。2001年，国务院针对当时的实际情况和客观条件，下发了《关于基础教育改革与发展的决定》，以降低办学成本、优化资源配置、提高教学质量、促进教育均衡发展。这一政策的初衷是非常好的，一些地方政府在政策执行的过程中也花费了巨大的代价，但其结果却与初衷相违背。据2012年发布的《农村教育布局调整十年评价报告》，2000~2010年，在我国农村，平均每一天就要消失63所小学、30个教学点、3所初中。在扭曲了的“城镇化”发展目标驱动下，有的地方硬性规定撤并学校的时间和数量，有的地方缺乏深入调查和科学论证，有的地方没有充分征求学生家长的意见。地方政府片面主导的“撤点并校”将撤并当成了唯一的目的，非但没有达到预期目的，反而导致了农村学生上学难、辍学增多、心理生理健康受到威胁、农民负担加重以及公共安全事故频发等问题。同时，农村中小学的盲目和过度撤并使村庄变成了文化的沙漠，加速了农村的空巢化进程。这一近乎疯狂的“撤点并校”运动直到2012年国务院办公厅印发《关于规范农村义务教育学校布局调整的意见》后，才暂时告一段落。受到唯GDP主义驱动时，政府往往就会盲目自大，其行为不但会违背自己的初衷、不符合科学规律，而且不得人心。一些本身具有积极意义的公共服务、政策和项目也会因为政府与公众的沟通不善而达不到

预期效果，甚至走向歧途，使政府的公信力受到了损害。

3. 政府缺位、错位，选择性消极不作为

在一些关乎公众生计和切身利益的领域，政府不作为，或者作为不够，而这些领域恰恰是公众最敏感，最容易对政府产生不信任感的领域。其根本原因是：为了追求短期利益和部门利益，中央部门和地方政府间、政府内部部门之间对责任的相互推诿。例如，过去多年以来引起社会恐慌和公众焦虑的食品安全问题，由于地方政府的 GDP 竞赛而一直未得到有效缓解，致使公众对政府意见很大。据《中国食品安全舆情报告蓝皮书（2013）》数据，仅 2012 年就有 1942 起食品安全事件被媒体曝光。2013 年 9 月发布的《中国食品安全领域问题静态预测报告》则指出，据不完全统计，截至 2012 年 9 月，中国有关食品安全的法律法规和各种政策性文件共 840 多件，其中法律法规 790 件，其他规范性文件 50 件左右，但食品安全事件仍高发、频发、易发，防范形势依然非常严峻。中国食品安全问题的根源主要体现在三方面：一是高层协调部门的协调职能虚化，缺乏权威性，不能很好地协调中央乃至地方监管部门之间的监管职责；二是中央与地方的联动不足，加之地方利益的驱动，弱化了食品安全政策法规和标准的执行力；三是对监管中的不当行政行为和不法食品企业缺乏严厉的追责机制和惩罚机制，不能杜绝类似食品安全事件的再次发生。政府在此类事件上或者因地方利益所致而不作为；或者想有所作为，但因所涉及问题关系复杂棘手而谨小慎微，消极推诿；或者有所作为，但因主次不分，方法失当，效果很差，甚或适得其反。诸如此类的事件很多，较为典型的还有愈演愈烈的环境污染治理问题。2013 年发布的《迈向环境可持续的未来——中华人民共和国国家环境分析》报告指出，尽管中国政府表示一直在积极地运用财政和行政手段治理大气污染，但世界上污染最严重的 10 个城市之中，仍有 7 个位于中国。食品安全和环境污染问题不能有效得以解决的主要根源也是唯 GDP 主义。政府长期以来积累的社会资本可能会因为在这些领域的选择性不作为或者作为不够而大打折扣。

虽然上述表现并非我国政府运作中的常态，但不可否认的是，类似现象在我国一些地方政府较为常见，而且造成了严重的后果，为未来的可持续发展埋下了隐患。政府在受到唯 GDP 的政绩观驱使时，往往会丧失应有的理性，人民赋予的权力在政府手中成了追求自身利益和官员“政绩”的砝码。当政府的利益逻辑与公众的利益逻辑不一致时，政府的合法性便受到了威胁。

近年来，唯 GDP 主义受到了不少诟病，中央政府和社会各界也逐渐认识到了唯 GDP 主义造成的危害，而要改善，甚至抛弃唯 GDP 主义的关键则在于政府绩效管理与评估制度与机制这一“指挥棒”的改革。中共十七大将“科学发展观”写入党章，其基本要求是全面协调可持续，2009 年以来，广州、上海、湖南、四川、南京等省市逐渐尝试不再将 GDP 作为约束性指标进行考核，而是将提高经济增长的质量和效益、重视社会发展和民生改善作为发展的立足点，置于更加突出的位置。这些执政理念和改革方向预示着告别唯 GDP 正在逐渐成为共识。当然，不唯 GDP 并不是要抛弃 GDP，而是要思考如何从根本上扭转政府绩效管理与评估中的唯 GDP 导向。从政府绩效的视角看，引入新的治理机制是一个突破口。

（二）理论解析

1. 新公共管理理论的适用条件与范围

政府绩效管理与评估虽然在西方起步较早，但作为其理论基础并真正推动其发展的是20世纪80～90年代的新公共管理运动。我国也正是在这一时期引入政府绩效管理与评估。新公共管理范式在20世纪末期的公共行政改革过程中居于主导地位，其核心要义是引入竞争机制，倡导顾客和结果导向理念，借用私人部门的管理工具与方法来提高政府工作效率、服务对象满意度和需要的回应性。长期困扰政府部门的一些危机在新公共管理运动中得到了有效应对。

新公共管理理论能够在公共部门应用的前提和基础是：公共部门与私人部门一样都是一种组织，在组织形态上有相似和共通之处。然而，以政府为主体的公共部门与私人部门却有根本性的差别，这就涉及新公共管理理论的适用条件与范围问题。首先，两者的使命不同。私人部门的服务对象是顾客，以追求利润和股东价值最大化为其核心目标，而公共部门的服务对象是公民，以最大化公共利益为其最终使命。新公共管理很好地解决了以效率为核心的工具理性问题，而效率却不是最大化公共利益的全部。其次，两者配置资源的机制不同。私人部门在市场基础上配置资源，与此不同，公共部门相当一部分领域的资源配置不能完全建立在市场基础上，如国防安全、公共医疗卫生、文化传承和保护等。公共部门的资源配置需要公共权力和市场机制共同发挥作用，尤其在一些关系国计民生的关键领域，公共权力对资源的配置显得更加重要。新公共管理契合了公共部门建立在市场基础上的资源配置机制，但却很难，甚至不能运用到建立在公共权力基础上的资源配置过程中。公共权力以公共价值为灵魂，其行使要受到公共价值的约束。作为公民集体偏好的政治协调表达，在我国的现实中，公共价值的现实判定标准集中体现为“人民拥护不拥护”“人民赞成不赞成”“人民高兴不高兴”“人民答应不答应”，这也是我们作为制定各项方针政策的出发点和归宿。[①] 从国际和我国采用新公共管理的方法解决公共领域问题的反思中，我们认识到：没有将公共部门中配置资源的市场机制和公共权力机制两者加以区分，而滥用新公共管理的理论与方法，引起效率追求中的公共价值缺失，是造成现实中唯GDP主义泛滥的理论根源。就是说公共部门的很多问题仅仅依靠新公共管理理论是不能得到有效解决的。

2. 政府绩效的科学内涵

政府绩效管理与评估在我国方兴未艾，但对于究竟什么是“政府绩效”这一问题的认识却非常模糊，甚至是错误的。首先，政府的产出不等于绩效。许多地方政府将产出等

---

① “把‘人民拥护不拥护’‘人民赞成不赞成’‘人民高兴不高兴’‘人民答应不答应’作为制定各项方针政策的出发点和归宿”的论断最早出现在邓小平理论中，参见江泽民同志在学习《邓小平文选》第三卷报告会上的讲话——《用邓小平同志建设有中国特色社会主义理论武装全党》，1993年11月2日。

同于绩效，然而，当我们转向政府实施的诸如招商引资、土地买卖、工业园区建设等行为和项目的结果时，我们却发现招商引资污染了环境、土地买卖损害了公众利益、建设好的工业园区时常被闲置等现象时有发生。政府绩效是一个结果概念，产出的最大化不等同于绩效的最大化。只有当政府的服务、政策和项目符合公众需要时，产出才等同于绩效。其次，政府绩效不仅仅是政府自己生产的，而是多元主体合作的产物，其中最为重要的是，公民参与在政府绩效生产中的作用不可或缺。公民参与对于提升政府工作质量，提高政府机构的回应性意义重大，可以增强公民对政府的信任，强化政府责任，并支持自下而上的决策路径。在这种背景下，政府绩效管理才能具有可持续性。相比于新公共管理中将公民狭隘地定义为“顾客”而言，在公民驱动的政府绩效管理与评估中，公民承担着许多角色，包括顾客、所有者、利益相关者、问题提出者、共同生产者、质量评估者和独立的结果追踪者等。政府的唯 GDP 主义得到不断强化的结果，就是包括公民在内的其他绩效生产主体的价值诉求得不到重视，从而导致一系列社会冲突。

二、政府绩效治理体系构建的重要性和必要性

政府绩效管理与评估中的唯 GDP 主义有深刻的理论根源。要有效控制唯 GDP 主义倾向，就必须走出为了管理而管理，就评估谈评估的政府绩效管理与评估怪圈。

（一）中国处于发展转型的关键时期，政府绩效管理与评估的大背景已经发生了深刻变化

改革开放初期，经济建设是我国的核心任务，三十多年来，GDP 增长一直是我国经济社会发展的基础。对 GDP 的追求本身无可非议，但 GDP 并不是政府应该追求的全部。习近平总书记在 2013 年 6 月召开的全国组织工作会议上指出，“要改进考核方法手段，既看发展又看基础，既看显绩又看潜绩，把民生改善、社会进步、生态效益等指标和实绩作为重要考核内容，再也不能简单以国内生产总值增长率来论英雄了”。在价值观、政治制度和社会结构与我国存在差异的西方国家，GDP 增长的质量很早就被置于非常优先的位置。正如西方一位政治家所言：“GDP 并没有考虑到我们孩子的健康，他们的教育质量，或者他们游戏的快乐。它也没有包括我们的诗歌之美，或者婚姻的稳定；没有包括我们关于公共问题争论的智慧，或者我们公务员的清廉。它既没有衡量我们的勇气、智慧，也没有衡量对祖国的热爱。简言之，它衡量一切，但并不包括使我们的生活有意义的东西”。当前，全球经济社会一体化进程不断加速，中国也处于大调整、大变革的时代，经济结构调整难度加大、社会矛盾突出，社会公正、人民幸福和政府责任等价值被置于更加重要的位置，而对 GDP 的片面追求只会带来截然相反的结果。因此，中共中央提出了科学发展观等执政理念，把民生问题放在全部工作的突出地位，就是深刻认识到了唯 GDP 主义倾

向所带来的危害，也体现了对其进行坚决根治的决心。

（二）我国的政府绩效管理与评估既不能走新公共管理的弯路，也不能走计划经济时代的老路

如上文所述，新公共管理固定的思维模式和预先设定的管理路径选择就是谋求通过竞争、外包和私有化等促进绩效的手段来应对来自公共领域的挑战，完全建立在新公共管理基础之上的政府绩效管理与评估必然会在实践中受到挑战。与此同时，我国的政府绩效管理与评估也必须摆脱计划经济思维的消极影响。在计划经济体制下，政府是“万能政府”和“无限政府”，政府在宏观控制和微观管理方面都以强制性的管制为主，政府只论“计划”，而不管其他，“绩效”往往由政府计划的“投入”所决定。计划经济思维主导的政府绩效管理与评估体系至少造成了三个方面的危害：一是资源配置效率不高，或者无效；二是多元主体利益在政府绩效管理与评估过程中得不到有效表达；三是无法形成有效的反馈和学习路径。然而，在由计划经济转向市场经济的今天，计划经济思维主导的政府绩效管理与评估却依然存在，这一点突出反映在很多地方政府的工作报告中只说做了什么，而不问结果如何等政府通病上。受此影响，一些政府绩效管理与评估体系也将重点放在了对各种投入的关注上，而政府行为的过程和结果却被置于不重要的位置，计划经济时代的“考核思维”在一些地方政府依然较为盛行。

（三）以新的绩效观为核心，构建政府绩效的治理体系

按照公共问题的复杂程度和价值冲突程度高低，公共问题可以被划分为四种类型，分别是复杂性和价值冲突程度都很低的简单问题（Straightforward Problems）、复杂性高而价值冲突程度低的复杂问题（Complex Problems）、复杂性低而价值冲突程度高的困难问题（Difficult Problems）和复杂性和价值冲突程度都很高的棘手问题（Wicked Problems）。棘手问题之所以棘手是因为它们包含了竞争性价值间的冲突，没有相对容易、快速和熟练的解决方案，而这类问题已经成为政府最常面对的问题，解决这类问题也成了政府领导者最大的挑战。面对棘手问题，政府绩效的生产不仅与管理技术和管理工具有关，也与价值冲突的解决和平衡有关，不同的历史文化背景、资源禀赋和社会政治制度需要不同的绩效生产模式。因此，要在政府绩效管理与评估中批判吸收新公共管理的成果，尊重公民等其他主体在政府绩效生产中的主体地位，构建具有中国特色的政府绩效治理体系。

三、政府绩效治理体系构建的理论基础与核心内容

以公共价值为基础的政府绩效治理理论是构建政府绩效治理体系的理论基础。本文将对其基本观点进行介绍，在对以公共价值为基础的政府绩效治理模型进行解构的基础上，

从5个方面对政府绩效治理体系的核心内容进行阐释。

(一) 以公共价值为基础的政府绩效治理理论

基于对新公共管理背景下政府绩效管理与评估的反思，以及公共价值对政府绩效合法性的本质规定性的认识，我们提出了以公共价值为基础的政府绩效治理理论（Public Value - based Government Performance Governance，PV - GPG 理论）与模型。核心内容如下：

（1）政府绩效是一种社会价值建构，是一个具体政府在历史文化变迁过程中和对公民基本需求回应中而形成的有形与无形成果。我们认为，只有来源于社会的政府绩效才能获得合法性基础，也只有根植于社会的政府绩效才能产生可持续提升的需要。这是政府绩效管理的根本动力，其本质是社会价值管理。

（2）在以公共价值为基础的政府绩效治理体系下，产出即是绩效。其本质是在社会价值建构基础上对政府绩效管理体系的构建以及在公共管理者领导作用下对政府行为和产出的选择、约束和创新过程。从理论上讲，这就可以避免新公共管理中产出与结果的不一致而造成的绩效损失。完全建立在新公共管理理论基础之上的政府绩效管理，不但会造成投入浪费、管理危机，而且还会引起机会成本增大和政府信任危机，甚至公共道德丧失。政府绩效管理不但不会成为关住政府及其官员的“笼子”，反而会变为政府部门及其官员逐利和追求眼前政绩的“杠杆”，这一现象在中国一些地方政府表现得尤为严重。

（3）不管是政府绩效的价值建构，还是科学管理过程，都会遇到五花八门的价值冲突。我们称为“棘手问题”的背后实际就是价值冲突在作怪。由政治家和社会精英所履行的价值领导、政府高层官员所履行的愿景领导与政府执行层公务人员所履行的效率领导构成的协同领导系统，是整合不同层次、不同环节各种价值的重要机制。PV - GPG 理论有三个显著特征，而强调公共性是政府绩效的本质规定性。政府与其他组织相比，有两个特点是其他组织所不具备的：一是拥有对公共权力与资源的绝对所有权和垄断使用权，二是公共价值是政府运行的基本准则。因此，必须在反思新公共管理范式下政府绩效管理的基础上，建立基于这两个特点的政府绩效管理与评估理论。合作生产不再只是一种工具和手段，还是获得绩效合法性基础的重要机制和必要目的。所以说，政府绩效是多元治理的产物。实现政府绩效可持续性的内在动力是反映广大公民集体偏好的公共价值。因此，追求并体现基本公共价值是实现政府绩效持续提升的根本激励机制。

(二) 政府绩效治理体系的核心内容

根据 PV - GPG 理论与模型，本文认为，政府绩效治理体系应包括社会价值建构体系、组织管理体系、政府战略体系、政府绩效治理的部门体系和协同领导体系五个部分。

1. 社会价值建构体系

绩效损失等于结果与产出之差，产生绩效损失的原因主要在于：第一，管理方面的问题，投入没有充分转化为产出，这一层面的问题通过管理工具、手段和流程的优化可以得到改善；第二，一部分产出偏离了社会基本需求，未能体现公共价值，而社会价值建构缺位是造成这一问题的根本原因。

社会价值建构是一个长期的历史过程，政府、社会和市场等多元主体在社会价值建构中相互协同，同时，社会价值建构也可以具体表达。在新公共管理范式下，组织管理是绩效生产的核心要素，甚至经常被视为唯一的要素，但这一观点在 PV - GPG 理论体系中受到了质疑和批评。政府绩效的生产不仅与组织管理和领导有关，而且也与核心政治价值和政体结构及程序有关，同时，组织管理和领导、核心政治价值以及政体结构与程序都置于一定的情境背景之中。

具体而言：对核心政治价值的反映主要表现为对执政党和国家意志的体现。中央的执政理念、政策和战略部署要在政府决策中得到体现，并且贯穿于决策执行的全过程。比如，科学发展观、产业结构优化升级和环境污染治理等理念都要体现在政策制定和政府管理过程中，并将其作为政府绩效管理与评估体系设计的“指挥棒”。对政体结构与程序的关切主要是对于横向权力结构和纵向权力结构的平衡。棘手的公共管理问题不可能通过政府这一主体单独解决。传统的政府管理主要依赖于纵向的组织结构，以基于官僚体系的控制为主要手段，而棘手问题的解决更多地依赖于政府与公民、社区、非营利组织和企业等主体的合作，其中尤为重要的是要重视公民参与和政府与公民的沟通。作为一种机制和必需品，公民参与承载了合法性价值，政府与公民的沟通是政府决策中的重要一环，也是政府获取公民信任的基础。在现实中，政府“出力不讨好”的症结其实主要在于公民参与的缺位。对情境背景的关注包含两个层面的内容：一是指上述核心政治价值和政体结构与程序因具体情境而异；二是指政府决策和行为既要体现历史性，又要体现特殊性。一方面，具体情境中的历史、文化、社会等多方面因素需要被考虑，另一方面，要在复杂性和价值冲突两个维度上对具体公共问题进行具体分析。

社会价值建构的核心在于政治系统与社会系统的互动，作为政治系统核心的政治家在社会价值建构过程中居于核心地位，执政党主导的政治系统必须关注社会系统的价值偏好，并将其付诸政府决策和行为，促进公民参与是其中的重要机制。

2. 组织管理体系

如上文所述，管理方面的问题是造成绩效损失的另一重要因素。虽然新公共管理中存在公共价值缺失，但这并不等于抛弃科学的管理方法和工具。在社会价值建构的基础上，组织管理体系运转越好，政府绩效就会越高。也就是说，社会价值建构体系主要应对“产出就是绩效”的问题，而组织管理体系则主要应对“产出最大化”的问题。

组织管理体系构建的核心在于政府执行系统，政府执行系统受社会价值建构体系的约束，政府绩效生产的各个环节都需要体现公共价值。同时，在社会价值建构基础上，各个环节都需要运用最优的管理方法和工具，以实现效率最大化。组织管理体系主要包括事前论证和规划、事中监督和检查、事后评价和问责等部分。

具体而言：事前论证和规划主要是在社会价值建构基础上，对拟实施的公共项目及政策就其必要性、可行性和科学性等方面引入多元主体进行论证，提出论证意见、予以公示，并根据最终论证意见进行规划。近些年来，我国出现了不少“短命”工程，一些体

育馆、公园、垃圾处理厂等设施修建完成后长期闲置，也有一些工程修建不久后就因为与新的城市发展规划或者其他规划相互冲突而遭拆毁，其主要原因就是事前论证和规划不到位，或者论证和规划没有体现公共价值。事中监督和检查，主要是要在项目及政策实施过程中保证依法、依规、科学。当前，我国许多城市正在推动以信息化为基础的政务电子监察系统，将政府信息公开、行政审批、重大项目、公共资源交易、行政处罚、行政投诉集于一体，公民参与的渠道得到了有效的拓展和深化，是事中监督和检查的发展趋势。在确保依规划实施的基础上，也需要在组织层面和个体层面大力普及现代管理科学知识，不断提高其运行的效率并确保质量。引入事后评价和问责制度，对正在实施和已经结束的公共服务、政策和项目进行定期、不定期评估，并对严重失误和造成重大损失的相应责任主体进行问责。

3. 政府战略体系

在 PV – GPG 理论框架下所构建的政府绩效管理制度和机制，已经完全超越了新公共管理范式，从工具优势转变为战略优势。政府战略体系由社会政治系统与政府决策层构成，作为社会、政党与政府的沟通通道，是社会政治系统与政府执行系统间的“缓冲器”。社会政治系统通过政府战略体系约束政府执行系统，反过来，政府执行系统运行中的问题也会通过政府战略体系得到反馈，并作用于社会系统和政治系统，从而共同实现对政府绩效的治理。从理论上讲，这既解决了政治行政二分带来的公共行政价值缺失问题，也会防止回归到前古典国家建构范式中政治对行政的替代和冲击所带来的危险。从实践层面讲，政府战略体系是政府重大决策形成和提高行政执行效率的制度保障。政府重大决策的形成不但要反映公共价值，而且要考虑执行中的可行性，不但要体现政治意志，还要关切公民满意度。政府战略体系承担着对政府重大决策的讨论、咨询和论证功能。从我国的体制来看，党委、人大、政府和政协应该在政府战略体系框架内对关系社会经济发展的战略问题形成共识。党的执政理念、人大代表的意见和建议、政府的资源以及社会团体和公民的反馈都需要在政府战略体系中得到关切和表达，建构和博弈形成的决策主要由政府执行系统进行落实。

政府战略系统的构建清晰地契合了新的管理范式，是对新公共管理下政府绩效管理与评估的超越。从这个意义上讲，以政府战略体系为核心的政府绩效治理体系不仅为有效应对政府绩效管理与评估中的唯 GDP 主义提供了路径，而且为我国行政体制改革提供了可资借鉴的理论框架和指南。

4. 政府绩效治理的部门体系

PV – GPG 理论得以“落地”的一个重要方面是要重构政府绩效治理的部门体系。根据政府绩效治理体系的内在要求和我国政府体制改革的需要，可以在政府绩效治理体系框架下，考虑设置治理政府绩效的战略与预算、管理与审计、评估与问责和绩效监察部门，从而实现在 PV – GPG 理论与模型基础上对政府绩效治理的部门体系的重构。如此一来，从管理体制和机制变革的角度，建立起我国政府绩效管理的制度体系，以确保政府绩效治理的有效性与可持续性。

5. 协同领导体系

社会价值建构体系、组织管理体系、政府战略体系和政府绩效治理的部门体系间的互动过程中，以及政府绩效治理体系的整体运转过程中充满了价值冲突，如何处理和平衡这些价值冲突是政府绩效治理体系面临的挑战，也是其核心任务之一。由价值领导、愿景领导和效率领导构成的协同领导系统在政府绩效治理体系中扮演了“润滑剂”的角色，对这些价值冲突进行有效协同，从而能够应对全面协调可持续发展的挑战。

协同领导系统的另一重要任务是应对变化。政府绩效治理体系的各个组成部分在不断发生变化，当变化发生时，协同领导系统需要将领导者理想、执政党纲领、政府政策以及公民和其他社会组织的价值需求予以整合，并在这些主体的互动过程中扮演协调和统筹的角色，以增加政府绩效治理体系的稳定性。

四、对策建议

在分析了政府绩效管理与评估中唯 GDP 主义的理论根源后，本文在以公共价值为基础的政府绩效治理理论与模型基础上，提出了一个破解政府绩效管理与评估中唯 GDP 导向的政府绩效治理体系，为科学发展观等执政理念的实施和公共价值的表达提供了框架与思路。政府绩效治理体系要求我们在实践中树立和践行新政府绩效观，具体而言主要包括：

第一，深化对政府绩效概念的认识，理解公共价值对政府绩效合法性的本质规定性。政府绩效是一个具有结构的复合概念，公共价值是其合法性的本质规定性。政府绩效是多元治理的产出，因此不仅要重视结果，而且要考察其权力和资源投入的恰当性、过程和程序的合法性、绩效生产的经济性以及对公共价值的体现。对政府绩效概念的正确认识是构建和实践政府绩效治理体系的基础。

第二，强化公民参与是政府绩效管理不可或缺的环节与重要机制的宣传教育，构建和完善公民参与机制。重塑公众的政府绩效“所有者”“生产者”和“评价者”角色，通过开展广泛的公民参与和公民对政府的满意度评价，使公民在政府绩效生产中的主体地位得以实现，从而作为社会价值建构的重要基础。公民参与不是一种工具，而是政府绩效管理与评估，甚至公共管理中的一种机制，也是和谐社会建设与公民社会形成的根本目的。

第三，加强以绩效领导为主题的公务员培训，使之形成以公共价值为基础的新政府绩效观。建立政府绩效管理和绩效领导的国际教育与培训平台，加强政府领导者和管理者关于绩效领导的教育培训，使之树立创造公共价值的使命感，引导其形成以公共价值为基础的新政府绩效观，以彻底改变政府部门的唯 GDP 政绩观和工作中的唯 GDP 取向，帮助政府产出更多基于公共价值的绩效。

参考文献

［1］包国宪，董静．政府绩效评价在西方的实践及启示［J］．兰州大学学报（社会科学版），2006（5）：20－26.

［2］马佳铮，包国宪．美国地方政府绩效评价实践进展评述［J］．理论与改革，2010（4）：155－160.

［3］包国宪，周云飞．英国政府绩效评价的最新进展［J］．新视野，2011（1）：88－90.

［4］包国宪，李一男．澳大利亚政府绩效评价实践的最新进展［J］．中国行政管理，2011（10）：95－99.

［5］包国宪，周云飞．中国政府绩效评价：回顾与展望［J］．科学学与科学技术管理，2010（7）：105－111.

［6］倪星．反思中国政府绩效评估实践［J］．中山大学学报（社会科学版），2008，48（3）：134－141.

［7］周志忍．公共组织绩效评估：中国实践的回顾与反思［J］．兰州大学学报（社会科学版），2007，35（1）：26－33.

［8］包国宪，董静，郎玫等．第三方政府绩效评价的实践探索与理论研究［J］．行政论坛，2010，17（4）：59－67.

［9］Hood C. A Public Management for All Seasons?［J］. Public Administration，1991，69（1）：3－19.

［10］Stoker G. Public Value Management：A New Narrative for Networked Governance?［J］. The American Review of Public Administration，2006，36（1）：41－57.

［11］De Lancer Julnes P.，Holzer M. Promoting the Utilization of Performance Measures in Public Organizations：An Empirical Study of Factors Affecting Adoption and Implementation［J］. Public Administration Review，2001，61（6）：693－708.

［12］Yang K.，Holzer M. The Performance－Trust Link：Implications for Performance Measurement［J］. Public Administration Review，2006，66（1）：114－126.

［13］Bao G.，Wang X.，Larsen G.，& Morgan D. Beyond New Public Governance：A Value－Based Global Framework for Performance Management，Governance and Leadershi［J］. Administration and Society，2013，45（4）：443－467.

［14］包国宪，王学军．以公共价值为基础的政府绩效治理：源起、架构与研究问题［J］．公共管理学报，2012，（2）：89－97.

［15］王学军，张弘．公共价值的研究路径与前沿问题［J］．公共管理学报，2013（2）：126－136.

中国战略管理研究：情境问题与理论前沿*

魏　江　邬爱其　彭雪蓉

【摘　要】通过对西方主流战略管理研究成果的系统梳理和对中国战略管理学者观点的文本分析，本文提出了中国战略管理研究的六大情境：制度环境的独特性、组织网络形态的无界性、全球竞争的深度融入性、商业伦理重塑的迫切性、创新创业范式的突破性和信息技术的全面渗透性，进而解析了不同情境下的关键战略问题。在此基础上，本文指出了中国战略管理研究若干前沿理论领域，包括组织双元性、网络化能力、全球化整合、商业模式创新、创业战略以及企业社会责任。这些情境问题和前沿理论的提出不求面面俱到，而是强调中国情境的重要性和理论的前沿性。

【关键词】战略管理；中国情境；理论前沿；战略研究

一、引言

芝加哥大学诺贝尔奖得主 Robert 在 2010 年 1 月发表的一篇文章提出，在未来 30 年，中国的经济总额将占全球的 40%，那么，中国经济的快速追赶的秘诀是什么？这一问题引起了全球学者的研究兴趣，“中国问题”逐渐进入西方主流战略管理研究的视界，并对

---

* 感谢历次参加浙江大学战略管理学者高端论坛的各位嘉宾。其中，境外学者包括迈阿密大学陆亚东，加拿大约克大学谭劲松，美国加州大学北岭分校李明芳，美国莱斯大学李海洋、张燕，香港城市大学杨海滨等。国内学者包括浙江大学吴晓波、魏江、陈凌、张钢、宝贡敏，北京大学武常岐、周长辉、武亚军，西安利物浦大学席酉民，上海交通大学李垣，复旦大学项保华，中国人民大学徐二明、毛基业，中山大学李新春，南开大学张玉利，管理世界编辑部蒋东生，大连理工大学苏敬勤，湖南大学陈收，南京大学刘洪、陈传明、哈尔滨工业大学田也壮、王铁男，吉林大学蔡莉，对外经济贸易大学范黎波，重庆大学龙勇，中国科学院大学霍国庆等。本文的完成得到了彭雪蓉博士的前期整理帮助，薛婷婷女士安排了专人翻译和录音校对，冯芷艳、吴晓波、谭劲松等教授对初稿提出了很好的点评意见。本文再次感谢各位专家贡献的洞察力和宝贵观点。感谢国家自然科学基金委重点项目（编号：71132007）对论坛和本研究的资助。

作者简介：魏江，浙江大学管理学院教授；邬爱其，浙江大学管理学院教授；彭雪蓉，浙江大学管理学院博士。

国际战略研究的传统范式形成挑战，如出现了系列对中国情境下“制度”“关系”“政治连带”的研究。但是，通过对西方主流战略管理期刊①发表的有关中国问题研究的文献进行分析，发现存在三个方面的问题：一是深入关注中国问题的研究仍显不足，尚未充分挖掘中国经济追赶的真正智慧，理论贡献不够；二是西方文献中研究中国问题的多为华人学者②，非华人学者发表的中国问题研究论文数量有限，说明西方战略研究者“犹抱琵琶”；三是少数西方学者研究的中国问题不够“中国”，对中国问题的解读偏向于“迎合西方主流”，对中国情境的深度刻画显得力度不足。

为了全面深入地回答“什么是中国问题”“如何开展中国问题研究”“如何实现中国研究与国际对话”等问题，我们开展了两项重要的工作：一是对战略管理杂志 *Strategic Management Journal* 2002～2012 年发表的有关中国问题研究的文章进行了纵向维度的全样本分析，试图分析出十多年来研究的脉络。二是对浙江大学管理学院主办的四次“中国战略管理学者高端论坛”（2010 年、2011 年、2013 年和 2014 年）的学者报告进行了全文本内容分析。本文就是以“中国战略管理学者高端论坛”演讲内容作为原始数据进行内容分析形成的，因为该论坛与会者几乎囊括了国内外战略领域研究的代表性华人学者群体。此外，我们对西方主流刊物发表的研究与国内高端学者论坛的内容进行了综合分析，以刻画中国战略管理理论研究的现实需求和未来趋势。

二、中国情境下战略研究的重要问题

从“华盛顿共识”与“北京共识”之争，充分反映了西方经济发展情境和中国情境的差异性，这种差异性引起了全球战略学者的极大兴趣，但从现有研究成果看，就“发轫于西方发达国家的所谓主流战略管理理论能否对中国情境下的战略问题进行充分解释”的争论还经常发生。不过，学界有一个共识：对中国情境下的战略管理理论研究，既要服务于国家的改革开放，也要为全球战略管理理论发展做出贡献。为了更好地洞悉未来，有六大现实问题亟待中国战略管理学者重点研究。

（一）问题一：制度环境的独特性

中国制度环境的独特性主要体现在三个方面：一是制度的不完备性。经济转型过程中出现了市场机制不完善、法律不健全、法律执行不到位等问题，导致中国社会存在诸多制度真空。在此情形下，非正式制度在经济交易中扮演着重要的角色，同时，政府在一定程

① 如 SMJ、AMJ、ASQ 等期刊。

② 如彭维刚（Mike W. Peng）、陆亚东（Yadong Lu）、谭劲松（Jinsong Tan）、张燕（Zhang Yan）、李海洋（Haiyang Li）等。

度上既是裁判员，也是运动员。二是区际的制度距离。在国内不同区域间、国内与国际之间存在制度距离。三是制度的不确定性。主要体现在经济改革中信奉“摸着石头过河”的“试错原则”所带来的不确定性，制度变革（特别是“上有政策下有对策”）带来的不确定性，以及政府领导层变动所带来的政策不确定性。

制度不再是一个外生变量，而是除了产业竞争力、企业特定资源和能力外，会极大地影响企业战略的“第三条腿”，即内生变量。受这种独特的制度因素的影响，企业表现出三种常见的行为：

一是依赖基于信任的非正式制度可以减少正式制度不完备性带来的不确定性。那么，非正式制度如何影响组织行为和绩效？以往的文献大多关注“关系”等非正式制度对组织行为和绩效的积极意义，但“关系”对企业绩效的影响也具有两面性。以政治连带为例，一方面，从社会资本看，企业的适度政治连带有助于企业获取资源，降低环境的不确定性，提高合法性。另一方面，从市场效率看，政治连带会弱化组织效率，并具有潜在成本风险和安全风险。因此，需要梳理清楚什么情况下非正式制度会增强或弱化组织绩效？非正式制度与组织绩效之间的关系是非线性吗？正式制度与非正式制度在对企业绩效的影响上是替代关系还是互补关系？

二是利用制度距离来寻求机会。制度距离意味着企业将面临新的环境，新的环境为企业提供了学习和创新的机会，但是，一旦进入一个制度差异过大的新环境，对企业的适应性提出了更高的要求，企业运营将遭遇困难。比如，国内省际间的产业梯队转移和生产要素流动，既为企业发展带来机会，但同时，制度距离给企业发挥其资源和能力优势带来了风险，目前仍存在的“开门招商，关门打狗”的局面，导致一些到中西部寻求机会的企业选择回流东部。由此衍生的问题是，对国内产业和生产要素的转移，是区域间制度差异重要还是国家整体宏观制度重要？区域间制度距离的大小和方向究竟会对企业行为及绩效产生怎样的影响？同样，在国际化产业和生产要素转移过程的一个新情境是不断出现的民营企业跨国并购，那么，不同国家之间的制度距离大小和方向又如何影响并购绩效和整合效果？

三是利用制度真空，游离在“合法”和“不合法”的边缘地带，以获得制度真空带来的利好。制度创业、非正式经济的发展，一方面，为企业提供了大量的发展机会，另一方面，如果这些制度创业和非正式经济下的创业，不能及时得到合法性，就会给企业家和创业者带来潜在可能的风险，导致大量民间资本外流，一批企业经营者选择移民海外。由此衍生的问题是，企业是怎么发现制度真空和利用制度真空的？企业利用制度真空的绩效为什么会存在差异？如果初期所利用的制度真空不能获得合法性，潜在风险合作？如何规避？

（二）问题二：组织网络形态的无界性

产业组织形态正在发生剧烈变迁，目前发展最快的是介于企业和市场之间的准市场组织形式——网络，比如产业集群、全球制造业网络、虚拟网络组织，以及与此相关联的企业家俱乐部、同乡会等社会网络组织。其中的社交网络和虚拟网络为企业组织提供无边界化创新社区，比如，阿里巴巴、小米、腾讯等企业依托无边界创新生态正在创造奇迹，再如，维基百科、开源软件等典型案例说明，闭门造车和故步自封的发展路径已经完全跟不上社会发展的潮流。无边界组织模式的延伸和发展，为资源配置方式从局部空间配置转为全球化价值链配置，为从纵向或横向一体化配置转为网络化配置提供了组织形态的支持。由此，对于战略研究提出全新的问题。

首先，无边界创新网络组织形态的有效治理体系。中国市场制度的不完善性和契约精神的缺失，使中国企业的全球化网络化发展面临比西方国家更加明显的挑战。大家发现，单单基于信任、契约的治理方式在转型的中国，往往是失效的，比如，政府官员（尤其是“一把手”）换届之后，往往会推翻前一任的政策，这就是契约精神失效的恶性病灶。这种失效的负面影响延伸到了企业市场行为中的不守信誉。因此，现实中出现了诸如社会经济组织治理、社区声誉治理、龙头企业治理、第三方治理等一系列新方式。但是，这些治理方式如何成为结构化、规范化和可复制的治理机制？如何来设计与未来产业组织形态相适应的管制政策？

其次，网络组织形态中焦点企业和非焦点企业的行为和功能差异。目前有一系列相关问题需要关注和研究，如处于焦点位置的企业（如华为、联想等）与不处于焦点位置的企业如何战略性地匹配网络组织形态？不同的网络嵌入模式会对企业产生什么影响？企业应该怎样构建和选择嵌入网络的类型以改进企业绩效？嵌入网络多样性和嵌入网络节点本身特征对企业绩效的影响哪个更大？

最后，跨国网络对中国企业国际化和竞争力的影响。在全球化不断加快和加深的趋势下，跨国网络如何影响中国企业绩效成为一个迫切需要研究的问题。具体地，企业跨国网络的结构与关系如何影响中国企业的国际化？中国企业应如何设计其在跨国网络中的结构和关系？中国企业如何突破“资源获取型”的国际网络嵌入路径？如何通过融入全球网络提升中国企业的国际认知和合法性？

（三）问题三：全球竞争的深度融入性

近年来，中国企业的国际化程度不断提高，逐渐进入新的阶段，如陆亚东所总结的那样：已经从“走出去”逐步发展到“走进去”和“走上去”的阶段。“走进去”就是实现本土化，企业能充分地融入当地的文化，整合当地的资源，积累全球的管理经验等。而“走上去”则是实现真正意义上的全球化深度融入。这个过程实际上是企业在当地实现制度嵌入、文化嵌入、关系嵌入、生态嵌入等全面嵌入的过程。中国企业在“走进去”和“走上去”的过程中，提出了新的问题。

第一，中国企业如何在全球化过程中实现当地全方位嵌入。随着全球化的不断加快和加深，中国企业如何实现当地全方位嵌入？对于制度、文化、认知、关系和生态等嵌入，哪个更为关键？中国企业应该通过市场手段（如产品质量和创新）还是非市场手段（如对当地社区慈善捐赠、对掌权者的关联寻租等）制胜？现有实践初步表明，中国企业进入越发达的国家，采用非市场的手段越能融入当地；而进入越不发达的国家，采用市场手段越能容易融入当地。这种现象到底是黑天鹅事件，还是白天鹅事件，需要进一步在理论上检验。

第二，跨国企业如何实现全球资源整合以提升技术创新能力。企业在海外并购一个企业或在海外设立一个研发中心和分支机构，并不表示企业实现了全球资源的整合。企业间的跨国“联姻”如何从“得到人”进而“得到心”？不少事实表明，中国企业在跨国联姻后，依然无法掌握被兼并企业的核心技术，通过并购并不必然帮助提升“买家”的技术能力。那么，是跨国并购自身还是其他相关条件（如企业自身的吸收能力、产业技术特性、文化制度差异）影响了中国企业技术能力的追赶？这显然值得深入研究。

第三，跨国企业如何处理东道国和母国的嵌入冲突？是以同一的标准应对母国和东道国事宜，还是根据东道国和母国的制度、文化差异等采取不同的标准？如果采取不同的标准，虽然不违法，但是却违情，跨国公司又如何应对来自非政府组织（NGO）的挑战？东道国和母国之间的冲突可能是多方面的，如制度冲突、文化冲突、认知冲突等，会极大地增加跨国公司的成本和风险（liability of foreignness），跨国企业又该如何克服这些冲突？这些都是随着中国经济全面融入全球经济而产生的新问题。

（四）问题四：商业伦理重构的迫切性

企业社会责任是今后二三十年中国企业可能面临的最大问题。美国和中国是未来世界经济发展的两台发动机，中国的软实力必须高度依赖中国企业价值观的全球影响力，如果中国的企业不能在社会责任、诚信、环境保护等方面做出改变，将严重影响中国社会经济的可持续发展。事实是，个别或少数不守信的企业正在破坏中国企业的国际形象，不合格玩具、有毒奶粉等事件导致世界对中国产品的信任危机。如何重构中国企业的商业伦理，需要从全球价值观、战略资源、可持续发展和企业全球竞争力等角度去认识，而不仅仅是一种环保责任行为、企业慈善行为或者企业建立政府连带行为。这方面有大量的问题需要理论界去解决。

第一，如何平衡企业的经济绩效和社会绩效。企业商业伦理不仅仅是企业自身的问题，与政府政策、社会发展、公众认知、媒体导向高度相关。经过多年的粗放式快速增长之后，中国政府近年来开始不再一味强调 GDP 增长速度，把“构建和谐社会”“生态文明建设”置于重要地位。那么，在这种转型的制度下，企业应该如何把宏观层面的政策导向转化为企业自身战略？企业采取策略性还是战略性的社会责任行为来提升自身价值？在社会公众和竞争对手的社会责任意识尚不高时，企业实施积极的社会责任战略会“善有善报”吗？

第二，如何认识企业全球竞争力与商业伦理的关系。中国改革开放四十年来，经济发展是凭借低成本优势，包括人力、资源的低成本，由此带来的后果不仅仅是企业对低成本优势的依赖和路径锁定，而是对企业经营价值观的错误引导，即只要东西便宜就会得到全世界的接受，于是，在低成本导向下，企业在国际市场上也采用了以“寻租”降低成本，以破坏性开发资源降低成本，或者以高污染排放降低成本，这也就是为什么近些年来，不断发生发达国家和发展中国家对中国企业的抵制。那么，在未来全球深度融入的趋势下，中国的企业如何重构其价值观？如何通过整合利益相关者的价值来重塑企业形象？如何尊重不同国家的文化和传统取得国际市场和人民的信任？如何把商业伦理作为企业的战略来赢得全球竞争力？这些问题不解决，中国企业要真正融入全球是不可能的。

第三，如何去识别和引导企业商业伦理。在整个社会的素养还没有达到相当的境界时，很多企业家会说“商业伦理取决于自己的良心”，导致商业伦理和社会责任停留在个体意识而非社会大众意识。可能的结果是，社会对企业特定的社会责任行为“不领情”。所以，我们迫切需要研究的一个问题是：什么样的机制能够确保“善有善报，恶有恶报”？如何避免具有社会责任的企业反而被市场淘汰？我们还需要解剖企业“善”与“恶”的相互关系，比如，到底先前自不量力的“善”埋下了后期铤而走险的“恶”的种子，还是原罪的“恶”孕育了“达者兼济天下”的“善”？

第四，如何平衡企业价值和利益相关者价值。如果企业已经将自身视作一个由利益相关者所组合成的集体，那么，这个问题就不再存在。但现实中，还有不少企业主要关注股东的利益，把自身看作是市场上的孤岛，只要耕耘好孤岛上的“一亩三分地”，对供应商、同行、员工、社区等个体和群体的利益不太关注和重视，导致非社会责任行为频繁发生。可能的一个原因在于，企业看不到平衡利益相关者利益能够给企业带来好处，无论是短期还是长期。所以，我们需要探究：企业如何成功从“企业社会责任战略管理”转向能够实现“双赢”的“战略性企业社会责任”？也就是说，将企业核心业务与社会责任整合如何改进企业绩效？比如，如何引导企业去关注金字塔底部（BOP）的创业、企业的生态战略和绿色创新战略等。总之，对商业伦理的研究，在中国既重要又迫切。

（五）问题五：创新创业范式的突破性

中国经济步入了发展模式的转型期，也就是创新创业的范式进入了变革期，这个范式已经不是渐进性变革，而是到了突破性变革，突出反映在：在传统粗放式经济发展方式背景下的企业创新创业模式已经明显不适应创新驱动下经济发展模式的需要；过去顽强的草根创业精神正在退化，而国有企业创业精神并没有得到激发；国内创业环境的不确定性和创业政策的多变性正驱使创业资本向国外流失。反过来，也说明了创新创业模式正面临深度调整，我们正在期待着全社会二次创业精神和基于创新的创业精神的到来。

首先，如何解决那么多年来一直解决不了的企业创新动力问题。过去四十年企业创新动力更多来自快速模仿和技术引进，更多地来自面向市场的民营企业，更多来自面临生存危机的草根企业，但是，这些民营企业和草根企业的创新能力明显落后于国有企业。现在，国家提出发展混合所有制经济，那么，究竟是国有企业的弱创新动力拖累民营企业，还是民营企业的弱创新能力拖累国有企业？混合所有制能解决企业创新动力和能力问题吗？国家在创新资源配置上极大地向国有企业倾斜，究竟是提升了我国企业的创新动力还是进一步阻碍了企业创新动力？同时，未来中国企业将越来越成为国外竞争者的重点关注对象，先发企业对先进技术知识的保护将更为严格，寄希望于过去那样从国外企业那里学到“真本事”的路子显然是越来越行不通了，那么，中国企业如何重新找到创新动力和能力提升的路子？

其次，是否可能像1992年之后那样再次激发起企业的创业动力。前面已经提到大型企业的创业动力是弱化的，创业动力主要来自草根和私人的中小微企业，一方面他们市场压力更大，另一方面也可以反逼大企业的创业。但是，现有资源配置方式和市场进入方式究竟是否有利于中小微企业创业？改革开放之后的企业创业存在制度创业、社会创业两个明显的特点，那么，现在制度创业的空间究竟是放大了还是缩小了？社会创业的机会是更多了还是更少了？尤其是现在基于互联网的新创业模式不断涌现，但与之相随的，这种创业制度环境的不确定性也在增加，如这些年来互联网金融面临的不确定给企业带来的风险，那么，在互联网金融条件下制度创业、互联网创业的趋势是什么？如何选择新阶段的创业机会，如何选择合适的创业行为以保持创业的动力？

最后，如何形成创新驱动的企业价值形成机制。中国企业当然深知创新对于企业持续发展的重要性。但是，为什么现实中还是存在“不创新是等死，创新是找死”的困境？该如何破解这个困境？在知识产权保护尚不完善和有力的情况下，企业能否通过打造一种复杂的创新体系来避免被同行模仿？如何通过技术创新和非技术创新之间的协同来增强创新的市场价值？多变的社会为创业者提供了更多机会，于是出现了联盟创业、跨界创业、网络创业、国际创业等不同的应对创新价值导向和风险控制方式的创业行为，那么，这些行为会不会成为未来主流的创业模式？

（六）问题六：信息技术的全面渗透性

中国经济正在快速步入工业化和信息化“两化”深度融合的阶段，信息技术无论对于制造业还是服务业，其影响也在持续深化。近几年“大数据”概念正深入人心，对中国消费者和各类企业既提供了不可多得的新选择，但也形成了不可回避的新挑战。基于大数据的各种新的商业模式和营销方式等不断涌现，BAT（百度、阿里、腾讯）的快速发展和巨大影响正在持续加大，这为中国企业在新的历史时期塑造新的国际竞争优势提供了难得的机会。由此引出一系列问题有待研究。

第一，企业如何运用信息技术调整和优化组织结构。在信息化时代，传统的企业边界被极大地改变和拓展，一方面企业内部不同组织之间、企业与外部组织之间的交流合作创造了便利，另一方面给企业塑造核心能力而不被外部组织侵蚀设置了难题，因为在互联网时代，竞争对手会更加容易地获取企业的情报和诀窍。那么，企业应该如何调整和优化组织结构以构建自身的竞争优势？企业如何在利用信息技术获取外部知识和资源的同时避免自身知识和资源被获取？信息技术会本质性地改变企业的边界以及竞合格局？

第二，企业如何运用信息技术全面和深入把握市场需求。大数据的不断涌现，为企业全面了解顾客的需求特征以及变化趋势提供了可能。那么，企业应该如何科学架构其数据库以发掘大数据所内隐的规律？如何平衡大数据获取和分析的成本与潜在的顾客收益？如何塑造传统企业的互联网思维和能力？

第三，企业如何运用信息技术创新商业模式。商业模式创新已经成为当今企业塑造和获取竞争优势的新武器，基于信息技术和互联网的商业模式正在不断涌现。但是，如何运用信息技术塑造一种不易被模仿的商业模式？信息技术如何渗透到企业的战略愿景、核心价值、顾客导向以及组织边界等商业模式的核心要素？显然，信息化背景下的企业战略研究方兴未艾。

三、中国战略研究的理论前沿

根据中国情境下战略研究的新问题以及主流战略文献的最新发展趋势，我们提出了战略研究理论研究的六大前沿问题：组织双元性、网络化能力、全球化整合、商业模式创新、基于创新的创业、战略性社会责任。

（一）方向一：组织双元性

组织双元性（ambidexterity）已经逐渐成为管理研究中的一种新范式，由于中国企业面临着特定的制度环境和市场竞争态势，中国企业的组织双元性问题尤为突出。未来组织双元性研究的方向主要包括：

第一，从中国传统文化视角深化双元性构念的内涵。中国传统文化中包含着丰富的双元性智慧，如竞合、阴阳等。西方文化将竞和合一分为二，认为两者非此即彼，而中国文化认为两者可以兼容，竞中有合，合中有竞。中国的阴阳文化认为阴中有阳，阳中有阴，阴阳转换。

第二，研究组织双元性的前因后果。组织双元性的前因研究应关注个体、组织、网络层面因素的独立影响和跨层次交互影响；非正式制度和正式制度两者的关系处理对企业成长绩效的影响，具体包括非正式制度对创新创业的正向和负向效应、正式制度的正向和负向效应等；国家间、省域间、企业间制度距离对企业战略的积极效应和消极效应。组织双元性的后果研究应关注组织双元性对不同维度绩效（如效率、增长、创新等）的影响，并考虑对短期和长期绩效的不同作用。

第三，拓展组织双元性的研究范式。除了需要进一步深化组织学习、技术创新、组织架构、组织适应等领域的双元性研究范式，应该把组织双元性拓展运营到商业模式、创业战略、国际化等新兴研究领域，同时，不断探索组织双元性的适用边界，以增强理论指导实践的能力。

（二）方向二：网络化能力

在组织无边界的背景下，对企业社会网络的研究在主流战略研究中占据着重要的位置。但是，现有研究大多关注网络结构和关系对组织绩效的影响，还较少研究企业应该如何构建有效的网络。因此，研究企业的网络化能力具有理论价值，对网络关系建立的能力、网络关系发展的能力和网络关系终结的能力，应逐渐成为企业网络领域研究新的热点。

首先，企业网络连带对象（节点）选择研究。在网络状况下的合作伙伴选择标准与非网络状况下的异同，节点选择和网络结构优化，在全球网络中，中国企业与发达国家的企业建立网络连带以获得互补性资源的路径和手段，这些都是兼具理论和实践价值的前沿研究问题。

其次，企业网络的发展和治理机制相关问题研究。现有研究大多强调网络构建，还较少研究网络发展问题。这方面的前沿问题包括：企业通过什么方式使连带双方的关系从对焦点企业的单方依赖转变为双方的深度嵌入，焦点企业建立深度连带获取对方所掌握的稀缺资源，实现后发企业的快速追赶的可行路径；网络情境下的战略性治理模式和网络治理机制；组织从封闭条件下的治理向网络条件下的制度转变过程，以及网络治理的结构、主体及其功能。

最后，企业网络的终结研究。这是一个崭新的研究领域，但实践进展已经远远快于理论，因此有迫切的研究需求。如企业有效终结低价值网络关系的政治战略和商业战略，企业选择连带对象、连带目标和连带方式来终结网络关系的内在逻辑和政策选择，网络关系应该终结的标志和绩效评价，等等。网络的构建、发展和终结是一个动态的过程，全过程的研究显得尤为迫切，尤其是对于网络终结机制和退出机制，目前几乎是个空白，对此研究具有明显的理论贡献。

（三）方向三：全球化整合

中国企业的全球化主题将是未来研究的重点。全球化对中国经济的发展是多方面的，一方面中国企业在全球化过程中找到了诸多发展机会，可以学习到先进技术和知识，另一方面中国企业的发展壮大也对国外企业形成了影响。在此背景下，三方面议题值得深入研究。

第一，中国企业国际化模式的演进。之前一段时期，中国企业进入国际市场往往采用国际承诺度较低的出口等方式，为了深度融入全球经济和提升国际竞争力，中国企业将采用国际合资合作、并购、绿地投资等国际承诺度高的方式。因此，需要解决国际进入方式的成功演进及其与条件的匹配关系，国际化战略演进与能力建构的协调关系，中国经济社会转型背景对国际化嵌入的影响机制。

第二，中国企业如何提高其在全球价值链的地位。全球化使专业化分工协作在更大的地理空间得以实现，但是，中国企业目前仍然处于全球价值链的底端环节。企业全球战略联盟构建，国内与国际的连接和竞合策略选择，组织合法性双元与本土市场、国际市场开拓的平衡，复合式战略对帮助中国企业提升国际竞争力的战略等。

第三，中国企业对外资企业的影响。这是一个新兴的研究领域，先前研究往往研究外

资企业对中国企业的影响。在全球化的背景下，中国企业会有更大的发展潜力。但是，中国企业的快速崛起会令一些外资企业感到不适，或者成为其他新兴国家企业的学习模仿对象。在此背景下，需要深入研究中国企业重塑与外资企业的共存机制，中国企业核心能力的培养路径，内资与外资企业之间的能力互补和资源互补战略，等等。

（四）方向四：商业模式创新

战略研究正从价值链向价值网络和商业生态系统的研究转变。商业模式创新成为企业竞争优势的重要来源。商业模式是一种复合优势和综合优势，而不是强调单一的市场优势或技术优势；价值创造的水平取决于目标客户对新任务、新产品或者新服务的新颖性和专有性的主观评价；企业创造价值并不意味着能够获取价值，价值获取过程成为商业模式成功的一大关键。商业模式创新的前沿问题有以下几点：

第一，商业模式创新的前因。可能的前因包括外部环境（市场、技术和产业竞争）动态性对商业模式创新的影响，全球利益相关者价值导向下的模式创新战略，信息技术普及下的价值协同等。特别地，商业模式创新受到信息技术和网络技术的深刻影响，急需研究"大数据时代"对商业模式创新的影响。

第二，商业模式创新的后果。从架构视角考察客户价值主张、价值创造、价值获取之间的匹配对绩效的影响研究以及商业模式创新绩效的权变影响因素。商业模式创新实现了不同部类和不同类别产业的深度融合，改变了第一、第二、第三产业的结构和形态，需要前瞻性地研究商业模式创新所带来的产业组织模式、生产模式、盈利模式的改变机制。

第三，服务企业的商业模式创新。服务业商业模式创新具有强需求性，需要研究服务业商业模式创新与产业转型升级之间的内在作用效应，在中国企业转型升级的现实背景下，传统企业利用信息技术、跨界合作来实现创新商业模式的机会和创业战略；互联网企业作为中国社会经济发展的一大亮点，基于互联网的服务创新创业态势，基于互联网创新创业的制度设计，以及天生国际化的互联网企业的能力发展和战略演变，这些研究在未来中国经济发展模式转型期的重要价值需要有深度的刻画和解析。

（五）方向五：基于创新的创业

在环境日益动态复杂的情况下，强调创新、进取和主动的创业精神对经济发展和企业成长起着积极作用。创业精神对后发的中国企业构建能力和提升竞争力尤为关键。

第一，公司创业。从公司创业行为看，目前出现网络创业、非生产性创业、虚拟创业等态势，需要研究这些新涌现的创业行为的制度、认知和行为。从公司创业的主体看，有小微企业、中小企业和大型企业，需要研究这些不同主体创业过程中的创业激励、创业行为和创业绩效。从公司创业的所有制看，有民企创业、国企创业、混合所有制企业创业，需要研究不同所有制企业创业的动力、能力和相互作用效应。从公司创业过程看，需要研究创业导向的组织惯例和规则效率导向的组织惯例的兼容并蓄，公司创业导向对企业绩效的影响。特别是要改变传统战略管理研究主要关注成熟企业和大企业，较少研究新创企业和中小企业的局面，认识清楚新创企业和中小企业在世界各国经济发展中发挥的重要作用。

第二，国际创业。在全球化的时代，创业活动不再局限于特定的国界，创业者可以通过整合全球性资源来构建自身的竞争优势。但是，新创企业在国际创业过程中将面临经验和资源劣势，国际新创企业在国际市场中的生存机制、成长机制和竞争机制。解决好从出口导向的国际化创业，到生产导向和全球创新导向的国际创业战略，深入分析新情境下的新创企业与跨国大公司的分工协作模式。

第三，社会创业。除了营利性创业，社会创业也成为当前一种以商业性运营理念和手段来承担社会责任的创业模式，它将承担社会责任与开发企业核心业务有机整合。如针对金字塔底部的市场进行的创业（穷人银行、山寨手机等），解决环境问题而进行的创业（绿色创业）等。显然，这种创业模式对帮助解决转型经济发展阶段出现的特定社会问题具有重要价值。

（六）方向六：战略性社会责任

在经济转型、全球化的背景下，企业需要在经济、社会、环境三个方面平衡，企业社会责任对处理各种冲突具有指导作用，并日趋重要。对战略的关注需要从经济角度演化到社会责任，企业应该在努力盈利的同时帮助解决社会问题，或在解决社会问题理念和实践中实现经济利益。未来企业社会责任研究应关注如何通过企业社会责任帮助企业建立竞争优势。

第一，社会责任行为与企业绩效的关系研究。尽管越来越多的研究鼓励企业履行社会责任，但社会责任是否以及如何影响企业绩效的研究尚不系统，结论尚未统一。未来的研究需要重点关注社会责任影响企业经济绩效与社会绩效、短期绩效与长期绩效的机制，识别关键的情境因素，为相关社会责任实践提供更为扎实的理论依据。

第二，特定的社会责任行为。不同的社会背景下会出现特定的社会问题，企业应该有针对性地开展社会责任实践。现有环境战略管理理论关注的是自然环境对企业竞争优势的重要性，强调企业选择环境战略以应对来自利益相关者的环保压力。但是，社会责任不是被动的选择，而是主动的设计，未来研究需要研究主动性环境战略对企业行为和绩效的影响，企业实施环境保护战略对企业绩效和持续竞争力的影响，对企业社会责任战略的前因深度剖析，尤其是国际化情境下的积极环境保护战略对促进企业改进绩效的机理分析。

第三，企业不履行社会责任行为。现有研究大多关注企业社会责任的前因和后果，对企业不做坏事的关注还不多。近期的文献表明，企业往往是善恶同行、善恶交替。在制度不完善的情境下，强调企业不做坏事比强调企业做好事可能更为重要。因此，企业社会不负责任将是未来社会责任领域研究的新领域。此外，未来研究还可以研究企业社会责任行为的异化现象，如一些企业在一些情况下善于履行社会责任，但在另一些情况下却违背社会责任。

四、结语

中国战略管理研究既有巨大的现实需求，也有贡献理论新知的可能。中国战略研究的贡献主要体现在两个方面：一是理论贡献，包括改进构念的定义、引入新的构念、增加新的理论关联等；二是情境的贡献，主要是情境的概化，在新的情境下检验和发展既有理论。从这个角度来看，基于中国情境的战略管理研究的贡献具有双面性：一是基于中国情境拓展和创新理论，如对现有核心构念（如竞合）的内涵进行丰富和修正，引入新的概念（如阴阳），对现有理论引入新的逻辑。这方面的贡献是重要的，但也是高难度的，其关键在于深入把握现有理论的基本假设和内在逻辑。二是利用中国这一天然实验室来检验现有理论的概化效度。这种研究可以为现有理论的普适、简约和精确提供新情境下的检验。这方面的研究也并非易事，不仅需要洞察中国所特有的情境要素，还要理解引入这些特定情境要素的必要性。总之，中国战略管理研究需要多视角、多层次和跨领域的研究，丰富和特殊的中国情境为发展战略管理理论创造了便利和可能。

Strategic Management Research in China: Situational Problems and Theoretical Frontiers

Wei Jiang, WuAiqi, Peng Xuerong

Abstract: Through the systematic combing of the research achievements of the western mainstream strategic management and the text analysis of the views of Chinese strategic management scholars, this paper puts forward six major situations in the study of China's strategic management: The uniqueness of the institutional environment, the unbounded form of the organization network, the depth of the global competition and the reshaping of the business ethics. The breakthrough strategy of innovation and entrepreneurship and the comprehensive penetration of information technology further analyze the key strategic issues under different situations. On this basis, this paper points out some frontiers of strategic management research in China, including organizational dual nature, network ability, globalization integration, business model innovation, entrepreneurial strategy and corporate social responsibility. These situations and frontier theories do not require all aspects, but emphasize the importance of Chinese context and the cutting－edge theory.

Key Words：Strategic Management；China's Situational Theory；Frontiers Strategy；Strategic Research

政府战略项目群体决策组织方式与效果提升研究*

许　可

（中央财经大学，北京，100081）

【摘　要】为提高政府及公共部门的战略决策水平，推动国家“十二五”战略规划重点项目的有效实施，本文从理论和实证两方面对政府部门战略管理过程战略项目的群体决策组织方式及其效果进行了研究，探寻其中的关键因素，并结合中国实际，就如何通过组织方式的优化改进来提高政府部门战略决策能力，提出了相应的对策建议。

【关键词】政府战略性项目；群体决策组织方式；决策效果

一、概念界定与机理分析

（一）政府战略性项目

政府战略性项目是指政府在一个阶段，为了经济社会发展和五位一体建设的战略性目标，以财政投入为主体，借助多种融资方式实施的大型公共服务性和产业发展性项目。它既包括那些建设周期长、投资金额巨大、收益较低的基础设施类项目，也包括需要政府重点扶持的教育科研、高科技产业和一部分基础工业加工性项目以及直接增强国力并符合规模拉动效应的支柱产业项目（如航天、国防、能源、化工、原材料、生物技术、信息技术等系统的重大工程项目）。政府战略性项目具有全局性、重点性、长期性、规模性、不

* 收稿日期：2012－12－22。

作者简介：许可，男，山东人，中央财经大学政府管理学院博士后，主要研究方向：政府管理。本文系国家自然科学基金项目“政府部门战略管理中的群体决策组织方式及其效果研究”（项目编号：70773125）的阶段性研究成果。

可逆性、公共外部性等特征。这些特征对其决策机制产生了重大影响。

政府的战略性项目从投资主体、用途、空间分布、时间跨度、管控方式、决策类型、复杂程度等不同视角可以分为如下类型，见表1。

表1 政府战略性项目分类

项目分类方式	项目分类具体内容
投资主体	中央政府投资项目、各级地方政府投资项目、国外贷款或赠款投资项目、地方融资平台筹款项目
用途	推动经济社会发展与五位一体建设
空间分布	全国性项目、区域性项目、地方性项目
时间跨度	5年以上，3~5年，1~3年，1年以内项目
管理层级	国务院协调管理型，中央部委协调管理型，省级政府和直辖市协调管理型；单部门管理型、多部门管理型项目
结果属性	产业发展型、公共产品型、公共服务型、国家安全型项目
决策类型	管理部门直接决策型、专家咨询型、公众听证型、社会公示型项目
管控方式	政府直接管理型、政府和国有企业合作管理型、国有独资和控股公司运作型、社会力量合作参与型、国际机构合作型项目
复杂程度	简单小型、比较复杂中型、复杂大型、复杂特大型项目

资料来源：根据相关资料整理得出。

（二）群体决策组织方式的机理分析

在战略性项目的群体决策过程中，涉及的决策要素除了群体（决策主体）之外，还涉及决策客体、决策环境、决策程序与规则、决策信息以及决策方法。这几种因素的互动可以产生各种不同的决策组织方式，而不同的组织方式会导致不同的决策效果，具体见图1。

（三）群体决策的效果评价

政府战略性项目的群体决策效果是指决策所产生的结果，分为直接效果和间接效果，直接的决策效果主要是对项目的决策本身进行评价，包括决策的效率性、科学性、民主性、规范性、执行性、满意度或认同度六个方面。间接决策效果也就是决策的实施效果，包括正向效果和负向效果两个维度，经济效果、政治效果、社会效果、文化效果和自然环境效果五个方面。经济效果主要反映在GDP增长、产业竞争力、投资收益、国有资产保值增值等方面；政治效果主要反映在执政党威信、民意满足、政府职能部门的信誉口碑、政府的办事效率、公共产品的服务效能等方面；社会效果主要反映在民生改善、投资软硬件环境改善、节能减排、社会稳定与矛盾减少等方面；文化效果主要反映在社会文明度、先进文化成果产出、文明素质、文化建设环境改善等方面；自然环境效果主要反映在水土保持、空气污染、流域治理、绿色生态出现倒退、恶性灾害等方面。

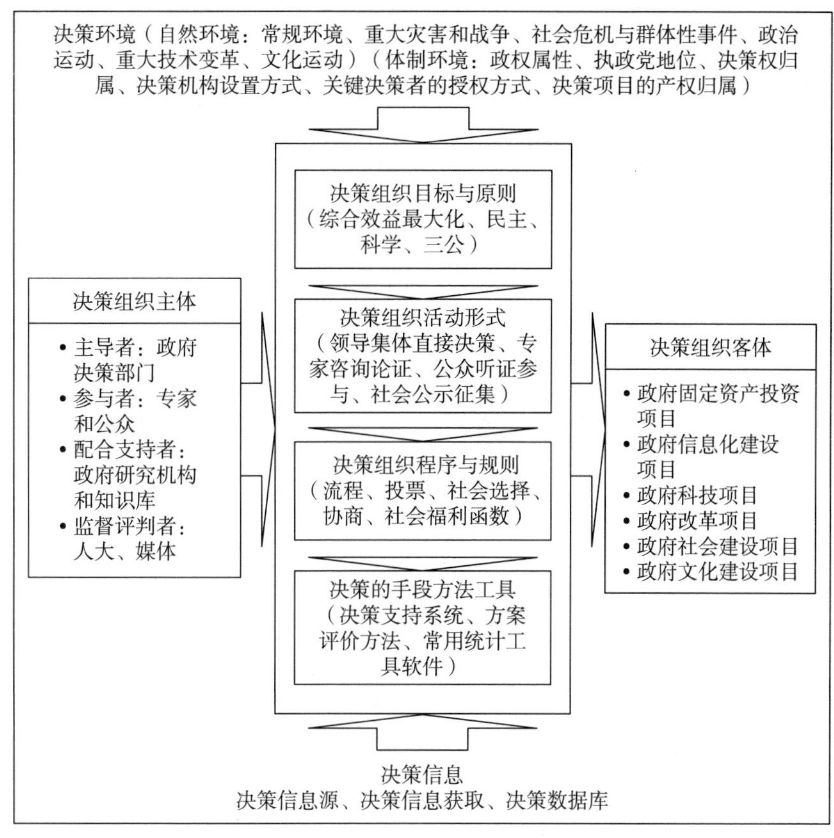

图 1　政府战略性项目群体决策组织方式的完整内容框架

二、实证研究过程

（一）理论模型

根据群体决策的基本理论和前述的概念界定，本文认为，战略性项目的群体决策效果受到决策环境、决策主体、决策信息、决策程序、决策规则和决策方法等因素的影响，产生不同的直接效果和间接效果。在政府的战略性项目中，稳定和相对稳定环境下群体决策的组织方式民主化（主体）、合规性（程序与机制）、科学性（方法与工具）、信息完备性（决策信息）程度越高，决策效果越好；剧烈动荡环境下决策集中化程度与直接决策效果呈相关关系，但间接效果失败的风险较大。总结来说，本文的概念模型如图 2 所示。

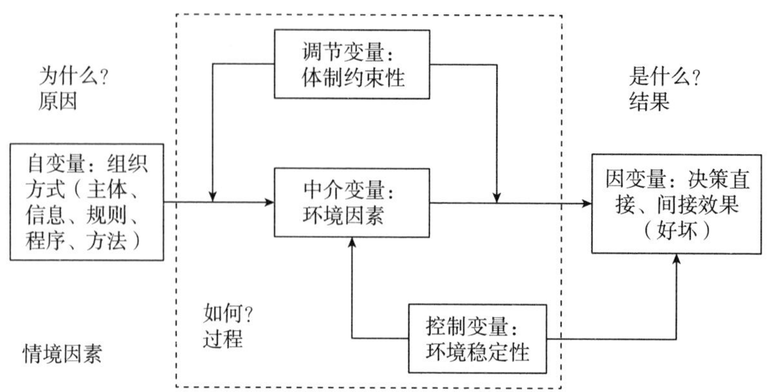

图 2 政府战略性项目群体决策组织方式与影响效果的概念模型

(二)假设群提出

根据理论模型的组成要素逐一设定相应研究假设,具体内容见表 3。

(三)样本选择

由于本文研究的对象是政府战略性项目的决策群体,所以对应的样本应当为涉及政府战略性项目的组织群体,包括政府宏观管理部门、行业管理部门、研究支撑部门、统计部门、信息中心、行业协会的科技以上公务员、大学科研机构研究人员、媒体资深评论记者等作为调查对象。以此为标准,本文选择 30 份问卷,涵盖三类决策主体、7 类机构、25 家单位、30 个政府战略性项目实际参与和评论者。

(四)变量设计

根据本文假设的模型,本文将各名义变量转化为操作性变量如下,每个自变量在问卷中用 5 级李克特量表来计算,见表 2。

表 2 战略性项目群体决策组织方式与效果研究的操作性变量设计表

变量类型	变量名称	变量属性(1~5)
自变量 X	X11 决策主体规模	大、较大、中、较小、小
	X12 决策主体风格一致性程度	强、较强、中、较弱、弱
	X13 决策主体目标认同度	高、较高、中、较低、低
	X14 决策主体外部参与度	深、较深、中、较浅、浅
	X21 决策信息完备性程度	高、较高、中、较低、低
	X22 决策信息技术使用水平	高、较高、中、较低、低
	X31 决策流程合理性程度	高、较高、中、较低、低
	X32 决策流程时间长度	长、较长、中、较短、短

续表

变量类型	变量名称	变量属性（1～5）
自变量 X	X4 决策规则集中化程度	高、较高、中、较低、低
	X51 决策定性方法使用程度	多、较多、中、较少、少
	X52 决策定量方法使用程度	多、较多、中、较少、少
因变量 Y	Y 直接决策效果实现程度	很好、好、一般、差、很差
	YY 间接决策效果实现程度	很好、好、一般、差、很差
中介变量 Z	Z1 自然环境稳定性程度	稳定、较稳定、多变、动荡
	Z2 体制环境完善性程度	高、较高、中、较低、低

（五）问卷信效度分析

1. 信度检验

本文采用内部一致性系数（Cronbach Alpha）检验量表（问卷）来检验问卷的内部一致性信度。取置信度 95%，显著性水平 α≤5%，从检验中看出，Spearman – Brown 系数在等长（题目个数一致）情况下值为 0. 809，Guttman Split – Half 系数为 0. 809，均超过了 0. 7 可接受水平，问卷通过了内部一致信度检验，以及半分信度检验。

2. 结构效度检验

本文的结构效度检测主要采用因子分析法。我们对问卷各部分进行标记，第一部分和第二部分分别标记为 A、B，其他部分依照原问卷中的标记。按 SPSS 默认设置寻找主成分，当主成分个数为 12 时，其累计贡献率达到 81. 936%，提取其中的主要因子，通过解释的总方差以及旋转成分矩阵分析结果来看，问卷调查结果的结构与问卷的设计结构基本吻合，认为问卷的结构效度较好。

（六）描述性统计结果

本文对前五部分问卷调查结果做简单的描述性统计分析，并对之前的假设进行初步验证，结果如表 3 所示。

表 3　描述性统计分析

判别对象	具体内容	得分均值	认同比例*	对假设的初验
政府战略性项目群体决策组织方式与效果的影响关系判定	H1a：国际国内自然环境稳定程度越高，决策效果越好，动荡性越大，决策失败的风险越大	4. 6	97%	高度通过
	H1b：国内体制环境日益完善，法治化程度提高，决策效果随之提高	4. 63	97%	高度通过
	H2a：主体规模在合理规模内，人数越多直接和间接效果越好，太少或者太多效果下降	4	77%	较高度通过

续表

判别对象	具体内容	得分均值	认同比例*	对假设的初验
政府战略性项目群体决策组织方式与效果的影响关系判定	H2b：领导风格强势程度和偏好一致程度与直接决策效果的效率呈正相关关系，与决策质量呈弱相关关系；与间接决策效果呈弱相关关系	3.87	70%	较高度通过
	H2c：主体对决策目标的认同度越高，直接和间接决策效果越好	4.3	83%	高度通过
	H2d：专家咨询和社会公众参与度越高，直接和间接决策效果越好	4.47	100%	一致通过
	H3a：决策信息越完备，直接和间接决策效果越好	4.6	100%	一致通过
	H3b：决策信息技术及系统越先进发达，直接和间接决策效果越好	4.6	97%	高度通过
	H4a：决策流程制定得越完善越合理，直接和间接决策效果越好	4.17	83%	高度通过
	H4b：决策的时间跨度在一定合理阶段内，时间长度与直接和间接决策效果呈正相关关系，但是超过合理阶段，呈负相关关系	3.77	60%	通过
	H5：稳定环境下民主程度越高，直接和间接决策效果越好，动荡环境下集中度越高，决策效率越高，但是决策失败风险概念增大	4.23	97%	高度通过
	H6a：项目规模不大，复杂性不高，定性决策方法的直接决策效率较高；间接决策效果在一定范围内较好，时间和范围越久，决策效果越不明显	4.10	87%	高度通过
	H6b：项目规模越大，复杂性越高，定量决策方法的直接和间接决策效率越高	4.20	87%	高度通过

注：*表示认同比例为同意或认为关系较大的人数所占的比例。50%～70%为通过；70%～80%为较高度通过；80%～99%为高度通过；100%为一致通过。

从表3可以得出，30份问卷从描述性统计结果视角对前述的假设群进行了相应的肯定性验证，说明本文从理论途径进行的研究结论和实证效果比较吻合，理论模型是适用的。

（七）直接决策效果和间接决策效果计算结果

对直接决策效果的一级指标和间接决策效果的一级指标采用层次分析法进行权重赋值，二级指标认为同等重要，采用平均赋值法进行分布。

1. 决策效果评价指标权重系数赋值

根据专家赋值得出的直接和间接决策效果评价指标的权重系数如表4所示，一致性比率检验值分别为0.091和0.097，都代表通过一致性比率检验。

表4　直接和间接效果的一级评价指标权重系数

直接决策效果一级指标	权重系数（%）	间接决策效果一级指标	权重系数（%）
X1 决策效率性	9.58	Y1 经济效果	49.17
X2 决策科学性	17.97	Y2 政治效果	27.58
X3 决策民主性	6.34	Y3 社会效果	9.33
X4 决策规范性	19.78	Y4 文化效果	9.69
X5 决策执行性	3.65	Y5 环境效果	4.23
X6 决策认可度	42.68	—	—

2. 决策效果计算结论

利用上一部分计算出的权重系数，结合30份问卷填报的数据，可以得到，直接效果总评价指数为3.5063，间接效果总评价指数为3.9549。说明我国政府战略性项目的群体决策效果整体上处于一般偏上状态，直接决策效果一般偏上水准，间接决策效果处于较好状态。我国政府在战略性项目上的直接决策水平还需要进一步地提高，特别是在完善决策机制、规范决策流程、提高决策信息化水平和进一步科学合理地使用并丰富决策方法与工具等方面都还有较大的改进空间。

（八）群体决策组织方式与决策效果的影响关系实证研究结论

本文采用多元线性模型，进行战略性项目直接和间接决策效果与群体决策组织方式各要素选择之间关系的实证分析，对直接效果 rY、间接效果 rYY 进行建模。为了消除多重共线性的不良影响，我们选用逐步回归法以及用主成分法来建模和进行比较分析。

通过比较分析可以发现，变量 X4（规则集中程度）和 X21（信息完备程度）无论对直接决策效果还是间接决策效果都有较强的影响。变量 X51（定性方法使用程度）、X14（外部参与度）、X13（目标认同度）对决策效果的影响不可忽视。而 X52（定量方法使用度）、X32（流程时间长度）、X12（风格一致性）、X11（主体规模）、X22（信息技术使用水平）、X31（流程合理度）对决策效果影响较小甚至可以忽略。控制变量 Z11（自然环境）、Z12（体制完善度）同样对决策效果无明显影响。修改后的模型如图3所示。

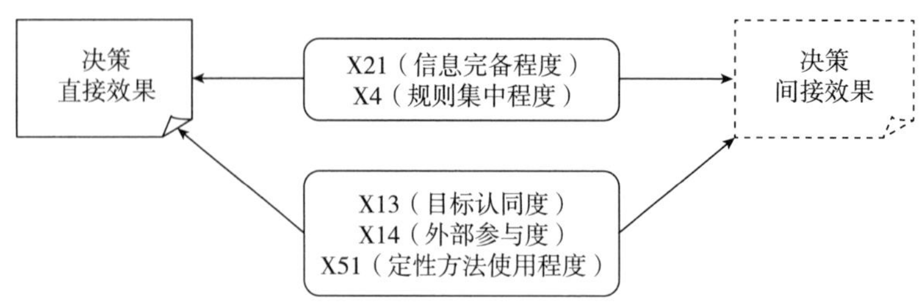

图 3　政府战略性项目群体决策组织方式与效果影响关系修正模型

三、我国政府战略性项目群体决策组织方式存在的问题分析

（1）战略性项目的立项决策和分配体制不健全导致部门"寻租"。政府公益性投资项目往往具有政府财政资源和部分收入再分配的用途，它能直接给项目所在部门或地区带来好处，直接或间接提高这些部门或地区的综合福利水平。但是战略性项目的决策分配机制主要依据重大项目发展规划和领导人的战略判断，所以是稀缺资源，因此，下级部门往往通过"寻租"活动争取项目投资机会，这就妨碍了项目决策过程中的信息传递，影响了项目的正常决策程序和科学分配。

（2）决策主体成员实际参与度低，决策能力差距明显。政府的群体决策者因为部门利益往往存在本位主义。为提高任职期间的"政绩"，搞投资、上项目的工作套路屡试不爽。群体决策流于形式，程序公正但没有体现真正的决策民主，实际上的主要负责同志"一言堂"现象依然存在，并形成带有领导个人倾向的群体决策模式。有些决策成员视野不宽阔，领导管理知识匮乏，决策方法简单，缺少战略性的决策行为和意识，事前调研不充分；凭借经验、感觉、阅历做决策的现象仍然时时存在。

（3）决策过程的信息发布范围不全面，存在主客体的不对称。有些项目决策部门不是直接从各种渠道获取一手客观信息，而是间接地从下级部门、项目设计与建设单位、投资机构、中介咨询来了解情况。在项目的群体决策过程中，由于各相关利益方目标的不一致，导致决策信息在传递过程中失真、扭曲，产生决策风险。

（4）决策技术与方法工具不完善。目前，我国的中央和地方公共服务型的战略项目决策分析与论证还没有建立起科学的、独立的理论体系和方法体系，比较多地沿用企业或者行业竞争性项目的技术经济分析方法，侧重投入成本分析，对项目实施所产生的政治、社会、文化、生态效益分析不足。

（5）决策环境的复杂多变性成为推脱项目责任的理由。政府战略性投资项目从决策、项目实施到项目最终发挥效益一般需要 3 ~5 年甚至更长的时间。其间，由于科研立项的

假设环境与设计条件与项目实施或建成后的实际环境有较大出入，这些差距可能会被决策过程中的相关人员或机构在主观上加以利用，成为“部门寻租”“不规范操作”“风险防范不足”的借口。

（6）决策责任落实不到位。目前，我国政府战略性项目建设管理的相关法规过于笼统和原则化，在现行行政管理体制下难以细化分解和对口落实，国家又缺乏相对权威统一的责任认定与管理机构，相关责任追究与认定的方法与标准也相对滞后和欠缺，决策失误责任难以真正追究。

（7）决策监督体系不健全，监督对象不匹配。在项目决策阶段，我国有项目评估制度，但是只能对咨询设计机构与部分项目建设单位起到一定的监督作用，对于发改、土地、环保、规划、城建等部门的联动监督体系不到位，政府的绩效管理也涵盖不了这些方面，特别是项目决策的上级专业部门很难监督作为建设单位下面的一级地方政府。

四、改进战略性项目群体决策组织方式与效果的对策建议

1. 针对决策主体优化的对策建议

（1）进一步提升决策者成员的素质。个体素质是群体决策的基础。加强在职领导者的再学习，建立学习型决策团队。通过个体学习，掌握和了解先进的决策理论和工具，建立先进的决策理念，学会使用先进的决策分析模型、现代决策技术。同时，培养和形成创造性的和多向度的科学思维习惯和领导决策能力。

（2）群体领导者应构建新的决策思维范式和工作模式。在知识经济和信息化、互联网深度发展的时代，决策领导者应该建立动态的群体决策思维模式，学会授权，调动群体智慧，注重协同社会各个层面的社会关系，战略项目的决策方式应该多样化。

（3）合理配置群体决策成员的数量和类型，优化决策群体的结构。一个战略型项目的群体决策成员数量，需根据项目的实际情况进行合理配置，成员数量过少，达不到群体的效果；成员数量太多，则群体决策时间长，效率低、成本高。群体成员类型需要互补，从而形成智力资源互补的决策群体，充分发挥“德尔菲法”的优点。

2. 针对决策信息完备的对策建议

（1）政府战略性项目的决策督促机构应建立完整的项目前评价和后评估信息监测体系，同步建立事中的风险管控平台，实现动态信息的全覆盖收集与分析整理；进一步完善战略性项目的综合评价模型，包括对五位一体建设的中长期影响分析。

（2）加快推进决策失误的问责制度建设。决策失误的问责制度有两重功效：一是起到事前的威慑作用；二是起到事后的处罚作用。由于战略性项目的影响面大，具有相当程度的不可逆性，尤其要强调事前的预防，所以在项目决策前和实施的初期要充分引入决策失误问责制度，杜绝隐患或者遏制苗头。

（3）尝试建立战略性项目的“不可行性论证”制度和一票否决制。由于战略性项目的重大意义和风险，政府群体决策部门或者审计监察部门成立专项评估组，从项目的“不可行性”方面进行分析，对可行性报告提出警示性意见，从相反角度提供修改意见，给决策群体一个兼听则明的机会，以利于决策的民主化、科学化。同时，必须明确“不可行性论证”的专项评估组不是充当反对者，而是“谏言者”。同时，考虑项目决策风险，可以引入一票否决制，建立类似企业独立董事的政府战略性项目独立审核官，在参考不可行论证的基础上，对项目可研和设计的整改情况予以审核，如果不过关，或者遇到人民群众的重大反对，或者发现决策群体没有充分达成共识，只有微弱优势通过的话，可以行使暂缓决策。

3. 针对决策程序和规则优化的对策建议

（1）完善战略性项目的群体决策机制。一是建立分级的政府决策权力分配机制和工作体系。通过对决策权力的适度分解，使决策流程中的各参与部分既相对独立又相互影响和制约，形成权力运行的链式制约机制；二是进一步建立和完善公众参与、专家咨询和集体决策相结合的决策机制和制度，健全决策规则，规范决策程序，强化决策责任，减少决策失误；三是建立健全决策听证、投资建设项目综合评估体系，形成有效的目标调整和纠错改正机制。

（2）建立战略性项目建设过程的全面信息公示制度。要实行重大建设项目的全面信息公示制度，保证社会公众对于项目过程的必要了解，既是让老百姓知道身边的项目下一步会怎么样，对自己的未来有什么影响，也是展现政府自信，提高公众参与度和支持度的有效举措。除涉及国家安全和秘密的项目外，政府应该在立项、审批、核准、备案、开工建设前和竣工决算或验收后等所有关键环节，将项目背景和意义，立项依据，政府批复情况，项目基本概况，决策程序和过程，可行性研究和设计文档，项目执行进度，参与建设主体基本信息和负责人联系方式，不同阶段的评估结果都要向社会进行公示，接受公众和新闻媒体的监督。

（3）完善政府战略性项目的监管调适机制。一要具体项目与整体政策完善相挂钩。通过对战略性项目具体点上的监督检查结果和评估情况，归纳整理出其中带有普适性、趋势性的问题，从通用的政策设计上予以修订和调整，带动整个领域或同类项目改进。二要把项目的事前、事中和事后监管完整贯通。要加强对项目实施效果和建设、运营成效的监控分析，从侧重实施阶段的监管外延到前后两阶段，实现全流程监管。要建立科学合理的项目信息监控指标体系，明确信息采集源，安装信息监控设备，建立信息收集库，发表信息收集与反馈的工作机制，落实信息传递的责任人，并建立固定的工作团队予以持续跟踪分析。三要依法监管与目标管理相结合。在开展依法监管的同时，加大对战略性实施效果的监管。特别是对社会重大民生工程的监管要和领导人问责制度挂钩，不仅要突出程序的合理性，也对结果负责到底。

4. 针对决策方法改进的对策建议

可以尝试综合运用各种群体决策的决策技术。合理的群体决策技术是群体决策成功的关键。可以进一步使用的群体决策定性方法有：德尔菲法、简单多数、过半数规则、康多西特（Condorcet）规则（候选方案两两比较，谁过半数谁胜出）、波德规则（Borda）（所有投票人对各方案进行排序，综合看哪个方案综合排名最靠前）；定量选择方法常用的有：委托求解法、多指标群体决策法（综合加权、总体偏差、优先序法）、社会选择函数、社会福利函数等。

5. 针对决策环境营造的对策建议

（1）积极推进政府战略性项目决策的软环境建设。主要是积极建立政府战略性项目决策成员群体学习机制。首先，提高群体成员个体的学习能力可以从激发个体人员的创造性、肯定个人在群体决策中的贡献、为个体学习提供更多的资源等角度来增进群体成员个体的学习。其次，在群体决策过程中，平等民主的决策氛围有助于沟通的顺利进行，唯有通过有效的群体沟通，才能实现知识在群体内部积累与扩散，提高群体成员能力。再次，群体学习的工具主要有彼得·圣吉提出的“深度汇谈”和讨论。两者都是增进群体学习的有效工具，且必须配合使用，才能发挥其作用。最后，应加强群体与外部利益相关者的合作与沟通。一个学习型的群体建立能够增强决策群体的决策能力，有助于群体决策的质量提升。在群体学习中，通过群体成员之间的沟通与协调，增进群体与外部知识源之间的知识交流，运用多种群体学习工具可以推进群体学习的有效进行，最终可以增强群体决策的质量。

（2）持续完善政府战略性项目的投资体制和中央地方管理体制环境。应当将深化政府投资体制改革作为“十二五”时期体制改革的重点，切实建立起各级政府“责权一致”“责任与财力相匹配”的投资体制。中央政府及有关部门的主要职责是制订好建设规划和相关政策，安排好对地方的转移支付，监督地方管好用好建设资金，一般不再直接审批项目；主管部门应承担起建设项目监督管理的主要职责。

参考文献

[1] Mark H. Moore. Creating Public Value: Strategic Management in Government [M]. Harvard University Press, 1997.

[2] Robert . S. Kaplan, David. P. Norton. Performance Measurement at the State and Local Levels [J]. USA: Government Accounting Standards Board, 2001, 259 – 260.

[3] F. Herrera, E. Herrera – Viedma, J. L. Verdegay. Linguistic Measures Based on Fuzzy Coincidence for Reaching Consensus in Group Decision Making [J]. International Journal of Approximate Reasoning, 1997, 16: 309 – 334.

[4] 陈振明. 战略管理的实施与公共价值的创造 [J]. 东南学术, 2006 (2).

[5] 郭春英. 基于组织战略的政府绩效评估应用研究 [DB/OL]. 中国知网优秀硕博士论文库.

[6] 毕鹏程. 领导风格、决策程序及任务对群体决策过程及结果影响的实验研究 [D]. 西安交通大学博士学位论文, 2005.

[7] 苏波, 王浣尘. 群决策研究的评述 [J]. 决策与决策支持系统, 2005, 5 (3): 115 – 123.

[8] 李武, 席酉民, 成思危. 群体决策过程组织研究评述 [J]. 管理科学学报, 2002, 5 (2):

55 - 66.

[9] 李戴岷. 政府群体决策组织方式研究 [D]. 中央财经大学，硕士学位论文，2008.

[10] 朱衍强，郑方辉. 公共项目绩效评价 [M]. 北京：中国经济出版社，2009：133 - 251.

[11] 石秀诗. 全国人民代表大会常务委员会专题调研组关于部分重大公共投资项目实施情况的跟踪调研报告：2010 年 10 月 25 日在第十一届全国人民代表大会常务委员会第十七次会议上全国人大财政经济委员会主任委员报告 [R]. 2010.

The Research of Chinese Government Strategic Projects Group Decisionmaking Organization and Effects

Xu Ke

(Central University of Finance and Economics, Beijing, 100081)

Abstract: In purpose of improving the government department decision making level, fostering the effective implementation of the out standing national 12 - 5 strategy planning project, this research has conducted a deep empirical research on how to organize group decision making as well as its effect of the strategic project when government department is carrying on strategy management. Furthermore, this study has probed the key factors of the group decision making, and put forward some responding suggestions on how to improve the government decision making ability through the improvement of organizing methods in accordance with the Chinese situation.

Key Words: Government Strategic Management; Group Decision Making; Organization Mode and Effects

战略管理：地方政府食品安全危机管理合目的理性与工具理性的双重需要*

王　岳　潘信林

（湘潭大学，公共管理学院，湖南，湘潭 411105）

【摘　要】地方政府食品安全危机管理中存在的不足与战略管理诸多功能决定了地方政府食品安全危机管理引进战略管理的必要与可能。引进战略管理改进地方政府食品安全危机管理可以从以下三个方面着手：一是以合理的战略导向为指导确定政府发展战略方向和政府行为价值取向，建立健全地方政府食品安全危机管理的价值体系；二是以科学的战略规划保障政府历史使命感、社会责任感和自身存在感的实现与增强；三是以符合国情时宜的战略形式树立并落实正确的政绩观和科学的发展观。

【关键词】战略管理；地方政府食品安全危机管理；目的理性；工具理性

尽管自战略管理、地方政府食品安全危机管理被联系到一起以来，人们就一直争论不断，但是就战略管理与地方政府食品安全危机管理在理论与实践两个层面逻辑与现实的双重关系却引起了学者和政府官员共同的关注。杰克逊（Jackson）和帕尔默（Palmer）考虑到公共组织的复杂性以及在绩效定义和测量方面存在诸多困难的基础上，提出“基于战略框架的绩效管理模型”。战略管理的运用范围已从传统的“长时段”领域扩展到应对及时性事件和微观细节管理的“短时段”领域。战略管理的工具价值和目的价值不断地被发现，日益合流并统一于政府管理创新的实践中，在地方政府食品安全危机管理中扮演着越来越重要的作用。

---

* 收稿日期：2012－09－26。

作者简介：王岳（1970—），男，湖南岳阳人，湘潭大学公共管理学院博士研究生；潘信林（1982—），男，湖南溆浦人，湘潭大学公共管理学院讲师，博士。

一、地方政府食品安全危机管理中存在的不足与问题是引进战略管理的重要基础

1. 地方政府食品安全危机管理价值取向的偏颇

价值取向决定了公共政策和具体行为的方向，是一切行动的灵魂、旗帜。由于对讲究控制的行政效率和对上级负责的行政责任的过分追求，使民主法治、平等公正、公共责任等价值追求被置于相对并不重要的位置，不管是在历史上还是现实中，是理论上还是实践中都遭遇了不应当的轻视、蔑视和忽视。地方政府食品安全危机管理也因此必然而不应当地承担着价值取向的合法性危机。

2. 地方政府食品安全危机管理主体选择的混乱

地方政府食品安全危机管理的“新公共管理”药方不仅动摇了传统政府的唯一主体地位，还设置了大量合法性不明确，如公法地位不确定的非营利组织、非政府组织，甚至还包括一些营利组织，这样“新公共管理”药方便引发了地方政府食品安全危机管理主体选择的三重危机。第一重危机来自传统政府唯一主体地位动摇，遭到挑战的危机；第二重危机来自新公共管理新置的其他主体因公共地位不明确、缺乏代表公共意志维护公共利益之法律法规的保障，没有得到相关法律与法规明确授权，存在迫切需解决的合法性危机；第三重危机则是传统政府与新置主体在合法性诉求和合法性代表方面存在的竞争与摩擦所造成的危机。

3. 地方政府食品安全危机管理手段运用的不足

第一，私人部门管理手段的大量引进和广泛运用模糊了公共部门与私人部门的边界，导致了公共部门的自我解构与公私管理的混淆。目前看来，地方政府食品安全危机管理运用的主要手段可以简单地概括为如下几种：市场手段、企业化手段、民营化手段等。毫无疑问，这些手段初期的运用，在改革地方政府的组织结构，提升地方经济的活力和竞争力等多方面都起到了重要作用，取得了令人兴奋的成绩。但是，以民营化为基本手段的改革提倡用私人部门的管理方式来改造公共部门，强调私人竞争，崇尚效率，忽略公私差别，盲目崇拜市场基本教义（Market Fundamentalism）、市场机制和市场价值，企图用私营企业的管理模式重塑政府，建立“企业型政府”，则进一步模糊了公共部门与私人部门的边界，在实践中导致了公共部门的自我解构与公私管理的混淆。第二，危机评估工具比较单一，运用评估工具欠科学。每一种评估工具都有其优点和缺点，同时由于食品安全的特殊性和复杂性，因此只用一种评估工具就不能充分发挥评估工具的优点，避免评估工具的缺点，因此地方政府也就难以对食品安全危机进行综合、全面、客观的评估。第三，评估工具在评估过程中缺乏权变。具体表现在三个方面：不同组织中评估工具权变性不强、不同

环境中评估工具权变性不强以及不同阶段评估工具权变性不强。

4. 食品安全信息处理技术与方法的落后

在一定程度上，食品安全危机信息处理的方法和技术决定了整个危机管理的质量和成败。而我国地方政府食品安全危机管理信息处理方法却不尽合理。第一，信息收集渠道单一和信息收集技术方法有待改进。我国现阶段地方政府食品安全危机管理机构的信息来源，一般仅限于被评估部门上报的报表和总结，渠道单一，没有其他的方法和渠道。目前，收集食品安全危机信息主要利用行政部门的层级反馈等传统途径进行信息收集，造成收集的信息数量不多、质量不高，影响食品安全危机管理的科学性和实效性。第二，食品安全危机信息传送技术陈旧，政府办公电子化、无纸化、网络化、电子政务工程任重道远。在信息传输方面，许多地方仍然只用传统的材料上报，有些地方政府虽然建了政府网站，实施电子政务，但大部分尚处于探索和试用阶段，有些甚至停留在口号上，或者只是完成上级任务的门面装点工程。第三，食品安全危机信息筛选过滤不到位，一是优先顺序排列不准确，对信息重要性和次要性分析不正确；二是无用信息过多，严重屏蔽了对有用信息的认知与利用；三是重要信息漏掉，在信息采集中，由于主客观原因，造成一些重要信息的滤去；四是信息真伪不辨，由于种种原因经常出现“假作真时真亦假，真作假时假亦真”的现象。

二、战略管理的诸多功能是改进地方政府食品安全危机管理的效用平台

1. 战略管理是地方政府食品安全危机管理的本质要求

第一，正如瑞尼（Rainey）所强调的，战略管理的重点在于对组织总目标、自身的优势和劣势以及面临的来自外部的威胁和机遇进行评估，并在此基础上围绕目标，制订长期的计划和配置各种力量的行动方案，以达到最佳的活动。第二，地方政府食品安全危机管理在本质上是一项战略导向的系统工程。地方政府食品安全危机管理涉及地方政府管理机制的创新、权力的重组与流程的再造，必须循序渐进，还必须和公共组织的发展战略、第三部门的发展战略紧密结合。第三，政府战略管理具有整合公共利益和保障公共安全的功能。从战略管理的角度探讨地方政府食品安全危机管理问题，不仅仅是新公共管理理论对现有政府管理思想的洗礼，更是政府面对复杂多元环境，满足公众需求，解决食品安全问题的必然选择。

2. 战略管理是改进地方政府食品安全危机管理的重要方式

第一，有利于探索和构建适合我国国情的地方政府食品安全危机管理体系，为地方政府食品安全危机管理实践提供理论支撑；同时，能将地方政府食品安全危机管理与政府宏观经济社会发展观念、发展价值与发展思路联系起来，既为政府战略的实施提供了管理工具和评估手段，又能有效地应对食品安全危机。第二，有利于重塑政府公共项目治理结构，借鉴

企业战略管理的有益经验，构建基于战略管理的地方政府食品安全危机管理模式，强化政府治理结构中激励—约束机制的功效，提高地方政府应对和处理食品安全危机的能力。第三，有利于地方政府食品安全危机管理理论研究的深化和改革实践的发展，我国近年的食品安全危机管理研究和改革更多地着眼于微观层面的政府内部“管理问题”，而对于宏观的“体制层面”和“战略层面”则很少予以直接的关注和深入研究。他们认为战略管理是中央政府的事，地方政府做好具体的事情就可以了，持这种观点的理论研究者和政府部门实际工作者不在少数，这种片面的观点严重影响了地方政府的战略管理绩效，影响了战略管理在地方政府管理中的运用，影响了战略管理在食品安全危机管理中的作用发挥。

3. 战略管理是改善地方政府食品安全危机管理的有力工具

在传统行政模式下，地方政府一般很少关注自身的战略问题。因为战略问题通常被认为是政治家们和中央一级政府所应考虑的问题，这就导致了地方政府自身经常处于墨守成规和照章办事的短期行为中，制约了政府管理水平的提高。目前，地方政府日益面临来自国内政治、经济、社会方面的种种压力，面对公众对政府自身日益增长的期望和需求，更加复杂和不确定的社会环境，在食品安全危机中，基于宏观战略和外在作用对地方政府的利益、行为的整合，与来自单一政府部门以及上级政府利益扩张倾向之间的张力越来越大。因此，地方政府必须立足于战略，考虑政府自身发展诸如回应、参与、效率、责任等多维度的社会需求的反应程度；考虑有效应对食品安全危机的政府能力建设和政府形象塑造；考虑地方政府在全国“一盘棋”的总体构架的角色定位和功能地位，理性、自觉地把战略管理框架纳入政府的视野。同时，随着我国市场经济进程的不断深入，政府这一特殊组织形式与企业单位出现了越来越多的相似性，这也使战略管理成为政府应对环境挑战、变革加剧和实现政府目标、衡量责任以及有效应对包括食品安全危机在内的公共危机事件的有效管理工具和一条有效的整合途径。

4. 战略管理是实现地方政府愿景目标的重要保障

政府战略管理的目的在于通过战略定位来寻找政府的生存价值，为其存在提供合理性的解释支持。在确定政府公共服务的战略定位后，还需要寻找将战略转化为战术和执行的方式，把战略细化、展开并转化为政府内各单位和所有成员能够理解的指令、步骤和信息。不同地区的政府，其战略管理的基本导向，如愿景、使命和战略的意蕴是不同的。基于战略导向的政府管理新模式，只有构建体现新愿景、新使命的政府管理机制，才能使战略管理为地方政府管理的运行提供有益的框架。基于战略管理框架的地方政府食品安全危机管理的科学体系、基本框架和运作机理，不仅对进一步推进我国地方政府食品安全危机管理理论和政府战略管理理论的研究具有开拓性的价值，而且对于指导我国政府战略管理和地方政府食品安全危机管理实践也具有重要的现实意义。对于新时期我国地方政府加快推进地方经济增长方式的转变，整合地方区域资源，推进地区间的协调发展，如整体推进“长三角”地区的协同发展、“珠三角”地区的协同发展、“长株潭”地区的协同发展等具有十分重要的作用。

三、战略设计是战略管理与地方政府食品安全危机管理的有效结合部

战略设计是战略管理的核心与关键，也是地方政府食品安全危机管理的顶层设计，是战略管理与地方政府食品安全危机管理的有效结合部。战略设计对地方政府食品安全危机管理的影响表现在战略导向、战略形式、战略规划，其关系如图1所示。

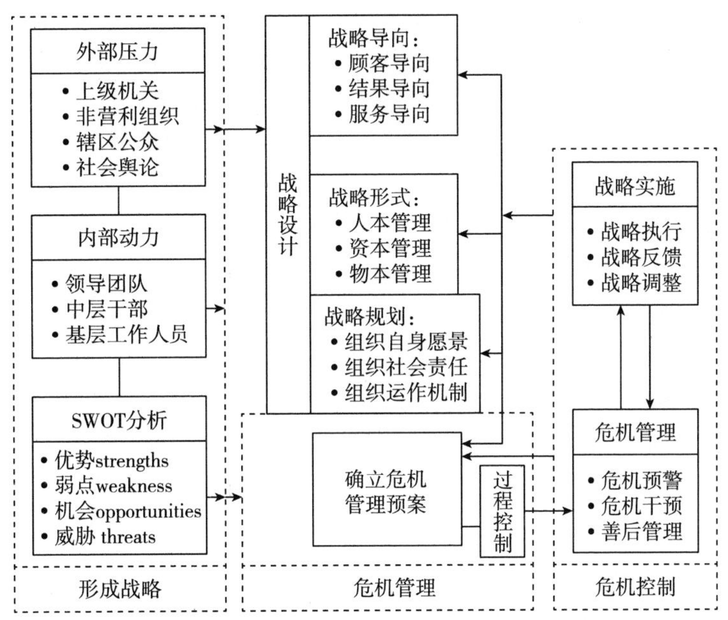

图1　战略设计对地方政府食品安全危机管理的影响

地方政府食品安全危机管理中存在的不足与问题、战略管理诸多功能以及战略设计与地方政府食品安全危机管理的关系表明战略管理不仅是合乎地方政府食品安全危机管理合目的理性的，也合乎地方政府食品安全危机管理工具理性的需要。引进战略管理改进地方政府食品安全危机管理可以从以下三个方面着手：

1. 以合理的战略导向确定政府发展战略方向和政府行为价值取向，重塑地方政府形象

食品安全已严重影响到国家形象和政府形象。“近年来频繁发生的中国食品安全事件引起国际社会的强烈反应。在国际舆论和媒体的持续炒作下，食品安全问题对中国国家形象造成了严重损害”。在地方食品危机持续、频繁的冲击和拷问下，地方政府的管理能力已饱受质疑，地方政府形象遭到了严重的损害。因此，要以合理的战略导向确定政府发展战略方向和政府行为价值取向，重塑地方政府形象。一是确立顾客导向的战略导向。要“把受机构驱使的政府倒转过来”，“满足顾客的需要，不是官僚政治的需要”，建立民众本位的地方政府食品安全危机管理价值体系。“民众本位的本质就是要坚持以人为本，把人民的利益作为一切工作的出发点和落脚点，不断满足人们的多方面需求和实现人的全面发展”，也就是说地方政府食品安全危机管理工作程序的设定、应对方案的设计、具体工作的开展、管理机构的设置与管理权力的运用都要做到权为民所用，情为民所系，利为民所谋，想民众之所想，急人民之所急，谋民众之所求，办民众之所需，以切实解决食品安全危机、保障公众食品安全为依归。二是确立结果导向的战略导向。结果导向就是地方政府食品安全危机管理的价值体系要面向结果、强调战略目标和食品安全的实现，要克服以程序和规则为本的“文牍主义”，要克服“只顾投入不讲产出”“崽卖爷田心不痛”的现象。结果导向就是要求放松规制，简化行政管理中繁杂的管理程序和规定，释放政府及其工作人员的主动性、积极性和创造性，这一点在食品安全危机管理尤为重要。三是确立服务导向的战略导向。服务导向就是要将政府职能的重心坚定不移地转移到满足社会公共需求、为社会提供量足质优的公共产品和公共服务，保障食品安全。“服务，而不是掌舵：对于公务员来说，越来越重要的是要利用基于价值的共同领导来帮助公民明确表达和满足他们的共同利益，而不是试图控制或掌控社会新的发展方向”。

2. *以符合国情时宜的战略形式落实科学发展观，树立正确的政绩观*

以符合国情时宜的战略形式落实科学发展观，树立正确的政绩观，这就要选择和采用好适当的战略形式并将之贯穿于“食品质量安全风险管理体系、食品质量安全应急管理体系、食品质量安全管理责任体系”。一是人本管理的战略形式：也就是说，要以人为中心，对政府组织内部成员和政府外部公众进行广泛的人文关怀，创新政府管理制度、管理方式与管理方法；要将人视为政府最重要的资源，倡导围绕调动组织中人的积极性、主动性和创造性，实现组织与组织成员共同的目标；要理解人、尊重人、激发人的热情，“点亮人性的光辉，回归生命的价值和共创繁荣与幸福”作为政府人本管理的根本目的。对于地方政府食品危机安全管理而言，就是以最高的目标追求保障食品安全。二是资本管理的战略形式：这就要坚持经济建设这个中心不动摇，大力发展经济；要调整经济结构和产业结构，改进生产技术，走集约型的经济发展道路；要提高人民群众的收入水平，缩小地区之间、城乡之间的收入水平。对于地方政府食品危机安全管理而言，就是以最好的发展道路保障食品安全。三是物本管理的战略形式：即要加强对土地资源的开发、利用和保护；要重视环境资源的保护，统筹人和自然的和谐发展，实现“天人合一”；要加强对石油、煤、天然气等战略资源的开发、利用和保护。对于地方政府食品危机安全管理而言，就是以最少的物质花费保障食品安全。

3. *以科学的战略规划保障地方政府在食品安全危机管理中历史使命感、社会责任感和自身存在感的实现与增强*

以科学的战略规划保障地方政府在食品安全危机管理中历史使命感、社会责任感和自身存在感的实现与增强：一是对地方政府食品安全危机管理战略目标的科学规划，这是对地方政府就食品安全危机管理长远目标的憧憬和设计，就食品安全危机预警的大视野和善后处理的大关怀，体现地方政府对自身历史使命感的感悟和认同；二是对地方政府在食品安全危机管理中责任的重新确认，这是对地方政府与辖域企业、地方市场、辖区社会力量与公民的关系与利益的重新调整与安排，体现地方政府对现实责任感的体认和承担；三是对地方政府食品安全危机管理运作机制和管理机制的创新和发展，这是对地方政府食品安全危机管理机制、方式、方法的改进与创新，体现地方政府对自身存在感的体验和享受。其具体内容涉及地方政府食品安全危机管理的主体选择及其体系安排、方法技术的采纳和运用、应对方案的设计及其制度化保障。战略管理对环境的 SWOT 分析，能够制定较为科学的战略规划。这些战略规划可以努力确保地方政府在食品安全危机管理中朝着正确的方向前进，充分整合地方资源，从而进一步完善地方政府食品安全危机管理，确保一方食品安全，造福一方百姓福祉。

战略管理在地方食品安全危机中的运用有待于实践的进一步检验和完善。从实践运作层面来看，战略评价涉及最终结果的考核和运用而更为人所关注，但是我们认为战略从理论走向实践的关键环节则是战略设计。战略设计既是战略管理理念的具体化，同时也是战略管理实施的行动方案，在这一点上，战略设计不仅是战略管理与地方政府食品安全危机管理的“有效结合部”，而且是“必需结合部”，它是地方政府食品安全危机管理进入顶层设计实施战略管理的一座桥。

参考文献

［1］杨霄，李彬．食品安全问题对中国国家形象的影响［J］．现代国际关系，2010（6）．

［2］戴维·奥斯本，特德·盖布勒．改革政府［M］．上海：上海译文出版社，2006.

［3］彭国甫．地方政府公共事业管理绩效评价研究［M］．长沙：湖南人民出版社，2004.

［4］珍妮特·V. 登哈特，罗伯特·B. 登哈特．新公共服务：服务，而不是掌舵［M］．北京：中国人民大学出版社，2010.

［5］陈锡进．中国政府食品质量安全管理的分析框架及其治理体系［J］．南京师范大学学报，2011（1）.

On the Strategic Management —Local Government Food Safety Management Objective Rationality and Instrumental Rationality Dual Needs

Wang Yue，Pan Xinlin

（School of Public Administration，Xiangtan University，Hunan，Xiangtan 411105，China）

Abstract：Local government food safety crisis management deficiencies and strategic management a lot of function of the local government food safety crisis management into strategic management is necessity and possibility. The introduction of strategic management to improve local government food safety crisis management mainly has the following three aspects. Firstly, a reasonable strategic orientation of government development strategy orientation and value orientation of government behavior, establish and perfect the local government food safety crisis management value system. Sceondly, taking scientific strategic planning to guarantee the government historical mission sense, social responsibility and their sense of presence and enhanced. Finally, according with national condition, build up and carry out the strategic form correct achievement outlook and scientific development outlook.

Key Words: Strategic Management; Local Government Food Safety Crisis Management; Objective Reason; Instrumental Rationality

战略性人力资源管理视阈中的公务员管理改革研究*

徐东华

（北京电子科技学院，北京 100070，中国）

【摘　要】伴随着“新公共管理”“新公共服务”的浪潮，越来越多的国家政府组织导入战略性人力资源管理，借以改革和替代传统的人事行政，增强人力资源管理对政府战略的回应性，为实现政府战略目标提供强有力的人才支撑。战略性人力资源管理是人力资源管理发展的新阶段，它具有促使战略落地及提升组织绩效的显著功效。本文从战略性人力资源管理的视角，探讨我国公务员管理中存在的突出问题及深层次原因，并借鉴国外政府相关经验，提出公务员管理改革的主要思路及对策。

【关键词】战略性人力资源管理；公务员管理改革；公务员制度

一、战略性人力资源管理理论的提出与核心思想

从早期的人事管理到后来的人力资源管理，再发展到现在的战略性人力资源管理，人力资源管理理论日趋成熟。1981 年，美国管理学者德瓦纳、福姆布龙和蒂奇发表了《人力资源管理：一个战略观》一文，正式提出了战略性人力资源管理的概念，并深刻分析了组织战略与人力资源之间的关系，标志着战略性人力资源管理理论的产生。

战略性人力资源管理是一整套框架体系，注重与组织的使命、核心价值观、愿景与战略等协调一致，而且在组织战略的指导与牵引下积极开展各项职能，使之与业务流程、组

* 收稿日期：2013－03－05。

基金项目：中央高校基本科研业务费资助项目“党政信息安全人力资源管理体系构建与实施研究”。

作者简介：徐东华，北京电子科技学院管理系讲师、博士。

织结构及组织文化等动态匹配，以形成人力资源管理的协同效应。组织构建并实施有效的战略性人力资源管理体系，可以引导人力资源管理活动及激活人力资源能力聚焦于组织战略，形成难以模仿、不易替代与充满活力的人力资源队伍，从而增强组织竞争优势，促使组织战略落地。

组织的使命、核心价值观、愿景和战略共同形成了组织由远到近的目标体系，它们是构建科学战略性人力资源管理体系的前提。其中，组织的使命是组织存在的根本理由，指明了组织对整个经济和社会应该做出的贡献。核心价值观是指组织全体成员在决策和行动过程中需要共同遵守的行动准则，是组织长盛不衰的根本信条。卓越组织的核心价值观不会随时代的风潮而改变。愿景是组织描绘的发展蓝图和中长期目标，是一股令人深受感召的力量。它一般由两部分组成：一是组织中长期内要实现的胆大包天的目标（Big Hairy Audacious Goals，BHAG）；二是对组织完成胆大包天目标后会是怎样的生动描述。战略则是实现和达成这些目标的关键途径和优先选择，它是由多个并存且互补的战略主题组成的。

在明晰使命、核心价值观、愿景与战略的基础上，组织就可以梳理和再造主要业务流程、优化组织结构及组织文化，为开展人力资源管理活动创设良好的环境和基础；而且，依据组织战略制定并实施人力资源战略与规划，协调推进工作设计与工作分析、胜任素质、招募及甄选、职业生涯管理、培训与开发、绩效管理、薪酬管理、员工流动管理等活动，促使各项职能相辅相成、相互配合，以发挥最佳整体功能。此外，在当今信息时代，人力资源外包与电子化人力资源管理发展成为战略性人力资源管理的重要支撑及技术平台，为战略性人力资源管理的有效实施“保驾护航”。通过将那些机械性的、重复性的行政事务外包出去或由计算机网络“代劳”，人力资源部门就可以把更多的时间和精力投入到对组织更有意义的战略规划工作中来，转变为组织战略决策的参与者和合作伙伴。

二、国内外战略性人力资源管理研究与实践概况

战略性人力资源管理理论一出现就备受欧美工商界人士的关注，成为西方工商管理领域研究、探索与应用的热点问题，积累了大量的相关文献及成果。研究与实践表明，它与企业绩效密切相关，能导致更高的企业及员工绩效。越来越多的国外政府组织导入战略性人力资源管理，借以改革和替代传统人事行政，增强人力资源管理对政府组织战略的回应；同时，政府战略性人力资源管理逐渐成为西方公共管理研究的一个热点问题，相关研究文献及成果日益丰富。

美国是践行战略性人力资源管理最成熟的国家之一，无论是联邦政府，还是各州、地方政府，都非常重视推行战略性人力资源管理。“战略性人力资源管理”一词频频地出现在各级政府领导人的正式讲话及官方文件中。1993 年 3 月，美国前总统克林顿要求副总

统戈尔领导旨在重塑联邦政府的“国家绩效评估运动”，同年9月发表了第一份报告，即《从繁文缛节到结果导向：创造一个少花钱多办事的政府》（又称《戈尔报告》），强调通过“重塑人力资源管理”以改革公务员制度，并推进战略性人力资源管理实践。由此联邦政府战略性人力资源管理实践达到一个高潮。进入21世纪后，布什政府发布了《总统管理议程》，确立了五项联邦政府管理改革方案，其中第一项就是实施战略性人力资本管理，要求每个联邦政府机构都应该确保人力资本战略与组织的使命、核心价值观、愿景及战略相联系，而且运用战略性的人力资源规划和各种灵活的工具、方法来招募、留住及激励员工，并开发一支高绩效的员工队伍。因此，联邦政府进一步强化了战略性人力资源管理实践，每个联邦机构都会在年度绩效报告及其他相关文件中总结和公布各自具体做法。

在我国，无论在工商管理界抑或公共管理领域，也无论在学术研究上或管理实践中，战略性人力资源管理相关研究文献及实践成果还比较少，涉及政府组织战略性人力资源管理的成果更加匮乏。我国亟待加强政府组织战略性人力资源管理研究与实践，以破解公务员管理及制度建设中的诸多难题。

三、我国公务员管理现存的主要问题及深层次原因

公务员管理在本质上属于管理范畴，因此从战略性人力资源管理的视角探讨我国公务员管理问题，具有更直接的理论与现实意义，不仅可以丰富管理学视野中的公务员管理研究成果，还能够提升公务员管理研究的针对性和有效性，从而为公务员管理实践提供坚实的理论支撑，为全面提高公务员管理水平奠定良好的基础。

具体而言，从战略性人力资源管理视角分析，我国公务员管理仍不同程度地存在以下突出问题：一是无法与政府战略实现协调一致。许多政府组织缺乏明确、规范的使命、核心价值观、愿景与战略陈述，这几大要素不清晰或不精准，导致公务员管理与之脱节，公务员人才队伍战略规划与政府组织战略的契合度差，无法真实、清晰地体现组织长远发展目标。二是很难与政府业务流程、组织结构与组织文化进行科学匹配。许多党政组织中仍不同程度地存在办事程序冗长、组织机构膨胀、行政层级较多、服务意识薄弱、人治色彩浓厚等弊端，直接影响和制约到公务员管理科学化水平的提高。三是管理职能不健全与发展不平衡，各职能之间协同性差。经过多年的建设与发展，公务员的考试录用、培训与开发、绩效考核等职能由于领导重视和社会关注度高，因此工作开展相对较好，但是公务员的工作设计、工作分析、胜任素质、职业生涯管理、绩效管理、薪酬管理、退出管理、管理外包及信息化管理等职能的实践进展仍明显滞后，尚有较大改革与发展空间。而且，现有各个职能往往“各行其是”，不是在组织战略的统一指导下协调推进与融合发展，因而难以获得良好的整体效果和协同效应。四是管理权限过于集中，弹性不足。公务员管理权主要集中在上级党委及其组织人事部门，用人单位及直线管理者的权力相当有限，难以在

公务员管理中施展身手，导致整个公务员管理缺乏弹性和权变性。五是管理机构及人员角色错位，组织人事干部专业素质有待提高。公务员管理机构及人员的地位往往比较被动，主要充当执行者角色，在参与组织战略规划及重大决策方面所发挥的作用很小。此外，组织人事干部素质参差不齐，缺乏战略性人力资源管理专业知识与实务能力，高层次的人力资源管理人才及战略性人力资源变革专家匮乏，不能为主要领导者进行战略决策提供科学、权威的专家意见。

导致上述问题的深层次原因主要有三个：第一，公务员管理理念滞后。许多管理者习惯从单一的政治学视角而非多学科视角全面、系统地审视公务员管理，仍按既有经验或传统惯例来管理公务员，错误地将公务员管理混同于公务员制度建设，不能积极、主动地将现代先进的管理理念，诸如战略理念、系统理念、权变理念、创新理念等应用到公务员管理中来，导致公务员管理科学化水平难以提高。第二，公务员管理基础薄弱。我国公务员管理是在吸收古代官吏与传统干部制度实施中的合理因素，并在借鉴发达国家相关管理经验基础之上发展起来的，由于国内原创性的先进管理理论匮乏，缺乏管理科学化的“沃土”，诸多现代先进的管理理念、工具和技术依赖国外“进口”，再加上法治根基浅薄，非规范化管理行为普遍存在。第三，公务员管理改革动力匮乏。我国公务员管理改革主要靠上级领导的指示及行政力量的推动，部门及管理者普遍缺乏自主改革的动力。由于改革要承担更多的风险、责任和非议，加上实绩考核制度不健全，许多管理者倾向于按部就班，除非上级领导指示或有关政策驱动，否则一般不会主动发动改革。

四、我国公务员管理改革的主要思路及关键对策

为建设形成一支士气高涨、充满活力，能够满足国家经济与社会发展战略需要的公务员队伍，各级政府及管理者应该探索应用战略性人力资源管理这一先进理论，借鉴国外相关经验，切实推进公务员管理改革。

第一，明晰政府的使命、核心价值观、愿景与战略，建立以战略规划为牵引的改革动力机制。政府机构应该重新审视现有的“宗旨”“理念”与“目标”等相关表述，将之整合并转换成清晰、规范的使命、核心价值观、愿景与战略陈述，并公布于众。它们必须在主要领导干部的引导下，动员全体成员和利用集体智慧共同研讨、沟通确定，确保为全体人员所共同认可和遵从。由于政府不能像企业那样以自身利润最大化为目的，因此其使命、核心价值观、愿景与战略必须充分体现服务社会公众、追求公共利益最大化的组织特性。例如，美国联邦人事管理总署的使命是“招募、保留和奖励服务美国人民的世界一流公务员”；核心价值观是“服务、尊重、诚信、包容、热情、卓越、创新”；愿景是“使联邦政府成为21世纪美国模范雇主”。2012~2015年其战略主题是：①改进联邦公务员雇佣过程；②强化联邦公务员的多样性和包容性；③为联邦政府进行安全、可靠决策及时提供充分信息；④确保

联邦公务员拥有实现组织使命所需的核心胜任素质；⑤鼓励更多管理者参与到联邦公务员雇佣过程中；⑥帮助退伍军人在联邦机构中找到合适的工作岗位。

在明晰自身使命、核心价值观、愿景和战略基础上，政府组织应进一步确立以战略规划为牵引的改革动力系统，通过战略规划制定、公开与评估来驱动公务员管理改革。例如，2010 年，美国国会通过了《政府绩效与结果修正法案》（GPRAMA），以期对 1993 年颁布的《政府绩效与结果法案》（GPRA）中存在的突出问题进行修正，要求各联邦机构向美国管理和预算署（OMB）与国会提交至少向后覆盖四年的战略规划，同时规定至少每三年对战略规划修订一次（国防部战略规划为每四年修订一次），并将之发布在部门网站上，接受社会各界监督；与之配套的是，每个财政年度之初各机构必须向总统和国会提交一份年度绩效计划，明确年度绩效目标和考核指标，年后提交一份年度绩效报告，陈述年度绩效计划中确立的绩效指标及特定工作项目完成情况。在跨年战略规划及年度绩效计划的牵引与激发下，各联邦机构对公务员管理改革的热情与动力持续高涨，积极导入并应用先进的管理理念、工具与方法，打造高绩效公务员队伍，以确保战略规划及绩效计划顺利实现。我国可以借鉴和探索这种战略驱动型的公务员管理改革动力机制，通过完善并实施相关法规政策，要求各级政府机构制定、报告并公开跨年战略规划、年度绩效计划及其落实情况，并制定相应的战略落实问责制度，以增强公务员管理改革动力，加大公务员管理创新力度。

第二，优化政府业务流程与组织结构，改善政府组织文化。政府组织应根据使命、核心价值观、愿景及战略，全面梳理和盘点各项工作流程，明确哪些环节是重要的，哪些环节是冗余的，对于关键环节予以强化，冗余环节则进行删减，确保核心工作流程聚焦并服务于组织的使命、愿景和战略。在此基础上，根据“大部门制”改革思路，通过整合职能部门，扩大管理幅度，减少行政层级，明确管理责任和权限，规范机构设置等举措控制机构膨胀、优化组织结构。而且，有针对性地重点推进以服务型文化、法治型文化、责任型文化、创新型文化等为内容的组织文化建设，以克服传统的官僚文化、“人治”文化及特权意识，强化“顾客至上”的公共服务理念、廉洁高效的行政价值取向、注重责任和创新的管理改革精神。

第三，健全公务员管理职能，找准公务员制度改革着力点。各级政府应巩固和强化工作开展较好的职能，弥补和加快建设缺失或薄弱的职能，不断改进与完善公务员管理，全面推动公务员制度改革。改革的着力点侧重于以下内容：①完善基于组织战略的公务员战略规划，并向社会公布；②健全基于工作丰富化与提高工作满意度的工作设计制度，实施更加科学、精细与规范的工作分析及职位分类制度；③根据不同职位类别设定不同的录用标准、考试内容和考试方式；④构建公务员胜任素质模型，推行基于胜任素质模型的公务员选拔任用、绩效管理与培训开发制度；⑤推进基于职位分类的更具有人文关怀的公务员职业生涯管理制度；⑥改进公务员培训方式并加强公务员培训过程监管及效果评估；⑦健全绩效计划、绩效监控、绩效评价和绩效反馈四位一体的公务员绩效管理制度，并公布年度绩效报告；⑧推行公务员绩效工资、宽带薪酬结构及财产公示制度；⑨完善以职务升降、交流回避、辞职辞退、退休等为内容的“开放式”公务员流动体系，着力健全公务员退出机制；⑩完善综合激励系统，健全以工作、薪酬激励为主的正激励与惩罚、诫勉等为内容的负激励；⑪完善公务员管理外包与信息化管理制度。此外，在组织战略的统一牵引下，应用科学的管理工具及方法，协调推进并促使各个职能融合发展，以获得良好的整体效果和协同效应。

第四，重视公务员管理授权，促进公务员权变管理。英、美等发达国家为了增强公务员管理对政府战略的回应性和动态匹配，多数采用分权管理体制。在20世纪90年代“重塑人力资源管理”改革中，美国联邦政府就是按照结果导向、授权管理、弹性管理的原则，对当时公务员制度进行了系统改革，促使公务员管理体制由单一、统一、集权转变为放权、弹性、多样。我国公务员主管部门在不违背“党管干部”原则及《公务员法》等法律框架的基本前提下，应当授予用人单位及直线管理者更多的公务员管理权限，不仅强化其既有的人员使用权，还授予其更大的人员选拔培养、职务升降、工资调整自由裁量权。上级公务员主管部门重点对所辖单位公务员管理实施宏观指导、核心业务规范与创新鼓励，而不要直接干预公务员管理具体事务；鼓励组织根据工作重点及环境变化主动、适时创新公务员管理机制，强化公务员管理的弹性和科学性，而不是事事报批和被动“坐等”上级指示。管理科学化是管理法制化的前提。各级组织只有长期对公务员实施弹性、科学化的管理，积累丰富、有益的管理经验之后，才能将这些经验固化为成熟的管理成果，并将之转化、升华为国家层面的公务员制度。

第五，提升组织人事干部专业化水平，促使组织人事部门向战略决策者角色转变。美国各级政府都比较重视培养和造就具有战略性人力资源变革能力的高素质人力资源专家队伍，使之成为高层决策者的重要参谋和得力助手。以美国密歇根州为例，早在2000年，该州政府公务员局、雇主办事处就联合其他各局人力资源部门宣布，实施战略性人力资源变革活动，其核心目标之一就是培养战略性人力资源专家，为推行战略性人力资源管理提供人才支撑，并促使政府人力资源部门成为组织战略合作伙伴。其主要举措是：①从五个方面重新确定战略性人力资源专家培训需求，即提高人力资源项目和服务效率，培养和持续提升人力资源管理人员的专门知识与专项技能，改进人力资源项目和服务咨询方法，培养人力资源管理人员成为组织战略合作伙伴，以及评价人力资源管理最佳实践并将之应用到公务员管理中来。②重新界定人力资源工作愿景，并专门组建人力资源培训与开发学院，培养人力资源专家的战略变革能力以实现新愿景。③开发和培养人力资源专家的核心胜任素质模型，主要包括问题分析技能、战略合作伙伴能力、业务统筹思考能力、持续学习能力、顾客服务判断能力、争议处理技能、有效沟通技能、建设性导向能力、弹性和适应性、主动性、变革与创新精神、诚实与道德行为高尚、协商与推销能力、专业知识与专项技能、州政府环境洞察能力共15项胜任素质。同理，我国政府组织要推行战略性人力资源管理，应该优先培养和建设一批掌握战略性人力资源管理理论与实务能力的人力资源专家与领导干部队伍；重视构建战略性人力资源专家胜任素质模型，并据此对组织人事干部及相关领导者实施培训，提升他们的战略性人力资源变革能力，促使组织人事部门由事务性功能定位向战略决策者角色转变。

参考文献

[1] Devanna, M. A., Fombrun, C. & Tichy, N. Human Resource Management: A Strategic Perspective [J]. Organizational Dynamics, 1981, 9 (3): 51-68.

[2] 方振邦，徐东华. 战略性人力资源管理 [M]. 北京：中国人民大学出版社，2010：36.

[3] 彼得·德鲁克. 管理：使命、责任、实务（使命篇）[M]. 北京：机械工业出版社，2009：39.

[4] 方振邦，徐东华. 管理思想史 [M]. 北京：中国人民大学出版社，2011：231.

[5] Jim Collins, Jerry I. Porras. Built to Last: Successful Habits of Visionary Companies [M]. NY: Harper Collins Publishers Inc, 2004: 93.

[6] Beatrice Akong' o Dimba. Strategic Human Resource Management Practices: Effect on Performance [J]. African Journal of Economic and Management Studies, 2010, 1 (2): 128.

[7] Executive Office of the President Office of Management and Budget. President' s Management Agenda (2002) [EB/OL]. http://www.whitehouse.gov/omb/.

[8] 唐皇凤. 公务员制度的变异与控制——对中国国家公务员制度实施情况的反思 [J]. 国家行政学院学报，2003 (1)：47.

[9] United States Office of Personnel Management. Strategic plan - Updated for 2012 - 201 [EB/OL]. http://www.opm.gov/search/? site = default_ collection&q = 2012 - 2015.

[10] 何文盛，蔡明君，王轰，李明合. 美国联邦政府绩效立法演变分析：从 GPRA 到 GPRAM [J]. 兰州大学学报（社会科学版），2012 (3)：94-96.

[11] 吴志华. 发达国家公务员制度改革及其启示 [J]. 国家行政学院学报，2008 (6)：90-91.

[12] Mothersell, William M., Moore, Michael L., Ford, J. Kevin, Farrell, Jim. Revitalizing Human Resources Management in State Government: Moving From Transactional to Transformational HR Professionals in the State of Michigan [J]. Public Personnel Management, 2008, 37 (1): 78-92.

Research on the Reform of Civil Servant Management from the Perspective of Strategic Human Resource Management

Xu Donghua

(Beijng Electronic Science and Fechnology Institute, Beijng, 100070, China)

Abstract: With the wave of "new public management" and "new public service", more and more national government organizations have introduced strategic human resources management to reform and replace the traditional personnel administration, enhance the responsiveness of human resources management to the government strategy, and provide a strong support for the realization of the government' s strategic objectives. Strategic human resource management is a new stage of human resource management development. It has significant effect to promote strategic landing and enhance organizational performance. From the perspective of strategic human resource management, this paper discusses the outstanding problems and deep reasons in the management of civil servants in our country, and draws on the relevant experience of foreign governments, and puts forward the main ideas and Countermeasures of the reform of civil service management.

Key Words: Strategic Human Resource Management; Civil Service Management Reform; Civil Service System

战略管理：21世纪政府治理的挑战及其应对*

谭英俊

（广西行政学院　公共管理教研部，广西南宁530021，中国）

【摘　要】政府战略管理具有深刻的历史背景与丰富的内容构成。战略管理的应用功用在实践中因战略主体、战略客体、战略环境、战略方法等方面存在的问题而不能完全发挥出来，需要在形塑文化、组织再造、能力构建、完善理论等多方面努力，才能推进政府战略管理的发展。

【关键词】战略管理；政府职能；战略思维

一、政府战略管理的兴起缘由与价值功用

受私人部门战略管理理论和方法的影响，作为新公共管理运动的重要内容，政府战略管理途径受到了广泛关注。罗伯特·A. 达尔深刻地指出，只有“当公共行政研究并非取决于规定狭窄的技术和程序方面的知识，而是扩大到各种历史的、社会学的、经济的和其他条件性的因素时，才会成为一门基础更为广泛的学科”（彭和平，1997）。这就迫切需要政府转变思维以迎接环境的挑战，战略管理途径应运而生。“它试图通过对公共部门内外环境变量、组织长期目标以及组织角色与环境匹配的关注，以提高公共部门实现其使命的内在能力”（陈振明，2004）。政府管理范式逐渐从注重日常管理向谋划长远发展、从聚焦组织内部效率向关注外部环境、从追求短期目标向考虑长期目标转变。

政府战略管理的兴起有着深刻的时代背景和实践基础，树立战略管理观念是政府应对

---

* 本文来源于《管理现代化》2013年第1期，第4—6页。

基金项目：国家社会科学基金（项目编号：12CZZ045）；广西党校咨询类重大项目课题（项目编号：2012ZZZD009）。

作者简介：谭英俊，广西区委党校公共管理教研部主任、教授。

21 世纪严峻治理挑战的明智选择。

（一）战略管理是政府改革运动的必然要求

进入 21 世纪以来，随着政府改革运动（新公共管理、新公共服务、治理与善治、整体性治理等）的不断深入发展，政府的职能、地位与角色都发生了重大改变，政府不再是高枕无忧的公共服务垄断供给者，而必须面临来自非营利组织甚至私营部门的竞争。只有通过战略谋划，政府才能保持足够的核心竞争力以面对未来的严峻挑战。

（二）战略管理是应对复杂环境的现实选择

当今世界正在发生极其深刻的变化，经济全球化、政治多极化和社会信息化等趋势相互渗透、相互制约，对未来世界的发展将产生重大影响。公共部门管理面临的环境更加动态化与复杂化，其不确定性也大大增加。战略管理通过对环境的科学分析，建构有效的反应系统，为组织发展提供方向，可以降低环境的不确定性，从而有效地应对环境的挑战。

（三）战略管理是政府科学决策的有效途径

战略思维的全局性、系统性、前瞻性、创造性等特点使政府更加善于审时度势和未雨绸缪，往往在“山重水复疑无路”的困难情况下，能不囿于前人，不拘泥于现有，想他人之所未想，做他人所未做，别具匠心，另辟蹊径，从而作出技高一筹的公共决策，达到“柳暗花明又一村”的美好境界。

（四）战略管理是实现公共利益的有力保障

战略管理从组织整体和长远规划的角度，通过对组织内部情况与外部环境的综合分析，引导组织资源的优化配置，将有限的资源用于战略性的、关键性的领域，有利于兼顾整体利益与局部利益、组织利益与个人利益、长远利益与短期利益，从而最终实现公共利益。

二、政府战略管理存在的主要问题与制约因素

（一）战略主体方面的问题

1. 战略的长期性与政府及领导人任期的短期性存在矛盾

战略管理是一项涉及长远规划的管理体系，需要得到持续而有效的推进与实施。但是政府及其领导人是有任期限制的。新官不理旧政，一届政府一个战略的现象就难免会发生，成为战略管理的不利因素。

2. 政府及领导人战略管理能力有限

战略管理是一门需要极高专业能力支撑的工作。但是目前一些政府缺乏战略意识，政府领导及成员较少进行战略思维训练，对战略制定、战略实施、战略评估等环节的流程、方法与技术不甚明了，总体战略能力有限。

3. 政府组织结构不能与战略管理匹配

什么样的战略就需要什么样的组织结构相匹配。但是“随着新战略的实施已发生重大改变，而公共部门的组织结构却变化缓慢甚至一成不变。这种旧瓶装新酒的做法，往往导致公共部门的现行结构变得无效，其典型的症状包括：过多的管理层次，过多的人参加过多的会议，过多的精力被用于解决部门间的冲突，控制范围过于宽广，有过多的目标未能实现，等等”（汪大海，2004）。这些组织结构问题成为推行战略管理的制约因素。

4. 行政文化与战略管理不相适应

战略管理是民主参与的管理范式。但是一些政府仍然存在着唯主要领导人意志是从的倾向，这种个人专断型行政文化不仅不利于广泛汲取民智、形成科学理性的战略规划，也会使战略实施遭遇重重困难。

（二）战略客体方面的问题

1. 战略议题带来了创新也隐藏着危机

“公共部门战略管理很难容忍不确定性，他们经常断然将新情况中的不明朗因素标注成议题，这种做法可能会带来灾难性的后果。一方面，组织可能因此错失一些能带来极大改善的机会，极大地削弱组织能力；另一方面，那些没有觉察到的威胁可能损害组织的绩效，导致组织的衰落和失败”（保罗·C. 纳特，2001）。

2. 战略议题指明了方向也蒙蔽了视线

由于战略议题目标明确、范围确定，对这种议题的过度聚焦与集中反而有可能遮蔽在环境变化态势下出现的新问题、新现象，从而影响战略管理效力。

3. 战略议题兼顾了整体却也忽视了重点

由于政府涉及的利益相关主体众多，政府战略管理也受到了更多的约束。政府在选择战略议题时要顾及各方诉求、统筹兼顾，但是在兼顾各方的同时也可能忽视焦点议题。

（三）战略环境方面的问题

当前政府面临的战略环境呈现出日益复杂性、动态性与多元性的特点，对政府战略管理提出了更多的挑战。从多元性看，政府面临的环境既有社会的，也有自然的；既有国内的，也有国外的；既有物质的，也有精神的；既有内部的，也有外部的，它们构成一个丰富多样的环境体系。从动态性来看，随着信息化与知识经济时代的来临，环境更加瞬息万变，处于不断快速变化中。从复杂性来看，各种环境要素纵横交错、互相作用，形成混沌性与非线性的关系。因此，未来环境的不确定性无疑大大地增加了战略管理的难度。

（四）战略方法方面的问题

1. 战略步骤过于理想化

目前学界研究把战略管理大致分为战略计划、战略实施、战略评价、战略调整等步骤。这种划分是一种过程论的典型代表，它更多地具有学术分析价值，而在政府战略管理实践中，战略管理需要因地制宜、因情制宜、因人制宜去处理面临的战略问题，需要更多的灵活性与艺术性。

2. 战略计划过于固定化

战略计划对战略目标的确定往往束缚了政府的行动，限制了其机动性。

3. 战略实施过于程式化

战略实施是具体的操作行为。战略实施的标准化让政府失去了工作的创造性。

4. 战略工具过于企业化

目前的战略工具绝大多数来源于企业实践，具有企业组织的特色。借鉴这些战略工具有可能对政府的公共价值产生消极影响。

5. 战略评估过于定量化

目前战略评价更多地采用诸如成本—收益等定量评价方法，但是由于政府组织目标的模糊性，致使这些定量评价方法的结论往往难以反映战略绩效，从而产生偏差。

三、21 世纪政府战略管理的推进策略与发展构想

（一）强化战略意识，形塑战略管理文化

受任期以及政绩等因素的影响，政府及其领导人倾向从事于那些短期见成效的事业，战略管理往往被忽视。这就迫切需要政府及其领导人改变传统思维模式，强化战略意识，提升管理境界。作为应对环境变化的前瞻性谋划，战略管理不仅可以让政府未雨绸缪，有效应对未来的危机，保持组织的核心竞争力，而且能为公共部门提供战略性发展方向，使政府从更宏观的视野、更长远的角度来制定国家的发展战略，以应对国际化和全球化变革的需要。更为关键的是，战略性思维对组织目标和方向的把握可以为社会成员塑造民主、公平、正义的公共价值取向，确保公共利益的最大化实现。从这种意义上说，战略管理是一种更高层次的管理境界。它可以克服短视与急功近利，可以规避偏执与狭隘。战略管理不仅是公共部门的基本价值选择，也是领导者素质和能力的根本体现。因此，政府理应形塑适合组织特点的战略文化，以更好地为社会公众福祉服务。

（二）实施组织再造，夯实战略管理基础

适合的组织结构是推行战略管理的基础。作为一种与一般事务管理不同的管理范式，

战略管理对传统科层制组织体系带来了新的变革力量。战略管理对组织结构有着特殊的要求。战略不仅强调稳定性，更注重灵活性和创新性。战略必须具有稳定性，它才能为组织工作提供稳定的环境；战略又必须是灵活的，它才能在有新的需要或新的机会到来时随机应变。因为“战略管理强调有效的战略在某种程度上必然是非连续性的、随机应变的战略，强调通过学习、偶然的发现、灵感、直觉等非理性思维，以及对意外模式的认识去反映不可预知的机会和非连续事件”（陈振明，2004）。这就要求政府进行组织再造以适应战略管理的要求。首先，打造扁平化组织。应尽量减少不必要的管理层级，让组织成员更直接地面对公众，减少决策与行动之间的延迟，加快组织对环境的反应，从而使组织变得柔性化，更加灵敏。其次，打造网路化组织。最后，打造无缝隙组织。战略管理是涉及整体的、全局性的系统事业，任何狭隘的部门主义、个人主义思想是难以与之兼容的。

（三）抓核心要素，提升战略管理能力

为提高政府公共组织战略管理的效率，应该提升以下核心能力：

1. 战略规划能力

战略规划能力是组织及其领导者在进行科学的内外部环境分析后对组织愿景、组织目标、发展方向以及建构共识价值的能力。

2. 战略决策能力

战略决策要遵循决策的依据要实在、决策的方案要实际、决策的结果要实惠的原则，充分利用科学手段和科学技术所进行的决策。

3. 资源管理能力

能够有效调动战略所需的各种资源是政府战略管理的前提。政府不仅要争取获得足够的人力、物质、财政、技术、信息等资源，更要让这些资源的配比结构合理、运用效率可观。

4. 组织协调能力

作为一个综合性全面管理过程，战略管理涉及方方面面的因素，这就需要政府协调好组织内部与组织外部的各种关系。既要通过制度性的刚性力量进行协调，也要通过民主协商、平等沟通、信任授权等柔性力量达成共识。

5. 学习创新能力

“一个政府的学习能力如何，尤其是学习新知识的能力如何，对未来的政府管理创新和组织成长有着至关重要的影响。学习型政府通过不断的学习、模仿，在适应环境变化的过程中，对其基本的信念、态度、行为、结构和方式进行调整，从而获取一种面对各种问题的应对能力，获取一种长期效能和自我完善的能力”（倪星，2006）。

（四）深入借鉴学习，发展战略管理理论

基于组织的重视与长期的发展，私人部门战略管理较之公共部门显得更加成熟，更成体系。当前政府公共管理的理论与方法大部分来源于私人部门战略管理。目前政府借鉴私

人部门管理理论与方法，形成了“莫尔模式”“纳特—巴可夫模式”“布莱森模式”等战略管理模式。但是这种借鉴尚处于初级阶段，还有大量细致的工作要做。毕竟私人部门与公共部门在组织性质、环境影响、运行方式等方面存在着重大差异，这就需要倍加注意私人部门战略管理理论与方法的借鉴领域、适用条件与作用机制。政府战略管理实务工作者与研究者必须共同努力研究公共部门战略管理与私人部门战略管理的区别与联系，探究战略管理的共同规律，为推进政府战略管理作出应有的贡献。另外值得一提的是，目前政府战略管理理论大多来自西方，适合中国实际的战略管理理论与方法并不多见，这就需要中国各级政府研判中西方社会的差异，辩证吸收西方理论营养，从中国实际出发，不断创新战略管理理论与方法，为推进中国政府战略管理理论与实践的发展作出更大的贡献。

参考文献

［1］张刚，徐春．地方政府能力的评价与规划［J］．政治学研究，2005，2.

［2］彭和平．国外公共行政理论精选［M］．北京：中共中央党校出版社，1997.

［3］陈振明．公共部门略管理途径的特征、过程和作用［J］．厦门大学学报，2004，3.

［4］汪大海．试论公共部门战略管理的十大误区［J］．中国行政管理，2004，6.

［5］［美］保罗·C. 纳特，罗伯特·W. 巴可夫．公共和第三部门组织的战略管理：领导手册［M］．北京：中国人民大学出版社，2001.

［6］倪星，杨芳．试论新时期中国公共部门战略管理能力的提升［J］．武汉大学学报（哲学社会科学版），2006，59（1）.

Strategic Management: The Challenge and its Response of Government Governance in Twenty – first Century

Tan Yingjun

(Department of public administration and research, Guangxi Administrative College, Nanning, Guangxi 530021)

Abstract: The strategic management of the government has a profound historical background and rich content. The existing application function of strategic management in practice for the strategic subject, strategic object, strategic environment, strategic approach and other issues can not fully play out, need to shape the culture, organization, ability to construct and perfect the theory and other aspects of efforts to promote the development of the strategic management of the government.

Key Words: Strategic Management; Government Function; Strategic Thinking

战略管理学在中国：历史、现状和未来
——基于文献信息可视化分析的视角*

侯剑华　朱方伟

【摘　要】20 世纪 80 年代，战略管理学开始被引入我国，并得到迅速发展和广泛传播。20 世纪 90 年代，战略管理学进入快速成长和积累时期，文献产出数量不断增多。自 2000 年以来，在企业管理实践需求的拉动下，我国战略管理学进入蓬勃发展期，正在建立和形成一个庞大的学科知识体系。通过对该领域科学文献的计量和可视化分析，当前战略管理学领域研究的热点问题主要包括新公共部门战略管理（图书馆战略管理与规划、高校战略管理等）、人力资源战略管理、企业国际化战略、财务战略管理等方面。战略管理学未来的发展，应当重视理论研究的中国化、本土化进程；进一步向专业化领域发展；强化案例分析方法的应用；加强学术交流与合作，创建学术园地，积极推进战略管理学在我国的快速良性发展。

【关键词】战略管理学；管理学史；学科体系

企业管理实践中有关战略问题的研究是在企业生产经营的社会化、全球化过程中不断发展起来的。1938 年，美国经济学家切斯特·巴纳德在其出版的《经理的职能》一书中，首次把战略的概念引入企业经营中，说明战略因素在企业综合系统中诸要素相互作用的影响与功能。1965 年美国的伊戈尔·安索夫（H. Igor Ansoff）发表《企业战略论》（*Corporate Strategy*）这一经典著作，"战略管理"的概念首次出现在管理学史上。随着经济全球化发展，市场瞬息万变，企业经营和管理中的战略问题逐渐凸显出来，企业管理发展到战略管理阶段。20 世纪 80 年代以后，国际上战略管理学进入繁盛发展时期。先后出现了一系列战略管理学派，其中以安德鲁斯为代表的设计学派、以安索夫为代表的规划学派和以波特为代表的定位学派为三大主流学派，他们在战略管理研究领域演绎了繁荣纷争的学术

* 本文系国家自然科学基金资助项目《战略性新兴能源技术辨识与产业发展对策研究》（项目编号：71103022）和《面向生命周期的总承包项目知识集成研究》（71171033）的部分研究成果。本文来源于《社会科学管理与评论》2013 年第 1 期，第 54—62 页。

作者简介：侯剑华，大连理工大学工商管理学院副教授（大连 116085）；朱方伟，大连理工大学工商管理学院教授（大连 116085）。

景象。① 而在中国，自20世纪80年代战略管理学被引进中国后，也经历了快速成长和积累，并不断发展。本文基于文献信息可视化分析的视角，分析了战略管理学在中国的历史现状和未来。

一、战略管理学文献产出的分布

20世纪80年代初期，我国实行改革开放政策，引入西方现代化企业管理经验和技术，国内学者开始大量引入国外管理科学研究的先进成果，翻译和引介了大量现代化管理学研究理论和新兴学科，战略管理学在这一时期开始被引入国内，并在企业管理实践中得到广泛的应用和传播。

在中国期刊全文数据库中的学术期刊论文数据库和重要会议论文数据库中，以主题词为"战略管理"进行检索，共检索相关文献14896篇，以关键词检索结果为8548篇；检索学位论文数据库（包括博士学位论文和硕士学位论文），主题词检索结果为8261篇，关键词检索结果为1968篇（检索时间2012年1月28日）。各数据库中相关文献的逐年分布情况如图1、图2所示。其中，数据库中收录最早的一篇期刊论文是1982年由中国科学院张云岗发表在《科研管理》的《战略管理——西方企业战略管理案例分析简介》，文中介绍了战略管理的概念和重要性以及战略决策的程序，并通过当时美国Dartmouth学院的奎恩（James Brian Quinn）教授在中国工业科技管理大连培训中心的授课资料整理的几个典型案例，从正反两个方面论述了战略管理在企业管理实践中的重要意义。②

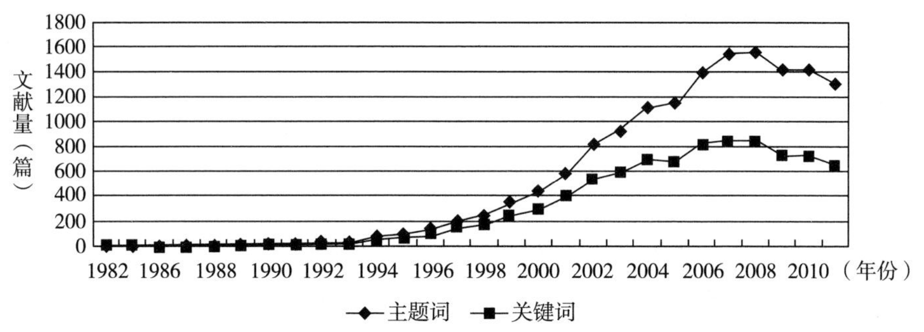

图1 CNKI中学术期刊（会议）文献量逐年分布

① 周三多，邹统钎．战略管理思想史［M］．上海：复旦大学出版社，2002.

② 张云岗．战略管理——西方企业战略管理案例分析简介［J］．科研管理，1982（3）.

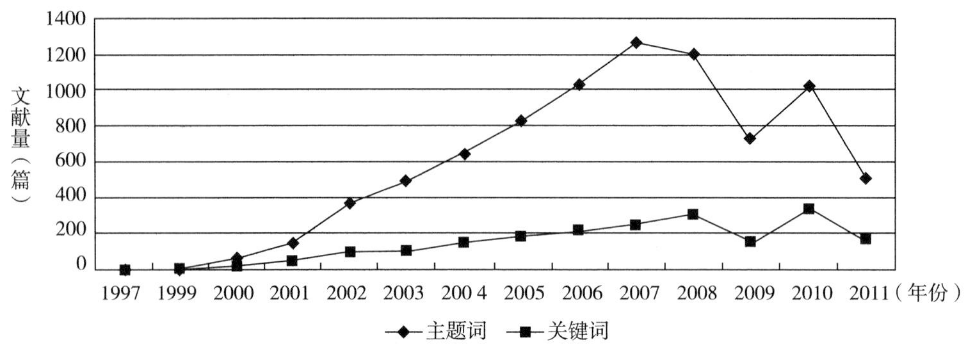

图 2　学位论文文献量逐年分布

一方面，从期刊（会议）学术论文发表的年度分布来看，从 1994 年开始该领域研究的文献产出量出现了一次跃升，呈现迅速增长的趋势，尤其是从 2000 年开始，战略管理研究的期刊（会议）文献量更是呈现出急剧增长的态势，到 2008 年左右达到一个增长的峰值，2008 年以后略微出现增长缓慢甚至下降的趋势。另一方面，从学位论文的分布情况来看，1997 年我国出现最早的以“战略管理”为研究主题的学位论文，系上海财经大学王玉的博士学位论文《企业进化的战略研究》和南京大学陈蔓生博士的《中国国有企业制度创新模式与战略进程的制度经济学分析》。从 2000 年开始，学位论文数量增长迅速，同样是 2008 年以后出现了平稳甚至下降的态势。学位论文的数量逐年分布与期刊（会议）论文的分布态势具有高度的一致性。我国期刊全文数据库中的有关战略管理研究的文献量分布情况，正好吻合了部分学者提出的我国战略管理发展的阶段划分。① 按照文献量的逐年分布情况，我们将 1994 年之前，我国战略管理研究的发展阶段界定为引进培育期，将1994 ~2000年界定为成长积累期，2000 年以来的时期界定为蓬勃发展期。

二、战略管理学在我国的引进与传播

20 世纪 80 ~90 年代，战略管理学在我国属于引进培育期。1978 年 9 月 27 日，钱学森在《文汇报》上发表了组织管理的宣言性文章《组织管理的技术—系统工程》一文，开创了我国管理科学的新时代。这篇文章不仅是阐述系统工程科学方面的纲领性文章，更是我国管理从经验走向科学的里程碑，开辟了中国整个管理科学的发展道路。② 我国在改革开放以前，在计划经济体制框架下，企业没有充分的经营自主权，在国家统一计划体制下进行生产，企业失去了应有的活力。1984 年党的十二届三中全会通过了《中共中央关于经济体制

①② 金占明，杨鑫．改革开放三十年：中国战略管理的理论与实践之路［J］．清华大学学报（哲学社会科学版），2008（S2）．

改革的决定》，提出的“社会主义经济是公有制基础上的有计划的商品经济”推动企业逐步成为市场和商品经济的主体，企业逐步扩展了经营自主权，大大提升了企业应有的活力和动力，企业经营者从生产者的角色逐渐分离，初步具备了独立进行经营管理、思考和规划企业发展战略的实践基础。与此同时，在战略管理理论和学科建设方面，相关研究学者陆续翻译引进西方战略管理专著和学术文献，并且与我国传统文化和管理思想相结合，努力形成本土化的战略管理研究理论，推动了战略管理理论和思想在我国的培育和传播。此外，我国开始通过与国际合作等方式，率先在大连理工大学、中国人民大学等高校举办工商管理课程培训和 MBA 教育，如创建中国工业科技管理大连培训中心等，这些都极大地推动了战略管理理论和学科在我国生根发芽和广泛传播。20 世纪 80 ~90 年代是我国战略管理学术研究和企业管理实践萌芽和发展时期，同时也是战略管理教育在我国引入和创建时期。

三、战略管理学在我国的成长积累期

战略管理学作为工商管理学科知识体系的重要分支领域，是在我国不断深化企业管理体制改革和扩大经营自主权的实践基础上逐步成长起来的。20 世纪 90 年代开始，我国进入改革开放的关键时期，进一步深化社会主义市场经济体制改革，扩大企业经营自主权成为我国经济体制改革的重点。1993 年中共十四届三中全会通过了《中共中央关于建立社会主义市场经济体制若干问题的决定》，确立了市场经济体制在中国的地位，进一步明晰我国国有企业改革的方向是建立“产权清晰、权责明确、政企分开、管理科学”的现代企业制度。这标志着我国企业管理工作进入一个新的发展阶段。企业经营自主权的进一步扩大和经营机制的转换为我国企业管理实践提供了新的发展空间，同时为包括战略管理理论在内的工商管理学科在我国的深化发展提供了重要的实践基础。

20 世纪 90 年代开始，战略管理理论和实践在我国得到了空前的重视和发展，部分大型企业开始组建专门的战略计划部门，相当数量的大中型企业开始重视和制定自己的发展战略，在实践中不断积累战略管理经验。一方面，这一时期开始将研究的重点转向对西方引进的战略管理理论与研究方法的消化吸收，系统地梳理和把握战略管理的主要理论与学说。另一方面，战略管理理论和思想的本土化研究更为突出，开始通过对大量中国本土企业的战略进行系统的归纳和提炼，重点对中国企业的成长发展以及战略管理的成功经验和失败教训进行系统归纳，摸索中国式的战略管理理论。① 在学科建设方面，从 1991 年我国开始正式推行 MBA 教育开始，将战略管理作为 MBA 教育的主干课程和重点研究方向。在管理类本科生的培养计划中，战略管理被列为主干课程之一。在研究生培育和专业设置

① 金占明，杨鑫．改革开放三十年：中国战略管理的理论与实践之路［J］．清华大学学报（哲学社会科学版），2008（S2）．

中，多所高校将战略管理列为企业管理专业的主要研究方向和专业领域。从 20 世纪 90 年代开始，我国多所高校也开始纷纷成立了战略管理系或研究中心，进行专门的战略管理的教学与研究，极大地推动了战略管理学的学科建设和人才培养。

四、战略管理学在我国的蓬勃发展期

1999 年 9 月，中共十五届四中全会进一步明确提出了“重视企业发展战略”“加强企业发展战略研究”的要求。此后，战略管理在我国企业实践中得到了更广泛的应用，从而进一步地促进了战略管理学在我国的确立与发展。2000 年以后，我国战略管理研究进入蓬勃发展期。

研究者对《管理世界》和《南开管理评论》等刊发的战略管理研究的文献进行分析，对我国战略管理研究的进展进行评析，并将分析结果与国际战略管理相关研究结论进行比较分析，为我国战略管理学的未来发展提出建议。①

为进一步展现近年来我国战略管理研究的热点问题和前沿领域，我们对中国社会科学引文数据库中收录的 2007 ~ 2011 年战略管理学文献数据，使用 CiteSpace 软件系统绘制文献信息可视化知识图谱。在关键词共现网络的基础上进行聚类分析，按照聚类大小和研究的相关度，并结合 TF * IDF 算法抽取的聚类标识词，整理出国内战略管理领域研究热点和主题（见表 1）。

表 1　国内战略管理领域研究热点和主题词（2007 ~ 2011 年）

年份	代表性研究主题	聚类号	节点数	主题标识词（TF * IDF）
2011	企业国际化战略	48	6	（15.68）“零售企业”；（13.4）式”；（11.78）“协同国际化”；“成长策略”；（13.4）“进入模（11.78）“国际市场进入战略”
2011	战略管理的中国化研究	72	5	（14.65）“跨国经营”；（14.65）“中国管理学”；（14.65）“关注热点”；（13.4）“国际顶级期刊”；（12.82）“组织行为学”
	财务战略管理	90	5	（14.65）“财务战略管理”；（14.65）“基本指标”；（14.65）“标准值”（14.65）“辅助指标”；（13.4）“短期偿债能力”
	高校战略管理与评价体系	35	4	（13.4）“信息构建”；（13.4）“网站”；（11.78）“大专院校”；（10.73）“评价体系”

① 许德音，周长辉．中国战略管理学研究现状评估［J］．管理世界，2004（5）；武常岐．中国战略管理学研究的发展述评［J］．南开管理评论，2010（6）．

续表

年份	代表性研究主题	聚类号	节点数	主题标识词（TF*IDF）
2011	行为金融与战略领导力	98	4	（13.4）“行为金融学”；（13.4）“心理特征”；（13.4）“战略领导力”；（11.78）“高阶梯队理论”
	核心竞争力与可持续发展战略	7	3	（11.78）“持续发展”；（11.78）“文化建设”；（10.31）“核心竞争力”；（8.32）“企业核心竞争力”
2010	图书馆战略规划与管理	30	9	（20.02）“图书馆战略管理”；（19.57）“图书馆战略规划”；（14.65）“文本分析”；（14.65）“文本模型”；（13.4）“组织结构模型”
		44	3	（10.31）“图书馆战略”；（8.61）“战略规划”；（8.61）“战略规划”（8.32）“图书馆事业”；（8.32）“公共文化服务”
	公共部门战略管理	47	6	（14.47）“公共部门”；（9.51）“影响机制”；（9.51）“私营部门”
	战略管理绩效	12	4	（13.4）“ssm”；（13.4）“指标体系”；（13.4）“3e 理论”；（11.78）“战略管理绩效”
	人力资本战略	20	4	（10.31）“管理现状”；（10.31）“人力资本框架”；（10.31）“人力资源”；（10.31）“农村信用社”
	高校战略管理	42	4	（12.82）“院校研究”；（12.821）“院校研究”；（9.51）“院校智能”；（8.32“高校战略”；（8.32“大学”
		55	4	（13.4）“战略管理团队”；（13.4）“冲突管理”；（13.4）“冲突表现”；（10.31）“高校”
	战略管理的理论构建	51	4	（10.96）“整合”；（10.31）“理论构建”；（8.81）“知识”；（8.81）“情报”；（8.81）“转化”
	时间战略与战略行动	56	4	（11.78）“管理认知”；（11.78）“时间战略”；（11.78）“战略创新”（10.73）“战略行动”
	战略管理创新	33	3	（11.78）“利益相关者关系”；（11.78）“企业家能力挑战”；（11.78）“环境因应”；（10.31）“战略管理创新”；（9.51）“系统生态学”
	战略管理与选择	93	3	（11.78）“应用战略管理”；（11.78）“战略选择”；（9.51）“战略管理方法”
	战略创业与资源观理论	96	3	（10.31）“创业”；（10.31）“战略创业”；（10.31）“资源观理论”；（9.44）“委托代理理论”
	战略管理的中国化研究	5	2	（8.32）“中国工业企业”；（8.32）“国内外企业最佳管理”；（8.32）“科技进步”
	战略管理文献分析	19	2	（9.51）“知识图谱”；（9.51）“共被引分析”
	文化体制与知识创造	87	2	（8.32）“文化体制”
		94	2	（8.32）“知识创造”；（8.32）“政府政策”

续表

年份	代表性研究主题	聚类号	节点数	主题标识词（TF * IDF）
2009	图书馆战略管理与规划，知识服务	43	9	（17.95）“图书馆管理”；（17.95）“图书馆管理”；（14.65）“战略目标制定”；（14.65）“战略目标”；（14.42）“战略规划”
		73	3	（11.78）“影响因素”；（11.78）“知识服务”；（9.51）“图书情报机构”
	全面战略管理	23	8	（13.4）“全面战略管理”；（13.4）“商业银行”；（13.4）“战略中心型组织”；（12.93）“平衡计分卡”
	企业竞争情报	52	6	（12.82）“企业”；（9.51）“市场信号”；（9.51）“互动关系”；（8.61）“竞争情报”
	战略管理方法论研究	21	5	（11.78）“建构主义”；（10.73）“战略管理研究”；（9.51）“方法论”；（9.51）“跨学科特质”；（9.51）“演化”
	战略地图	24	5	（15.68）“战略管理流程”；（11.78）“价值创造”；（11.78）“战略地图”；（11.78）“SWOT 矩阵”；（11.78）“系统模型”
	新公共服务理论与战略	36	5	（14.65）“新公共服务理论”；（14.65）“新公共管理”；（14.65）“传统公共行政”；（14.65）“网络化治理”；（13.4）“公共价值管理”
	SWOT 模型	40	5	（11.78）“SWOT 模型”；（11.78）“公共价值”；（9.51）“政府战略管理”；（8.32）“政府职能”；（8.32）“三角模型”
	战略管理的理论研究	62	4	（13.4）“竞争战略理论”；（13.4）“理论流派”；（13.4）“古典战略理论”；（13.4）“战略生态理论”；（6.77）“企业战略管理”
	企业战略环境	34	3	（11.78）“国家制造战略”；（11.78）“战略环境”；（9.51）“制造业”
	组织战略管理	67	3	（10.35）“组织管理”；（8.32）“nk 模型”；（8.32）“计算机仿真方法”；（8.32）“适应度景观”
	知识管理战略	76	3	（11.78）“知识管理战略选择”；（11.78）“知识管理战略制定”；（9.51）“知识管理战略”
	战略管理系统	74	3	（9.51）“信息技术”；（9.51）“信息系统”；（9.44）“竞争情报系统”；（7.61）“竞争情报系统”
	资源基础观理论	31	2	（8.32）“交易成本观”；（7.61）“资源基础观”；（7.61）“资源基础观”
	复杂性科学	101	2	（9.51）“复杂性科学”
	知识创新	60	2	（7.61）“知识创新”
	战略管理范式	81	2	（9.51）“战略管理范式”；（9.51）“经营优势”；（9.51）“顾客价值”；（7.61）“范式”

续表

年份	代表性研究主题	聚类号	节点数	主题标识词（TF * IDF）
2008	战略管理会计	49	8	（17.29）“战略管理会计”；（16.54）“战略管理会计”；（11.78）“战略管理循环”；（11.78）“文献分析”
	战略决策与管理	54	7	（13.4）“战略决策”；（13.4）“战略决策”；（11.78）“决策过程”；（11.07）“战略管理理论”；（11.07）“战略管理理论”
	核心能力理论与评价	59	6	（11.72）“价值链”；（11.72）“层次分析法”；（9.51）“生产性服务”；（9.51）“核心能力评价”；（8.32）“模糊评价法”
	成本与企业战略管理	61	6	（9.51）“因素分析”；（8.32）“成本管理”；（7.92）“企业战略管理”
		99	4	（10.31）“交易成本”；（8.32）“产权”
	平衡计分卡	27	5	（14.65）“绩效评价”；（11.78）“国家重点实验室”；（10.31）“平衡计分卡”；（9.51）“管理沟通”；（7.11）“平衡计分卡”
	公司治理	57	5	（11.73）“公司治理”；（11.73）“公司治理”；（10.73）“公司治理结构”；（10.73）“战略行动”；（9.46）“动态竞争”
	人才战略管理	69	4	（16.54）“人才战略管理”；（13.4）“人才强国战略”；（11.78）“分类管理”；（9.51）“核心人才”；（9.51）“核心人才流失管理”
	企业战略联盟	75	4	（9.51）“企业文化”；（9.51）“企业战略联盟”；（8.32）“战略观”
	企业制度与战略	100	4	（13.4）“制度理论”；（9.51）“制度环境”；（9.51）“企业制度战略”
	人口发展战略管理	97	4	（13.4）“人口发展战略管理”；（13.4）“政策”；（13.4）“实施机制”；（11.78）“区域”
	品牌战略管理	9	3	（11.78）“品牌战略管理”；（9.51）“品牌重振”；（9.51）“品牌战略管理”；（9.51）“战略管理模型”
	资源企业可持续发展	10	3	（11.78）“可耗竭资源依赖性企业”；（11.78）“可耗竭资源依赖性产业”；（9.51）“可耗竭资源”
		2	3	（7.61）“可持续竞争优势”
	品牌化战略管理	15	3	（11.78）“品牌化战略”；（11.78）“专业化战略”
	中小企业战略管理	16	3	（11.78）“中小企业”
	战略管理审计	79	3	（11.78）“战略管理审计”；（9.51）“内部审计”；（9.51）“企业内部审计”；（9.51）“审计评价体系”；（7.61）“评价体系”
	绩效管理	25	2	（13.4）“绩效管理”；（11.78）“绩效管理”；（9.51）“组织发展”；（9.51）“员工发展”
	企业经营与战略管理	53	2	（9.51）“企业经济管理”；（9.51）“决策程序理论”；（6.71）“战略管理理论”
		63	2	（9.51）“资本市场”；（9.51）“产权市场”；（4.81）“企业战略管理”；（4.81）“企业战略管理”

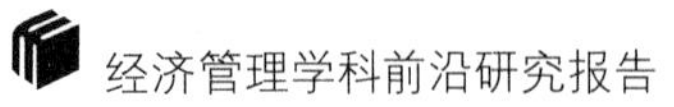

续表

年份	代表性研究主题	聚类号	节点数	主题标识词（TF * IDF）
2007	战略管理中国化	41	48	（9.51）“高等教育”；（9.51）“战略研究”；（9.51）“国有企业”
	企业社会责任	71	7	（17.95）“企业社会责任”；（17.29）“企业社会责任”；（11.78）“利益相关者权益”；（11.78）“利益相关者”；（11.78）“企业经济绩效”
	竞争优势与动态能力	70	6	（13.71）“竞争优势”；（13.71）“竞争优势”；（9.51）“企业能力”；（9.51）“全球化动态环境”；（9.51）“企业绩效”
	企业战略执行力	65	6	（14.65）“企业管理”；（13.71）“组织结构”；（11.72）“企业战略”；（11.72）“战略执行力”（11.72）“企业战略”
	技术创新与动态竞争优势	39	5	（13.71）“技术创新”；（13.71）“技术创新”；（11.78）“交易费用”；（11.78）“动态竞争优势”；（11.78）“产业组织”
	企业家战略管理思想	58	5	（14.47）“战略管理模式”；（13.4）“企业家精神”；（13.4）“战略管理思想”；（11.78）“企业家创新理念”；（9.51）“内部创业”
	企业管理文化	13	4	（13.4）“企业管理文化”；（13.4）“企业管理思想”；（13.4）“中国哲学文化”；（11.78）“中国企业”；（11.72）“战略管理学”
	企业战略管理基本问题	32	4	（13.4）“企业客户关系”；（13.4）“企业环境因素”；（13.4）“特定行业”；（11.78）“企业价值”；（6.77）“企业战略管理”
	价值期权	38	4	（13.4）“价值期权”；（13.4）“价值权力”；（13.4）“价值现权”；（11.72）“实物期权”
	知识管理	78	4	（10.02）“知识管理”；（9.51）“数据挖掘”；（9.51）“信息时代”；（9.51）“企业环境”
	企业核心能力	64	3	（11.78）“企业核心能力”；（9.51）“价值创新”；（5.96）“企业战略管理”；（5.96）“企业战略管理”
	企业绩效与战略管理	91	3	（11.78）“企业成长绩效”；（11.78）“企业学习途径”；（11.78）“战略管理能力”；（11.78）“教育培训”；（9.51）“企业家能力”
	创业研究	1	2	（9.51）“创业研究”
	城市战略管理	11	2	（9.51）“城市治理”；（9.51）“公众参与”；（9.51）“城市战略管理”
	信息系统与管理	18	2	（9.51）“言息系统规划”；（9.51）“结构方程模型”
	战略信息系统	50	2	（11.78）“竞争环境”；（9.51）“企业财务”
	企业战略与国际竞争力	83	2	（9.51）“企业基础管理”；（9.51）“国际竞争力”；（9.51）“经营管理创新”；（8.32）“战略管理创新”
	战略管理与文化	89	2	（9.51）“文化差异”；（9.51）“产业结构”

从关键词共现网络图谱和研究主题词的分布来看，近年来我国战略管理学研究热点主要集中在战略管理的中国化研究；战略管理与文化研究；战略管理在我国具体的应用研究，如高校战略管理研究、图书馆战略管理与规划等；企业战略与绩效提升；企业核心能力与动态竞争力；战略管理与知识创新；战略管理的国际化研究；企业战略环境分析；战略管理信息系统等方面。2007 年，战略管理学研究在我国主要侧重于战略管理信息系统、企业社会责任和竞争优势与动态能力等为核心的研究。2008 年侧重于企业战略决策与核心能力、公司治理、绩效管理等为核心的研究。2009 年开始出现了大量关于图书馆战略管理与规划、新公共服务理论研究等为核心的研究。2010 年仍然是以图书馆战略管理与规划、公共部门战略管理、战略管理的应用研究（高校战略管理、人力战略管理）等为主。自 2011 年以来，出现了企业国际化战略、财务战略管理等新的研究热点和趋势。

近年来具体的研究主题很大程度上是围绕战略管理理论中的柔性战略、战略转换和战略联盟等重要理论展开。① 通过对战略管理研究文献的主题词的共现网络分析，2000 ~ 2007 年我国战略管理学研究出现了明显的多元化蓬勃发展态势，2007 年研究文献的主题分布非常广泛，涉及社会各个领域和部门的战略管理问题，从 2008 年开始，随着我国战略管理学研究文献产出量趋于平缓，研究的主题也相对集中，并且出现了有一定研究深度的新的研究方向和研究主题。

五、战略管理学在中国的未来发展趋势与对策

当前，战略管理学在我国正处于多元化蓬勃发展时期，在工商企业管理和其他非营利公共组织部门的管理理论研究中，都出现了新的动向和发展趋势。从战略管理学近年来的学术论文的主题分布来看，我国战略管理学已经开始出现细化分支学科和交叉研究领域，如“战略管理会计”“战略人力资源管理”“新公共部门战略管理”等。同时战略管理学也正在与我国管理实践和政策背景相结合，研究战略管理理论如何解决我国管理实践中的具体问题，中国化和本土化的研究趋势日渐明显。

首先，中国战略管理学的研究和发展应进一步结合我国具体的国情和政策背景，推进战略管理理论的中国化、本土化进程，更好地服务我国的管理实践，并且在管理实践中提炼有中国特色的战略管理理论。其次，战略管理的研究应进一步向专业化领域发展。当前战略管理学在我国仍然没有取得独立地位，在经济学、管理学等基础学科的领域中不利于战略管理理论和实践的专业化发展路径的形成。再次，强化案例研究方法在我国战略管理领域研究中的重要作用。通过实地调查、访谈、案例、内容分析、定性数据编码和编组等为特征的定性研究方法，是在理论和文献相对缺乏的我国战略管理学研究领域进行理论构

① 李垣、陈浩然、谢恩：《战略管理研究现状与未来我国研究重要领域》，《管理工程学报》2007 年第 1 期。

筑工作的有效手段。最后，通过加强学术交流与合作，创建学术园地等制度手段，进一步推进战略管理学在我国的快速良性发展。

Strategic Management Science in China: History Present and Future

Hou Jianhua, Zhu Fangwei

Abstract: Strategic management science was brought into our country from 1980s, from which it made a quickly development and widely spread. Strategic management science grew up quickly and entered accumulation period from 1990s, the numbers of scientific papers increased more and more. From the year of 2000, strategic management science comes into vigorous expansion in our country which is bringing up and forming a huge scientific knowledge system with the demand – pulled of enterprise management. We detected the research hot topic of strategic management science in our country by scientometrics and visual analysis of documents in this domain. It main includes the research of strategic management of newpublic domain (library strategic management, university strategic management and so on), strategic human resource management, enterprises international lization strategic and financial strategy management and so on. For future development, the researchers in our country should pay attention to Chinese characteristics of the theory, make specialization development and strengthen the application of case analysis method, also we should promote academic exchange and collaboration, establish academic field by which we can promote the quickly and virtuous development of strategic management science in our country.

Key Words: Strategic Management; Strategic Management Science; Discipline System

政府绩效管理：目标、定位与顶层设计*

郑方辉　廖鹏洲

【摘　要】政府绩效管理是政府管理创新的基本路径。从理论逻辑及现实条件看，我国政府绩效管理定位是“绩效导向下的目标管理”，旨在提高政府公信力。目前体制内自上而下、各自为政的各种考评强化了部门的执行力，但也成为推进政府绩效管理的主要障碍，背后涉及的行政权力格局直指“顶层设计”。理顺管理权与组织权、目标管理与绩效管理、过程控制与结果导向等基本关系，我国政府绩效管理应指向“三个统一”。

【关键词】政府管理；政府绩效；绩效管理

中共十八大报告指出，要“创新行政管理方式，提高政府公信力、执行力，推进政府绩效管理”。事实上，2011 年，国务院已批复由监察部牵头建立政府绩效管理工作部际联席会议制度，并选择北京等地或部门进行工作试点，为全面推行政府绩效管理制度探索积累经验。如果说，始于 2000 年福建省推行机关效能建设为中国特色的“政府绩效管理与评价”的始端，那么，之后十余年，从目标考核到科学发展观考评，再到政府绩效管理试点，折射了我国政府管理创新的历程，触及行政体制改革的中枢。两年来，由中央推动的各地试点工作不无进展，但与“力争到 2012 年底形成比较规范、各具特色的绩效管理模式”的要求存在差距，甚至陷入“现实困境”。面对自上而下、各自为政、五花八门的各种考评，早些年学界自以为已经解决的问题，如我国政府绩效管理的目标导向、功能定位、困难矛盾、路径出路等问题重新浮出水面。“统一组织体系、统一技术体系、统一结果应用”的所谓“三个统一”触及管理权的再调整与分配，但却成为绩效管理理论与实践创新的“顶层设计”。

---

* 本文来源于《中国行政管理》2013 年第 5 期，第 17—22 页。

本文系国家社会科学基金重大项目“公众幸福指数导向下的我国政府绩效评价体系研究”（项目批准号：11&ZD057）和中央高校基本科研业务费资助项目“中国地方政府绩效评价诊断与优化”（项目批准号：2011SG006）的阶段性成果。

作者简介：郑方辉，华南理工大学公共管理学院/法学院教授、博士生导师，广东省政府绩效管理研究会会长；廖鹏洲，华南理工大学法学院博士生，广州 510640。

一、我国政府绩效管理的目标导向

源自西方制度基本框架内的政府绩效管理有着深刻的社会背景及内置的价值导向，作为政府管理方式创新的一种手段，它贯穿了公共责任与顾客至上的管理理念，强化公共服务的结果导向，在追求经济、效率、效果的基础上，全面回应公民诉求，即凸显所谓“公平性”。或者说，政府绩效管理一开始就存在清晰的目标导向，包括价值目标及技术目标。从组织管理的角度，政府绩效管理的价值目标即是民主目标，可视为政府的公信力；技术目标追求政府管治的效率效果，体现政府的执行力。

尽管至2006年，政府执行力和公信力的概念才首次被写进当年的《政府工作报告》，正式纳入国家管理范畴，但事实上，有组织一定有目标，有目标客观上要求有执行力。所谓政府执行力，源自行政法学领域，是指对具体行政行为予以强制执行的能力或法律效力，可视为政府实施社会经济发展目标的能力，或者是政府“在推动或监督保证既定的公共政策得以落实的过程中，所体现出来的实际能力与手段。”它依附于制度、体制与政府政策，甚至由政治体制及制度所决定。

我们以为，从理论逻辑及现实背景来看，我国政府绩效管理的目标导向与其说旨在提高政府执行力，不如说在于提升政府公信力。这一导向是保障我国政府绩效管理试点工作不走样的前提。

首先，政府公信力指向政府与公民的关系，与政府绩效管理的价值导向一脉相承。所谓公信力（Accountability），简言之，使公众信任的力量。“政府的公信力体现了政府的信用能力，是公民对政府行为持信任态度，是社会组织、民众对政府信誉的一种主观评价或价值判断”。政府作为提供公共服务的垄断组织，其公信力由公众对其履行职责的程度做出评价，显然，政府公信力涉及公众与政府的本质关系，是政府公共治理的合法性的源泉，也就是社会性秩序和权威被自觉认可和服从的性质和状态。按照卢梭的契约理论，国家权力来源于人民与政府之间的协议或契约，政府公信力集中体现了政治合法性的实质内容。同时，政府公信力是社会信用系统的核心和指针，政府信用是其他信用得以存在和发展的基础和前提条件，一旦政府信用流失，社会信用赖以存在平台必然走样，即使修复，其社会成本也往往比其他信用要大得多。本质上，政府绩效管理是民主文化的技术工具和手段，但它内置了管理的目标应由公民来认同这一“普世价值”，即所谓公众满意是检验政府行为及政策目标的终极标准。

其次，政府公信力必然以政府执行力为前提，体现政府绩效管理的技术功能。“工业化和科技的发展在促进社会进步的同时，也引发了人口膨胀、社会治安、环境恶化等诸多社会问题，政府所面临的公共问题的复杂性、动荡性和多元性环境，导致了政府不可治理性的增加，客观上引发了政府的信任危机”。尽管公信力是公众对政府的主观评价，强弱程度取决于政府所拥有的信用资源的丰富程度，以及政府及公务员在公民心目中的具体形象。或者说，政府公信力是公众对政府行政能力的满意度。但按照满意度理论，公众对政府行为的主观感知以政府行为的客观效果为前提，没有什么比公众自身更了解需要什么样的政府以及政府的服务，但任何主观评价总是基于公众已知的客观事实，这一“事实”，无论是政府的诚信程度、服务水平，还是依法行政能力、民主化进展，都可视为政府执行力的体现，换言之，政府公信力总以政府执行力为基础。理论上，没有政府执行力就没有政府公信力，执行力与公信力并非平行的概念。政府绩效管理所追求的公信力内置了执行力。作为组织管理，政府管理奉行职能主义，始终将执行力视为内生目标，政府绩效管理是政府管理的创新，它所推崇的“4E”模式中，效率与效果本身就是技术目标，亦是政府执行力的重要衡量指标。

最后，政府绩效管理指向政府“应该干什么”，一定程度上可对政府执行力进行纠错。政府执行力属于技术范畴，它是政府决策及实现目标的执行能力，隐含了决策及目标的正确性，但事实上，决策失误或政府公共政策“坏倾向”具有自发性，对决策纠错是民主的理由与功能。我国政府管理及社会存在的问题，大都与目标本身或目标导向有关，因为体制内管理及评价必然指向政府“正在做什么”，并非“应该做什么”，充其量是政府执行力，并非“服务公民的能力”。比方说，普遍存在的重复建设为政府执行力异化的典型表象，这种执行力等同破坏力，并与公信力成反比。由于体制内管理及评价更多强调政府的行为过程，或者说，更多注重政府的现状职能的实现程度，主要又是对上级政府目标的完成状况，在我国现有体制下，上下级政府职能之间具有传承性；体制内管理及评价内设上级政府的正确性，难以形成政府“应该做什么”的纠错机制。由此导致“长期以来，自上而下的政绩考评标准，是以 GDP 增长为核心的评价考核体系。这样的政绩考评有着显而易见的缺陷，甚至在很多情况下，不少地方政府政绩‘显赫’，但当地百姓却苦不堪言”的现实窘况。政府绩效管理与评价凸显公众满意的结果导向，可有效纠正过头或反向的“政府执行力”，从而为政府的理想职能、竞争方向、变革预期等抽象议题增添新标准，强化政府的公信力。

二、我国政府绩效管理的功能定位

一般认为，政府绩效管理是指改进政府管理组织和管理项目的生产力。20 世纪 70 年代以来，基于政府的职能定位，以公共选择理论、新制度经济学等为理论支撑，政府绩效管理被视为重塑政府的另一版本，并呈现公共生产力变革、创新管理机制与手段、强调行政投入产出的测量与监控等特征。政府绩效评价是政府绩效管理的中心环节，被视为现代政府管理的前沿课题，具有计划辅助、预测判断、监控支持、激励约束、资源优化和体制创新等多项功能。作为一种运行机制和技术工具，应该说，政府绩效管理一开始就存在清晰的功能与定位。但我国社会条件与现实状况与西方迥然有别，基于党政以及党政领导与党政组织的特殊关系，即或是对“政府”的界定，我国与西方亦差异明显，加之整体上处于社会经济的剧烈转型期，政党、政府、公民与社会的新型关系尚在培育之中，此种背景下，如何界定我国政府绩效管理及评价的功能与定位决定了学术研究的走向与地方（部门）试点工作的边界。

（一）政府绩效管理是我国政府管理创新的基本路径

管理创新是新时期我国政府管理变革及建设服务型政府的必然选择，亦是行政管理体制改革的重要组成部分，涉及观念意识、职能定位、机构设置、组织设计、管理方式与工作流程等内涵，但核心在于坚持以人为本和公平正义的价值原则，驱使政府转变单向的权力主导式的行政模式，尊重公民对于公共产品的需求偏好和意见表达。换言之，在奉行职能主义，崇尚法治与科学精神的科层制度与组织的基础上，拓宽公民参与渠道，培育公民参与主体。“从 20 世纪 60 年代之后的二三十年里，人们将目睹并亲自参加官僚制的送葬队伍。”因为政府管理是人民当家做主的管理，科层制与此背道而驰。政府绩效管理是新时期我国政府管理创新的基本路径。原因在于以下两点：

一是在价值层面上，政府绩效管理体现民主文化的基本导向。“行政权力的受任者绝不是人民的主人，而只是人民的官吏；只要人民愿意就可以委任他们，也可以撤换他们”。在中国特色社会主义民主理论体系中，没有民主就没有社会主义及其现代化，人民民主是社会主义的生命。新时期我国政府管理创新，不论何种路径，民主是绕不开的方向。政府绩效管理的内在机理和运行逻辑与现代民主政治的发展一脉相承。一方面，它增强了政府实质合法性。政府只有在履行职责的过程中，始终维护社会公共利益，或者公众认为他们服从政府是出于自觉而非害怕受到惩罚，公众眼里的政府才是合法的；另一方面，它凸显了政府管理民主化。马克·彼特拉克认为，公民参与是民主的希望。民主行政和公民参与紧密相连、不可分割，公民参与的程度是衡量政府管理民主化程度的重要标准，是否民主，不在于人民是否直接行使公共权力，而在于其是否将公共权力置于人民的制约和监督之中。同时，政府绩效管理是实现社会主义“增量民主”的现实路经。在民主的路径上，增量民主是“在不损害人民群众原有政治利益的前提下，迅速、最大限度地增加新的政治利益”。它是一个稳定的发展过程，也是长期改革积淀的结果。政府绩效管理的民主导向与社会主义条件下的民主方向具有一致性，即公民参与及监督政府的一致性，为社会主义的民主路径。

二是在技术层面上，政府绩效管理是实现政府理想职能的工具体系。源自西方的政府绩效管理，是在宪政民主的架构下，主要从技术层面解决政府效率、效益、效果和公平的问题，指向公共生产力，基于“顾客至上”的时代背景以及公共事务的复杂性，传统管理理念与手段难以为继，从历史来看，可以将 20 世纪八九十年代持续 20 年的西方国家政府绩效化运动视为发达资本主义自我调整的重要内容。这种调整虽以西方选举市场为基础，但却以政府的技术功能实现为目的。在我国社会制度与西方迥然不同的现实条件下，政府绩效管理的工具属性更易凝聚共识，成为可能操作的政策方案。可以肯定，基于民主导向和技术工具的双重属性，政府绩效管理必然成为民主道路上我国政府管理创新的基本路径。

（二）我国政府绩效管理的现实定位

如果以提升政府效率为目的，我国政府效能建设可以追溯到中华人民共和国成立之初。虽然效率是绩效的组成元素，但学界普遍认为，我国政府绩效管理发端于21世纪初，到2011年，全国约有1/3的政府及部门不同程度地探索开展此项工作。我们收集到的冠以所谓绩效模式的地方政府就有上百个，如与目标责任制相结合的“青岛模式”，将公众和服务对象的评议纳入绩效内容的“杭州模式”，最早提出与开展“政府绩效管理年”（2007）且实现智能化的“深圳模式”。但审视各地官方的管理办法或条例，均未对政府绩效管理定位有着明晰的界定，这样的后果，模糊了绩效管理与已有的管理、绩效评价及已有的考评的界限。我们以为，从现实出发，我国政府绩效管理的定位是“绩效导向下的目标管理”。

一是目标管理。1954年，彼得·德鲁克（Peter Drucker）提出“目标管理”理论被誉为“管理中的管理”，它以目标为导向，以人为中心，以成果为标准，从企业管理迅速延伸到其他组织和个人管理中。作为方法论，目标管理目前已经成为中国各级政府管理最常见有效的管理模式。尽管政府目标具有多元性，但实现各项目标是执行力体现，是集权体制的优越性所在。政府绩效管理立足于目标管理首先吻合体制内自上而下的管理属性，层级体制下，完成上级政府制定的目标是本级政府的使命所然，政府绩效管理倘若无助于目标实现，必然与政府内部管理的刚性需求相脱节，从而丧失存在的前提，尤其是各级政府中心及重大工作的完成，关系到主要官员的政治生命，目标管理因权、责、利清晰对称而成为最有效的管理方法。同时，目标管理也是绩效管理的内在要求，经济、效率与效果均针对目标而言的。

二是绩效导向。严格意义上说，冠以绩效管理的当前我国各级政府的内部管理本质上即是目标管理，如果以目标管理作为我国政府绩效管理的定位不仅逻辑上“多此一举”，而且会打乱组织内部原有的平衡，增加管理成本，丧失其应有的意义。绩效导向为目标管理设置了方向和条件，首先是“结果导向”，指向组织内部关系。结果与过程具有相对性，目标管理某种程度上亦体现结果导向，但这种结果往往是短期或主要领导人的“任期结果”，与组织长期目标未必一致，甚至背道而驰，绩效管理追求政府目标长期最大化。其次是“公众满意导向”，指向组织内部与外部的关系。政府目标多元性、运作非交易性、行为效果滞后性等特征决定了衡量其结果的复杂性，既然政府由纳税人所供养，公众满意成为检验结果的最终标准。事实上，源自企业的目标管理界定了目标关联者（企业与消费者）的关系，但落脚点是消费者选择，政府目标管理亦如此（政府与公众的关系），不过是公众或公共选择。

由此，从现实出发，我国政府绩效管理定位于“绩效导向下的目标管理”不仅强化了组织内部的目标实现及责任，即提高政府执行力，体现政府内部自上而下的管理属性及政治制度的内在要求，更重要的是从组织外部的视角，检验内部目标的科学性与民主性，实现政府执行力与公信力的统一，即理性工具与价值导向的平衡。

三、我国政府绩效管理的现实矛盾

过去几年，我国政府绩效管理试点工作不无进展与成效，试点的 8 个省、自治区、直辖市、单列市及 6 个国务院部门各有特色，尤其是广西、深圳、财政部的试点工作在组织保障、智能化程度、技术体系等方面积累了经验。值得一提的是，作为广东省的试点地市，佛山市绩效管理试点工作涵盖了党政部门，与行政体制改革互为促进，并力求以绩效管理统筹已有各项管理及考评。但无须讳言，随着试点工作深入，各种深层矛盾不断显露。

（一）管理权与组织权的矛盾

政府绩效管理过程涉及管理权、组织权等多重权力关系。在各地成立的政府绩效管理（试点）工作机构中，领导机构是管理的主体，拥有管理权，专设（常设或临设）机构是管理的组织者，拥有组织权。从权力组合与制衡的角度，组织机构应该有超然地位，与管理对象保持距离。但目前组织机构或牵头单位虽五花八门，如纪委监察、组织、人事、综合办公等部门，亦为管理对象，同时，管理信息来源亦源自作为管理对象的党政部门，在实际操作中，在信息垄断及不对称的情况下，所谓信息采集的责任部门拥有部分组织权，绩效管理权被肢解或让渡，这样不仅相互牵制，亦造成角色冲突。事实上，围绕管理组织权的博弈，争取部门权力最大化已为政府绩效管理的现实矛盾。

（二）过程控制与结果导向的矛盾

管理始终与过程相关联，过程中体现效率。绩效管理旨在强化效率，但比效率内涵更丰富，外延更为广泛。尼古拉斯·亨利指出：“效率指以最少的可得资源来完成一项工作任务，追求投入与产出之比的最大化。而有效性则是指注重所预想的结果”。尽管过程与结果具有相对性，但本质上，绩效管理是结果导向的管理创新。

基于内部管理属性与集权体制需要，我国目前政府绩效管理的理念与做法无不强化对决策过程的控制，具体表现为所谓年度中心工作的执行力控制，冠以绩效管理加强“实时监控、实时纠偏纠错和预期预估”，但中心工作年年有变，从而导致绩效评价指标体系日趋庞杂，缺乏一致性、导向性与稳定性。审视各地的做法，不少地方动辄上百项的绩效评价指标均为“政府或主要领导可控的过程指标”，绩效管理成为“上级政府控制下级政府的理性工具”，甚至是家长式管理的理性工具。这样的后果，不仅成本高昂，而且必然与政府绩效管理的有效性、回应性及结果导向形成矛盾。

（三）绩效评价与原有考评的矛盾

政府绩效评价是政府绩效管理的核心环节，也是难点所在。目前我国行政管理的最大特色即各自为政，五花八门，不断循环的考评。据不完全统计，地方政府每年接受上级年度考评超过百项，指标几千项。镇级处于行政层级最基层，个案调查表明，其每年1/3 的时间与精力应付各项考核、评比与检查。表 1 为广东代表性的几个地方接受上级年度考评的情况汇总，其中考评主体、部门、形式、指标之多，流程之繁不堪重负。如广东省几项综合性考核（组织部牵头的科学发展观考核、发改委牵头的幸福广东考核、省府办牵头的珠三角规划纲要考核、省财厅牵头的基本公共服务均等化考核、省政法委牵头的平安广东考核、省委宣传部牵头的学习型组织考核），大部分指标是重复或相近的（值得一提的是，2013 年 4 月，广东大规模清理考核检查评比表彰项目，省级 459 项考核评比只保留 82 项）。虽然体制内各自为政，碎片化的重复考评的原因复杂，但归根结底在于：一是“以考代管”，以考评驱动目标完成。二是争取部门利益最大化，考核评价权是最直接、有效的行政权，在现行体制下，评价组织权意味着评价主动权。三是成为回避责任的有效手段。将考评作为过程管理的“法定”程序，一旦出现问题，即可“正当”推诿。政府绩效评价是增加一项新的评价，还是统筹原有的考评面对着深层矛盾，背后是现行体制下部门间的评价权之争。

表 1　2012 年广东地方政府接受上级考评的情况

考评对象	个案	个案简况	上级考评牵头单位	涉及项目	指标数	代表性考评
地级政府（党委）	佛山市	珠三角工业中心，2012 年 GDP 6696 亿元，常住人口 603 万	省委组织部、省发改委、省府办公厅等 53 个部门	对市及市直部门共 104 项	2214	《幸福广东考核》《平安广东考核》《珠三角规划纲要实施考核》《科学发展观实绩考核》等
县级政府（党委）	萝岗区	广州市新区（广州开发区），2012 年 GDP 1602.9 亿元，常住人口 23.16 万	国家商务部、省科技厅、省原国土资源厅、市财政局等 44 个部门	对区及区直部门共 108 项	2919	《国家高新区评价》《科技进步考核》《学前教育督导评估》等
	郁南县	山区县，2012 年 GDP 75.5 亿元，常住人口 39.2 万	市委组织部、市卫生局、市公安局、市扶贫办等 26 个部门	对县及县直部门共 111 项	966	《主要经济发展考核》《社会管理考核》《社会事业发展考核》《宜居城乡建设工作考核》等

资料来源：根据三地考评文件整理，存在缺失或遗漏情况。

（四）统一性与差异性的矛盾

以政府绩效评价为例，评价体系的统一性与被评对象差异性的关系。政府绩效评价本质上是比较性评价，置于现代政府的层级结构中，只有对一组同层级的政府（部门）加以比较评价才有意义，即所谓评价的统一性问题，但基于客观原因，或者说被评价政府不可作为的因素，即使是同级政府所在区域，社会经济及行政文化等亦迥然不同（政府部门之间更是如此），造成所谓差异性问题，这一矛盾成为影响政府绩效管理及评价体系，尤其是指标体系科学性、公正性的难点。

四、我国政府绩效管理的“顶层设计”

理论上，在单一体制中，涉及体制及权力变革的成效均依赖于“顶层设计”，政府绩效管理亦不例外，试点工作具有挑战性。由于指向政府与公民关系、管理权与组织权等核心问题，作为政府管理创新的方向与工具，政府绩效管理的“顶层设计”更为重要与敏感。

（一）我国政府绩效管理试点工作的绩效在于“顶层设计”

围绕提升政府公信力（包含执行力）目标，在目标管理的基础上导入公众满意度，立足于解决现行体制性矛盾，包括重复管理及考评的矛盾，政府绩效管理触及我国行政体制的中枢，实际上是对管理及评价权的重新规范与再分配。基于我国行政体制的集权性、垂直性与单一性，以及巨大的行政惯性，我国政府绩效管理的成败指向“顶层设计”，某种意义上说，全国绩效管理试点工作是一场超越行政体制改革的革命。

从发展过程看，我国政府绩效管理及评价的“顶层设计”大体历经三个阶段，改革开放之初至1999年可视为无顶层设计阶段。针对“大多数人在同政府打交道的经验中，最大的刺激是官僚政治的傲慢”的状况，以改进政府效率，反对官僚主义为导向，全国各地或党政部门逐渐形成了岗位责任制和目标管理责任制，包括地方人大对其选举和任命的领导干部考核、效能监察、社会服务承诺、效能建设、领导班子实绩考核等不同的模式。1999~2007年可视为第二阶段，在新公共管理范式的影响下，借鉴国外的实践标杆及先进理念，部分地方及部门开展如公民评议政府、第三方评价政府绩效、电子政务绩效管理等，强化公民满意对政府管理的意义。2007年以后，国家人事部在全国确定了若干绩效评价工作联系点，筹备成立专门机构；2010年，中央纪委监察部绩效管理监察室正式组建；2011年，国务院批复建立政府绩效管理工作部际联席会议制度，标志着我国政府绩效评价实践由单环节的绩效评估向多环节的绩效管理转变；由各地、各部门分散试点向中央统一部署、调控的转变。同时，监察部研究出台全国政府绩效管理的指导性意见，

“顶层设计”初具雏形。

“顶层设计”对全国政府绩效管理试点工作的意义不言而喻。这是因为，从制度及体制上看，我国是单一制国家，全国行政体制具有高度的一致性，从某种意义上说，地方政府管理及评价的内容、方法、形式均为中央政府的要求或意志延伸，地方政府自主性有限；从经验来看，西方国家政府绩效管理大都上升至国家层面的法律法规，先有“顶层设计”和制度保障，如基于《政府绩效与结果法案》的美国政府会计标准委员会的评价模型、美国联邦政府绩效通用模型；从现实状况来看，如果没有全国性的指导性文件，并对绩效管理试点工作的理念、目标、定位、技术体系进行规范，那么，可以肯定，各地试点难以逾越目标管理的范畴，即使引入第三方评价主体，或扩大公众参与范围及深度，也会困难重重。

国家层面的制度建设是“顶层设计”的基础，但并不意味着政府绩效管理体系自动生成。事实上，在两年的试点工作中，各地各部门反馈的情况不尽如人意，主要又集中在绩效评价上，究其原因，一是政府对其下级（部门）进行的评价属于组织的“内控”管理，按照管理学原理，“评价”是一种内部管理工具，属于哈罗德·孔茨所说的控制职能，并非严格意义上的“绩效评价”，因为它不涉及或很难真正涉及组织外公众的观感与利益。二是目前正实施的各种考评具有自上而下的统一性、合规性与强制性，这亦由“顶层设计”所决定。试点推行“绩效评价”必然面对与已有体制及考评相冲突，如组织部门主导的科学发展观考评与绩效评价的关系如何处理，地方政府及中央政府部门难以协调这一冲突。三是引入外部评价主体存在障碍，包括第三方主体本身不成熟，政府并没有开放评价所需要的数据信息，规范性评价制度尚未建立。四是我国社会制度及行政体制具有特殊性，党政职能并没有明晰边界，评价对象与范围指向政府，或者政府及党委成为最简单的“复杂”问题，亦非地方党委政府可界定。五是制度层面的顶层设计需要完善的技术体系作支撑，建立全国相对统一的评价技术体系虽为客观要求，但需要顶层规划，足够时间及配套条件。

（二）实现“三个统一”是我国政府绩效管理的现实选择

应该说，“顶层设计”是一项战略性、全局性设计，本质上取决于政治体制改革的决心与进程，但具体到政府绩效管理，顶层设计指向两个核心问题，一是目标与定位。政府绩效管理源自目标管理，但超越目标管理，理论上，政府绩效管理可视为上级政府控制下级政府的理性工具，但更是公众“控制”政府的理性工具，如何兑现人民满意，提升政府公信力是问题的核心。我们知道，效率提高是执行力的保障，它主要依靠制度的刚性规范，政府绩效提升却有赖于人民认同，当然，我国政府绩效管理的定位不能脱离现实条件，尤其是制度边界，本质上是目标管理，但目标设定与目标检验应以“人民满意不满意”为依归，因此，必须从理念及技术上体现结果导向和人民满意度导向，类似于企业内部目标管理最终由外部的消费者选择来检验一样。二是“三个统一”，即“统一管理组织、统一技术体系及统一结果应用”。统一管理组织核心在于正确处理管理（评价）主体与管理（评价）的关系，目前各自为政的重复考评表面上管理及评价主体是统一的，但组织权分割于不同部门，体现不同部门的意志，统一技术体系（周期、指标、权重、指标评分）关键是处理好技术体系统一性与被管理对象差异性矛盾；统一结果应用是统一管理组织的客观要求。

“三个统一”符合管理学的基本原理，切中现实问题。就政府绩效评价来说，理论上，有权力评价政府绩效的包括内部主体与外部主体，前者属内控管理，必然统一评价权于上级政府，无须“多头评价”，以减少不确定性，“组织的一个最基本的功能是吸收不确定性造成的影响。”本质上，我国政府绩效管理试点工作属于体制内管理创新，统一管理及评价权，由此统一技术体系与结果应用是体制性要求，有利于提高权威性，降低内耗，提升效率。同时，“三个统一”是对各自为政的校正，切中了目前重复考评的现实问题。

但“三个统一”直指体制中枢，面对的阻力不言而喻，为此，我们建议：一是从长远来看，应将政府绩效管理的管理权及评价权相对独立于政府及其部门之外，对人民代表大会负责。理论上，政府作为评价对象不应该成为评价主体；二是以绩效管理统筹政府管理方式，尤其是以绩效评价统筹已有各种考评，如广东佛山市一样，现有的 104 项考评中，将“一票否决”式少数考评项目作为资格考核予以保留，将少量的综合性考评纳入绩效评价的范畴，不再单独进行，取消大部分属于部门内部管理中“以考代管”性质的考核；三是建立全国绩效评价的通用模型，在评价指标结构及体系中，以符合绩效内涵、纵向对应、方便操作为原则，设立涵盖经济、社会、环保、成本、公众满意度维度的统一、简洁的三级指标结构，三级指标统一，部分三级指标对应的具体指标，各地各部门可自主选择，以追求总体绩效最大化为评价目的，充分调动被考评单位做自主性、能动性与选择性，如广州市萝岗区，构建了包括经济发展、社会发展、环境保护、行政成本、过程控制、公众满意六个维度 23 项指标的镇（街）整体绩效评价指标体系，包括实绩、效率、成本、过程和满意度五个维度 18 项指标的部门绩效评价指标体系，体现绩效评价是综合性评价的性质与功能。四是规范结果应用，统一协调目前分属于组织、人事、纪检等部门的奖罚权限，体现政府绩效管理的目的旨在提升政府绩效。

参考文献

[1] 原中华人民共和国监察部．关于开展政府绩效管理试点工作的意见［Z］．2011－6－10.

[2] 周永亮．本土化执行力模式［M］．北京：中国发展出版社，2004.

[3] 叶育登．信息的透明度政府的公信力社会的凝聚力［J］．中国行政管理，2004（4）．

[4] ［美］乔治·弗雷德里克森．公共行政的精神［M］．张成福等译，北京：中国人民大学出版社，2003.

[5] 贺方．回归公众本位才能考出真正的政府绩效［N］．羊城晚报，2009－10－13.

[6] Jay Mishafritz, Albert C., Hyde. Classics of Public Administration［M］. Chicago: The Dorsey, 1987.

[7] ［法］卢梭．社会契约论［M］．北京：商务印书馆，2002.

[8] 马克·彼特拉克．当代西方对民主的探索：希望、危险与前景［J］．国外政治学，1989（1）．

[9] 俞可平．增量民主有三条现实路径［N］．南方都市报，2007－2－21.

[10]［美］尼古拉斯·亨利．公共行政与公共事务［M］．北京：中国人民大学出版社，2002.

[11]［美］戴维·奥斯本，特德·盖布勒．改革政府［M］．上海：上海译文出版社，1996.

[12]［美］雷蒙德·E. 迈尔斯，查尔斯·C. 斯诺．组织的战略结构和过程［M］．上海：东方出版社．

Government Performance Management: Target, Positioning and Top－level Design

Zheng Fanghui, Liao Pengzhou

Abstract: Government performance management is the basic path of the government management innovation. According to the theoretical logic and realistic conditions, China' s government performance management can be "performance－oriented management by objectives", aimed at improving the credibility of the government. Currently the in －system, top－down and fragmented appraisals have strengthened the departments Executive Ability, but they have also become a Major obstacle to advancing the governments performance management, behind which comes the directed at "the top－level design". Straightening out relations between the management authority and the or－Ganizational power, the performance management and the objective management, the process control and the resut to－rientation, China' s government performance management should point to these "three unities".

Key Words: Government Management; Government Performance; Performance Management

政府战略绩效管理与战略规划关系探讨及对领导干部考核的启示*

周省时

【摘　要】为了提升政府行政能力和水平，如何制定科学的战略规划和战略绩效管理体系已成为各级政府思考和研究的问题。本文就政府战略规划、政府战略绩效管理的重要性及其关系进行论证，并提出了制定战略规划、建立战略绩效管理体系的思路和做法，最后，通过平衡计分卡战略性绩效管理工具的引入，对领导干部考核提供了有益启示。

【关键词】绩效管理战略；规划；考核

中国各级政府肩负着政治、经济、社会三大责任，为更好地履行三大责任，在政府创新管理过程中，就必须建立科学的战略导向、制度导向和用人导向。因此，摆在当前的一个重要问题是，需要研究这三个看似平行的导向或者保障之间究竟是一个怎么样的联系？即政府战略绩效管理与战略规划的具体关系是什么，并与传统领导干部考核评价体系是怎么结合的？这是一个重要研究课题，也是保证政府战略目标、政府战略转型实现的关键。

（一）政府战略规划与战略绩效考核的概念综述

1. 政府战略规划

国家战略关乎国家利益、世界格局，政府战略关乎社会发展、民族命运、百姓生活。建立科学政府战略规划的目的是促进政府主动适应我国经济社会发展的新形势、新任务和新要求，总体协调政治体制、行政体制、财政体制等各项体制改革，有效地化解社会矛盾，不断满足人民群众对提高生活质量的新期待，为科学发展和经济转型创造良好环境，为实现服务型政府战略目标提供保障（薄贵利，2011）。

2. 战略绩效考核

为解决一般绩效管理体系战略性指导缺乏、价值取向偏差、目标公平性不强、指标设

---

* 本文来源于《管理世界》2013 年第 1 期，第 176—177 页。

作者简介：周省时，武汉大学经济与管理学院博士。

计不科学、评估主体单一等问题，引入了战略绩效管理的概念，即以战略规划为目的、以战略目标为导向的绩效管理系统，并促使政府或企业在计划、组织、控制等所有管理活动中全方位地发生联系并适时进行监控的体系。

目前，国内外比较普遍采用的战略性绩效管理工具是平衡计分卡（Balance Score Card），它最初源自1990年美国诺兰诺顿研究所（Nolan Norton Institute）主持并完成的"未来的组织业绩衡量"课题研究项目。据权威机构调查，美国60%、欧洲50%、澳大利亚40%、新加坡80%的组织都采用了平衡计分卡。特别是美国、澳大利亚、新加坡等国政府逐渐将其引入政府公共部门、军事机构、非营利组织，并取得了相当好的成效。在我国探索建立基于平衡计分卡的战略性绩效管理体系过程中，中央组织部领导考试与测评中心自2005年启动的"中澳合作平衡计分卡研究与推广项目"，并相继设计和推行了平衡计分卡。通过试点研究，各单位不仅加深了对平衡计分卡的认识和理解，而且提升了自身的管理能力和水平，更为重要的是，探索了平衡计分卡的中国化模式，建立了县级政府、政府职能部门、乡镇政府以及企业组织等不同类型、不同层次组织的平衡计分卡体系，这些成果对于平衡计分卡在我国的应用和推广有着重要的参考价值和借鉴意义（见图1）。

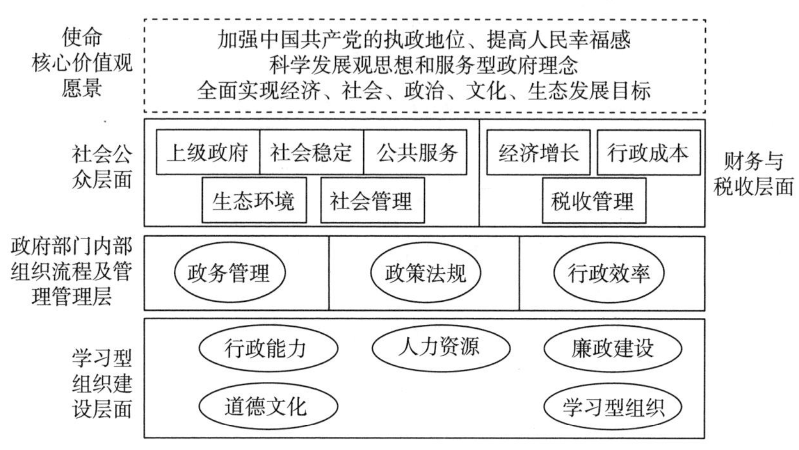

图1　县级政府平衡计分卡战略地图

（二）制定战略规划是政府实现科学管理的前提

在社会转型、体制改革进行深水区的关键发展期，加强科学管理已成为中国各级政府破解当前难题的有效手段，但一个城市战略规划的缺失和行政决策的偏颇制约着政府管理水平的提高。制定战略规划所涉及的政府行政决策是政府管理的首要环节和各项运行职能的基础，是领导者的首要职责和发挥才智的舞台。

政府组织在制定战略规划过程中，首先，应当确定战略目标。也就是说，要明确政府在未来一段时期社会、经济发展将要达成的理想状态。其次，应体现战略性思维。战略思维涉及的对象大多是复杂的政治、经济、文化系统和人与自然的复合系统及复杂过程，往往要依靠群策群力、集思广益。在许多发达国家，公民有权参与讨论政府事务和公共政策，众多民间智囊机构依靠社会资源从事战略研究，在政府组织和非政府组织“智囊团”的共同努力下，最终才能形成一个脉络清晰、结构严谨的思维路径。另外，制定政府战略规划，是一项重大的战略决策，必须在系统深入研究的基础上，加强顶层设计，实行科学决策，有效制定经济发展、公共服务、行政服务、执政流程等各项战略目标。只有明晰了地方政府 3 ~ 5 年或更长时间的发展战略和目标，才能确定政府财政预算和开支的科学导向，以保证社会经济的良性发展、物质环境的和谐生存。政府在制定战略规划和相关政策时，要时刻警惕短期行为损害执政根基、防止局部利益过大化、力避消极懈怠延误改革时机，牢记所思所虑不独是当前社会的发展稳定，更是党和国家事业的长治久安（方振邦、罗海元，2011）。

（三）战略绩效管理体系是战略规划目标实现的重要保证

在我国市场经济体制不断完善的过程中，建立科学的战略绩效管理体系来保障战略规划目标的实现十分必要。近些年，一些国内地方政府通过对平衡计分卡的探索与引入，充分发挥了这一战略管理工具的有效性和科学性，改变唯 GDP 政绩观，它的战略性意义主要体现在以下几方面：

（1）强化政府战略考核体系操作平台的建立，保证政府管理的有效性。制度实践已经证明，各项权力明确边界，并且相互有所合作与制衡的政府才有可能是最有效的政府，这就是著名的均衡政制理论。因此，为了避免政府各级部门乱用行政手段及工作随意性，需要用战略绩效管理体系将战略规划目标固化，明确各级部门、各级官员及公务员的权力边界，建立完善的权力分配和组织体系。

平衡计分卡体现出一种目标导向和领导导向，不管哪一届政府都要按既定的战略目标，通过战略绩效管理体系考核领导干部是否坚持战略目标，并通过与传统干部考核结合，选拔出能坚持战略目标的领导干部。有了这种制度上的保障，战略绩效管理操作平台可进一步增加政府行政的透明性、公开性，不仅使各级政府部门、各级官员都明确了自己短期和长期的工作目标，而且增加了民众的知情权，以更好地行使监督政府和官员的权力，扩大了民众的公共领域的政治参与和监督，可充分保证战略目标的实现。

（2）强化政府绩效与战略规划的有机对接，保证战略性目标的实现。平衡计分卡强调顶层设计，可以把使命和战略转化为全方位阶段性的、具体的、可执行的目标和指标，既是战略执行和监控的工具，又是战略目标的分解与管理过程；既是一种追求成果的管理方式，也是一种追求过程的执行体系，是一套保持政府整体协调、实现政府战略的政府、部门和个人的目标系统。因此，为了科学合理地设定政府绩效考核内容，制定好考核标准，应注重将相互联系的政府绩效评估指标与战略规划有机对接，使政府的绩效管理体系与组织的使命和战略紧密结合。政府的职责就是制定与经济调节、市场监督、社会管理、

公共服务相适应的战略规划，而绩效是衡量政府实现战略规划、满足公共需求的有效尺度。通过战略绩效考核体系的建立，提升政府的向心力、领导班子的执行力、领导干部的凝聚力，以更好地保障政府战略规划目标的实现。

（3）强化民生指标与经济指标的有机结合，保证服务型政府的建设。在政府绩效管理体系中更加注重民生指标与经济指标的和谐、统一。平衡计分卡从愿景、财务、客户、内部流程、学习与成长几个层面，全面、综合地对战略进行衡量和评价。通过愿景，可以把政府、部门和个人的工作目标全部统一到“执政为民”的发展理念上来；通过非财务层面指标，能够实现经济、社会、环境、效益相平衡、相统一；通过客户层面群众满意度指标，对社会管理和公共服务职能的发挥进行评价和考核；通过内部流程层面指标，可以对政府审批、政务公开、工作流程、规章制度等做出全面衡量和评价；通过学习与成长指标，可以对学习型组织和个人的领导力、学习力做出正确的评价。通过战略绩效考核工具平衡计分卡的全面引入，完善绩效考核指标，既要有经济指标，也要有社会发展、民生改善、资源环境的指标；既要考虑当前实际，又要着眼长远，处理好定性指标与定量指标的关系，保持指标体系的协调统一，做到既科学合理，又易于操作。这些综合指标既突出了战略，又兼顾了财务和非财务指标的平衡、长期目标和短期目标的平衡、外部和内部的平衡、结果和过程的平衡，从而确保服务型政府的建设。

（四）战略性绩效考核的工具——平衡计分卡，对领导干部考核的启示

传统干部考核制度是建立在“德、能、勤、绩、廉”为主要内容的基础上，全面准确地涵盖了干部考核的方方面面，对选拔任用领导干部发挥了十分重要的作用，也对干部人才成长发挥了积极优势。但是，不可否认，这一传统考核制度也有其不可忽略的问题，比如，对干部执政品德、民生满意、廉洁从政等指标体系，就存在着定性多、定量少，主观印象多、客观衡量少等考核难题。平衡计分卡不仅是政府绩效评价的有效工具，也是对传统干部考核体系的一个重要补充、一个有力支撑。具体来说，有以下几点启示：

（1）平衡计分卡“使命愿景、发展战略”指标能够有效反映“执政品德”。执政品德是执政党领导干部在长期的社会生活和政治生活中形成的，在执政过程中体现出来的稳定的道德品质特征和倾向。长期以来，在中央关于领导干部“德才兼备、以德为先”的方针指引下，各级政府组织部门在考察干部品德上下了很大功夫，也对干部执政品德进行了一系列积极探索，但是，总的看来，还是缺乏行之有效的执政品德考核体系。平衡计分卡“使命愿景、发展战略”指标体系，是由一系列因果链贯穿起来构成的一个有机整体，在业绩指标规划过程中，可以将领导干部的执政理念和政府绿色经济、服务型战略目标紧密地结合在一起，促使领导干部在科学发展观思想指引下，将坚持党的领导、为人民谋福祉的执政品德贯穿始终。通过“人民群众拥护度、大局观”两个客观指标，能够准确地反映领导干部是否具备马克思主义的世界观和方法论、坚信共产主义理想和信念，坚信执政党的组织使命等方面执政品德的贯彻情况。

（2）平衡计分卡“公共服务”非财务指标能够有效解决传统“民生满意”考核难

题。近年来，我国很多地方政府虽然也在大力探索应用民生考核指标，但是，由于民生问题是广大老百姓民生维艰的一种主观感受的集体呈现，在传统干部考核体系下很难全面准确地对考核内容、考核目标进行量化，因此，考核的效果还不十分明显。平衡计分卡“公共服务”指标是考察一个领导干部是否具有执政为民情怀的重要指标，它把民生目标刚性指标纳入日常考核内容，重点考核干部推进服务型政府建设情况，推动发展质量与发展方式的成效，考核就业率、医疗、教育、住房保障、物价水平、健康状况等百姓重点关注的民心指标的对比和排名情况，是一个非财务、长期性指标，能够深入透彻地体现百姓对干部民生工作是否满意，有效地检验干部工作“绩”的成效。

（3）平衡计分卡“内部流程”能够有效地解决传统的“廉洁奉公”考核难题。领导干部廉洁从政，直接关系党的执政地位的巩固和事业的成败，直接关系人心的向背。应该客观地讲，我们对领导干部“廉”的考核设定的大多为定性指标，反映的被考核者的廉洁情况往往是笼统的、涵盖多方面内容的主观印象。平衡计分卡“内部流程”指标体系坚持内在情况和外在表现相结合、坚持定性与定量考核相结合，紧紧抓住了“系统内机制建设情况”这个“廉”的根本指标，将“自身制度和流程建设情况”与“廉”这一指标紧密结合在一起，规范了领导干部的执政行为，可全面、客观地反映一个干部“廉”的整体情况。

同时，平衡计分卡也对“能”与“勤”这两个传统干部考核指标有重要借鉴意义，其中，平衡计分卡“学习与发展”从“团队能力建设、个人能力建设”两个层面来反映干部的“能”，平衡计分卡“客户层面”利益相关者从“有效深入基层、人民满意度”两个维度来反映干部的“勤”。总之，把基于平衡计分卡的战略绩效考核体系关于政府绩效的评价结果应用到领导干部考核体系上，作为对领导干部考核的补充和支撑，将是一个积极而富有重要意义的尝试。

参考文献

［1］薄贵利．论研究制定服务型政府建设的战略规划［J］．中国行政管理，2011（5）．

［2］方振邦，罗海元．政府组织战略管理过程研究［J］．中州学刊，2011（5）．

Discussion on the Relationship Between Government Strategic Performance Management and Strategic Planning and Its Enlightenment to the Assessment of Leading Cadres

Zhou Shengshi

Abstract: In order to improve the administrative capacity and level of the government, how to develop a scientific strategic planning and strategic performance management system has become a problem of thinking and research at all levels of government. This paper demonstrates the importance of government strategic planning, government strategic performance management and its relationship, and the ideas and practices of formulating strategic planning and establishing a strategic performance management system were put forward. Finally, through the introduction of the balanced scorecard strategic performance management tools, it also provided useful enlightenment for the evaluation of leading cadres.

Key Words: Performance Management; Strategic Planning; Assessment

政府组织实施绩效管理的战略选择
——江苏省淮安市国税局的实践*

孟庆国　吕志奎

近年来，淮安市国税局立足推进务实、高效、廉洁的服务型政府建设，以“提升机关效能、优化发展环境”为主线，以绩效管理为抓手，在实践中运用“五项战略”①——核心战略、结果战略、顾问战略、控制战略和文化战略，推动组织绩效持续改进。

一、实施核心战略，建设有使命感的政府组织

核心战略就是确定组织的使命和目标，帮助组织中的每个人形成对使命目标的一致理解。其中，作为一种战略管理工具，组织使命声明可以帮助组织成员理解组织目标以及如何适应更大政府管理系统的理念与服务宗旨。自2004年起，针对“干与不干一个样、干多干少一个样、干好干坏一个样”以及责任传导机制不畅、干部队伍活力不足的问题，淮安市国税局开始实施绩效管理，确立“为国聚财、为民收税”的工作使命，制定“服务科学发展、共建和谐税收”的战略愿景，构建有使命感的政府机关，为纳税人提供创新服务、超值服务和增值服务，最终实现“始于纳税人需要、基于纳税人满意、终于纳税人遵从”的工作宗旨。

在明晰组织战略的基础上，该局引入了平衡计分卡（见图1），通过组织战略转化明确部门使命和远景，细化组织发展目标。借鉴平衡计分卡理论，该局完善了组织绩效目标

---

* 本文来源于《中国机构改革与管理》2013年第6期，第17—19页。

作者简介：孟庆国，清华大学公共管理学院教授；吕志奎，厦门大学公共事务学院副教授。

① 戴维·奥斯本，彼得·普拉斯特里克提出运用五项战略（简称“5C”战略）——核心战略（Corestrategy）、后果战略（Consequencesstrategy）、顾客战略（Customerstrategy）、控制战略（Controlstrategy）与文化战略（Culturestrategy）再造政府，对公共体制和公共组织进行根本性的转型，以大幅度提高组织效能、效率、适应性以及创新的能力，并通过变革组织目标、组织激励、责任机制、权力结构以及组织文化等来完成这种转型过程。参见［美］戴维·奥斯本、彼得·普拉斯特里克：《摒弃官僚制：政府再造的五项战略》，中国人民大学出版社2002年版，第14页。

体系，兼顾近期与长远、内部与外部、过程与效果的平衡，建立环环相扣、层层分解的目标体系。根据市国税局的年度绩效目标，各县（区）局、市区各单位制定本单位的绩效目标，并将单位年度绩效目标分解到相关责任部门，实施绩效目标层级管理。市局各处室做好年度绩效目标落实分解工作，加强与月度工作要点和周工作计划的衔接；实施“全指数考核”，引导各单位找准做事方向，优化资源配置，提升组织绩效。在对个人绩效的考评上，探索创新以绩效工作时间①为计量尺度的考评方法，把工作质量、工作效果、目标贡献度作为关键要素，强化组织目标导向，实施日常化、累积性考评，让国税干部在直观对照和相互赶超中感受压力、增添动力，自我管理、进位争先。

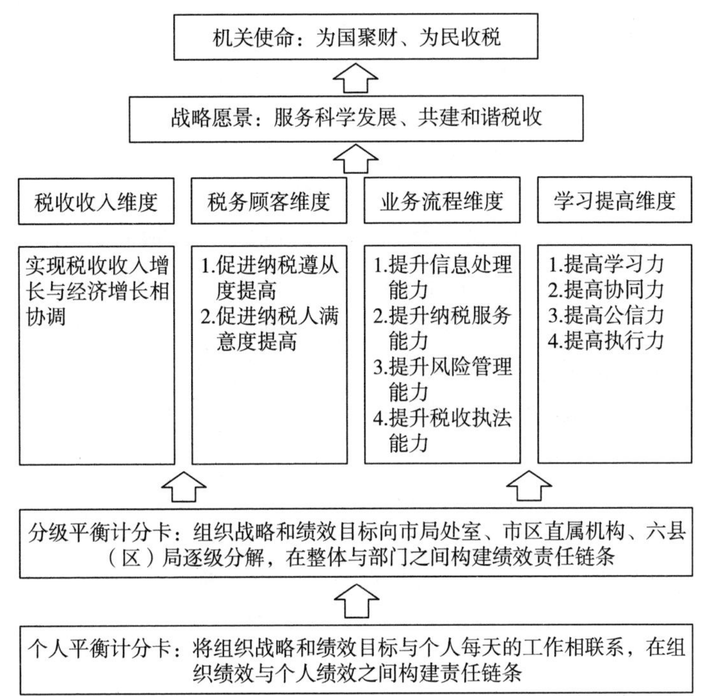

图1　淮安市国税局平衡计分卡

① 绩效工作时间是绩效工作事项与其对应的一般劳动时间的乘积。一般劳动工作时间是指在一般劳动熟练程度和正常工作状态下，完成某项工作所需要的工作时间。淮安市国税局在评估个人绩效时，以完成某项工作事项的一般劳动工作时间作为量化的统一标准。

二、实施结果战略，建设结果导向型政府组织

通过为组织绩效设定结果，建立绩效结果的评估机制，在组织内部创设一种竞争激励机制，加强绩效责任。淮安市国税局运用平衡计分卡构建结果导向的绩效评估体系，促使组织上下理解组织高层制定的战略目标，并最终促使组织上下协同行动。"结果为本"就是实现国税部门的工作目标，即注重税收收入可持续增长，注重提升纳税人遵从度和满意度。

淮安市国税局2006年在全国税务系统率先将风险管理理论应用于税收征管，建立税收风险管理机制和体系，开始实施税收风险管理。2008年以来，淮安市国税系统在全面推行税收风险管理的基础上，调整完善风险识别、评定、应对的运行方式和组织架构，凸显风险管理对纳税遵从的引领作用，建立了以风险为引擎，针对性、差别化、联动式的税收征管运行体系。通过实施税收风险管理，不仅可以最大限度地避免纳税人采取税务机关所不希望发生的行为，而且还可以引导纳税人采取税务机关所希望发生的行为，全面提高依法纳税水平。淮安国税收入从1994年的6亿元，到2009年突破百亿元大关，成为苏北第二个国税超百亿元的地级市。"结果为本"还包括构建以绩效目标为导向的激励机制。参照基于组织目标结果导向的绩效评价体系，优化绩效目标管理实施办法，对全市国税工作进行"全指数考核"，个人绩效考核和绩效目标考核结果挂钩，增强绩效目标的导向功能。全市国税系统干部按周制订绩效计划，只需在系统的绩效事项库中选择事项，并填写将要完成的具体工作，并在一周工作结束后进行绩效申诉，由干部所在部门主管每周对个人申报的绩效信息进行核实，从主观和客观两方面进行评价，客观方面评价工作是否完成、质量如何、有无未完成或未完全完成工作；主观评价包括态度、效率、目标贡献度。同时，将组织绩效与个人绩效联系起来，对部门按年度绩效目标的考核情况进行排名，分为A、B、C三级。这让多做事的人有了动力、不做事的人有了压力，激发了工作热情，大大提升了组织绩效。

三、实施顾客战略，建设服务型政府组织

淮安市国税局牢牢树立"纳税人是顾客"的理念，采用了"以纳税人为中心"的顾客战略，实施流程再造，提高服务能力。全市国税系统所有部门建立服务标准，重新审视、设计业务流程，通过电子化的"工作流"和"网上办税服务大厅"处理各类税收业务，优化机构职能配置，创新创优服务；同时，借鉴客户关系管理理念，探索开发了

"淮安市国家税务局税务客户关系管理系统"，建立了以"需求收集—需求分析—服务创设—实施服务—评价改进"为主流程的动态循环服务机制，为每类客户提供更有针对性的税务服务，吸纳来自纳税人的意见建议，增进纳税人对税务机关的信任。

倾听纳税人心声是实施顾客战略的关键之一。为充分保障纳税人的知情权、表达权、建议权和监督权，大力创新纳税服务形式，细化明确处罚标准，限制自由裁量空间，通过网上税企交互平台、国税短信服务平台、国税网站等，建立了多元化沟通渠道；开展"纳税人评议国税人员"活动，委托第三方进行独立调查评估，评价国税人员的执法服务状况；创新实施纳税人"网上自行打印税票"，让纳税人足不出户取得缴税凭证，实现申报、缴税、打票的全程化电子服务，除少数涉及退税和报上级税务机关审批的流程外，所有工作流程运行时限压缩在 5 个工作日以内。2009 年 8 月，推出"专家咨询日"活动，帮助纳税人解决办税过程中的一些深层次问题，进一步提高纳税咨询的质量和效率。每月逢 8（8 日、18 日、28 日），市局和各县区局都在办税服务厅设立咨询台，分别由市局、各县区局业务处室的业务处长和业务能手专门解答纳税人涉税过程中遇到的一些专业性强的问题。这种直接接触顾客的方式提供了面对面的交流机会，对纳税人帮助很大。

四、实施控制战略，保障绩效责任落实

淮安市国税局在绩效管理过程中注重构建通过责任传导实现组织目标的控制机制，将组织、部门和个人绩效三者捆绑在一起，根据组织总体工作任务，制定部门年度工作任务、月度工作要点、周工作计划和个人绩效任务，实现组织绩效目标与个人绩效目标的有机统一。在为绩效管理提供参照值的同时，根据绩效预算的实际执行结果不断修正、优化绩效指标体系，确保绩效评价更加符合实际，从而真正发挥出激励控制功能。

由于绩效评估是一个复杂过程，加之复杂变迁的组织环境和政府部门绩效本身具有不可量化性等特点，绩效评估中的偏差是不可避免的。淮安市国税局以绩效工作事项一般劳动时间作为绩效评价基础，以必要工作时间作为评价尺度，以法定工作时间作为参照，建立绩效工作时间控制机制。以必要工作时间为评价尺度，并根据工作的质量、效果等，确认每个绩效事项的绩效工作时间，指标直观，便于比较，也有利于强化时间和效率观念。通过对各项事务如何量化评价进行创新探索，围绕绩效目标计划，结合各岗位职责，建立包括办税服务、税源管理、税务稽查、行政事务、信息技术 5 大类、1130 多项绩效工作事项库。明确绩效工作事项，为落实绩效责任机制和根据绩效结果实施激励控制提供基础。

在绩效报酬分配上，实行"达标加竞争"的办法。个人绩效劳动时间达到规定标准的，获得达标收益；超过达标比例的，获得竞争收益。同时，加大绩效结果运用力度。绩效考核结果不仅可以衡量绩效高低、个人收入多少，还是公务员年度考核、干部选拔的重

要依据。依托绩效管理信息系统的客观记录和评价，借助绩效评价的结果评先评优和选人用人，改变了以往靠年终一次性评价、凭“模糊印象”选人用人的现象，避免了操作中的人为因素和随意性，克服了“做多做少、做好做坏一个样”的弊端，调动了工作主动性和创造性，在无形中形成了一种激发组织活力的柔性管理机制。

五、实施文化战略，建设学习型政府组织

文化战略，就是再造组织文化，即员工的价值观、行为规范、态度及期望值，培育组织精神，改善员工的心智模式和组织的思考模式，增强员工对组织变革目标和价值的认同，更好地完成组织的使命。

2006 年以来，淮安市国税局大力实施团队建设，定期举办“淮安国税发展论坛”、国税大讲台，开展“大培训、大练兵、大竞赛、大提高”活动，开展办税服务明星、团队建设示范点和团队建设示范点标兵、学习标兵集体和学习标兵个人评选活动，培育团队精神，打造“严谨规范、训练有素、文明友善、乐观向上”的行为模式，营造执行文化、创新文化、竞争文化、和谐文化的良好环境和氛围，打造团队阳光心理，塑造团队协作精神，充分凝聚人心、展示形象、激发活力，增强团队的凝聚力、战斗力和创造力。

政府绩效管理是一项非常复杂的工作，改进政府绩效永无止境。政府绩效管理若要取得成功，就得寻求能引发组织或制度连锁反应的战略，即必须“讲究战略”，运用战略推动政府绩效管理，来变革和创新政府组织背后的影响组织绩效的思维和行为方式，推动组织朝有利于提高组织绩效的方向变革。政府组织实施绩效管理的战略可以逾越不同部门之间的差异。战略虽然有普遍的指导性，但在具体的绩效管理过程中所采用的战略与战术会因部门行政体制和组织文化等不同而有所差异。因此，在实践中针对不同部门要具体分析。而且，各种战略通常都是相互关联的，在实际操作中，这些战略之间的界限会变得模糊，只有将这些公共管理战略组合起来，才能产生巨大的威力。

作为战略性群体的县乡干部（下）
——透视中国地方政府战略能动性的一种新方法*

托马斯·海贝勒　舒耕德
刘承礼　编译

一、战略性群体的层级结构及其团结问题

我们认为，县乡干部绝不是一个同质的实体。实际上，他们内部等级森严，并常常在能否得到提拔和晋升、派系归属、官位势力、权力和地位等方面存在竞争。尽管如此，我们还是要把驾驭地方决策和政策执行的县乡领导干部看作战略性群体的成员。①这种战略性群体是由领导班子所领导的副科级以上干部组成的，最高领导是县委书记，他（或她）

---

* 本文来源于《经济社会体制比较》2013 年第 1 期，第 85—97 页。

作者简介：托马斯·海贝勒（Thomas Heberer），德国杜伊斯堡—埃森大学东亚研究院东亚政治学首席教授。舒耕德（Gunter Schubert），德国图宾根大学亚洲和东方研究所大中华研究首席教授，图宾根大学欧洲当代台湾研究中心创立者和主任。编译者：刘承礼，中央编译局比较政治与经济研究中心副研究员。

本文所使用的素材来自两位作者联合主持的由德国研究基金会（DFG）、德国教育和研究部（BMBF）资助的课题“中国政治体制中作为战略性群体的县乡干部”（County and Township Cadres as Strategic Groups in China's Political System）。自 2008 年以来，该项目的实施者每年都到中国进行定性访谈，田野调查地点遍及福建、贵州、江苏、江西、陕西、山东、四川和浙江等省的多个县（或县级市）。作者感谢同行对本文初稿的评论，其中特别需要致谢的学者包括：李安娜（Anna L. Ahlers）、安晓波（Björn Alpermann）、顾克礼（Christian Göbel）、李芝兰（Linda ChelanLi）、李连江（Lianjiang Li）、欧博文（Kevin O'Brien）、格雷姆·史密斯（Graeme Smith）、曹诗弟（Stig Thøgersen）、唐仁立（René Trappel）、白苏珊（Susan Whiting）、周雪光（Xueguang Zhou）、杨雪冬（Xuedong Yang）。英文原文“County and Township Cadres as a Strategic Group. A New Approach to Political Agency in China's Local State”刊载于《中国政治学刊》（Journal of Chinese Political Science）2012 年，第 17 卷第 3 期，第 221－249 页。

① 一般来说，战略性群体是由县乡领导干部组成的，并由各自的上级党委组织部对其实施考评。具体而言，战略性群体的成员包括县和乡镇党委（尤其是书记）的成员、县长和乡镇长及其副职、地方人大常委会的成员、政协常委会的成员、县里各局和委的领导干部、群众性组织的领导干部及其副职。

是所有决策的最后拍板人。[①] 领导班子的成员是由上级单位任命的，而战略性群体的其他成员则是由县级领导班子任命的。这样一来，乡镇领导干部（主要是乡镇党委书记、乡镇长及其副职）也是战略性群体的成员，因为他们在执行重大决策过程中发挥着重要的作用，因此必须确保他们对上级保持忠诚。不过，级别较低的县乡干部则不是战略性群体的成员，因为他们只是负责具体执行政策，很难发挥战略能动性，只需按上级的指示行事。[②]

县（或县级市）委书记是当地的“一把手”，在任何政治决策中他（或她）都享有最终的发言权。由于他（或她）不是本县（或县级市）人，因而主要是对上级而不是对战略性群体本身负责。他（或她）非常清楚所在的战略性群体所面临的自上而下的压力，同时也十分了解本县政策创新的灵活性所在。通常情况下，县委书记比战略性群体的其他成员更有机会进行政策创新。作为战略性群体的“核心领导”和“一把手”，县委书记实际上扮演的是政治企业家的角色。在这种意义上，他（或她）不仅是地方政策的主要设计者，而且必须确保战略性群体的内部团结以及该群体内的所有成员都服从领导班子的决策。换句话说，县委书记有责任确保战略性群体不致囿于私人利益而受到其他社会群体或上级部门的影响。

县委书记一般是从外地调任到本县任职的（任职年限平均为 3 ~ 5 年）。任命新的县委书记是否会对战略性群体的团结产生负面影响，这是一个公开的话题。在任命湄潭县委书记的全体干部会议上，贵州省遵义市委组织部部长的讲话谈到了这个问题。他要求所有干部都要团结在新任县委书记的周围，把他当作“班长”，让省委和市委领导放心。他认为，如果领导班子和其他干部不团结，湄潭县想保持又好又快的发展态势是不可能的。[③] 我们不知道他强调班子团结是否还有其他含义。通常情况下，当重新任命县委书记时，战略性群体内部会出现一些骚动或不确定性，例如，政策重点会发生变化，现有的关系网会重构，需要建立新的利益同盟。不过，尽管地方领导频繁调动，但是根据当地的实际情况推动本县的发展和执行上级政策指示的任务依然存在。因此，地方政治体制的运行逻辑并没有发生根本性的变化。新任县委书记必须迅速提出一个新的发展规划[④]，同时采取相应

---

① 在大多数的县里，县（或县级市）领导班子由如下干部组成：县（或县级市）委书记、县（或县级市）长、分管公检法司的政法委书记、分管工业或农业的副县（或县级市）长、组织部长、纪检委书记、武装部长、分管党务工作的副书记。领导班子一般等同于县党委常务委员会。

② 钟杨（Zhong，2003）区分了有望被提拔的干部和无望被提拔的干部。年龄限制和最低学历在干部生涯中发挥着重要的作用。有望被提拔的干部一般年轻有为，受过良好的教育，他们容易被提拔到较高的职位上，而年龄较大的、受教育程度不高的干部将很难得到提拔。钟杨认为，县里大多数的干部属于第二种干部，而乡镇的大多数干部则属于第一种干部，这是一种重要的划分。然而，从政治自主性和维护当前的地位和特权来看，作为战略性群体的成员，无论是有望被提拔的干部，还是无望被提拔的干部，他们都要维护整个群体的利益。这与他们的习惯相关。钟杨没有对此展开讨论。

③ 滕昭义任湄潭县委书记，http：//www. meitan. gov. cn/Article/zwgk/zwxx/hwdt/201008/10127. html（2010 年 11 月 18 日登录）。湄潭县访谈记录，2010 年 8 月 31 日。

④ 在受到任命后不久，新任县委书记就要在县长的陪同下视察该县的所有乡镇，目的是为了提出新的发展规划。湄潭县访谈记录，2010 年 8 月 31 日。

的措施确保班子团结，并获得下属的尊重和信任，否则他将会面临失职和被降职的危险。因此，干部轮换不会像有些中国学者所提到的那样会对地方政治产生实质性的影响。

通过地方党委系统，领导班子成员会与地方党政机构中职能部门的负责人就政策决策方面的问题进行沟通。既然任何负面的影响都会影响到每个成员（尤其是领导班子成员）的前途，战略性群体首先需要建立一条权威的、可靠的沟通渠道。由于需要为上级部门的频繁检查做准备，所以战略性群体的成员之间保持沟通是非常重要的。必要时领导班子可以利用“民主集中制”和“党的路线”等手段来加强战略性群体内部的重要决策。确保下级服从[①]上级的最好办法是领导班子对下属的晋升拥有最后决定权：

“领导不喜欢的人很难得到提升。任何情况下都需要有人保护你，为你说话。”[②]

如前所述，战略性群体内部的权力和地位结构是有层级的。这种层级通常以恩庇—侍从关系表现出来，即县委书记是权力最大的恩庇人，而战略性群体的其他成员都是他的侍从。正如希尔曼、史密斯等所指出的那样，派系和利益集团在整个官僚体系中的纵横交错是一种常态。[③] 然而，在我们的研究法中，他们以战略性群体的特定实体或子集的形式出现，因为与中国政治体制内县乡领导干部的整体利益相比，派系差异似乎不是那么重要。其中，县乡干部的整体利益包括地方决策过程中地方干部拥有相对的政治自主权，可以规避上级政府施加的压力，让上级部门能够看到自己的外在成绩以及干部晋升。为了完成上级交办的任务，实现地方政府自行设置的目标，确保战略性群体的整体利益能够得到实现，领导班子需要统一各种特定实体的行为，并使群体内的成员达成共识。事实上，战略性群体的内部分裂是存在的，如派系冲突、有望被提拔的干部和无望被提拔的干部之间的冲突、当地人和外地人的宗族关系或竞争。[④] 为了维护战略性群体的团结，领导班子必须在一种富有挑战性的制度环境里和自上而下或自下而上的政治压力中解决所有的矛盾。县乡领导干部的团结基于他们具有相似的世界观和共同的习性，而这些又来源于他们在地方政治和行政层级中“地位相近”。“地位相近”不仅能够产生战略性合作，而且会引发共同的期待，行为和认同。

在中国的层级制政治体制中，县乡干部的特殊地位以及他们在政策制定及其执行过程中所面临的来自上级政府和老百姓的双重压力，使领导班子和其他成员形成了战略性同盟，进行了战略性合作。政治体制中的“地位相近”促成了群体内部各成员之间的集体行动和集体认同。在政策执行过程中，共同的利益、制度性约束、共同面临来自上级部门和老百姓的双重压力、共同的习性和团体精神比内部冲突和狭隘的观念重要得多。我们的田野调查和其他学者的研究生动地表明，为了保护整体利益（在应付上级考核和检查时

① 下级对上级的服从通常不是通过高压来实现的，而是由职业晋升、业绩认可或避免惩罚来决定的。

② 青岛某镇原党委书记访谈记录，2009 年 8 月 20 日。

③ 马奇（March，1994）指出，群体的各个成员拥有一些共同的目标，当然，他们内部也会出现对抗。

④ 有关当地人和外地人之间的差异，参见（Gouldner，1958）。

更是如此)，县乡干部需要进行适当的合作，甚至共谋。[①] 我们与县乡领导干部的大量访谈显示，他们把自己看作一种拥有共同利益的特殊群体，而这个群体的所有成员必须精诚合作，以便获得一个好的考核结果。[②] 这一点在许多中国学者[③]那里也得到了印证。然而，这并不是说在任何地方战略性群体的整体利益都凌驾于其成员的自身利益之上。我们的观察表明，在决定政策执行的不同结果是否会对政策执行理论产生影响时，整体利益并不是最重要的因素（Smith，2009；Hillmann，2010）。如果战略性群体的内部出现了分裂，即使是连贯的政策，也不可能得到有效的执行。

这一假设需要得到进一步的验证。为了弄清楚地方政府如何有效地执行上级政策，我们把县乡干部看作战略性群体（将现有的派系看作解释变量）的假定是重要的。绩效考核可以被用来解释如下观点：在上级部门派来的检查组面前，地方干部必须交出真实的成绩。考核者不愿意总是被县里的干部带往环境整洁的、经济发达的、绩效较好的村或镇进行考察。因而县政府必须在不同的地方进行政策创新和模式创造，这既能使他们免予遭到上级部门的批评，又能为地方发展获得更多的资金，同时还能为领导干部的提拔赢得机会。[④] 尽管地级市和省里的考核者乐于看到令人满意的发展态势，以便向自己的上级提交满意的报告，但是为了蒙混过关，地方干部通常会编造数据来欺骗考核小组。在这种情况下，考核小组就必须如实地反映实际情况。事实证明，这对政策的有效执行是有作用的。为了实现既定的目标，获得一个正面的评价，所有的县乡干部进行战略性合作是必不可少的。此外，由于干部（尤其是领导班子）团结是考核的常规指标之一，战略性群体必须是团结的，这就增加了战略性群体克服派系斗争和特殊实体之间共谋的压力。[⑤]

---

① 在我们就上级检查和业绩考核等问题对县乡干部进行访谈时，他们认为如下做法非常重要：确保所有的文件整洁有序；村干部言简意赅、得体地表达他们的意见；从其他地方交流来本地任职的干部受到了很好的待遇。周雪光等报告了为欺骗上级检查组而进行的精心的合谋行为（Zhou，Aiand Lian，2010）。

② 莱西（2008年9月7日；2009年8月21日）、安居（2008年9月18日）、德清（2009年3月5日）、南丰（2009年3月12日）、德清（2010年8月6日）、湄潭（2010年9月1日）、息烽（2010年9月6日）、石泉（2011年8月23日）、江阴（2011年8月18日）访谈记录。

③ 四川大学（2008年9月23日）、山东省委党校（2009年2月22日）、青岛（2009年8月31日）、四川（2009年9月10日）、贵州（2010年9月9日）、山东省社会科学院（2009年9月2日）、成都（2008年9月23日）、贵州大学（2010年9月9日）、中央党校（2009年9月14日）访谈记录。

④ 然而，我们知道政策创新及其执行的结果绝不是“好”“坏”二字所能概括的，好、坏都有可能。

⑤ 另一个因素是促进整个群体的团结，以便实现集体的战略能动性，从而控制内部分裂（因为内部分裂会造成社会不稳定）。考评的一个重要指标是“一票否决”，包括地方骚乱或过度的上访以及其他负面的评价。我们发现，在维护社会稳定和加强各部门的合作以实现社会稳定方面，县乡干部的意见是一致的。

二、战略性群体的集体认同意识

我们认为，县乡领导干部具有集体认同意识是其成为战略性群体的一个主要因素。① 我们的实地调研表明，许多地方干部表现出了强烈的集体认同意识，这常常与他们的使命感有关。他们把自己视为地方发展的先锋队。② 我们把认同意识看作一种交际工具通过这种工具，战略性群体的成员可以将自己与其他群体或不同的社会阶层区分开来。县乡干部的集体认同意识形成于共同的交际圈、共同的经历和生活模式、共同面临着的来自上级部门和老百姓的压力、可以获得其他人所不能获得的信息之中。这种认同使他们可以与普通人群区分开来。党校在形成这种集体认同意识的过程中发挥着十分重要的作用。由于共同生活在同一个县、地级市或省的制度环境下，县乡干部不仅建立起了自己的交际圈，而且对彼此的社会地位也了如指掌。县乡领导干部常年参加各种协商和制定政策的会议③，从而培养了他们的团体精神。

有的县乡领导干部特别提到，他们拥有某种共同的认同意识，这种认同意识是通过党员身份、多年的同事关系、对当地政治制度和结构的了解以及比普通人优先获得某些信息而建立的。这一点在我们与曾经在县和乡镇政府工作过很长时间的一位地级市干部的访谈中得到了证实，他谈道，“我曾经在县委的多个部门工作过。我还担任过多年的镇党委书记和镇长。我在县办与多位领导共过事，一起参加过党校的培训，常常在开会时与他们见面。我对他们都很了解，我们关系很好。”④

根据布迪厄的观点，在某一个给定的社会场域拥有相同地位的个人具有一些共同的（经济、文化、社会、象征和结构）资本（如图 1 所示），他们会表现出一些相似的特殊习性。我们认为，就当代中国的县乡干部来说，这种“地位相近”的特征创造了一种共同的认同意识，而这种认同意识又反过来加强了这一群体内部的一致性。地方领导干部具有超过当地平均收入的经济资本，因为他们不但可以得到绩效奖，而且有机会获得灰色收入或不合法收入。他们具有相似的文化资本，因为他们大多在高等教育机构或党校获得了较高的学历，这使他们与农村中的普通人群区分开来。县乡干部的社会资本则建立在党员身份的基础之上，因为他们组成了地方或跨地方的网络，与上级官员建立了私人关系。此外，地方干部还积累了相当多的象征资本，如声誉、威望和特权，即社会地位。此外，我

① 我们在此处所指的并非个人或集体认同的简单加总，而是指组织内部发展出来的一种特殊的认同意识。尽管群体内的领导和成员经常发生变化，但他们还是形成了群体认同意识。

② 例如，江西省定南县某镇镇长强调，新农村建设工作的重要支柱之一是提高所有干部的领导素质，要求他们发挥党员先锋作用。定南县访谈记录 2010 年 9 月 9 日。在过去几年的访谈中，领导的责任问题也常常被提到。

③ 这类协商隐含在被称为“等级制的阴影”（in the shadow of hierarchy）的等级结构之中（Scharpf，1997）。

④ 西昌市访谈记录，2010 年 8 月 4 日。我们访谈的其他干部也有类似的说法。

们还引入了结构资本，以此作为布迪厄没有明确提到的另一种资本形式。结构资本是指知晓当地的政治制度及其运作模式，它是通过在重要的党政机关共事而形成的。对于建立有用的交际网络和实现个人的职业晋升而言，这一资本是重要的，它有助于战略性行为和决策的形成。此外，结构资本还建立在他们能够优先地了解相关的法律知识和上级部门通过的政治文件的基础之上。

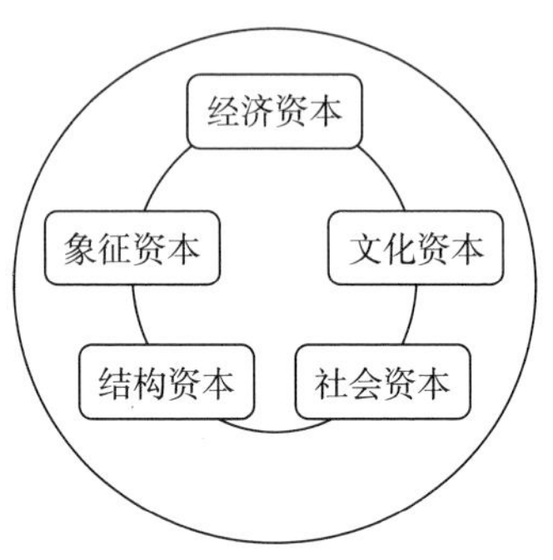

图1　社会空间中的资本总量及其分布

地方干部的认同意识是在解决与政策执行和发展相关的具体问题（如解决资金缺口、应付上级部门的检查和考核、提出模式创新和政策创新的方案）时形成的（Heberer，2003）。此外，共同的生活方式、爱好和社会实践（用布迪厄的话说是指“习性”）使这一特殊的群体与其他的社会群体区分开来。例如，在高档的酒店里吃饭、喝酒［“美食政治”（gastro politics）（Appadurai，1981）、“建设性喝酒”（Douglas，2003）］、例行开会①、参加特殊的活动②不仅可以建立和加强地方干部的关系网络，而且可以增加干部的社会资本，培养他们的特殊习性和认知。此外，党校在地方干部认同意识的形成过程中扮演着十分重要的角色：他们在党校里一起接受培训，学习一种共同的政治话语，用毛泽东的话语即“统一思想”，加强老关系，建立新关系，与同僚开展社交活动，这使他们觉得自己是中国政治体制中为地方发展和维护社会稳定负有特殊使命的精英。③

政治上的意识形态有时与文化偏见共同培育了县乡干部的群体意识。在中国农村，提高村民的文明程度已经成为广泛的共识。这种“教化使命”（civilizing mission）可以用

---

① 赵树凯（2006，2007）提到，县里每个星期要召开1～2次会议。樊红敏（2008）发现，县委书记有1/3的时间花在了各种会议上。

② 例如，在遂宁市里的干部必须时常去村里集体参加垃圾收集活动。在各种名目的活动中，有一个称为“包村”的活动，即要求每位乡镇和县干部都要照顾一个村，定期与村干部和村民就各种问题进行交谈，向他们解释上级的政策，帮助他们开展项目。在莱西，党校还通过联合军事训练和参观监狱的方式在干部中培养他们的认同意识。参观监狱的主要目的是向所有干部传递出贪腐没有好下场的信息。

③ 青岛市委党校访谈记录，2009年2月22日；青岛访谈记录，2009年8月31日；四川访谈记录，2009年9月10日；贵州访谈记录，2010年9月9日；中央党校访谈记录，2009年9月14日。

“提高素质”这个词来表达，是指提高村民的受教育程度和社会责任感（Kipnis，2006）。地方干部认为自己的素质要高于村民、普通工人和小企业主，这意味着他们必须在地方发展中扮演“领头羊”的角色。“素质”在干部的日常生活中的确具有特殊的意义，这使他们与普通村民区分开来。在遂宁市的一家敬老院里，同行的一位办公室主任告诉我们：

“那些人的素质非常低。他们既听不懂普通话，也不懂世上的事。他们看到电视上有一对夫妇在说情话，甚至不知道他们在说什么。”①

综上所述，作为县乡干部这个战略性群体之重要特征的集体认同意识来自群体内成员的“地位相近”，而“地位相近”有助于这些成员拥有布迪厄所定义的各种资本，进而在某个既定的社会场域形成了共同的生活习惯。尽管各个成员之间存在派系斗争和政治竞争，但他们还是能够形成追求和保护整个群体利益的群体一致性和战略能动性。

三、战略能动性和“有组织的无政府状态”

正如研究中国农村政治的一些观察家所理解的那样，中国的县和乡镇在发展战略和政策执行结果上存在很大的差异。毫无疑问，这些差异取决于当地的经济发展状况、（金融、财政和人力）资源禀赋、各种各样的（如硬的或软的、严格的或有弹性的）现行监管体制（尤其是绩效和干部考核体制）、上级部门的重视程度（如高级领导人的政策指示或视察）。这些外部因素当然会影响到地方干部的战略能动性。然而，尚待解决的还有如下问题：如果上述因素在不同的县大体相似，那么，是何种因素使不同县的干部战略能动性出现了差异？我们如何解释县乡干部在追求整体利益，保护或扩大个人的政治自主权、特权和地位时所表现出的战略能动性的不同表现形式？我们对上述问题的解答可以解释政策能否得到有效执行的原因吗？

（一）外部激励和内生动力

在县域范围内，既有的激励结构非常重要，它可以促使地方干部很好地执行上级部门制定的政策。外部激励（如报酬和奖金、社会地位和声誉、晋升前景）和负向激励（如惩罚和降职的威胁）对干部个人的影响比对整个县乡领导干部群体的影响更为直接。这些激励可以在一定程度上解释战略性群体的战略能动性：在领导班子中，最有影响力的干部并不掩饰自己出于追求个人地位和事业前景的目的来执行各种政策。而他的这种行为得到了其他领导干部的仿效。我们在访谈中碰见了许多带有政治企业家、理想主义者色彩的县乡领导干部，他们有一种带领所有干部为当地谋发展、“提高农民的素质”和“支持中

① 遂宁市安居区访谈记录，2008 年 9 月 17 日。

央”的使命感。[①] 与此同时，地方领导干部还具有追求人生价值的内生动力，这可以追溯至他们的工作经历（Donaldson，2009）、社交网络和个人背景，例如，出身于农民家庭，接受了现代教育，长时间生活在外地或动荡的生活（如“文化大革命”时期）中所积累的见识。[②]

在解释县里的个别领导干部和整个战略性群体的政治动机时，外部激励不一定比内生动力更为有效。[③] 不过，外部激励仍然是某一既定地区干部群体战略能动性形成的重要因素。然而，外部激励和内生动力在当代中国农村地区的所有县都是相似的，这就意味着有必要为战略能动性的不同模式寻找另外一种解释，尤其在地理环境、社会经济发展和整体制度性约束条件均相似的情况下。

（二）对地方层面上政策执行差异的解释：有组织的无政府状态

地方领导干部不仅在认知和偏好上存在差异，而且必须在上级下达的任务不完全清晰的情况下进行决策。因为上级的政策或指示通常是很模糊的，解释很宽泛，如社会主义新农村建设项目的20字方针。这在科恩、马奇和奥尔森的“垃圾桶模型”中被称为“有组织的无政府状态”（Cohen、Marchand Olsen，1972）。我们认为，中国农村地区战略能动性（和政策结果）的不同模式在一定程度上可以用这一模型来解释。“有组织的无政府状态”被嵌入到中国政治体制之中。当然，我们要对原始模型的条件进行一些修正。地方当局的领导班子通常会碰到不清晰、有时甚至是相互矛盾的政策和指示，这使其无法知晓其上级部门的意图到底是什么。毫无疑问，不同地区政策和指示的不确定性大不相同，而这种不确定性又会影响到地方决策及其执行、地方领导干部的战略能动性。图2使用“垃圾桶模型”来解释这一现象。

县级层面的政策执行非常复杂，且充满变数。地方领导干部的频繁更迭更加剧了这种复杂性。这些领导干部在某个地区或岗位上只工作了几年便需要调任到其他地区或岗位，因而决策的不确定性很大。按照“垃圾桶模型”，它会出现四种可能的结果：

（1）提出可行性方案，即地方领导干部制定出可以得到有效执行的政策；

（2）提出不解决问题的方案，即地方领导干部在许多不解决问题的方案中作出选择；

（3）对于长期存在的问题，地方干部不断地寻找一些不可能找到的解决方案；

---

① 陕西省米脂县委书记访谈记录，2008年9月5日；陕西省榆林市考核办干部访谈记录，2009年9月2日；江西省定南县某镇镇长访谈记录，2010年9月9日。

② 在我们的访谈中，地方领导干部在谈到自己的政策偏好时往往会提及这些政策偏好产生的原因。例如，石泉县原县委书记解释了他救助社会弱势群体的承诺归功于他信佛的母亲的教育。他谈到，他的父亲早逝，是母亲含辛茹苦地拉扯大他们姐妹四个。他在石泉县建立了教育管护留守儿童的项目、为穷人建立的公租房项目，在农村地区建立的医疗卫生体制。

③ 外部激励也容易变成强制性的激励。例如，如果领导干部不能被评为“优秀”，那么将会面临得不到提拔甚至终结政治生涯的危险。结果，定期的干部考核和评价体制会使地方干部对他们的上级部门形成了高度的政治依赖；相反，他们对当地老百姓的政治依赖性则要小得多。然而，不好的绩效评价结果和降职将会影响到政策的有效执行，从而滋生一种紊乱的激励结构。

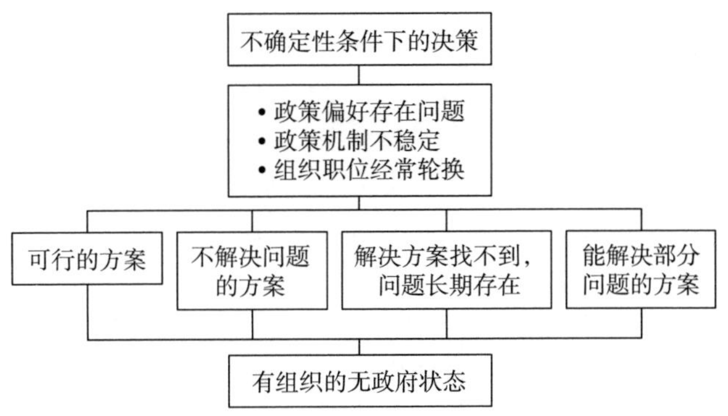

图 2 “有组织的无政府状态”下的战略性群体

（4）提出解决某些问题而不解决另外一些问题的方案。

如果上级行政部门的政策偏好表述得不是那么清晰，下级部门的政策选择空间就会增大。根据这一模型，尽管下级政府得到的只是一般性的指示，但他们必须以某种明确的方式行事，我们把这种情况称为“有组织的无政府状态”。在这种情况下，政策选择及其执行结果会面临诸多变数，尤其是在决策规则和决策方法表述得不够清晰时更是如此。我们过去几年的实地调研发现，社会主义新农村建设项目可以用地方政治中的“有组织的无政府状态”来描述。2006 年，中央政府提出了一个 20 字方针，要求所有的地方政府都要做到“生产发展”“生活宽裕”“乡风文明”“村容整洁”“管理民主”。① 所有的地方政府都必须根据当地的实际情况和政策偏好来使这一框架具体化，并最终由县和乡镇政府来执行这些具体化的项目。因此，只要他们的政策选择符合中央的 20 字方针和上级部门的指示，能够带动农村的发展，县和乡镇政府在执行新农村建设项目时便可以享受到较大的灵活性和自主权。县里的干部可能会选择性地重视某些方面的政策，例如，基础设施建设、农业生产集约化和专业化、农村现代化、新型农村合作医疗体制和其他的社会福利项目，以及在城市或城郊地区安置更多的农民。为地方干部保留这种自由裁量权是有好处的，因为它有助于在中国的农村地区（县、乡镇和村）开展更为广泛的政策试验和模式创新。与“有组织的无政府状态”一样，这是分权情况下战略能动性的不同表现和结果（Yates，1977；Strumpf，2002）。以社会主义新农村建设为例，一方面，中国政治决策过程中的层级结构是稳定的、清晰的；另一方面，我们却很难描述哪种政策得到了执行，以及这种政策的执行效果如何。

是否这种状况真的可以被描述为“无政府状态”呢？这是一个有争议的话题。在县级层面上，具体的政策选择和项目的最终执行（政策选择和项目执行体现了县乡干部的战略能动性）仍然需要得到稳定的政治体制的监督和保证。只要能够实现社会稳定和经济发展的平衡，上级部门就会认可地方的解决方案。在社会主义新农村建设项目中，确定

① 有关这些项目的详细情况及其执行情况，参见 Ahlersand Schubert，2010；Schubertand Ahlers，2011。

性和稳定性而非“无政府状态”还取决于上级拨付的有限资金，这使地方政府或多或少需要服从上级部门的意志。此外，县政府知道，他们的政策选择和试验可能会受到上级检查小组的监督，而上级部门则常常通过削减资金、拒绝项目申请、降职或惩罚下属等形式来干预下级部门。因此，县级部门的战略能动性与上下级行政部门之间微妙而复杂的关系息息相关。在协商过程中，县和乡镇干部可以窥探到其中的政治机会有多大，从而决定各自在政策执行时的选择。

同时，在县和地级市（或县和省）之间存在信息不对称。上级政府对县里发生的事情并不完全知情。因为如果上下级政府的信息是对称的，有些事情就不会发生了。例如，在2007年至2010年9月，河南省有22个县委书记（总共88个县）和100多位县级领导干部因为腐败而受到了调查。[①] 尽管中国的腐败具有不同的类型，腐败官员具有不同的行为特征，且惩治腐败常常被用作训练地方干部的政治手段或意识形态工具，但是，有如此大量的县委书记卷入腐败案，这至少可以说明：①省（或中央）政府对这些县的战略性群体的政策执行情况是不满意的，因此会出面干预；②尽管中央领导层采用了更加完善的监督工具，但“有组织的无政府状态”仍然存在。

因此，对“有组织的无政府状态”进行分析有助于解释中国广大农村地区为什么会出现不同形式的战略能动性：上级部门有意识地将任务转移给县和乡镇政府，使之采取最佳的措施来解决“大事”（社会福利、教育、基础设施、医疗卫生）和实现雄伟的目标（农村发展、生态可持续发展、城市化），而地方干部则可以在这些具有不确定性的领域享有相对的自主权。地方干部不可能保证他们的政策选择一定会奏效，也不可能保证他们最终是继续这样做还是要改变策略，例如，贯彻上级部门新的政策指示或新的党委书记带来新的政策方案。因为地方政府对中央政府具体的政策偏好不了解，公众对选择性政策的反馈结果不明晰（没有形成制度化的反馈机制，以便让地方干部知晓当地老百姓的需求），有效地执行政策的基本条件长期得不到满足（如从上级部门获得资金和足够的预算），所以，决策和执行层面上的“有组织的无政府状态”得到了进一步的增强。

“有组织的无政府状态”根源于制度的不确定性和不清晰性，即解决某一个问题有多种方案可供选择。不同的因素都会影响到政策结果，而这种政策结果可能与上级部门的期望大相径庭。政策执行的具体细节往往由县里决定，县政府可以确定自己的政策目标，这难免会产生“非理性行为”。因此，问题也许能够得到解决，也许不能够得到解决，县和乡镇政府在政策的有效执行和“形象工程建设”（Cai，2004）或“掠夺行为”之间举棋不定。[②] 尽管县本身受到了上级部门的严格监管，但是地方领导干部赖以决策和行动的理由对其上级来说并不总是清晰的。在垂直的权力体系（它是决定“地位相近”的组织结构）中，县级领导的裁量权在县级层面的决策中得到了实现，我们可以将其称为“有组

① 参见 http：//www. pbcti. cn/main/show. php？ id =799938（2011 年 11 月 19 日登录）。

② 正如我们在引言部分所指出的那样，我们并不着重分析造成政策执行出现不同结果的原因，而是想弄清战略能动性和地方层面上的政策执行之间的关系。

织的无政府状态”。

不是只有地方领导干部做出有效的政策选择时才可以形成战略性群体。相反，不管是否做出了有效的政策选择，战略性群体依然存在，即使在出现了腐败或掠夺行为时也是如此。县乡干部从战略的高度展开行动，以维护他们的共同利益，形成“地位相近”的认知（集体认同意识），发展出相似的习性。即使是腐败行为，也可以被称为战略性行为。当然，严重的腐败所表现出来的战略能动性在中长期对政策的有效执行毫无益处。在公共物品的供给和农村发展方面，存在腐败的县会迅速地落后于本地区或本省其他的县。此时，地方领导干部会受到间接或直接的惩罚，例如，上级部门会减少对该县的投资和劳动力供给，削减该县的公共资金，相关的地方领导干部甚至会受到降职或降级处分。

最后，作为战略性群体的县乡干部的服从能力决定了一项政策是否可以得到有效的、连续不断的执行。如果不是同义反复的话，这听起来有些简单化：不同的战略能动性与领导干部解决问题的能力相关，这种能力的大小可以决定政策结果的好坏，而政策结果的好坏反过来可以解释战略能动性的多样性，或者说，可以解释哪种形式的战略能动性可以推动农村的发展。如何才能解释战略能动性并不必然导致好的政策结果，这可以从中国农村地区公共资金的挪用、浪费性的形象工程建设和腐败行为等方面得到证明。

正如我们在前面讨论过的，中国政治体制的运行具有系统性逻辑，这种逻辑一方面使地方干部因“地位相近”而形成了战略性群体，另一方面引入了一套制度（如绩效考核、干部晋升、诸如村民直选的有限的政治参与），从而产生了激励结构和“有组织的无政府状态”。不管县乡干部是否可以有效地执行政策（这与外部因素、外部激励和内生动力所影响的政策选择相关），作为政治体制的一项基本原则的“有组织的无政府状态”和地方领导干部在某项政策措施方面的服从能力都会发挥作用，如图 3 所示。

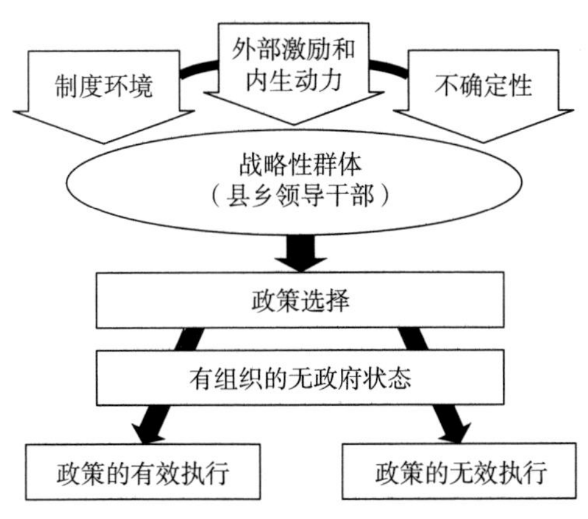

图 3　战略能动性和政策执行

通常情况下，县乡干部会做出正确的选择。无论是战略性群体的有意或无意的选择，这些选择都会影响到政策的有效执行。而无效的政策执行往往是地方干部滥用权力，实施掠夺行为的结果。在这种情况下，战略性群体也许会分裂成不同的派系，群体一致性将会解体。实际上，无效的政策执行常常是群体分裂的结果。在中国地方层面上，如果县乡干部以战略性群体的方式行事的话，政策一般都能够得到有效的执行。

四、结论性评论

在本文中，我们认为，县乡领导干部在其所在的行政区域内是一个战略性群体。他们在保护各自的相对自主权、政治权力和特权，借助好的绩效考核结果和官位晋升来改善自己的政治生涯等方面具有共同利益。群体内的各个成员相互依赖，且必须在战略上通力合作。在县乡层面上，正式的政治制度将大多数干部的职业前景联系在一起，并塑造了他们的人生轨迹。只有那些干得好的干部才能够越级提升。大多数干部的政治生涯不仅与他们和上级官员之间的私人关系相关，而且与上级部门对干部个人及其所在政府部门所实施的定期考核相关。即使只有一名干部行为不当或出现了腐败行为，也会对在同一部门工作的所有其他干部产生负面影响。制度环境使地方干部必须进行战略性合作或合谋，而县乡干部出于共同的习性和团体精神所产生的认同意识进一步强化了这些行为。战略性群体的权威来自地方党组织内清晰的层级制（其中，县委书记居于领导班子的首位），以及确保干部纪律的强大的党组织。领导班子是战略性群体的中枢，而该群体的各位成员则出于自身利益的考虑，都必须服从领导班子的决定，否则将会受到政治排挤和社会排斥。

本文提出了理解地方层面上政策运行及其执行结果的一种新的研究方法，它并不要求县乡干部是一个不存在矛盾的同质的群体。实际上，该群体内部是存在政治竞争的。不过，我们认为，由于“地位相近”，县乡领导干部之间形成了团结精神。之所以会出现“地位相近”，是因为这些干部在中国的政治体制中都要面临自上而下的压力和自下而上的需求，以及在地方政治场域中形成的共同的习性。正是“地位相近”和具有共同的习性，他们才形成了集体认同意识。战略性群体的团结精神使领导班子可以驾驭地方决策及其执行，最终使战略性群体内的所有成员都统一到一条战线上来。

本文无意于提供一个有关战略性群体和中国地方政府战略能动性的完整理论，而是为检验地方层面上的政策运行提供一种可选的、以行动者为中心的研究方法。这种新的研究方法应该被看作一项“未竟的事业”，它的主要目的是为解释人类行为及其互动开发出一种“中小规模的机制”（Elster，1989）。尽管我们的发现在过去十余年的实地调研中得到了实证检验，但是，为了证实战略性群体这一概念所包含的各种假设，还需要做进一步的实证研究。除了县乡干部之外，我们的研究方法也适用于对地方企业家和非政府组织的分析。不过，村民和准市民化的居民是否最终也会变成战略性群体，则不得而知。

最后，我们所提出的这一认知方法是否有助于更好地理解地方发展，或者更准确地说，这种研究方法在何种程度上可以解释政策是否得到了有效的执行，这种研究方法可以解释为什么有的地方干部热衷于掠夺地方资源或搞形象工程建设，而有的地方干部则致力于地方发展，这种研究方法的附加价值何在。我们想再次强调的是，战略性群体这种研究方法为研究地方层面上的政策运行提供了一种分析工具，它有助于分析处于不断变化的制度环境和政治体制的“有组织的无政府状态”中的县乡干部的战略能动性。尽管我们认为这种研究方法有助于解释在当代中国农村地区政策为什么以及如何才能得到有效的执行，但这并不是说它可以为政策的有效执行提供一个完美的理论框架。

总体来看，在本文中战略性群体这种研究方法主要关注如下问题：

在县和乡镇层面上，战略能动性与官僚机构中广泛存在的服从意识之间的关系；

地方干部的团结程度，以及干部和他们的职能部门（政府部门或党组织）之间进行的战略性合作，以便在复杂的、有时甚至是敌对的政治环境中保护其共同的利益；

县乡干部与其他的社会行动者或战略性群体（如企业家和非政府组织）之间的互动与合作。①

与微观政治学方法（如派系或官僚合谋）相比，战略性群体这一分析框架为研究地方各级政治机构（村、乡镇、县、市）的政策运行提供了一种新的研究方法，它可以用来解释地方决策及其执行效果。对于研究中国县乡干部在地方政治中角色的传统思维模式来说，这种研究方法无疑是一个重要的补充。

参考文献

［1］杨霄，李彬．食品安全问题对中国国家形象的影响［J］．现在国际关系，2010（6）．

［2］戴维·奥斯本，特德·盖布勒．改革政府［M］．上海：上海译文出版社，2006.

［3］彭国甫．地方政府公共事业管理绩效评价研究［M］．长沙：湖南人民出版社，2004.

［4］珍妮特·V. 登哈特，罗伯特·B. 登哈特．新公共服务：服务，而不是掌舵［M］．北京：中国人民大学出版社，2010.

［5］陈锡进．中国政府食品质量安全管理的分析框架及其治理体系［J］．南京师范大学学报，2011（1）．

① 我们在本文中没有详细地研究其他战略性群体。然而，县乡干部战略能动性的表现方式和县级层面上政策的有效执行的确受到了不同的战略性群体（如地方企业家和地方官员）所组成的同盟的重要影响。此外，地级市和省级干部也可能会形成战略性群体。我们在南安县、江阴市、福建省均碰到了诸如此类的战略性群体。在未来的研究中，我们将会继续探讨这些群体之间错综复杂的关系。

战略市场经济：方法论与思想路线*

陆家骝

（中山大学　管理学院，广州，510275，中国）

【摘　要】以批评古典主义传统的两个方法论教条为切入点，尝试建设一种现代形态的市场经济的基础理论。与古典主义的理想逻辑形态不同，现代形态的市场经济的基础理论是经验逻辑形态的，它的全部逻辑属性都为现实世界的经验内容所约束。其结果是，定义市场经济概念的古典主义理想属性不复存在，市场经济的经验逻辑形态内在地要求政府具备市场建构和宏观博弈的“战略”介入能力。

【关键词】市场经济；价值论；不完全市场；经验约束；政府战略

同“自由放任”或“政策干预”的情况一样，为“市场经济”的概念附上“战略”这样一个行为表征的限制词，简单地说，就是在这传媒的时代，由我们自己给我们创新的市场经济理论贴上一个关于政府行为要求的标签。这个标签本身的含义是指，政府相对于市场经济，既非无所作为的“自由放任”者，也非局限周期波动的“政策干预”者，而是市场经济内在“战略行为”要求的行动者。当然，同20世纪被贴上“干预主义”标签的凯恩斯思想体系一样，“战略”标签下的市场经济理论同样需要一部《就业，利息和货币通论》那样的著作来启动。在这个意义上，本文的定位只是关于这个新的理论范式的一个研究纲领。

众所周知，市场经济是人类经济活动的一种制度安排。这种制度安排所涉及的一个根本的理论与实践问题就是，由民间（私人）所组成的市场体系同由官方（公权力）所构成的政府之间，究竟存在着何种关系的问题。然而，人们不可能针对这个问题本身给出直接的回答。因为在逻辑上，这个问题从属于人们关于市场经济的福利效率和内在稳定性的认识，即从属于市场经济的基础理论。如果存在这样一种关于市场经济制度的基础理论，根据它的前提假设、内在判断和逻辑演绎，得出的结论是：市场经济本身所蕴含的逻辑属

* 收稿日期：2012－09－10。
基金项目：中央高校基本科研业务费专项资金项目。
作者简介：陆家骝，中山大学管理学院、中山大学行为金融与金融经济学研究所教授。

性满足现实中人们对于一个市场经济的功能要求和运行期待；那么，政府对于市场经济的任何方式的介入或者干预就是多余的、不必要的，或者有害的。反之，如果我们的历史和现实中又有一种关于市场经济制度的基础理论，由它得出的结论是：市场经济本身所蕴含的逻辑属性至少是在某些方面或者某种程度上不能够满足现实中人们对于市场经济的要求和期待，则政府对于市场经济的介入就是有根据的，逻辑上是合理的，甚至是必需的。只是关于介入的方式和手段，仍然取决于我们关于市场经济本身的逻辑属性的认识和判断。

在思想路线上，关于市场经济逻辑属性的第一种观点其实是经济学古典主义的历史传统。① 而后一种观点则可以溯源到马歇尔的剑桥学派，在凯恩斯的总需求与总供给均衡的宏观经济理论那里达到巅峰。在经验的层面，凯恩斯主张的政策建议自20世纪中叶以来就实际地为各国政府所采用，但是他的不确定环境下民众心理波动导致总需求函数波动的理论逻辑，不足够支持政府介入经济的政策推论。作为外生的短期因素，民众心理引发的市场经济周期波动并没有实质性地破坏古典主义的市场经济的内在逻辑属性。正因为如此，20世纪70年代之后的新古典主义学者能够以“缺乏微观基础”为根据，将主张“政策干预”的凯恩斯学派理论体系驱逐出了学术领域的核心地带。

不过，一次战役层面的胜利并不表明古典主义就理所当然地成为了历史的赢家。事实上，对于近代以来社会科学所公认的一个更为基础的理论标准，即思想的逻辑必须同历史的逻辑（经验的逻辑）相统一的标准，古典主义的理论体系从来就没有很好地实现过。相反，同理论的胜利形成鲜明对照的是新古典主义的经验推论同现实经济的日益背离。先是20世纪80年代中期之后在金融学领域有不断累积的所谓“理论之谜”（puzzles）和“经验异象”（anomalies）；接着是20世纪90年代亚洲金融危机时期国际货币基金组织（IMF）和世界银行（World Bank）等根据自由主义的指导思想开出一系列错误的危机应对处方；再接着就是自由放任的全球化过程终于导致2008年以来的全球性经济失衡和金融危机。这些经验与理论显著背离的情况使古典主义的市场经济理论的逻辑可靠性不再是无可置疑的。我们需要对于它的前提和假设及其政府与市场关系的理论推论进行重新的审视。审视的结果或许表明，我们并不必然都要回到凯恩斯体系的政府干预逻辑中，但是在全球化背景下，政府无所作为的逻辑肯定是行不通的。我们也许面临机遇，可以选择一种新的思想方法和政府行为逻辑。

一、经济学古典主义的两个方法论教条

无论是在历史上还是在现实中，我们的思维总是可以将一个经验的市场经济区隔成一

① 这里所说的“古典主义”既包含19世纪70年代价值理论革命之前的古典学者如李嘉图、萨伊、马尔萨斯、马克思等，也包括之后近一个半世纪以来的新古典学者如瓦尔拉、帕累托、阿罗、德布罗，特别也包括20世纪70年代之后所谓“新古典宏观经济学派”的学者。

个实体的（physical）经济系统和一个契约的（contractual）金融系统。实体的经济系统在传统上一直充当经济学的理论对象。例如，在古典成本价值论或劳动价值论的前提下，市场经济理论的对象就是商品的生产、分配、交换与消费；而在效用价值论的背景下，经济学规范和实证分析的对象就是通过市场机制实现的生产和消费配置的一般均衡。然而，同实体系统的情况有所不同，对于一个经验的市场经济的契约系统的价值和经济学逻辑的重要性，人们的认识长久以来都并不明确。主要有两个方面的原因：一个是古典主义的方法论教条形成的关于金融体系的价值论观点的理论原因；另一个则是市场经济的金融体系历史发展的经验原因。一直到20世纪凯恩斯的时代，市场经济在经验上为学者们提供思考对象的现实契约系统还主要是货币银行体系，现代意义的包含货币在内的金融体系是在“二战”之后才充分发展的。

虽然导致关于市场经济的内涵分析的厚此薄彼，但是实体系统与契约系统的“两分法”概念作为一种方法论，的确帮助我们揭示古典主义以来经济学实证分析的不同逻辑路线。为了叙述的便利，我们遵循传统，在以后的讨论中直接称“实体的经济系统”为“实体经济”，称“契约的金融系统”为“金融体系”。这样，在实体经济中，市场体系的资源配置对象是商品（commodities），由物品和服务（goods and services）构成。在金融体系中，市场体系的资源配置对象是包括货币在内的证券或金融资产（securities or financial assets）。由于假定金融体系的简单形式就是一个“货币体系”，因此可以把一个“货币经济”看成是一个“金融经济”的初级阶段。有了这些概念的说明，我们就可以利用实体经济与金融体系的“两分法”概念关系来揭示古典主义以来经济学实证分析的不同逻辑路线，从而引导出所谓“经济学古典主义的两个方法论教条”。

先在价值定义的层面考察这个“两分法”的概念。具体来说，我们关注实体商品同金融资产（证券）之间可能存在着的价值形成和价值决定的以下三种情况：

情况一，实体商品和金融资产根据共同的价值概念在各自的市场体系中完成各自的价值形成和价值决定。

情况二，价值定义为实体经济的边界所限定，所以只存在实体商品的价值形成和价值决定；而在金融资产方面就不存在价值形成的问题，只有对应商品空间（commodity space）价值投射的资产价格决定的问题。这是对于金融资产和金融体系存在价值定义歧视的情况。

情况三，价值定义为金融体系的边界所限定，所以只存在金融资产的价值形成和价值决定；而在实体商品方面就没有价值形成的问题，只有对应金融资产组合空间（asset span）的商品价格决定的问题。与情况二正好相反，这是对实体经济存在价值定义歧视的情况。

价值定义层面的情况区分使我们了解，市场经济的实证逻辑可以在“两分法”方法论的不同价值定义背景下进行研究。不同的价值定义背景使市场经济的实证逻辑具有不同的系统从属关系。在情况一，实证分析的逻辑在实体市场体系和金融市场体系中是等价的，两个系统的实证逻辑一致，但是市场功能有差别。在情况二，金融的市场体系没有独立的价值属性，其实证属性由实体经济的逻辑属性所派生决定。因此，一切关于金融资产和金融体系所做的系统分析在根本上都只有经验的意义，没有实证逻辑的意义。与之相反，在情况三，实体经济的系统没有独立的价值属性，其实证属性由金融体系的逻辑属性所决定。这种价值定义背景使所有关于实体经济的行为分析只具有经验的意义，没有实证逻辑的意义。

这样，我们就看到，不同价值定义的“两分法”关系情况会影响我们对于一个市场经济的实证逻辑的范围界定。于是，更进一步的一个问题就是，除此之外，这种不同的“两分法”关系情况是否会导致人们关于一个市场经济形成不同的规范和实证的逻辑观点。对此我们给出否定的回答。这是因为“两分法”关系的不同价值定义只涉及定义范围和包含因素，并不涉及实体经济或者金融体系的市场机制，因而无关市场体系的效率和实证属性。换句话说，市场机制在不同价值定义的“两分法”系统中发挥同样的功能，只要关于市场的假设一致，不同的“两分法”价值系统就会出现相同的规范和实证的逻辑结果。如此看来，无论学者们秉持何种“两分法”的价值概念，它们关于一个市场经济的逻辑属性似乎都只能有相同或者类似的结论，其实未必尽然，对于这样的判断我们必须小心地对待。因为它没有考虑人们关于市场体系的现实结构可以有不同的假设，而判断的结论只在完全市场结构的特殊假设下才成立。一旦允许不同的市场结构假设，不同价值定义的“两分法”关系就会导致不同的规范和实证的逻辑属性的理论结论。

假设一个市场经济总是具有一个完全的市场结构（complete market structure），那么这个经济的逻辑属性就不会由于“两分法”价值定义的不同而出现实质性的差别。以一般均衡的理论为例，在以上三种价值定义的“两分法”情况下，福利经济学的两个基础定理都是市场体系价值配置效率的规范性标准。只要商品市场和资产市场的市场结构都是完全的，则在每一种价值定义的情况下，市场经济的一般均衡状态（市场机制的价值配置）都满足这两个福利标准。同样地，对应每一种“两分法”价值定义的情况，关于市场机制的价值配置，人们都可以推导出相同的实证逻辑（positive properties）的结论，比如说，均衡的存在性，均衡的确定性，以及指数定理，等等。

完全市场结构假设下的市场经济具有良好的规范和实证的逻辑属性。这是因为，即使存在着价值定义“两分法”的不同情况，完全市场结构的实体商品市场或者金融资产市场的价值配置过程都不存在市场结构的约束。然而，一旦放松市场结构假设，允许经济中的市场体系有不完全的市场结构（incom plete market structure），则无论造成市场机制缺损的状况出自商品市场还是出自资产市场，市场经济价值配置理想的规范和实证的逻辑属性就难以维持了。为了便于说明，我们不妨假定商品市场是一个现货市场体系，而资产市场是一个远期市场体系。在“两分法”价值定义的第一种情况下，无论是哪个市场体系的市场结构不完全，整个经济的市场价值配置都会失效，相应的是实证逻辑偏离规则（regular）经济的属性状态。而在“两分法”价值定义的第二种情况下，实体商品市场体系有自主的价值形成和价值决定，其不完全市场结构会直接破坏整个经济的逻辑属性，但金融资产市场不具有独立的价值含义，因此其市场结构不直接决定一个经济的价值配置和实证逻辑。但是，在工具论的意义上，不完全市场结构的金融市场会对未来的商品配置状况形成结构约束，从而间接地影响一个经济的价值配置效率和相应的实证逻辑状态。关于“两分法”价值定义的第三种情况。它同第二种的情况相反，现在是实体的商品市场没有独立的价值，因此其不完全市场结构也只能在工具论的意义上间接地影响经济体系的规范和实证的逻辑属性。[①]

有了以上“两分法”和“市场结构”相关概念的讨论，现在我们有机会依据它们的方法论内涵来揭示经济学古典主义传统一直暗含的两个方法论教条：

其一，关于一个实体经济与金融体系“两分法”区分的市场经济，经济学古典主义传统认为，只有实体经济方面才具有自主价值形成和价值决定的内在价值，而金融体系方面则没有自主的价值形成和价值决定。因此，对于市场经济规范和实证的内在属性的研究，经济学古典主义就形成了实体分析的逻辑传统。

其二，把市场失效（market failure）的情况作为例外或个案，在一般性的（generic）意义上，经济学古典主义传统总是假定一个市场经济的市场结构是完全的（complete market structure）。

由于沿袭传统，一直以来古典主义的学者并不明确地假设这两个方法论教条。但是，无论是新古典主义还是旧古典主义，它们逻辑分析的所有重要结论都系统地依赖于这两个教条的成立。比如说，古典经济学的萨伊定律（Say's law）（1803）；新古典的瓦尔拉斯均衡（Walrasian equilibrium）（1874），不确定条件下的阿罗—德布罗模型（Arrow - Debreu model）（1953，1959），以及雷德纳的序列交易均衡（Radner equilibrium）（1972，1982），其福利效率规范和实证逻辑属性的正当性无一不取决于这两个教条暗含假设的合理性。必须注意，所有这些古典主义的成果都是实体经济研究的成果，之所以如此，方法论的理由就是古典主义的两个教条。根据教条一，实体经济的价值分析就是整个市场经济的价值分析；根据教条二，在完全市场的条件下，金融市场在工具论的意义上也不会对实体经济构成约束。同样地，对于同实体经济相对的金融体系，古典主义的两个教条会引导出同其逻辑蕴涵相一致的货币分析和金融分析的传统。这就是货币理论的“货币数量论”传统[②]和金融学领域的“MM 定理”的传统。[③]

---

① 应该指出，虽然“两分法”关系的第三种价值定义的情况在理论上也是一种可能性，但是由它所表征的价值相对关系、规范和实证的逻辑属性其实就是第二种价值定义情况的一个镜面反射，并且离我们的经验更远，所以这种可能性在学者的思维中从来就没有发展成为现实的讨论。基于这个原因，以后我们关于“两分法”价值关系和市场结构问题的讨论仅限定于“两分法”价值定义的第一种情况和第二种情况。

② 关于“货币数量论”的传统，不同的历史时期学者们会有不同的侧重点和不同的表述。李嘉图（Ricardo，1817）和费雪尔（Fisher，1911）对于古典直接机制的数量论给出明晰的表达；维克塞尔（Wicksell，1898）将这个逻辑推展至间接机制。而在新古典主义的所谓“现代货币数量论”，弗里德曼（Friedman，1956）的贡献是在“数量论”中嵌入“货币需求”概念；而在卢卡斯（Lucas，1972）则强调“理性预期”对于货币相对实体经济维持“中性”的重要性。

③ 莫迪利格安尼和米勒（Modigliani and Miller，1958）的“MM 定理”为风险资产的金融学领域奠定了一个古典主义的“两分法”基础，在这个基础之上发展出新古典主义的公司财务理论和资本市场的资产定价理论，如 CAPM 等。

二、剑桥学派与凯恩斯：第一个教条的曲折否定者

19 世纪 70 年代的经济学“价值论革命”的真实意义并不是技术性“边际分析”的产生，而是价值（或财富）概念的内涵改变。革命前，经济学的“价值”概念形成于生产过程；革命后，经济学的“价值”概念形成于市场交易过程。价值形成观念的变化反映在价值概念的内涵上就是其“构成元素”由单一的“生产元素”转变为多重的“市场元素”。具体来说，就是由单纯实体（physical）元素的古典要素或劳动价值论改变成为包含精神（psychic）元素的现代效用价值论。

经济学的价值论革命直接导致了经济学实证逻辑的范式转换。市场和市场体系从“均衡”和“一般均衡”开始成为经济学实证逻辑的基础内容。瓦尔拉（Walras，1874）的一般均衡分析由于其框架整体性方面的优势，成为这次范式转换的最大受益者。它的技术结构和实证方法至今仍是经济学基础理论的标准内容。[①] 不过，也许是应了某种守恒的原则，瓦尔拉“系统一般性”的形式化优势恰恰也造成他的模型比较疏离经济分析内涵的缺陷。实际上，除了实证逻辑的框架由生产过程转移到市场体系，经济学价值定义的内涵元素改变并没有在瓦尔拉的一般均衡理论中受到足够的重视。结果是，瓦尔拉体系乃至其后沿着瓦尔拉体系的逻辑发展，都不能够意识到古典主义的方法论教条，已经不动声色地支配了它们的逻辑路线。意识到价值论革命改变价值定义内涵元素的实证逻辑含义，并因此对古典主义第一个方法论教条形成实质否定的思想体系，是发端于马歇尔而终于凯恩斯的英国剑桥学派。

剑桥学派经济学实证分析的核心是“均衡”的概念。这个概念的原始含义来自物理学，指的是两个或两个以上独立源头且方向不同的作用力，作用于某一物体使之达到静止或惯性的状态。按照这样的含义，19 世纪 70 年代“价值论革命”之前的古典经济学的实证逻辑就不含有“均衡”的概念，因为单纯实体元素的商品价值在市场体系中通过等价交换达成的“平衡”并非彼此独立的市场力量在市场中交互作用的结果。例如，在萨伊定律中由供给自动创造的“需求”就是虚假的需求概念，它在市场体系中没有独立的价值形成根据，因此不能作为市场作用力的一方构成“均衡”。而在经济学“价值论革命”之后，“效用”价值概念的产生使价值概念的逻辑内涵能够容纳多重系统价值元素，从而不同起源的市场力量在价值概念的内涵中都能找到自己的根据。这些独立起源的市场力量作用于市场体系，使市场“均衡”的概念在经济学的实证逻辑中落到实处。

这正是由马歇尔引导并最终由凯恩斯完成的剑桥学派的思想体系的思维逻辑：以效用

---

① 美国一流大学经济学博士候选人微观经济学资格考试权威参考书之一，由 Andreu Mas - Colell，Michael D. Whinston and Jerry R. Green（1995）编著的 Microeconomic Theory 可以作为一个例证。

价值概念内涵的、同实体元素相对的精神（心理）元素为依据，在经济学的实证逻辑中建构真实的需求函数（曲线），然后通过供求关系实现“市场均衡”和“均衡价值”的概念逻辑的一致性。简单地说，马歇尔（Marshall，1890）通过个体需求函数的方法，在单个或少数商品（局部）层次构建了经济学实证逻辑的市场均衡理论；而凯恩斯（Keynes，1936）通过总体需求函数的方法，在整个经济（总体）层次构建了经济学实证逻辑的市场均衡理论。当然，剑桥学者在经济学实证逻辑的这些领域的重要贡献并非目前我们讨论的重点。我们目前的重点在于表明：彻底贯彻剑桥学派的需求函数方法同效用价值内涵的逻辑一致性，就意味着对于经济学古典主义第一个方法论教条的否定。剑桥学派货币理论的历史发展突出地反映了这个逻辑过程。[①]

遵循剑桥学派实证分析的传统，剑桥经济学家对于货币问题的研究起始于货币需求函数的建构。[②]

在1917年发表的《货币的价值》一文中，剑桥学者皮古（Pigou）首次提出货币需求（the demand schedule for legal tender）的概念并给出函数式的表达：

$$P = \frac{KR}{M}$$

其中，R表示以小麦价值为计量标准的社会总财富（或者国民收入）；K表示总财富中人们愿意以货币形式持有的财富的比例参数；M表示名义货币数量；P表示单位货币价值或者以小麦价值为计量单位的货币的边际效用。马歇尔（Marshall，1923）肯定了皮古的货币需求函数并对比例参数K值的决定因素做了进一步的分析。通过在货币市场中引入货币供给曲线并使之同货币需求函数在交会点达至均衡，皮古和马歇尔的这个货币需求函数的表达就转化为一个货币均衡价值决定的理论。这就是货币理论史上著名的“剑桥方程式”或者“现金余额方程式”，它的实证逻辑含义可以概括成以下几点：

其一，它是一个“均衡”的货币价值决定方程，货币需求函数而不是货币供给曲线是这个货币价值决定理论（一般价格理论）的主导方面。

其二，它是一个“存量”分析的货币价值理论。方程中的K值是个人存量财富中持币的比例，马歇尔把它的决定因素归纳为四项：一是财富种类之间的利弊权衡，用符号w表示；二是未来价格预期，用符号p表示；三是信心状态，用符号f表示；四是制度、习惯等一般因素，用符号g表示。于是，K值同其决定因素之间的关系就可以由以下函数来表示：

$$K = F = (w, p, f, g)$$ [③]

① 传统的剑桥学派货币理论主要指的是皮古和马歇尔的“剑桥方程”或“现金余额说”，在我们这里则也包括凯恩斯的沿着相同的逻辑作出的发展。

② 这是剑桥学派对于货币分析理论的发展的一个非常重要的贡献。在剑桥经济学家之前，货币理论的实证逻辑当中只有货币数量的需要量分析，没有现代意义的货币需求的概念。

③ 值得一提的是，在这些K值的决定因素中，只有第四项g同“流量”分析的费雪（Fisher，1911）货币数量论方程中的货币流通速度V的先行决定因素有共性。其他三项都是反映持币者决策状态的心理因素。

其三，在工具论的意义上，货币同其他实体商品一样。剑桥学者霍特里（Hawtrey，1919）认为："作为一种概念，货币正如茶勺或雨伞一样……只能主要从其功用或用途来下定义。"① 根据这一观点，我们看到：一方面，货币具有交换、计价、价值转移和储藏等功能的"有用性"；另一方面，人们对于货币的这些功能有主观的需要，而货币的供给在数量上是有限（稀缺）的。于是，在均衡价值决定的市场体系中，货币的效用价值同其他实体商品的效用价值的古典"两分法"边界就变得模糊了。

沿着相同的实证逻辑，凯恩斯（Keynes，1936）在市场供求的框架下进一步深化了货币需求的定义。凯恩斯认为货币的工具论意义并不局限于它的商品属性，更重要的是反映在它的资产属性上。在凯恩斯看来，在未来不确定性的情况下，人们会面临两组决定：第一组决定是将其收入的几分之几作消费之用，几分之几以某种方式保留为对于未来消费的支配权；第二组决定是把目前不消费的财富从现在保存到未来的保存方式。他分析了三种保存财富的方式——货币、债券和其他非货币实物资产，认为在未来不可知的前提下，货币是第二组决策中的战略性资产。这样，凯恩斯就将剑桥学派的货币需求函数依据商品属性和资产属性分解成为两个部分的真实货币需求：

M = M1 + M2 = L1（Y） + L2（r）。

其中，M 是经济体系的总货币需求；M1 是工具论意义上商品属性的货币需求，是真实国民收入水平 Y 的函数；M2 是工具论意义上资产属性的货币需求，是同期债券利率水平（货币利息率）r 的函数。同皮古和马歇尔的做法一样，凯恩斯在市场体系中引进货币供给函数。在货币需求函数和货币供给函数的交汇点，凯恩斯同时解决了货币理论实证逻辑的两个基本问题，即货币的"均衡价值"决定问题和货币的"均衡利率"决定问题。在工具论意义上，"均衡利率"是货币资产在时间上的真实收益率，因此凯恩斯的货币需求定义更进一步地淡化了"两分法"概念对于货币及货币收益率的价值论歧视。于是，货币体系方面的行为状态就可以作为实体经济行为的真实"机会成本"，以这样的逻辑，凯恩斯构建了总体经济非充分就业一般均衡的理论。

需要强调的是，剑桥传统的需求函数在市场中的自主性来源于"效用价值"的精神（心理）元素内涵。需求函数同精神元素之间的这种逻辑联系使剑桥学者对于市场经济的内在稳定性问题产生了新的看法。马歇尔（Marshall，1879）认为，由于心理元素的短期性和不稳定性，需求与供给在局部市场中达成的"均衡"并不都是确定的，而很可能是多重的、内在不稳定的。同样地，以需求函数的内在不稳定性为根据，凯恩斯（Keynes，1936，1937）刻画了总体经济市场波动的发生和传导机制。首先是不确定性或无知（ignorance）的原因导致货币市场的流动性偏好改变；其次是实体投资市场的投资边际效率的改变；再次是消费市场的边际消费倾向的改变；最后是作为这三大心理因素结果的总体经济波动。这就是凯恩斯的政府应当干预市场经济的理论。

直观地看，剑桥经济学家们是从一个货币经济的实证逻辑演绎出了否定经济学古典主

---

① Hawtrey，R. G. Currency and Credit，London：Longmans，1919，p. 1.

义第一个教条的结果。不过，按照同样的实证逻辑，这个对于古典主义第一个教条的否定结果可以很容易地延伸到金融经济。事实上，同货币需求函数的情况一样，在工具论的意义上，金融市场中的任何资产的需求函数都可以理解为真实需求，它们在市场中实现的“均衡收益率”就是企业或个人实体项目投资的真实“机会成本”。当然，相对于货币分析，金融市场的实证逻辑在技术上的一个发展就是引入了风险与收益的对冲恒关系。①

最后，作为本节讨论的一个概括，我们对剑桥学派的理论路线提出两点评论。第一，由于多重内涵元素的“效用”价值概念的存在，市场供求“均衡”的实证逻辑自然而然地会同它的价值论基础达成一致，其结果是凸显古典“两分法”概念对于货币（金融）体系的价值论歧视的不合理性。所以，剑桥学派对古典主义第一个方法论教条的否定是有着扎实的逻辑根据的。第二，效用价值的“心理元素”内涵并不足以支撑剑桥学者（特别是凯恩斯）的市场经济内在不稳定的理论结论。以“心理元素”为主要根据的需求函数相对于供给曲线的确有着更加不稳定的特点，但是，“心理元素”作用状态的“短期性”和作用结果的“均值可预期性”使它作为内生不稳定机制“动力因”的能力大打折扣。正是抓住了这一点，弗里德曼（Friedman，1956）对剑桥货币需求函数做了两个方面的改造：一是假定持币比例 K 值是几个基本经济变量②的一个稳定函数；二是将剑桥货币需求函数中的国民收入 R 区分为着眼于短期的现期收入 y 和着眼于长期的恒久收入 Yp。结果，经过改造的货币需求函数具有短期波动而长期稳定的性质，意味着“货币数量论”在长期的概念掩护下复活了。卢卡斯（Lucas，1972）则更进一步论证了货币政策对于短期经济波动的无效性。他认为货币变动产生真实效果的前提，是理性个体不能充分识别究竟是真实货币需求还是名义货币需求发生了改变，而货币政策产生的货币数量成比例地规模变化能够被人们清楚识别和理性预期，所以不可能产生真实的经济效果。这就是剑桥和凯恩斯学派的“内在不稳定说”在 20 世纪 70 年代之后在西方学术界逐渐丧失主流地位的原因。

三、金融非稳定假设与金融不完全市场：第二个教条的背离倾向

剑桥学者的经验表明，“效用价值”的逻辑力量能够填平实体经济与金融体系之间

---

① 如果将风险引入债券，则风险债券的收益可以看作是资本市场的平均收益，而货币的流动性价值就是无风险收益，两者之差为风险溢价。所以，凯恩斯的货币理论可以理解为将整个资本市场抽象为一种债券，这种抽象并不影响凯恩斯整个经济理论的完整性和有效性。事实上，希克斯（Hicks，1935）在较早时候的一篇文章中就类似地将风险因素引入了货币资产选择问题。马柯维茨（Markowitz，1952）在这个方向上更明确地将货币资产选择问题推展为金融（资本）资产选择问题的研究。此外，托宾（Tobin，1958）对凯恩斯的流动性偏好理论做了进一步的逻辑整理，指出“流动性偏好”也是人们的一种风险应对行为。

② 比如实际收入、人力资产同其他资产的比值，各类金融资产的收益率以及实物商品的名义报酬率等。

“两分法”价值定义的概念鸿沟，但是不足以论证市场经济的“内在非稳定性”。这样看来，除非另有根据，由效用价值概念引导的现代经济学范式就同古典经济学范式一样，面对着市场经济在理论中稳定而在现实中动荡的经验困境。幸运的是，这个论断并非绝对，因为它没有排除市场经济内在非稳定性的问题在实证逻辑上另有根据的可能性。这个方向的思考引导我们把注意力从市场经济的价值逻辑转移到了市场体系的结构逻辑。这使我们注意到一个有趣的现象，在20世纪七八十年代，原本老死不相往来的后凯恩斯学派和新古典一般均衡学派的学者，居然会在他们各自的研究中显示出相似的方法论倾向：偏离市场经济完全市场结构的假设。只是这种倾向在后凯恩斯学者那里似乎是不言而喻的，而在新古典学者那里则是抽象向经验靠近的过程中假设修正的结果。在本节，我们将依据后凯恩斯学者明斯基（H. P. Minsky）的“金融非稳定假设”和新古典学者的“不完全资产市场一般均衡”来考察这种对于古典主义第二个教条的背离倾向。

按照明斯基（Minsky，1993）的解释，“金融非稳定假设”（financial instability hypothesis）在理论起源上有两个方面的根据：一个是凯恩斯《就业，利息和货币通论》的“不确定环境下的不确定的经济体系状态”；另一个是熊彼特（Schumpeter，1934）的货币与金融的动态信贷观点。而关于这个假设的具体阐述则是他本人的著作（1975，1986）。

给定一个“两分法”的金融经济，明斯基将其中的实体经济考虑为一个总资本存量在历史时间中的积累扩张和危机收缩的交替发展过程。这样，在凯恩斯那里含有多种成分的总需求函数，在明斯基这里就简化为一个单纯的总投资需求函数。总投资需求决定并且在量值上等于各个时期所有经济单位的利润总量。各时期的资本资产都有两组相对价格：一组是经济单位根据未来利润预期而形成的投资需求价格；另一组是这些资产的生产重置价格或者供给价格。投资行为在需求价格超出供给价格时发生。

经济单位（economic units）[①] 根据其收入与债务（debt）的关系状况被区分为三种类型：对冲（hedge）型、投机（speculative）型和庞氏（Ponzi）型。对冲型的融资单位可以用自己的经营收入兑现全部债务合同支付。经济单位负债（liability）结构中股权融资的比例越高，该单位是一个对冲型融资单位的可能性就越大。投机型融资单位无法用自己的收入账户支付债务合同的本金，但是能够支付利息，因此通常需要“滚动”举债来抵付到期本金。庞氏型单位的经营收入既不能支付本金也不够支付利息，只能通过举债或出售资产来偿付利息或股息，但这会进一步恶化经济单位的负债结构。

同全部经济单位的总负债（aggregate liability）相对应的是这个金融经济的金融体系。它是一个进行货币和融资契约（金融资产）交易的市场体系，其功能是满足经济单位的融资需求，并使终端的投资者和居间的金融机构分享投资的利润。由于经济单位的股权（equity）融资一般不会造成经济的不稳定，所以明斯基对金融体系的分析主要聚焦于债务契约市场的交易和中介金融机构，简单地说，就是存款性凭证交易和银行机构。他的

① 明斯基的经济单位并不局限于直接的生产企业，也包括所有对资本品性质的商品有需求的家庭、政府机构以及国际组织等。

“金融非稳定假设”的核心观点就是：由于利润追逐的驱动，金融体系产生债务契约关系的功能会使一个动态的经济过程内在地不稳定。

其机制如下：以银行机构为代表的金融体系起初以资本的供给价格向经济单位提供债务契约。当投资需求函数的价格超出供给价格时，经济单位投资从而利润发生。如果此时经济体系稳健或者政府管制有效，则绝大多数参与投资的经济单位都是对冲型单位，银行机构和终端投资者因而都受益。为了获得更多的利益，银行机构通过金融创新吸收更多的存款，向经济单位提供更多的债务契约。在得到更多的利润回报的同时，经济中投机型乃至庞氏型的融资单位所占的比例就越来越高了。随着债务契约关系的扩张持续，经济中的投机型和庞氏型经济单位的比例跨过了一个临界点，债务紧缩（debt - deflation）的危机就爆发了。

尽管只是一个描述性的模型，但是它反映了明斯基对于金融脆弱性机制的两个深刻观察。其一，稳定造就不稳定（Stability is destabilizing）。无论是由于政府管制还是经济单位治理结构的原因，只要经济看上去稳定，企业和金融机构就有扩张债务契约关系的内在动力。其二，金融契约关系是在不同的金融结构环境下发生和发展的。金融结构环境由对冲型融资单位主导则经济稳定；由投机型和庞氏型融资单位主导则经济动荡。一般而言，经过较长一段时期的经济稳定阶段，金融体系的金融结构环境就会由前者转化到后者。正是明斯基的这第二点观察提醒我们，金融体系所有契约风险都能够被对冲的完全市场条件并非在任何时候都是理所当然的，不完全市场结构的状态会由于经济内在的趋利动因而必然出现。

看过了后凯恩斯学派的观点，现在让我们转向新古典的一般均衡学派。看一看当代主流的古典主义理论，为何也会演变出同古典主义第二个教条不尽协调的“不完全资产市场”一般均衡模型。简单的解释刚才已经提及，它是新古典模型向经验接近的过程中相关假设不断修正的结果。所以，这里我们就比较具体地说明这些相关假设的修正及其逻辑含义。

一般均衡理论的起点是瓦尔拉（Walras，1874）的一般均衡模型。这个模型完全满足古典主义的两个方法论教条。第一，它是一个纯粹实体的交换经济，其中任何一种商品都可以用来充当交易媒介，因此在价值论和工具论意义上完整的货币或金融体系，对于这个一般均衡模型是不必要的。第二，它的市场体系的市场结构是完全的，即所有可识别的商品都有相对应交易市场和统一的报价（universal price quoting）。20 世纪 50 年代，阿罗和德布罗等（Arrow，1951；Debreu，1952，1959；Arrowand Debreu，1954；McKenzie，1954）用公理化的形式更新了瓦尔拉一般均衡。关于规范逻辑属性（normative properties），这些学者用分离定理证明瓦尔拉一般均衡满足福利经济学的两个基础定理（two fundamental theorems of welfare economics）；在实证逻辑属性（positive properties）的层次，证明了瓦尔拉经济的规整性（regular economy）、一般均衡的存在性（existence）、有限性（finiteness of equilibria）以及局域唯一性（locally unique）。尽管在模型的框定方面还是存在所谓“结构的任意性”问题的争论①，但是以上这些实证的逻辑对于瓦尔拉模型的内在稳定性还是给出了肯定的结论。

瓦尔拉经济的逻辑属性的充分必要条件是古典主义的两个教条，同市场交易对象和市场交易方式的假设无关。不过，市场交易对象和市场交易方式的理论更新能够丰富人们关于一般均衡模型的逻辑属性的理解，阿罗—德布罗一般均衡模型和雷德纳时序均衡概念的产生就是这方面的典型例证。

以瓦尔拉一般均衡模型为起点，阿罗（Arrow，1953）和德布罗（Debreu，1959）利用20世纪40年代出现的冯纽曼—摩根斯坦（von Neumann - Morgensten）预期效用概念，把市场交易对象从确定性的现货商品空间延展到包含未来不确定性的或然商品（contingent commodity）空间。所以，阿罗—德布罗一般均衡就是对于一个未来不确定的市场经济的商品与风险的均衡配置。就此而言，相对于瓦尔拉一般均衡，阿罗—德布罗模型在规范和实证的逻辑属性方面并无新的建树，只是关于商品空间的假设修正显然向实际经济过程的重要逼近。这个关于市场交易对象的现实逼近带来的一个跟进，就是雷德纳（1972，1982）关于市场交易方式的假设修正。在阿罗—德布罗那里，人们关于自己的未来只能在现期的或然商品市场上进行一次性的交易，来实现当下和未来的福利或者效用的最大化。这种市场交易方式远离现实且要求的或然商品的数量巨大。合理的假设应该是市场体系在将来重复开放，允许人们在实践过程中反复交易。这正是时序交易（sequential trade）的市场交易方式假设的目标。满足一定的条件②，时序交易能够形成同阿罗—德布罗一般均衡等价的均衡价格和均衡配置，称为“雷德纳均衡”（Radner equilibrium）。雷德纳均衡同样是一个纯粹实体经济的、完全市场结构的一般均衡，它的规范和实证的逻辑属性同阿罗—德布罗乃至瓦尔拉一般均衡完全一致。但是，雷德纳均衡的时序的市场结构和完全市场条件的确暗示了某种偏离古典主义的市场结构教条的可能性。

阿罗（Arrow，1953）最早意识到，在一个只有现在和未来的两期经济中，如果未来的市场体系可以重新交易，那么即使现期市场的或然商品数量不充分，整个经济的商品与风险配置仍然能够实现帕累托最优，因为现期交易的效率损失可以由市场体系的重新交易来弥补。在雷德纳均衡的时序市场结构中，这个问题的市场结构含义就显得更为清晰了。假定经济中有L种商品，未来的可能性状况（states of world）有S种，如果未来的市场体系不重新开放，个体交易者在现期交易的远期市场中所必需的或然商品数目为LS才能实现最优配置。如果每一种可能性状况下，未来的现货市场（spot markets）都能够重新交易，则个体交易者现期交易所必需的或然商品数目降为S。前者是阿罗—德布罗一般均衡的情况，后者是雷德纳均衡的情况。在前者非时序的市场结构中，现期交易的现货市场和远期市场就都只有一个市场功能，即市场配置的功能。而在后者时序的市场结构中，现期

① 即所谓“Debreu - Mantel - Sonnenschein（DMS）theorem”问题。参见Sonnenschein（1973，1974），Mantel（1974），和Debreu（1974）。

② 个体交易者面对时序的预算约束集，每一预算约束对应一个时间/事件状况（date - eventstate），并且他们关于未来的预期是理性预期的，自我实现的（self - fulfilled）。

交易的远期市场同现期和未来的现货市场的市场功能就有了非常明确的区分。现期交易的远期市场只完成财富在时间和可能性状况之间转移的功能，而现期和未来的现货市场交易则完成市场的配置功能。这样，在现期交易的远期市场为金融资产市场（asset markets）替代的情况下，我们就必须识别这是在阿罗—德布罗市场结构中的替代还是在雷德纳的时序市场结构中的替代。如果是在阿罗—德布罗市场结构中的替代，金融体系就仍然是"两分法"概念含义的"面纱"；而如果是在雷德纳时序市场结构中的替代，则"两分法"概念之下的金融体系的实证逻辑含义就同传统有所偏离，因为它对经济过程提供特定功能的服务。

更进一步，我们会意识到，金融资产市场在阿罗—德布罗市场结构中的对于或然商品交易的替代必须是完全市场结构的替代。否则，由于配置工具不足，作为配置结果的阿罗—德布罗一般均衡就不存在。与之不同，金融资产市场在雷德纳时序市场结构中对于或然商品交易的替代既可以是完全市场的，也可以是不完全市场的。一般来说，完全资产市场的情况只是一种特例，通常的情况下，资产市场的市场结构都是不完全的。然而，在时序的市场结构中，由于金融体系只承担财富移转的功能，市场配置的工作由完全市场结构的现货市场体系来完成，因此，金融资产市场的结构不完整并不会导致一般均衡的不存在，只会造成均衡的福利效率和实证属性的改变。这其实正是20世纪八九十年代不完全资产市场一般均衡（general equilibrium with incomplete asset markets（GEI））理论的实证研究得出的结论。[①] 它表明，新古典主义的实证逻辑同样隐含着对于古典主义市场结构教条的背离倾向。

四、"战略市场经济"的方法论元素

市场经济作为人类经济生活的一种制度安排，其历史形态是伴随时间过程而发展改变的。相应地，人类对于市场经济不同历史形态的理论认识也是随时间的流逝不断深化而发生转变的。作为对于市场经济的一个新的理论认识，"战略市场经济"的提出，其实是这个时代的思想者对于市场经济的现实形态做出的反思和反应。在反思的环节，我们当前思考的一个基本问题就是：自20世纪60年代末以来，经济学的理论逻辑同市场经济的经验形态之间的间隙没有收窄，反而随着各自的演化发展呈现出加剧背离的情况。[②] 这种现象在德国古典哲学那里叫作"思维的逻辑同历史（经验）的逻辑不同一"；在现代经验主义

① "不完全资产市场一般均衡理论"起源于Diamond（1967）和Radner（1972）关于金融市场与实体经济一般均衡模型的研究。这个方向的研究在20世纪八九十年代实现了重要的理论突破，为今后的后金融危机时代的一般均衡理论研究奠定了基础。有兴趣的读者可以查阅由Magill and Quinzii（2008）整理的，Edward Elgar出版社出版的"Incomplete Markets"文献集两册。

② 或许只是巧合，诺贝尔经济学奖正好是在这个时期正式设置，逐年颁奖。

哲学那里直截了当地称为“经验证伪”。它表明，经济学理论作为经验解释的思维发明，一定是在某个或某些逻辑层次隐含了思维设定的偏误。在反应的环节，我们的想法很简单，针对意识到的思维设定的偏误，如以上古典主义的两个方法论教条，进行市场经济基础理论的方法论重构。就此而言，“战略市场经济”的概念可以理解为是某种程度地对20世纪干预主义的理论原则的复归和发展，也是对20世纪和19世纪新、旧两种形态的古典主义方法论的进一步扬弃。但是，应该强调的是，用“战略”取代“政策”作为政府干预逻辑的行为推论，并非只是21世纪相对于20世纪的干预主义理论原则的一个标签的改变，而是要表示新的理论逻辑所认同的“正确的”政府干预方式。

以下我们将说明，作为市场经济概念的一个新的思想范式，“战略市场经济”所根据的两个基本的方法论元素及由其产生的后果。我们沿着与古典主义的方法论教条相对立的思路来进行。“战略市场经济”的第一个基本方法论元素是“效用价值论”。前面已经提及，效用价值论是人类关于“财富”问题的概念认知，从市场经济的生产环节移转到市场经济的市场（交易）环节的结果。由于市场环节所能包容的价值形成与价值决定的系统因素比一个市场经济的生产环节要丰富得多，因此，“价值”或者“基础价值”（fundamental value）概念的内涵在效用价值论的坐标系中同在古典生产价值论的坐标系中是非常不同的。事实上，只要我们清楚意识不同价值论坐标系中价值概念的不同含义，我们就能够正确定义和识别一个市场经济的价值选择（交易信息）空间及其系统价值因素，从而明白“两分法”的概念并不必然导致人们对于金融（货币）体系的价值论歧视。现在我们就这种逻辑关系做一点具体讨论。

我们知道，无论是哪个时代的经济思想，都大致认同一个观念，即一个市场经济的价值流量都会汇聚这个经济的市场体系。由于这样一个跨越时代的观念共识，近代以来的一些新古典学者干脆用一个纯粹交换经济（pure exchange economy）的概念来简化地替代整个市场经济。这种做法在实证逻辑的层面看并无不妥，但是我们必须小心的是它背后的价值论坐标系。在给定行为主体选择偏好的情况下，同古典生产价值论的坐标系逻辑一致，这个纯粹交换经济的价值选择或者交易信息的集合就是一个实体的商品空间（physical commodity space），其中唯一变动的系统价值因素是这个市场经济的生产（供给）状况（state of technology）。所以，对于这种“实体”价值概念的纯粹交换经济，萨伊的“市场定律”在原则上仍然适用。与之相对照，当把一个纯粹交换经济设置于效用价值论的坐标系中的时候，我们就会发现，关于这个交换经济的解释逻辑出现了以下几个方面的深刻变化：

其一，这个纯粹交换经济的价值选择或者交易信息空间从形式到内容都不再只是一个实物的商品空间。在形式方面，这个交换经济的市场体系不仅包括“实体的”商品市场，也包含“非实体的”金融市场。在内容方面，这个交换经济的价值选择空间是市场体系中不同来源的市场力量在市场间和市场内交互作用的一个均衡结果。因此，在给定行为主体选择偏好的情况下，交易者的价值选择行为是在交易信息（均衡价值）空间中对于均衡价值或者均衡价值向量的选择。

其二，在这个纯粹交换经济的价值选择或交易信息空间中，“价值”不再是一个实体的单一系统价值因素的概念，而是一个包含多元系统价值因素的复合概念。前面已经提及，在市场体系中形成并且在市场体系中决定的“效用价值”是市场体系中不同市场力量交互作用的均衡结果。因此，这个价值概念的逻辑内涵必然包含市场体系中所有的系统价值形成和价值决定因素，即包含所有的系统价值因素（systematic factors of value）。仅就目前所知而论，均衡含义的效用价值概念至少包含三个方面的不同系统价值因素：一是承继古典的，决定市场体系供给曲线状况的实体性系统价值因素；二是承接剑桥学派和凯恩斯的，决定市场体系需求曲线状况的心理性系统价值因素；三是科斯（Coase，1937）发现的，决定市场体系使用效率状况的交易成本属性的系统价值因素。① 任何一个方面的系统价值因素的变动都会导致效用价值均衡状态的变化。

其三，这个纯粹交换经济的市场体系由“实体的”商品市场体系和“非实体的”金融市场体系组成。更具体地说，这个纯粹交换经济允许时序市场结构的商品现货市场体系同资产远期市场体系的“两分法”。然而，由于前两个效用价值论坐标系的派生属性，这种“两分法”的价值定义逻辑并不构成对于金融（货币）资产或体系的价值论歧视。

这个讨论的结果表明，只要坚持19世纪70年代经济学价值论革命的成果，一以贯之地在经济学的价值逻辑和实证逻辑中落实市场体系形成和决定价值的效用价值论，则我们必然扬弃经济学古典主义的第一个方法论教条，取消对于金融资产和货币的价值论歧视。在这个意义上，“战略市场经济”的价值论逻辑就是回归经济学价值论革命的正统逻辑。

现在我们讨论“战略市场经济”的第二个基本方法论元素，即假设一个经验的市场经济必然是一个市场结构“不完全的”市场经济。还是借助一个纯粹交换经济的简化模型。

无论是放在古典生产价值论的坐标系中，还是放在市场均衡的效用价值论坐标系中，只要假设一个纯粹交换经济有着完全的市场结构，则我们关于这个交换经济就能演绎出同瓦尔拉、阿罗—德布罗以及雷德纳的一般均衡相一致的规范和实证的逻辑属性。② 不过，这里我们必须要小心的是：我们有可能掉入一个认识论的陷阱。具体来说，一个具有完全市场结构的纯粹交换经济只存在于没有任何现实约束的哲学意义上的“彼岸世界”，以之为前提的规范和实证的逻辑属性因而也只属于“彼岸世界”。这意味着，在一个永远存在经验约束的现实的“此岸世界”中，理性的逻辑是不允许我们假设一个完全市场结构的纯粹交换经济的。然而，当经济学，特别是瓦尔拉斯的一般均衡理论，不加识别地假设市场经济的完全市场结构的时候，我们其实就已经掉入了一个认识论的逻辑陷阱。

要避开这个认识论的逻辑陷阱，我们必须小心处理处于不同“世界”中的纯粹交换经济及其两者之间的相互关系。首先，让只能够存活于“彼岸世界”的那个纯粹交换经

① 本文的研究倾向于把这个纯粹市场体系内生的系统价值因素理解为不确定条件下的市场微观结构问题。

② 由于没有涉及这个关乎市场经济内在稳定性问题的根本假设，20世纪出现过的关于市场经济内在非稳定性的论述，如剑桥学派和凯恩斯的革命、明斯基的金融非稳定性假说等，都最终在这个世纪的后期为古典主义的理论逻辑所抚平。

济就停留于“彼岸”。其次，让那个“红尘”中的纯粹交换经济在“此岸世界”的经验约束中呈现自己的逻辑内涵。然后，依据“此岸”与“彼岸”之间的相对逻辑关系，考察有现实约束的纯粹交换经济的经验逻辑形态同没有现实约束的理想逻辑形态之间的约束改进关系。具体而言，我们能够把一个现实的纯粹交换经济的经验约束简化为对于这个纯粹交换经济的市场结构约束，即“此岸世界”的纯粹交换经济总是不同程度的市场结构不完全。这样，一个没有不完全市场结构约束的传统一般均衡模型及其逻辑属性，就可以视作为一个停留在“彼岸世界”的纯粹交换经济的理想逻辑形态。这个理想逻辑形态作为一个镜面，折射出“此岸世界”纯粹交换经济的经验逻辑形态所必然蕴含的一些基本逻辑问题。

在实证逻辑方面，基本的问题主要有两个：其一，对于一个有着不完全市场结构约束的纯粹交换经济，市场经济的（一般）均衡是否依然存在；其二，如果（一般）均衡存在，其均衡形态是决定性（determinacy）的还是非决定性（indeterminacy）的。在规范逻辑方面，基本的问题也主要有两个：其一，在“此岸世界”不完全市场约束的情况下，一个纯粹交换经济的经验逻辑形态是否依然满足福利经济学的两个基础定理。如果满足，则这个纯粹交换经济的市场资源配置的福利状态是约束有效或者约束帕累托最优（constrained efficiency or constrained Pareto optimality）的。反之，如果不满足，则这个纯粹交换经济的市场资源配置的福利状态就是约束非效率或者约束帕累托次优（constrained inefficiency or constrained Pareto suboptimality）的。其二，“此岸”有经验约束的纯粹交换经济相对于“彼岸”没有经验约束的纯粹交换经济，其福利状态是否存在帕累托改进（Pareto improving）的可能或方法。

“此岸”与“彼岸”的认识论分野使我们明白，只要我们认同经济学在根本上是一门实验（经验）科学，那么它的假设、命题、定理和推论都必须接受经验的检验。这意味着我们关于一个纯粹交换经济的知识只能立足于它的经验逻辑形态。这样我们就必须离开经济学古典主义的第二个方法论教条，在“此岸世界”的认识论边界内探讨市场经济的逻辑属性问题。这就是“战略市场经济”主张“不完全市场结构假设”的认识论根据。①

借助一个纯粹交换经济的模型，我们从同古典主义的两个教条相对立的角度，大致地讨论了“战略市场经济”概念的方法论根据。然而，关于“战略市场经济”自身的规范和实证的逻辑属性问题，直到目前都没有太多的论及。事实上，这也不是本文打算铺展开来讨论并加以论证的问题。不过，作为一种研究纲领式的讨论，我们关于这个方面的问题在目前还是要做出一点概念厘清的工作。

首先，根据“战略市场经济”的价值论坐标系，考虑一个效用价值概念的实体经济与金融体系一体化的纯粹交换经济。已经知道，只要假设这个纯粹交换经济的市场结构是完全的，我们就是在考察一个市场经济的理论逻辑形态，我们就能得出关于市场经济的理

---

① 在这里我们并没有接受激进经验主义的认识论逻辑。因为按照激进的经验主义，那个停留在“彼岸世界”的纯粹交换经济的理想逻辑形态应当被奥卡姆（Occam's razor）剃刀从我们的认知中剃去。

想的规范和实证的逻辑属性。这样，从完全市场结构假设同理想逻辑形态之间的等价关系可知，所有导致一个纯粹交换经济的实证和规范的逻辑属性偏离其理想逻辑形态的经验约束，都可以看成是这个纯粹交换经济的市场结构不完全的原因。换言之，所有导致一个交换经济的经验逻辑形态出现市场失效（market failure）或者实证属性背离的那些经验约束，如外部性、市场操纵、信息不对称等，都是造成市场经济的市场结构不完全的原因。认识到这一点，我们就有机会对一个纯粹交换经济模型中的两类逻辑元素加以区别。一类是我们在前面已经讨论过的市场体系之中的价值形成与价值决定的系统价值因素，它们同这个交换经济的实证和规范的逻辑属性无关。另一类就是我们现在讨论的造成市场经济的市场结构不完全的结构性因素，它们决定一个交换经济的经验逻辑形态相对于理想逻辑形态的背离。不过，必须指出的是，只要一个纯粹交换经济的不完全市场（一般）均衡存在，这两类因素的逻辑影响都会通过各自的机制反映到市场体系的均衡价值状态之中。

其次，“战略市场经济”的实证逻辑将一个市场经济的经验逻辑形态的不完全市场结构区分成不完全配置结构和不完全融资结构，后者是实证逻辑的重心。可以用上一节提及的时序交易市场结构来认识这个问题。我们知道，在雷德纳时序交易的市场经济中，市场体系的商品配置功能和财富转移功能是分开的，分别由不同时点的商品现货市场和资产远期市场来承担。在完全市场假设的情况下，雷德纳时序交易的市场模型同阿罗—德布罗一次交易的市场模型一样，属于市场经济的理论逻辑形态。然而，对于时序交易的市场模型的经验逻辑形态，在商品配置和财富转移的市场功能之外，我们必须进一步考虑一个市场经济的不完全市场的具体结构形式。显然，商品现货市场的不完全市场构成“不完全配置结构”；金融资产市场的不完全市场构成“不完全融资结构”。[①] 于是，一个时序交易的交换经济的经验逻辑形态就只能有三种不完全市场的可能结构形式：一是“不完全配置结构”和“不完全融资结构”；二是“不完全配置结构”和“完全融资结构”；三是“完全配置结构”和“不完全融资结构”。在效用价值的前提下，第一种不完全市场的结构形式实际就是将一个时序交易的市场经济的经验逻辑形态还原到非时序交易的经验逻辑形态，从而“不完全配置结构”和“不完全融资结构”在市场功能上合二为一。第二种不完全市场的结构形式同一个经验的市场经济现实脱节，它让确定性的商品现货市场是不完全的市场结构，而未来不确定性的金融市场却是一个风险完全分担的完全市场。这样看来，只有第三种不完全市场的结构形式才是一个市场经济的经验逻辑形态的最具实证分析合理性的结构形式。

最后，针对市场经济的经验逻辑形态，我们对政府介入经济的“战略”行为做一点含义的界定。从一个纯粹交换经济的模型我们可以了解，一个经济的市场体系是由两个方面的构造所组成：一个是市场体系的市场交易机制，另一个是市场体系的市场结构。不过，刚才的讨论让我们知道，市场体系中构成市场交易机制的系统价值因素并不决定一个

① 我们这里的“融资”概念是从财富在不同的时点和状况（date - states）中配置的概念派生出来的。它表示不同的时点和状况对于财富量的需求通过事先的财富转移安排来实现。

经验的市场经济的规范和实证的逻辑属性。正因为如此，历史上试图通过市场交易机制来论证市场经济外部干预合理性的那些努力都无法最终巩固其理论阵地。相反，按照我们的逻辑，那些通过市场结构约束对于市场体系的价值均衡过程产生作用的结构性因素，决定一个市场经济的经验逻辑形态的逻辑属性。市场体系中结构性因素的存在为政府介入市场经济提供了合理的依据，只是介入的方式和方法不是局限于对应系统价值因素的“政策”行为，而是对应不完全市场约束的结构性因素的“战略”行为。具体而言，可以主要从两个方面来考虑：一是同金融市场体系的结构化发展相对应的战略行为，另一个是同实体经济的产业和治理结构的状况相对应的战略行为。前者是所谓金融发展战略；后者是所谓为实体经济战略。金融发展战略的目的是通过减少金融市场结构约束的办法来增加金融体系对于未来可能性状况融资的能力。而实体经济战略的目的是通过减少实体经济异常可能性状况的概率来提高金融体系融资与实体经济状况匹配的可能性。如果战略行为的逻辑由一个封闭经济推展至开放经济，政府的战略还包括在实体和金融两个领域的政府（特别是大国政府）间的战略博弈。

五、“战略市场经济”的思想路线

摆脱了经济学古典主义的两个方法论教条的逻辑束缚，我们就形成了“战略市场经济”的方法论。遵循这个方法论，我们对于市场经济逻辑属性的认识就有了一个新的思想路线，即“战略市场经济”的思想路线。它由一系列不同内涵、不同侧面的理论层次所构成。以下我们对这个新的思想路线做一个简单的勾画。

还是借助一个纯粹交换经济的模型，先看一下“战略市场经济”的理想逻辑形态。通过几个理论层次的讨论，关于这个逻辑形态我们能够得出递进的逻辑属性结果。

首先，是效用价值论的层次的讨论。它主要涉及三个方面问题：一是市场经济中的效用价值形成问题；二是市场经济中的效用价值决定问题；三是市场经济中行为主体的价值选择问题。价值形成问题的目的在于还原效用价值概念的本来面目，即它是市场体系的系统价值形成因素的结果，而不是生产过程的生产要素的结果。这些市场系统因素或者只是基于物品本身的功能属性，即它们的“有用性”；或者是来源于市场行为主体的主观的状况，即由于对于物品“有用性”的依赖而产生的“欲望”或“需要”；或者是起源于生产或制度约束造成的物品提供的不足，即进入市场体系的“有用性”物品相对于市场体系中的“欲望”是“稀缺”的。于是，在市场中形成的价值是这些独立起源的系统价值形成因素相互作用的结果，效用价值概念因此是一个多重内涵因素的概念。厘清了效用价值及其系统价值形成因素的概念，我们就可以比较容易地解释市场体系中的效用价值决定问题。因为这其实就是一个市场体系中的系统价值因素如何通过市场机制实现均衡价值的问题。不难看出，在以上构成效用价值内涵的系统价值因素中，物品的“有用性”是一个长期因素，在短期内可以视作稳定不变的。与之不同的是，行为主体对于物品的依赖所产生的“欲望”是会随着行为主体的主观状态在短期内变化；物品提供的“稀缺性”也是会随着生产或制度控制的改变而短期内变化。这表示在短期，市场体系外生的系统价值决定因素只有两个：一个决定市场需求曲线的状态；另一个决定市场供给曲线的状态。此外，根据科斯（Coase，1937），我们知道，市场体系会内生地形成一个系统价值决定因素，即市场交易成本状态的系统价值决定因素。因此，我们就看到一个包含着市场微观结构（交易成本）的供给与需求机制。市场体系内生和外生的系统价值决定因素通过这个交易机制决定市场中任何物品的均衡价值。这意味着在市场体系中出现了一个通过交易实现的物品（商品和服务）的均衡价值空间。相对于这个均衡价值空间，人们可以遵循传统的理性偏好关系来定义市场行为主体的价值选择问题。

其次，以效用价值论的讨论为基础，我们能够对“战略市场经济”的理想逻辑形态的实证逻辑进行考察。以下我们依次对一个商品现货市场体系、一个证券远期市场体系，以及一个商品现货和证券远期统一的市场体系的实证逻辑做分析。

商品现货市场体系的实证逻辑分析就是在“确定性”背景下的市场机制及其资源配置的逻辑属性分析。根据以上我们关于价值决定问题的讨论，相对于传统的消费者行为和生产者行为，新的理论关于市场机制的分析需要增加的内容是固定比例交易成本的内容。但是，作为市场机制的使用成本，固定比例的成本状态并不改变商品现货市场体系的任何规范和实证的逻辑属性。因此，传统瓦尔拉斯一般均衡的规范和实证的逻辑结果仍然适用于我们现在的商品现货市场体系。

有了商品现货市场分析的经验和结果，只要未来可以恰当地刻画并且关于未来的价值选择有章可循，我们就可以方便地将“确定性”背景的商品现货市场的实证逻辑分析，转换成“不确定性”背景的证券远期市场的市场机制及其资源配置分析。碰巧的是，这些条件都能够满足，于是就有了阿罗—德布罗的未来状况依赖的或然性商品配置的一般均衡模型。这个关于未来的一次性交易的模型保留了瓦尔拉斯一般均衡模型的所有逻辑属性。由于商品现货市场的存在对于阿罗—德布罗模型来说不是必需的，并且状况依赖的或然性商品可以由远期证券来逐一替代，因此阿罗—德布罗一般均衡可以解释成是通过证券远期市场交易完成的关于未来资源配置的一般均衡。同刚才商品现货市场的情况一样，在我们新的分析中，交易成本出现在每一只远期证券的交易中，只是证券市场的配置功能同样不受固定比例成本的影响。

完成了以上商品现货和远期权益的市场体系的分别讨论，现在我们进入市场经济的理想逻辑形态的最后层次的讨论，把商品市场和证券市场统一在一个时序交易的市场体系中进行分析。由于完全市场的假设，我们关于这个时序交易的市场体系可以得出一个与包含商品现货市场的阿罗—德布罗模型相等价的一般均衡，即“雷德纳均衡”。不过，这里必须强调的是，时序交易的雷德纳均衡相对于阿罗—德布罗均衡，其实证分析的逻辑属性隐含两个非常重要的逻辑变异：一个逻辑变异是商品现货市场的资源配置功能同远期权益市场的财富移转（融资）功能的分离；另一个逻辑变异是市场体系的交易成本制度在时序交易结构中转变成不确定性状况（states of nature）的一个构成因素。关于第一个逻辑变异，前面的讨论已经提及，不再赘述。这里我们简单解释一下第二个逻辑变异。我们已经看到，无论是瓦尔拉斯模型中的商品现货市场，还是阿罗—德布罗模型中的证券远期市场，其市场交易均衡都是通过一次性的市场交易来完成的。有关交易成本的市场制度安排在这种一次性开市的市场模型中是事先给定的公共知识，因此，作为市场使用成本，交易成本在这一类市场模型中是一个均衡价值的决定因素，但是只是一个常量（固定）的均衡价值决定因素，变量的均衡价值决定因素是制约市场需求和供给的因素。然而，当时序交易的结构引入到市场模型中的时候，作为市场使用成本的交易成本就不能继续被视作一个常量的均衡价值决定因素。这是因为，无论是对于商品现货市场还是远期权益市场，除了当期，对于市场行为主体来说，所有未来再次开放的市场中的交易成本制度安排都不再是事先给定不变的公共知识，而是同制约市场需求和供给的主客观因素一样，是未来不确定性状况的一个组成部分。只是由于完全市场假设的原因，未来不确定状况中均衡价值的决定因素的增加并不改变市场体系（一般）均衡的规范和实证的逻辑属性。

现在让我们转到一个纯粹交换经济的经验逻辑形态。强调一下，在价值论的意义上，这个市场经济的现实形态同上面的理想形态是完全一致的。因此，我们对于这个交换经济的经验逻辑形态的讨论，只聚焦于它的市场结构不完全及其原因和后果。

在市场体系中，如果存在诸如“市场操纵力”“外部性”“公共产品”“不对称信息”或“不完全信息”等市场现象，市场交易机制的功能发挥就会背离完备竞争市场的结果。微观经济学的教科书把这种情况定义为“市场失灵”（market failure）。作为个别或者例外的案例，以上这些导致市场失灵的经验现象在已有的研究中都有过细致的分析和讨论，但是，它们从来就没有被作为市场经济经验逻辑形态的一般性结构因素而加以考虑。因此，这些经验现象潜在的逻辑意涵并没有被我们合理地挖掘。这里隐含着的一个认识论差别：在前者，市场经济的理想逻辑形态是常态，导致市场失灵的经验现象是对常态的背离，因此是例外；而在后者，市场经济的经验逻辑形态是常态，导致市场失灵的经验现象是常态的组成部分。实际上，通过一个包含此类经验现象的纯粹交换经济模型，我们可以发现，所有这些看起来互不关联、表现各异的市场失灵现象，其深层的逻辑结构都是彼此一致的，即都是造成某种形式的“市场缺失”（missing markets）。因此，一个包含这些经验现象的纯粹交换经济也就是一个不完全市场结构的交换经济。我们对于这类的纯粹交换经济模型的逻辑属性的研究也就是对于一个市场经济的经验逻辑形态的逻辑属性的研究。

根据时点的一次性交易和时序的重复交易的差别，我们可以区分两种形式的不完全市场结构约束。第一种形式的不完全市场结构约束是我们纯粹交换经济的模型，在时点上一次性交易所必然面对的市场配置约束。对应前面的讨论，我们知道，在时点上一次性交易的情况有两种：一种是单纯现货市场的一次性交易；另一种是包含远期市场的一次性交易。对于一个理想逻辑形态的纯粹交换经济，即不存在市场结构约束的市场经济，这两种情况的交易分别得出瓦尔拉斯一般均衡和阿罗—德布罗一般均衡的理想结果。但是，对于一个经验逻辑形态的纯粹交换经济，即存在着不完全市场结构约束的市场经济，这两种情况的交易所产生的配置结果就不再是一个瓦尔拉斯或者阿罗—德布罗的一般均衡的结果。不完全市场结构对于交换经济配置行为的约束导致市场体系配置的经验结果背离理想结果。于是，我们对于市场体系配置的经验结果的规范和实证的逻辑属性必须进行重新的分析，得出我们关于一个交换经济的经验逻辑形态的基本结论，如均衡的存在性、均衡内生的不定性（indeterminacy），以及均衡的约束非有效性（constrained inefficiency）等。

市场配置约束是不完全市场结构约束的直接形式，相对应的间接形式是不完全市场结构约束的第二种形式，一个交换经济的时序重复交易所必然面对的市场融资（财富转移）约束。时序重复交易模型的时序结构使它的预算约束的数量与时点一次性交易模型显然不同。时序重复交易模型在时间—事件（date - event）点上的每一次开市都有一个预算约束，而一次性交易模型就只有一个预算约束。所以，一次性交易模型只有配置问题，没有融资问题。但是，如果我们假设，一个时序交易的交换经济的配置问题都通过其现货市场交易完成，则该时序重复交易模型就只有融资问题，没有配置问题。这样，不完全市场结构约束在时序重复交易的模型中就是以金融（证券）市场的融资约束的形式间接地表现出来。

对于市场经济的理想逻辑形态，我们已经知道，给定交易者的选择偏好、时点模型和时序模型的市场交易会产生同样的（一般）均衡结果。因为时序模型所有预算约束点的最优预算约束都已隐含在时点模型的最优配置选择中，并且完全的金融资产市场保证每一预算约束点的财富量恰好就是最优预算约束的需要量。然而，对于市场经济的经验逻辑形态，我们就不能确定时点模型和时序模型的市场交易是否仍然产生同样的（一般）均衡结果。这是因为，对于市场经济的经验逻辑形态，我们关于时序交易的商品现货市场的市场结构可以有不同的假设。如果我们假设，在时序交易的任何一个时间—事件点上，商品现货市场都有完全的市场结构，则时点交易模型的市场配置约束就能被时序交易模型的市场融资约束等价替代，从而产生同样的（一般）均衡结果。反之，则不能。直接形式的市场配置约束能够为间接形式的市场融资约束等价替代，这意味着时序模型的所有预算约束仍然为时点模型所蕴含，只是这种蕴含关系由于不完全市场结构而不再是唯一确定的最优关系，而是具有两种可能性的关系。第一种可能性是经验逻辑形态的特殊情况。在这种情况下，时序模型的预算约束和时点模型的单一预算约束之间保持最优的决定性（determinacy）的关系，从而构成经验逻辑形态的所谓“有约束的帕累托最优”（constrained Pareto optimality）。第二种可能性是经验逻辑形态的一般情况。在这种情况下，时序模型的预算约束同时点模型的单一预算约束之间的蕴含关系是不定性的（indeterminacy），构成所谓“约束非有效性”的经验逻辑形态。

只要商品现货市场是完全市场结构的，市场经济的经验逻辑形态就可以通过一个只存在金融市场结构约束的纯粹交换经济模型来认识。这个新的实证方法暗示：第一，金融资产的市场体系相对于实体经济是自主独立的；第二，金融资产市场体系的交易结果是实体经济行为的机会成本。可见，同经济学古典主义“两分法”的实证分析逻辑正好相反，“战略市场经济”关于经济机制的实证分析逻辑是以金融体系的状态为前提的。

市场经济的经验逻辑形态当然也包括它的长期增长问题。我们会看到，这个问题可以用一个纯粹交换经济的市场体系的结构化发展过程来理解。相对于一个简单市场结构的纯粹交换经济模型，一个市场体系高度结构化的纯粹交换经济模型富含更大的就业容纳能力，以及更大规模的价值形成能力。因此，一个经济的长期增长过程就是它的产业市场体系的持续生成的过程。这种长期增长的思想方法同亚当·斯密的分工理论在逻辑上是一脉相承的。只是古典主义将价值形成过程局限于生产，而我们将价值形成过程定义于市场体系。所以，古典学者强调的是产业分工，而我们突出的是市场体系的结构化发展。当然，由于市场经济的经验逻辑形态的不完全市场结构性质，市场经济自发增长的结构化过程必然导致市场经济的内在不稳定性的积累或结构失衡。这是因为，经验逻辑形态的不完全市场结构会由于市场经济的结构化过程而加剧，实体经济可能性状况的增加速度大大快于金融市场的融资结构的发展速度，两者的不平衡发展潜在地发展成为经济动荡的根源。

凭借一个简化的纯粹交换经济模型，我们根据“战略市场经济”的思想方法逐步认识了市场经济的经验逻辑形态。我们发现它的内生逻辑属性非常不理想。在规范属性方面，市场经济的经验逻辑形态一般来说是约束非有效性的；在实证属性方面，市场经济的经验逻辑形态是非决定性的、多重均衡从而内在不稳定的。于是，外生的政府行为能否有效补救和改进市场经济的经验逻辑属性的问题就成为我们最后必须加以讨论的问题。

前面的讨论都已经告诉我们，在一个纯粹交换经济的市场体系中存在着两类决定（一般）均衡价值状态的因素。一类是市场价值形成与市场价值决定的系统价值因素如生产技术因素、心理情绪因素、市场交易成本因素等；另一类是造成交换经济的市场体系结构不完全的结构性因素如外部性、不对称信息、市场垄断能力等。前一类系统价值因素（systematic factors）波动对于（一般）均衡价值状态产生的不利影响，能够由于政府的政策措施（policy measures）而缓释或者消除。但是，后一类一般结构性因素（systemic elements）对于（一般）均衡价值状态形成的不利影响，则不能通过政府的政策措施来缓解。相反，相机抉择的政策措施有可能加剧均衡状态的恶化。因此，对应这一类结构性因素对于（一般）均衡价值状态的影响，政府必须拥有新的对冲措施手段。正因为如此，我们提出政府“战略性”介入市场经济的经验逻辑形态的观点，认为必须研究一套能够对冲市场经济的结构性因素的负面影响的战略措施（strategy measures），并通过政府实施。这就是我们的“战略市场经济”的概念的原始含义。

六、认识论方法的一点补充评论

诸如“革命”或“反革命”在“凯恩斯革命”之后的近半个世纪的时间里，一直是市场经济不同思想体系的理论交锋的主旋律。只是由于新古典主义经济学的胜出，这个思想交锋的旋律终于在 20 世纪 80 年代归于平淡，继而销声匿迹。如果经济是天国的活动，过去这思想交锋消遁的约30年就是经济学人们最好的时代；如果经济是人间的活动，这个没有思想只有技术的30年就是经济学人最糟的年代。在天国，市场经济的理想逻辑形态就是市场经济自身逻辑正当性的根据；而在人间，市场经济的理想逻辑形态必须面对世俗经验的逻辑验证，于是就不断出现令经济学人痛苦困惑的所谓“经验异象”（anomalies）。事实上，自20世纪80年代新古典主义经济学在竞争中得胜以来，它的金融学理论就一直为经验异象所困惑，至今没有走出的希望。而全球化以来世界范围的经济结构失衡和2008年以来深陷泥淖的欧美经济，则是作为更深刻层次的经验异象，困扰着市场经济理想逻辑形态所蕴含的市场自由主义的思想原则。基于经验异象相对于理想逻辑的积累越来越多、含义越来越深刻的事实，本文的写作才有了一个明确的目的，即在凯恩斯《就业、利息和货币通论》之后的近80年再次鼓吹革命，革新古典主义经济学的命。

作为市场经济的理想逻辑形态，新古典主义经济学本身并不构成革命的理由。革命之所以必要，是因为支配这个理论体系的认识论方法存在着严重的谬误。直白地说，新古典主义的学者们错误地以为，在他们思维的“彼岸世界”中逻辑合理的事物属性一定就是在人们经验的“此岸世界”中逻辑正当的事物属性。然而，实证的经验逻辑方法却告诉我们，由于经验的现实约束，在“彼岸世界”中逻辑合理的事物属性在人们经验的“此岸世界”中未必保持其逻辑正当性。换言之，“此岸世界”中的经验约束并非只是经验对经验的约束，它更是经验对逻辑的约束，这种经验对逻辑约束的结果，使在“彼岸世界”中逻辑合理的事物属性在我们生活其中的“此岸世界”中难以现实存在。认识到这一点，我们对多年以前的凯恩斯就多了一份理解。面对古典经济学“彼岸世界”的认识论方法的无形支配，凯恩斯把他《就业、利息和货币通论》的第一章用于认识论方法的正名。他说道：“我将争辩，古典理论的假设只适用于一种特例（a special case），而不适用于一般的情形（the general case）。特例的情形只是各种可能均衡的一般情形的一个极限位置，而古典理论关于这个极限位置的属性假设，恰好不是我们生活其中的经济社会所具有的。其结果，古典理论的教学是误人子弟，古典理论的经验应用是灾难。”①

这样看来，就经济学的认识论方法而言，新老古典主义的学者其实是掉在同一个陷阱之内。不仅如此，如果更深入考究，我们就会发现，掉在这个认识论陷阱中的还有其他吸吮“古典乳汁”生长起来的学者和学派，如马克思和他的学派。这些学者和学派在他们的理论叙事中都忽视了“此岸世界”中经验对于逻辑的约束，从而误以为在“天国”中绽放的逻辑之花必然能够在“人间”同样开放。于是，我们甚至看到，由于共同的一个认识论方法错误，市场经济的古典主义和计划经济的马克思主义居然能够在一起。这个事实自然是意味深长的，它暗示，新老古典主义经济学在经验世界中失灵的逻辑方式同马克思的学说在人世间失败的逻辑方式是一样的。只就新古典的情况来说，学者们讨论“彼岸世界”中理想的阿罗—德布罗一般均衡模型及其逻辑属性，但在一个始终存在不完全

① Keynes, J. M. The General Theory of Employment, Interest and Money, Macmillan and Co., Limited, Lon－don., 1936, Page 3. 中文引文系本文作者翻译。

市场约束的“此岸世界”里，经验对于逻辑的约束使我们只有一个经验逻辑形态的市场经济及其逻辑属性。要避免误人子弟的教学和灾难性的经验应用在我们这个时代的继续，我们就应该沿着凯恩斯的方向，在更深入的经济学逻辑层次展开对于新古典经济学的革命。

同当年的凯恩斯的立场一致，本文鼓吹对于新古典主义经济学的革命同样是以市场经济的经验逻辑形态为根据的。不过，关于这个经验逻辑形态究竟是由于何种经验原因而偏离其理想逻辑形态，我们同凯恩斯则产生不同的看法。在凯恩斯看来，市场中的价值形成和价值决定的系统价值因素的经验属性是导致偏离的根本原因。他认为，“心理元素”作为需求函数背后的系统价值因素，其经验属性是易变的、不稳定的。在一个“两分法”的货币经济中，“心理元素”的经验属性表现为利率水平的多重均衡可能性，通过机会成本机制的传导，多重均衡可能性就能够转化成为总需求乃至总产出的均衡位置对于理想位置的经验偏离。在这个机会成本的传导机制中，货币资产具有真实价值是必要的前提。与凯恩斯不同，在我们看来，市场中系统价值因素的经验属性并非市场经济的经验逻辑形态偏离理想逻辑形态的根本原因。造成经验逻辑形态偏离理想形态的根本原因是一个市场经济的市场结构的经验属性，亦即在“此岸世界”，我们从来就不可能有一个市场结构完全的市场经济。市场结构的经验约束致使市场经济的经验逻辑形态具有不同于理想逻辑形态的逻辑属性。所以，不是市场体系的系统价值因素而是市场体系的一般结构性因素的经验属性，才是导致市场经济的经验逻辑形态偏离理想形态的根本原因，才是我们主张政府介入经济的逻辑入口。这是我们“政府战略介入”的市场经济理论区别于凯恩斯或凯恩斯学派的“政府政策干预”的市场经济理论的逻辑依据。

参考文献

[1] Arrow, K. J. Social choice and individual values [M]. New York: Wiley, 1951.

[2] Arrow, K. J. Le role des valeurs boursières pour la repartition la meilleure des risques [M]. Économétrie, Paris: Centre National de la Recherche Scientifique, 1953.

[3] Arrow, K. J. and Debreu, G. Existence of an equilibrium for a competitive economy [J]. Econometrica, 1954 (22): 265-290.

[4] Coase, R. H. The nature of the firm [J]. Economica, 1937 (4): 386-405.

[5] Debreu, G. A social equilibrium existence theorem [J]. Proceedings of the National Academy of Sciences, 1952 (38): 886-893.

[6] Debreu, G. Theory of Value [M]. New York: Wiley, 1959.

[7] Debreu, G. Excess demand functions [J]. Journal of Mathematical Economics, 1974 (1): 15-21.

[8] Diamond, P. A. The role of a stock market in a general equilibrium model with technological uncertainty [J]. American Economic Review, 1967 (57): 759-776.

[9] Fisher, I. The purchasing power of money [M]. New York: Macmillan, 1911.

[10] Friedman, M. The quantity theory of money—a restatement. In Studies in the Quantity Theory of Mon-

ey [M] . Chicago: University Chicago Press, 1956.

[11] Hawtrey, R. G. Currency and Credit [M] . London: Longmans, 1919.

[12] Hicks, J. R. A suggestion for simplifying the theory of money [J] . Economica, 1935 (2): 1-19.

[13] Keynes, John M. The general theory of employment, interest and money [M] . Macmillan St. Martin's Press, 1936.

[14] Keynes, John M. The genezal theory of employment [J] . Quarterly Journal of Econmics, 1937 (51): 209-223.

[15] Lucas, Robert E. Expectations and the Neutrality of Money [J] . Journal of Economic Theory, 1972 (4): 103-124.

[16] Mantel, R. On the characterization of aggregate excess demand [J] . Journal of Economic Theory, 1974 (7): 348-353.

[17] Markowitz, Harry. Portfolio selection [J] . Journal of Finance, 1952 (7): 77-91.

[18] Marshall, Alfred. Principles of Economics [M] . London: Macmillan, 1890.

[19] Marshall, A. The pure theory of foreign trade. The pure theory of domestic values [M] . Cambridge: Privately printed, 1879.

[20] Marshall, A. Money, credit and commerce [M] . London: alacmillan, 1923.

[21] McKenzie, L. W. On equilibrium in Graham's model of world trade and other competitive systems [J] . Econometrica, 1954 (22): 147-161.

[22] Minsky, H. P. The financial instability hypothesis [M] . In Handbook of Radical Political Economy, edited by Philip Arestis and Malcolm Sayer, Edward Elgar: Aldershot, 1993.

[23] Minsky, H. P. John Maynard Keynes [M] . New York: Columbia University Press, 1975.

[24] Minsky, H. P. Stabilizing An Unstable Economy [M] . New Haven: Yale University Press, 1986.

[25] Modigliani, F. and M. H. Miller. The Cost of Capital, Corporation Finance and the Theory of Investment [J] . The American Economic Review, XLVIII, 1958 (3) : 261-297.

[26] Pigou, Arthur C. The value of money [J] . The Quarterly Journal of Economics, 1917, 31 (4): 38-65.

[27] Radner, R. Existence of equilibrium of plans, prices and price expectations in a sequence of markets [J] . Econometrica, 1972 (40): 289-304.

[28] Radner, R. Equilibrium under uncertainty [M] . Chapter 20 in Handbook of Mathematical Economics, Vol. II, edited by K. Arrow and M. D. Intriligator. Amsterdam: North-Holland, 1982.

[29] Ricardo, David. On the Principles of Political Economy, and Taxation [M] . London: John Murray, 1817.

[30] Say, J. B. Traité d' économie politique [M] . Paris: Deterville, 1803.

[31] English trans. A Treatise on Political Economy [M] . New Bruns wick and London: Transaction Publishers, 2000.

[32] Sonnenschein, H. Do Walras' identity and continuity characterize the class of community excess demand functions? [J] . Journal of Economic Theory, 1973 (6): 345-354.

[33] Sonnenschein, H. Market excess demand functions [J] . Econometrica, 1974 (40): 549-563.

[34] Schumpeter, Joseph A. Theory of Economic Development [M] . Cambridge, Mass: Harvard University Press, 1934.

[35] Tobin, James. Liquidity preference as behavior towards risk [J]. Review of Economic Studies, 1958 (25): 65-86.

[36] Walras, L. éléments d'économie politique pure [M]. Lausanne: Corbaz, 1874; "definitive" edn, 1926. English trans. Of 1926 edn., ed. W. Jaffé, Elements of Pure Economics, London: Irwin Inc, 1954.

[37] Wicksell, Knut. Geldzins und Güterpreise Bestimmenden Ursachen [M]. Jena: G. Fischer, 1898.

[38] English trans., Interest and Prices [M]. London: Macmillan, 1898.

Strategic Market Economy: Methodology and Ideological Line

Lu Jialiu

(Sun Yat-Sen University School of Management, Guangzhou, 510275, China)

Abstract: Based on the two methodological dogmas of criticizing classicalism, we try to build a modern market economy theory. Different from the ideal logic form of classicism, the basic theory of the modern form of market economy is the logical form of experience, and all its logical attributes are bound by the experience of the real world. The result is that the classical idealism of defining the concept of market economy does not exist, and the empirical logic form of the market economy requires the government to have the "strategic" intervention ability of the market construction and the macro game.

Key Words: Market Economy; Axiology; Incomplete Market; Experience Constraint; Government Strategy

第二节

英文期刊论文精选

文章名称： Two Types of Public Relations Problems and Integrating Formative and Evaluative Research：A Review of Research Programs within the Behavioral，Strategic Management Paradigm

期刊名称： Journal of Public Relations Research

作　　者： Jeong – Nam Kim，Lan Ni

出版时间： 2013 （25）

内容摘要： Through a review of related research programs within the behavioral，strategic management paradigm in public relations，this article integrates the use of formative and evaluative research in two types of public relations problems. Aiming to propose a theory – driven guiding procedure for public relations practice，this article first defines two different kinds of public relations problems and proposes new ways of using existing theories （situational theory and relational theory） for both formative research （focusing on identification of publics） and evaluative research （i. e.， assessment of public relations effectiveness using the most appropriate metrics）.

关键词： Public Relations Problems ；Formative Research；Evaluative Research

文章名称： 公共关系两类问题的制定与评价研究：基于战略管理范式的研究述评

期刊名称： 公共关系研究

作　　者： 郑南基姆，兰尼

出版时间： 2013 年第 15 卷

内容摘要： 本文通过对公共关系行为、战略管理范式中相关研究项目的回顾，将形成性评价研究运用于两类公共关系问题中。旨在提出一种理论驱动程序指导公共关系实践的观点。本文首先定义了两种不同的公共关系问题，对形成的研究（侧重于识别公众）和评估研究（即评价公共关系效果的最适当的指标）提出了利用现有理论的新方法（情境理论和关联理论）。

关键词： 公共关系问题；形式化研究；评价研究

文章名称： What is Organizational Strategy? A Language - Based View
期刊名称： Journal of Management Studies
作　　者： Saku Mantere
出版时间： 2013 (50)

内容摘要： Under what conditions does a collective strategy exist among organizational members? Where should a scholar look for one? To offer one way to start solving these puzzles I propose a view of organizational strategy as a language game that governs the use of strategy labels at the level of the organization. Organizational strategy exhibits a division of linguistic labour, where responsibility for key concepts is assigned to particular individuals or organizational functions. Such linguistic experts oversee the proper use and maintenance of strategy language. The language - based view helps to understand linkages between institutional, network, organizational, and micro level views on strategy. It also problematizes widely held intuitions regarding the relationship between strategy and organizational outcomes.

关键词： Ambiguity; Discourse; Middle Management; Performance; Strategy - Practice

文章名称： 什么是组织战略？一个基于语言的观点
期刊名称： 管理研究杂志
作　　者： 佐久曼泰雷
出版时间： 2013 年第 50 卷

内容摘要： 组织成员之间在什么情况下存在集体战略，学者应该去哪里寻找，为了提供一个解决这些困惑的方法，本文从语言本身的含义上提出组织战略即在组织层面上对战略标签的应用。组织战略表现为语言意义上的劳动分工，即将关键的概念性责任分配给特定的个人或组织。这些语言专家监督战略语言的正确使用和维护。基于语言的观点有助于理解机构、网络、组织和微观层面的战略之间的联系。它同时也提出了人们直觉感知到的战略和组织绩效之间的关系问题。

关键词： 模糊性；话语；中层管理；绩效；战略—实践

文章名称： How Far Can Public Organizations be Strategically Managed? Strategy as a Term, Strategic Planning/Management and its Compatibility – Conflict in the Public Sector

期刊名称： Amme Idaresi Dergisi

作　　者： MC Unal

出版时间： 2013 (46)

内容摘要： Strategic management as a private sector model displays certain incompatibilities with the structural and procedural characteristics of the public sector as well as with the political context. Strategic management relies heavily on efficiency, effectiveness and flexibility to achieve competitive advantage and this notion portrays conflicts/disparities with the characteristics of public sector/policy. In this respect, there exists a need for an approach that is unique/specific to public organizations through the analyses of various concepts and models of strategy based on its formulation (deliberate vs. emergent) and different themes (plan, pattern, position, perspective, ploy). Such an approach should accommodate both emergent and deliberate formulation (the balance between stability – change), should also reflect patterns and a shared perspective which all are to be public good – oriented. In fact, however, such an approach would not go beyond a strategic planning effort that consists of abstract strategic goals and mostly lacks gap analysis, interim objectives, and quantifiable measures (excluding budgeting) due to the nature of public services.

关键词： Public Management; Strategy; Strategic Manage – Ment; Strategic Planning; Public Sector; Compatibility

文章名称： 公共组织能在多大程度上进行战略管理？战略管理及其在公共部门的兼容冲突

期刊名称： Amme Idaresi Dergisi

作　　者： MC Unal

出版时间： 2013 年第 46 卷

内容摘要： 作为私营部门模式的战略管理与公共部门的结构和程序特征以及政治背景显示出一定的不相容性。战略管理在很大程度上依赖于效率、有效性和灵活性来实现竞争优势，这一概念与公共部门的特征存在冲突和差异。在这方面，需要通过分析基于战略的各种概念、模式（有意或无意的）和主题（计划、模式、定位、观念），讨论公共组织战略管理的特定方法。这种方法应该同时适用于紧急和有安排的战略制定过程，既可以平衡稳定—变化之间的关系，也应该反映出所有以公共利益为导向的模式和视角。但实际上，由于公共服务的性质，如缺乏差距分析、临时目标和可量化的措施等，这种方法不会超出由抽象战略目标组成的战略规划工作。

关键词： 公共管理；战略；战略管理；战略规划；公共部门；兼容性

文章名称：Uncharted Waters：Exploring the Relationship between Strategy Processes and Management Control Systems in the Nonprofit Sector

期刊名称：Nonprofit Management and Leadership

作　　者：Basil P. Tucker，Helen Thorne，Bruce W. Gurd

出版时间：2013（24）

内容摘要：The way in which strategy and management control combine has been the subject of much research attention，but rarely，within a nonprofit context. This is surprising，not only because of the considerable social and economic impact of this sector，but also in view of the apparent trend toward sectoral convergence in many structural and processual respects，including strategic behaviors and approaches to control. In this article，we explore the extent to which the relationship between management control and strategy，as found in for－profit organizations，may prevail within a nonprofit context. Based on questionnaire responses from 182 Australian nonprofit organizations，we find that this relationship in nonprofit organizations is similar to that in for－profit organizations，thereby lending support to the "convergence" argument. We reflect on the reasons for these similarities and advance an agenda for further research in this area.

关键词：Management Control Systems；Strategy；Levers of Control

文章名称：未知水域：探索非营利部门战略过程与管理控制系统之间的关系

期刊名称：非营利管理和领导

作　　者：罗勒·P. 塔克，海伦索恩，布鲁斯·W. 古德

出版时间：2013 年第 24 卷

内容摘要：战略和管理控制相结合的方式一直是很多研究关注的主题，但很少在非营利范围内。这是令人惊讶的，不仅是因为这个部门的社会和经济影响相当大，而且鉴于许多结构性和过程性方面的部门趋同有明显趋势，包括战略行为和控制方法。在这篇文章中，我们探讨了营利组织中发现的管理控制和战略之间的关系在非营利范围内可能占据上风的程度。根据 182 个澳大利亚非营利组织的问卷调查结果，我们发现非营利组织中的这种关系与营利性组织的关系类似，从而为"趋同"论提供了支持。我们思考这些相似之处的原因，并提出进一步研究这一领域的议程。

关键词：管理控制系统；策略；控制杠杆

文章名称： A Strategic Issue Management（SIM）Approach to Social Media Use in Public Diplomacy

期刊名称： American Behavioral Scientist

作　　者： J Zhang

出版时间： 2013（57）

内容摘要： This research proposed that social media use in public diplomacy should first be a strategic issue management（SIM）process. Using two case studies，the research identified four phases of the SIM process，namely the issue fermenting and going viral phase，the proactive phase，the reactive phase，and the issue receding and new issue fermenting phase. Social media are largely tactical tools in the first and the last phases. But they may become strategic tools in the proactive and reactive phases，in which diplomats may use them to reinforce a favorable viral trend，to build an agenda，and to respond to a conflict. In addition，the SIM approach argues that engagement，the Obama administration' s diplomatic doctrine，should be reassessed in a mixed－motive framework instead of being narrowly equated to dialogue.

关键词： Social Media；Public Diplomacy；Strategic Issue Management；Engagement；Public Relations

文章名称： 公共外交中社交媒体使用的战略问题管理（SIM）方法

期刊名称： 美国行为科学家

作　　者： J Zhang

出版时间： 2013 年第 57 卷

内容摘要： 本文提出社交媒体在公共外交中的应用首先应该是一个战略问题管理（SIM）流程。通过两个案例研究，研究确定了 SIM 过程的四个阶段，即发酵过程和病毒阶段、主动阶段、反应阶段、问题退化和新发酵阶段。社交媒体在第一阶段和最后阶段是其主要的策略性工具。但是，它们可能成为主动和被动阶段的战略性工具，外交官可能会利用这些工具来强化病毒的有利趋势，制定议程，并对冲突做出反应。此外，SIM 方法认为，奥巴马政府的外交理论，应该在混合动机的框架下重新评估，而不是狭隘对话。

关键词： 社交媒体；公共外交；战略问题管理；参与；公共关系

文章名称： Strategic Management and Performance in Public Organizations：Findings from the Miles and Snow Framework

期刊名称： Public Administration Review

作　　者： Richard M. Walker

出版时间： 2013（73）

内容摘要： This article integrates the research evidence that applies Miles and Snow's strategic management framework to the performance of public agencies. Miles and Snow developed several strategy types，arguing that prospectors（searching for new approaches）and defenders（sticking with the existing pattern of services）are aligned with processes，structures，and the environment in ways that lead them to outperform reactors（awaiting for instructions from the environment），which have no consistent strategy or alignment. Six key lessons for the practice of strategic management in public organizations are provided based on a critical review. Findings point toward the importance of employing a mix of strategies in public organizations，contrary to Miles and Snow—a strong evidence base for the association between prospecting and defending and performance and for relationships between strategy types and processes and structures. However，no empirical evidence is provided for alignment across strategy，structure，process，and the environment. The findings，largely derived from the United Kingdom and United States，suggest that the most successful strategy recipe depends on the ingredients，and thus managers must pay attention to the connections between the outlined contingencies to generate the best results using the adopted strategy.

关键词： Strategic Management；Public Organizations；Miles and Snow

文章名称： 公共组织的战略管理和绩效：米尔斯—斯诺模型的发现

期刊名称： 公共行政评论

作　　者： 理查德·M. 沃克

出版时间： 2013年第73卷

内容摘要： 本文整合了将Miles和Snow的战略管理框架应用于公共机构绩效的研究证据。米尔斯和斯诺开发了几种策略类型，认为探索者战略（寻找新方法）和防御者战略（坚持现有的服务模式）与过程、结构和环境保持一致，使他们超越没有一致性策略的反应者战略（被动等待来自环境的指示）。对公共组织的战略管理实践提供了六个关键经验教训。调查结果指出了在公共组织中采用混合策略的重要性，与Miles和Snow相反，这为将探索者、防御者战略与组织绩效以及战略类型、流程和结构之间关系的综合起来系统考虑提供了有力证据。但是，没有提供经验证据来确定战略、结构、过程和环境之间的一致性。调查结果表明最成功的战略配方取决于多种要素，管理者必须关注所采用的策略产生最佳结果的概率性关联。

关键词： 战略管理；公共组织；米尔斯—斯诺模型

文章名称： Similarity or Difference? The Relation between Structure and Strategy Isomorphism in Public Organizations

期刊名称： British Journal of Management

作　　者： Anders R. Villadsen

出版时间： 2013 （24）

内容摘要： While the organizational structures and strategies of public organizations have attracted substantial research attention among public management scholars, little research has explored how these organizational core dimensions are interconnected and influenced by pressures for similarity. In this paper author address this topic by exploring the relation between expenditure strategy isomorphism and structure isomorphism in Danish municipalities. Different literatures suggest that organizations exist in concurrent pressures for being similar to and different from other organizations in their field of action. It is theorized that to meet this challenge organizations may substitute increased similarity on one core dimension for increased idiosyncrasy on another, but only after a certain level of isomorphism is reached. Results of quantitative analyses support this theory and show that an inverse U – shaped relation exists between expenditure strategy isomorphism and structure isomorphism in a longitudinal quantitative study of Danish municipalities.

关键词： Similarity in Expenditure Strategy；Organizational Structure；Relation

文章名称： 相似还是不同？公共组织结构与战略同构的关系

期刊名称： 英国管理杂志

作　　者： 安德斯·R. 维拉德森

出版时间： 2013 年第 24 卷

内容摘要： 虽然公共组织的组织结构和策略已引起公共管理学者的大量关注，但很少有研究探讨这些组织的核心维度是如何相互联系和相互影响的。在这篇论文中，作者通过探讨各个城市支出战略同构与结构战略同构之间的关系来解决这个问题。不同的文献表明，组织在他们的行动领域中存在着与其他组织同质或异质的并发性压力。理论上，为了应对这一挑战，组织可能会在一个核心维度上增加相似度，以增加另一个维度上的特质，但这只有在达到一定的同构水平之后才能发生。定量分析的结果支持这一理论，表明在一个纵向的定量研究中，支出战略同构与结构战略同构之间存在倒 U 型关系。

关键词： 支出策略相似性；组织结构；关系

文章名称：Solidarity as Political Strategy

期刊名称：Public Management Review

作　　者：Paul Stephenson

出版时间：2013（15）

内容摘要：A heatwave in 2003 caused 15，000 deaths in France. This article examines the impact of the public health crisis on French public management，considering how government actors across various state institutions，including central and decentralized tiers of public administration，have been engaged in reform. It studies how these actors in the post－crisis reform process established responsibility and drew lessons. The paper shows that solidarity was used discursively in a game of political blameshifting and experimentation. It also points to the politics behind the framing of crisis enquiries.

关键词：France；Political Reform；Crisis Management；Accountability；Learning

文章名称：团结政治战略

期刊名称：公共管理评论

作　　者：保罗·史蒂芬森

出版时间：2013 年第 15 卷

内容摘要：2003 年的一场热浪在法国造成了 1.5 万人死亡。本文考察了公共卫生危机对法国公共管理的影响，考虑了包括中央和分权层级公共管理在内的各个国家机构的政府参与者如何进行改革。研究这些参与者在危机后改革进程中如何确立责任并吸取教训。这篇论文表明，团结是在一场政治性的错误分析和实验的游戏中被使用的。它也指出了制定危机调查背后的政治因素。

关键词：法国；政治改革；危机管理；问责制；学习

文章名称： Strategic Inter – Organizational Cooperation in Complex Environments

期刊名称： Public Management Review

作　　者： Charles Conteh

出版时间： 2013（15）

内容摘要： Strategic management research is increasingly concerned with understanding processes of network governance in which mechanisms for building partnerships among a number of public agencies and non – governmental organizations are more important than ever. Drawing examples from Canada, the paper analyses the nature of inter – jurisdictional and inter – organizational collaboration in complex and dynamic environments, and their implications for the strategic pursuit of organizational goals. The premise of the discussion is that public managers often pursue organizational goals in the context of external environmental systems characterized by complexity and constant change. From this perspective, public agencies must often seek to maintain relatively stable alliances while anticipating and adapting to environmental change in the pursuit of their organization's goals. The two cases in the paper illustrate three critical elements of collaborative network governance: First, the vertical and horizontal inter – jurisdictional dimensions of joint policy action; Second the multiplicity of lenses of interpretation among agents, including the perceptions and values of non – governmental stakeholders and the strategic outreach of public agencies to these groups; and third, it traces the various stages of evolving networks, highlighting the changes and adaptations characterizing the processes involved in joint policy actions.

Key Words: Strategic Management; Inter – organizational Cooperation; Complexity

文章名称： 复杂环境中的战略组织间合作

期刊名称： 公共管理评论

作　　者： 查尔斯康斯

出版时间： 2013 年第 15 卷

内容摘要： 战略管理研究越来越关注理解网络治理的过程，在这个过程中，公共机构和非政府组织之间建立伙伴关系的机制比以往更加重要。本文以加拿大为例，分析了复杂动态环境下的跨域管理和组织间协作的本质及其对组织目标战略追求的影响。讨论的前提是，公共管理者面临的外部环境系统具有复杂性和不断变化的特点。从这个角度来看，公共机构必须经常寻求保持相对稳定的联盟，同时在追求组织目标的过程中预测和适应环境变化。本文的两个案例说明了协同网络治理的三个关键要素：一是联合政策行为的纵向和横向管辖范围；二是各影响主体作用的多样性，包括非政府利益相关者的看法和价值观以及公共机构对这些群体的战略性拓展；三是它追踪不断变化的网络的各个阶段，突出表现联合政策行动所涉过程的变化和对这种变化的适应。

关键词： 战略管理；组织间合作；复杂性

文章名称： Beating the Clock：Strategic Management under the Threat of Direct Democracy

期刊名称： Public Administration Review

作　　者： Todd L. Ely，Benoy Jacob

出版时间： 2013（73）

内容摘要： This article explores public sector responsiveness to voter - led initiatives，specifically，the degree to which public managers attempt to lock in resources before they are constrained by a particular initiative. The authors posit that such behavior，which they term "beating the clock" is a function of the potential impact of the proposed initiative，the degree to which managers can react to the initiative's central issues，and the perceived likelihood of passage. Although scholars have explored different responses to voter - led initiatives，this particular form of strategic behavior has yet to be studied. Using longitudinal data on public debt issuance，hypotheses are tested in the context of a reform proposed through the initiative process in Colorado in 2010. Results show that the number of debt issues increased by roughly 150 percent in advance of a potentially binding election，indicating the ability to preempt formal initiative efforts in certain policy areas.

关键词： Public Sector Responsiveness；Managerial Response；Initiative

文章名称： 争分夺秒：直接民主威胁下的战略管理

期刊名称： 公共行政评论

作　　者： 托德·L. 伊利，贝诺雅各布

出版时间： 2013 年第 73 卷

内容摘要： 本文探讨了公共部门对选民主导倡议的反应，具体来说，公共部门管理者在受到特定举措限制之前试图锁定资源的程度。作者假设这种被称为"分秒必争"的行为，是由提出倡议引发的潜在影响导致的结果，是管理者对倡议的核心议题做出反应的程度。尽管学者们对选民主导的倡议有不同的反应，但这种特殊的战略行为形式还有待研究。通过使用公共债务发行的纵向数据分析了 2010 年科罗拉多州倡议程序的改革建议，对这一假设进行了验证。结果显示，在可能具有约束力的选举之前，债务问题的数量增加了约 150%，表明在某些政策领域能够先发制人，采取正式主动行动。

关键词： 公共部门的回应；管理层的回应；倡议

第三章 图书精选

对 2013 年国内外与公共部门战略管理理论相关的出版图书进行梳理，共得到与该领域相关的图书 33 部，其中国外出版图书 6 部，国内出版图书 27 部。本报告评选出 12 本中文图书和 10 本英文图书。

第一节

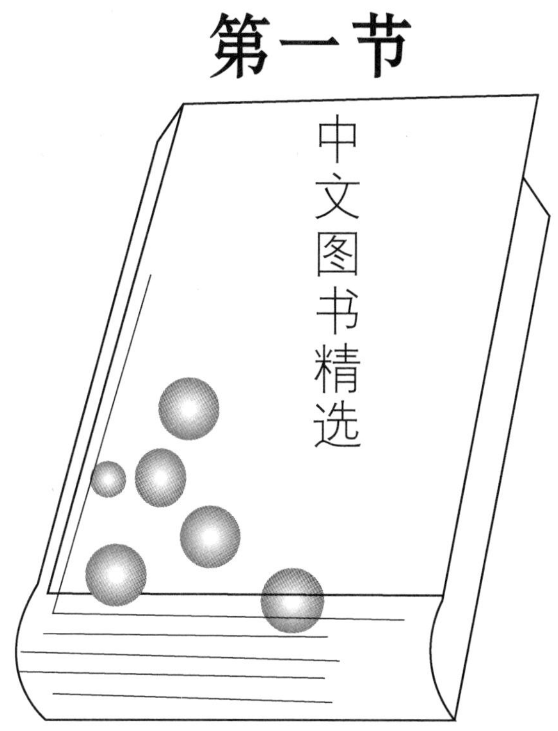

图书名称：战略管理——基于三元论视角

出版社：清华大学出版社

作　者：陈继祥

出版时间：2013 年 9 月

内容简介：本书以“三生万物”的思想方法为指导，为解决战略管理中面临的思绪多头复杂的问题，达到内涵丰富，逻辑严谨一致的要求，形成了基于三元论哲学的战略管理清晰框架。全书共分为四篇。第一篇总论，从战略的起源与内涵、战略管理理论的演变、战略管理过程入手，提出了基于管理过程的战略管理三维框架；第二篇企业战略分析，从外部环境、内部实力和经营方向三个方面建立了战略分析三维架构；第三篇企业战略选择，从发展战略、竞争战略和合作战略三个维度详细阐述企业不同层次战略的制定与选择；第四篇企业战略实施与控制，从战略执行过程、战略实施与组织文化、组织结构的关系、战略控制的类型与过程等方面阐述了战略控制过程及其基本原理。

图书名称：我国综合性大学战略管理

出版社：郑州大学出版社

作　者：孙长青

出版时间：2013 年 9 月

内容简介：《我国综合性大学战略管理》是目前国内学术界第一部系统论述我国综合性大学战略管理的专著。该书以综合性大学战略管理为主线，以战略管理理论、现代管理学、高等教育学、新公共管理理论等学科的相关理论为指导，从战略管理的一般逻辑出发，通过理论与实际相结合、规范研究和实证分析相结合，系统地阐述了综合性大学战略管理的基本过程，并在总结世界发达国家高等教育战略管理实践经验的基础上，提出了我国综合性大学战略管理的基本路径，展望了我国综合性大学战略管理的发展趋势，旨在为我国综合性大学实施战略管理提供理论支持和方法借鉴。

图书名称：媒体战略管理——从理论到实践

出版社：中国广播影视出版社

作　者：（英）昆　著

出版时间：2013 年 4 月

内容简介：《媒体战略管理——从理论到实践》主要内容阐述了媒体的战略环境、如传媒产业的战略环境发展趋势、传媒产业的策略、媒体技术的沿革、媒体创造性和创新性、传媒产业的领导者分析等内容。《媒体战略管理——从理论到实践》跨越理论和实践两个层面来进行阐述和分析，内容丰富，案例生动，对于国内研究媒体战略管理的学者和媒介领导者、工作人员都具有较高参考价值。

图书名称：中国世界遗产战略管理模式研究——以西江千户苗寨为例

出版社：人民出版社

作　者：吴育标

出版时间：2013 年 4 月

内容简介：本书从管理学出发，着眼世界遗产与非物质文化遗产的保护，以贵州省西江千户苗寨遗产的保护与发展为案例运用遗产学与管理学的相关理论和方法对世界遗产战略管理做了较为系统的考察、梳理、分析，不仅对遗产的定义与种类、保护遗产的理念、战略管理的定义与内容进行了系统的清理与重新建构，实现了遗产学与管理学的有效嫁接，构建了相应的战略管理模式，而且对遗产资源价值的定量分析、对遗产保护与发展的战略态势探讨、对西江千户苗寨遗产保护与发展的战略目标等，都提出了颇有见地的看法。本书既可以为西江千户苗寨遗产的保护与发展提供决策参考，也可以为我国其他世界遗产战略管理提供借鉴。

图书名称：人力资源战略管理

出版社：清华大学出版社

作　者：李宝元，王文周，蒯鹏州

出版时间：2013 年 6 月

内容简介：本书立足中国本土企业人力资源管理实践，紧紧围绕“以人为本，战略性激励”的现代人力资源管理核心理念和基准主线，全面、系统、周详地对人力资源管理领域最前沿的理论、思想方法和操作技术进行了“创造性转述”。

图书名称：战略性人力资源管理系统重构：基于外部劳动力市场主导的雇佣关系模式

出版社：企业管理出版社

作　者：朱飞，文跃然

出版时间：2013 年 12 月

内容简介：本书的主要研究目标是基于外部劳动力市场主导的雇佣关系模式变革背景，重新构建战略性人力资源管理体系，以解决外部劳动力市场主导的雇佣关系模式变革所导致的雇佣管理关键问题，同时提升 SHRM（Strategic Human Resource Management）的"战略性"，提升 SHRM 体系对于组织竞争优势的支撑。内容包括：回顾目前 SHRM 的理论研究成果，分析其存在的主要缺陷和理论研究难以突破的原因，寻找未来 SHRM 研究的主要突破方向；分析外部劳动力市场主导的雇佣关系模式的特征和主要影响；基于外部劳动力市场主导的雇佣关系模式，探索并重构 SHRM 的体系，真正实现人力资源管理的"战略性"，探索针对外部市场驱动的员工队伍的管理策略。

图书名称：创业战略管理：案例精解与实务操作

出版社：法律出版社

作　者：李明武，李霞

出版时间：2013 年 8 月

内容简介：本书聚焦于创业者在动态复杂环境中如何把握创业机会，并通过价值分享为要素整合和精准创新注入内在动力，实现风险偏好范围内的跨越式成长。作者以多年创业实践和理论研究为基础，广泛吸纳中外创业和战略管理领域最新理论成果，力图总结提炼出中国本土创业者成功创业的理论、流程和方法，构建符合中国国情的创业战略管理理论体系框架。《创业战略管理：案例精解与实务操作》按照创业生命周期阶段安排篇章结构，内容新颖，富有启发性；理论结合实际，具有指导性和可操作性；理论阐述和案例分析相结合，具有很好的可读性。

图书名称：七个战略问题（管理者终身学习）

出版社：中国人民大学出版社

作　者：西蒙斯著，刘俊勇等译

出版时间：2013 年 3 月

内容简介：《七个战略问题》以七个战略问题为主线，形成了管理控制系统的框架体系。七个问题是：①谁是你的主要客户？②你如何在核心价值中为股东、员工和客户优先排序？③你正在追踪哪些关键业绩指标？④你已经设定了哪些战略边界？⑤你正如何形成创新性张力？⑥你的员工如何承诺互相帮助？⑦哪些战略不确定性让你夜不能寐？

图书名称：战略的回归

出版社：机械工业出版社

作　者：（美）韦尔斯著，王洋译

出版时间：2013 年 4 月

内容简介：《战略的回归》基于作者对全球变幻莫测市场的深入研究，书中大胆地提出了一个全新的规范性模型。该模型介绍了四种组织必须具备的能力：准确性、灵活性、动力性和预见性，这四种能力彼此相互影响、相互协作。对于那些经营重心因市场的快速发展而不断变化、努力想跟上时代步伐的领导者而言，《战略的回归》不啻一个福音。本书用大量精彩的案例阐述了这些观点并展示出这些观点的实际功效。书中案例大多取自亚洲和中东——数十年来一直处于震荡盘旋的市场，跨国公司的管理者将从中洞悉如何在这些市场以及其他市场保持领先的关键启示。各行各业的领导者都能从本书中获益，丢弃老旧过时的战略思维，从而提高领导风格的弹性。

图书名称：政治关系与民营企业的竞争优势：基于战略管理视角

出版社：浙江大学出版社

作　者：胡旭阳

出版时间：2013 年 10 月

内容简介：本书分析了政治关系与民营企业竞争优势和绩效之间的内在联系，揭示政治关系如何通过影响民营企业的市场战略选择、政治战略选择以及市场战略与政治战略的整合而影响民营企业的竞争优势和绩效，进而从微观上探究政治关系影响民营企业成长的作用机制。

图书名称： 战略性绩效管控实操全解

出版社： 中国经济出版社

作　者： 白万纲

出版时间： 2014 年 5 月

内容简介： 这本由中国首席集团战略与集团管控专家白万纲编著的《战略性绩效管控实操全解》揭示集团管控中的战略管理如何形成集团战略绩效、子公司绩效、个人绩效的管理层次。如何从战略绩效、公司运营绩效、个人绩效三个层面来管理子公司战略性绩效，摆脱从个人绩效去追求组织整体绩效的局部思考和技术主义。

图书名称： 战略绩效管理最佳实践

出版社： 中国经济出版社

作　者： 王小刚

出版时间： 2013 年 3 月

内容简介： 本书从应用的角度完整、系统地阐述了构建战略绩效体系的整个过程。通过“八步法”详细介绍了战略绩效体系设计所需要的各种方法、工具及操作步骤，其宗旨在于提供一套战略落地的实用方法，从而帮助企业提升业绩。本书对绩效管理实务研究者、企业管理咨询人士和高等院校的教学师生具有一定的参考价值。

第二节

英文图书精选

图书名称： Green Man Rising：Spirituality and Sustainable Strategic Management

出版社： Springer New York

作　者： Stead W. E.，Stead J. G.

出版时间： 2013

内容简介： One of the most enduring spiritual images in western art，literature，and religion is the Green Man（the Jack of the Wood）："The archetype of our oneness with the earth"（Anderson，Green Man：The Archetype of Our Oneness with the Earth，Harper Collins，San Francisco：1990，p. 3）. The Green Man has recently awakened from a long sleep，and his primary targets for renewal are business organizations that create pollution，resource depletion，waste，and human misery in their efforts to earn profits. With the rising Green Man comes a new economic story rooted in a rapidly growing global movement that is putting real pressure on business organizations to function in more sustainable ways that protect society and the natural environment. Leading organizations as they become more sustainable requires spiritually motivated strategic managers who can guide organizations as they transform into cultures built on deeply held values for the sacredness of nature，humankind，and posterity. The result of this transformation is the creation of spiritual capital in organizations，a kind of wealth earned by serving humankind and the planet. Firms that can successfully make this transformation will climb up the coevolutionary spiral into higher－level organizations with higher expectations，values，and purposes.

图书名称：绿人崛起：灵性与可持续战略管理

出版社：纽约斯普林格出版社

作　者：W. 爱德华·斯特德，让·加纳·斯特德

出版时间：2013 年

内容简介：在西方艺术、文学和宗教中，最持久的精神形象之一是“绿人”（树林中的千斤顶）：“我们与地球合一的原型”（安德森，绿人：我们与地球合一的原型，哈珀柯林斯，旧金山：1990 年，第 3 页）。最近，绿人从沉睡中醒来，他的主要目标是创造污染、资源枯竭、浪费和使人类痛苦的商业组织，以获取利润。随着绿色人的崛起，一个新的经济故事植根于迅速增长的全球运动，这种运动正在给商业组织带来真正的压力，使其以更可持续的方式运作，保护社会和自然环境。当领导组织变得更加可持续时，需要精神激励的战略管理者，他们能够指导组织文化，使其转变为建立在对自然、人类和后代神圣的价值观基础上。这一转变的结果是在组织中创造精神资本，这是一种为人类和地球服务所获得的财富。能够成功实现这一转变的企业将沿着共同进化的螺旋式路径向上攀登，进入具有更高期望、更高价值和更高目标的高层次组织。

图书名称： Strategic Management：Development and Transformation for Organizations

出版社： Research Centre of the Flemish Government，Belgium

作　者： Cheema K. U. R.

出版时间： 2013

内容简介： This term paper will explores that，living in such turbulent surroundings what kind of strategies are needed to be developed for the business so that they can lead business processes in a successful manner in this uncertain world of business. First part of the paper contains the approaches of development or transformation in strategic management. Later part of the paper will be explaining the different aspects and also discussed how improvement or change can take place in an organization. Development requires adding more skill to the employees to enhance their abilities，cognitions，and knowledge about performing their duties and transformation simply means changing altogether system. After that paper will discuss about the advocates of the development or transformation，from which conclusion can be drawn that which strategy organization needs to adopt for its survival in turbulent and rapidly changing environment where survival of the fittest does not work.

图书名称： 战略管理：组织的发展和变革

出版社： 比利时佛兰芒政府研究中心

作　者： 拉赫曼·切马

出版时间： 2013 年

内容简介： 本书探讨的是生活在如此动荡的环境中，需要为业务制定什么样的策略，以便能够在这个不确定的世界中以成功的方式进行业务流程变革。第一部分介绍了战略管理发展或变革的途径。接下来的部分讨论组织如何进行战略变革。企业发展需要提高员工的技能，以提高他们履行职责的能力、认知和知识，而变革只是意味着彻底改变制度。在此之后，文章将对发展或变革的倡导者进行讨论，从中得出结论：在优胜劣汰的环境下，组织需要采取何种战略才能在动荡和快速变化的环境中生存下来。

图书名称： Strategic management communication for leaders

出版社： South – Western Cengage Learning

作　者： Walker R.

出版时间： 2013

内容简介： Innovation that leverages distinctive competencies in a firm's supply chain is a potential source of competitive advantage. Firms develop capabilities to use supply chains to tap innovations that sustain their competitive advantage. We refer to this as strategic supply chain innovation. Innovation within supply chains pertains to how firms leverage suppliers to develop more effective ways to serve either existing or new markets, whether by harnessing existing knowledge or by creating new knowledge. Building on these dimensions of market and knowledge, we propose a strategic perspective to capture the essential management capabilities of strategic supply chain innovation.

图书名称： 领导的战略管理沟通

出版社： 圣智学习出版社（西南部）

作　者： 詹妮弗·F. 伍德

出版时间： 2013 年

内容简介： 在企业供应链中利用独特能力的创新是竞争优势的潜在来源。企业开发利用供应链的能力来引领创新以保持其竞争优势，我们称为战略供应链创新。供应链中的创新涉及企业如何利用供应商开发更有效的方式来服务于现有市场或新市场，无论是利用现有知识还是创造新知识。基于这些市场和知识的维度，该书提供了一个战略视角来捕捉战略供应链创新的基本管理能力。

图书名称：Changing conditions require a higher level of entrepreneurship by farmers：Use of an interactive strategic management tool

出版社：Wageningen Academic Publishers

作　者：Beldman A. C. G，Lakner D.，Smit A. B.

出版时间：2013

内容简介：Changing conditions require a higher level of entrepreneurship by farmers. The method of interactive strategic management（ISM）has been developed to support farmers in developing strategic skills. The method is based on three principles：①emphasis is on the entrepreneur；②interaction with the environment；③focus on actual progress or actions of the entrepreneur. Several ISM training courses have been developed. The facilitator of these training courses is crucial to guide and stimulate the farmers. The farmer uses a web based tool to analyse his situation and develop a strategy. This chapter describes a three day training course for dairy farmers that has been implemented in three East European countries.

图书名称：不断变化的条件要求农民有更高水平的创业精神：使用互动战略管理工具

出版社：瓦赫宁根学术出版社

作　者：A. C. G. 贝德曼，D. 拉克纳，A. B. 斯美特

出版时间：2013 年

内容简介：不断变化的条件要求农民有更高水平的创业精神。开发出互动战略管理（ISM）方法，以支持农民发展战略技能。该方法基于三个原则：①强调企业家；②与环境的互动；③注重企业家的实际行动。根据 ISM 方法制定了若干 ISM 培训课程。这些培训课程的主持人对指导和激励农民至关重要。农民使用基于网络的工具来分析他的情况并制定战略。

图书名称：Research on Corporate Governance and Strategic Management：To Where?

出版社：Pearson Education Limited

作　者：Dabic M.

出版时间：2013

内容简介：Corporate governance is a still recent research arena although of increasing interest for both scholars and practitioners over the last decades. The oldest references found within this field of research are dated between lately 70s and early 80s. By that time，Vance（1978）published a paper in the Journal of Business Research entitled "Corporate Governance：Assessing corporate performance by boardroom attributes" . The initial focus was put on the possible existence of an optimal formula concerning the composition of the Board of Directors and their attributes. Nevertheless，he concluded that more precise measurements of board structure and effectiveness were still needed.

图书名称：公司治理与战略管理研究：走向何方？

出版社：培生教育有限公司

作　者：玛丽娜·达比克

出版时间：2013 年

内容简介：尽管近几十年来学者和实务界对公司治理越来越感兴趣，但公司治理仍然是一个新兴的研究领域。在该研究领域中发现的最古老的文献可追溯到 20 世纪 70 年代末 80 年代初。当时，万斯在商业研究期刊上发表了一篇题为《公司治理：通过董事会属性评估公司业绩》的论文。最初的重点是可能存在一个关于董事会组成及其属性的最佳公式。然而，他的结论是，董事会结构及其效率仍然需要更精确的衡量。

图书名称：Short introduction to strategic management

出版社：Cambridge University Press

作　者：Andersen T. J.

出版时间：2013

内容简介：The Short Introduction to Strategic Management provides an authoritative yet accessible account of strategic management and its contemporary challenges. It explains the roots and key rationales of the strategy field, discussing common models, tools and practices, to provide a complete overview of conventional analytical techniques in strategic management. Andersen extends the discussion to consider dynamic strategy making and how it can enable organizations to respond effectively to turbulent and unpredictable global business environments. There is a specific focus on multinational corporate strategy issues relevant to organizations operating across multiple international markets. Written in a clear and direct style, it will appeal to students and practising managers and executives alike.

图书名称：战略管理简介

出版社：剑桥大学出版社

作　者：T. J. 安德森

出版时间：2013 年

内容简介：战略管理简介对战略管理及其当代挑战作了权威性而又易于理解的说明。它解释了战略领域的根源和关键理论，讨论了常见的模型、工具和实践，以提供战略管理中传统分析技术的完整概述。安德森将讨论扩展到考虑动态策略的制定，以及它如何使组织能够有效地应对动荡和不可预测的全球业务环境。特别关注与跨多个国际市场运营的组织相关的跨国公司战略问题。它以清晰直接的方式进行撰写，适合于学生、职业经理人和高级管理人员。

图书名称： Strategic Management：Competitiveness and Globalization

出版社： Cengage Southwestern Publishing Co.

作　者： MA Hit，RD Ireland，RE Hoskisson

出版时间： 2013

内容简介： Introduce your students to strategic management with the market – leading text that has set the standard for the most intellectually rich，yet thoroughly practical，analysis of strategic management concepts today. Written by highly respected experts and prestigious instructors Hitt，Ireland and Hoskisson，Strategic Management：Competitiveness and Globalization Concepts and Cases is the only book that integrates the classic industrial organization model with a resource – based view of the firm to give students a complete understanding of how today's businesses use strategic management to establish a sustained competitive advantage. The authors combine the latest，cutting – edge research and strategic management trends with insights from some of today's most prominent scholars. A strong global focus and carefully selected examples from more than 600 emerging and established companies place concepts into context within an inviting，relevant and complete presentation. A wealth of learning features and experiential exercises address numerous critical issues confronting managers today. Various online teaching tools and a complete electronic business library help keep study current and relevant. Count on this Concepts text to provide the solid understanding of critical strategic management concepts your students need to increase performance and establish a clear competitive advantage.

图书名称： 战略管理：竞争力与全球化

出版社： 西南圣智出版公司

作　者： 迈克尔·A. 赫特，R. 杜安·爱尔兰，罗伯特·E. 霍斯基松

出版时间： 2013 年

内容简介： 用市场领先的文本向学生介绍战略管理，这为当今最富智力但又完全实用的战略管理概念的分析树立了一个标准。本书由备受尊敬的专家和著名教师赫特、爱尔兰和霍斯基松教授撰写，《战略管理：竞争力与全球化》是唯一一本将经典的产业组织模式与基于资源的企业观点相结合的书，目的是让学生全面了解当今的企业如何利用战略管理来建立持续的竞争优势。作者将最新的尖端研究和战略管理趋势与当今一些最杰出学者的见解结合起来。强大的全球关注点以及精心挑选的 600 多家新兴和成熟公司的案例将本书的概念置于一个引人入胜，且体系完整的文本展示中。

图书名称： The challenges of strategic management in the twenty – first century

出版社： Scenario – based Strategic Planning

作　者： C. Geissler，C. Krys

出版时间： 2013

内容简介： Markets around the globe are set to experience increasing turbulence in the coming years. That means greater uncertainty for companies' strategic planning – more volatility, more complexity and more ambiguity. The tools managers use for strategic planning and forecasting have changed considerably in the past few decades. But they are inadequate when faced with today's fast – changing environments. Scenario – based planning can be the answer to cope with the challenges of today's business.

图书名称： 21 世纪战略管理面临的挑战

出版社： 基于情景的战略规划

作　者： 科妮莉亚·盖斯勒博士，克里斯蒂安·克里斯

出版时间： 2013 年

内容简介： 未来几年，全球市场将面临越来越大的动荡。这意味着公司的战略规划有更大的不确定性、更大的波动性、更多的复杂性和更多的模糊性。在过去几十年里，管理者用于战略规划和预测的工具发生了很大变化。但是，面对当今快速变化的环境，它们是不够的，以情景为基础的规划可能是应对当今商业挑战的答案。

图书名称：Market frictions as building blocks of an organizational economics approach to strategic management

出版社：Prentice Hall

作　者：Mahoney J. T. , Qian L.

出版时间：2013

内容简介：This paper shows that market frictions are fundamental building blocks for an organizational economics approach to strategic management. Various organizational economic approaches (transaction costs, property rights, real options, and resource - based) have distinctive focal problems and emphasize different combinations of market frictions. A wider recognition of the role of market frictions is useful for three main objectives. First, it helps identify an evolving market - frictions paradigm in strategic management. Second, it shows how two primary questions in strategy of why firms exist and why some firms outperform others and the three primary strategic goals of cost minimization, value creation, and value capture can be better joined and evaluated. Third, different combinations of market frictions can generate new research questions and advance theory development in the strategic management field.

图书名称： 市场摩擦是组织经济学战略管理的基石

出版社： 普伦蒂斯霍尔

作　者： 马奥尼，约瑟夫·T，钱立宏

出版时间： 2013 年

内容简介： 本书表明市场摩擦是组织经济学战略管理方法的基本组成部分。不同的组织经济方法（交易成本、产权、实物期权和资源基础）有着不同的焦点问题，并强调市场摩擦的不同组合。更广泛地认识到市场摩擦的作用对实现这三个主要目标是有益的。首先，它有助于确定战略管理中不断演变的市场摩擦范式。其次，它展示了企业为什么存在和为什么一些企业表现优于其他企业这两个主要的战略问题，以及如何更好地结合和评估成本最小化、价值创造和价值获取这三个主要战略目标。最后，市场摩擦的不同组合会产生新的研究问题，推动战略管理领域的理论发展。

图书名称： Social Media in Strategic Management

出版社： Prentice – Hall

作　者： Bondarouk T. , Olivas – Luján M R.

出版时间： 2013

内容简介： Social media are changing the way businesses interact in technology – mediated ways with most of their stakeholders. Strategically – minded managers, researchers and students cannot afford to ignore the new ways in which interactions with customers, employees, shareholders, and many other important constituents are taking place as a result of the widespread availability and creative use of these new technologies. Conventional wisdom is being challenged and virtual workspaces that had never been conceptualized are opening at blistering speed. This volume in the Advanced Series in Management series bridges empirical and theoretical approaches to identifying and demystify this set of emerging, exciting new family of user – gene rated content technologies. With contributions from and about a wide diverse range of countries, from emerging to established, researchers and informed practitioners will find intriguing, diverse perspectives on how the social media revolution challenging managers and management scholars. Involving disciplines as different as management, communications, information technology, personnel, finance and others, contributions in this book will be cited in future research projects or used in classrooms and other training settings by those more likely stay in the leading edge of this family of innovative tools.

图书名称： 战略管理中的社会媒体

出版社： 普伦蒂斯霍尔

作　者： 塔蒂阿娜·邦达鲁克，米格尔·R. 奥利维亚卢查恩

出版时间： 2013 年

内容简介： 社交媒体正在改变企业与大多数利益相关者以技术为媒介的互动方式。由于这些新技术的广泛使用和创造性使用，具有战略意识的管理者、研究人员和学生不能忽视与客户、员工、股东和许多其他重要主体互动的新方式。传统观念正在受到挑战，从未被概念化的虚拟工作空间正在以惊人的速度开放。高级管理系列丛书中的这一卷汇集了经验和理论方法，以识别和揭开这一新兴的、令人兴奋的新用户基因评级技术的神秘面纱。从新兴国家到成熟国家提供了大量的资料，研究人员和知情的从业人员将发现关于社交媒体革命如何挑战管理人员和管理学者们有趣而多样的观点。这一学科涉及诸如管理、通信、信息技术、人事、金融等不同学科，其的贡献将在未来的研究项目中被应用，或被那些更有可能留在这一创新理论前沿的人用于教室和其他培训场所。

图书名称：Strategic management for public and nonprofit organizations

出版社：M. Dekker

作　者：Steiss A. W.

出版时间：2013

内容简介：Strategic management involves the development of strategies and the formulation of policies to achieve organizational goals and objectives. In this process，attention must be given to both external strategies and internal capabilities. Strategic management offers a framework by which an organization can adapt to the vagaries of an unpredictable environment and uncertain future. An interface is provided between the performance capacity of an organization and the opportunities and challenges it must face in the broader environment. Strategic management is concerned with relating organizational resources to challenges and opportunities in the larger environment and determining a longrange direction relative to these resources and opportunities. This book includes：Strategic Management Organizational Decision Making，The Framework for Strategic Management，Strategic Planning：Mission，Vision，Goals，and Objectives，Strategic Planning：SWOT Analysis，Strategies，Policies，and Implementation Productivity and Quality Improvement，Resource Management：Process Reengineering，Resource Management：Cost Analysis，Resource Management：Budgeting Change Management，Organization Control，Performance Evaluation Information Management and Decision – Support Systems.

图书名称：公共和非营利组织的战略管理

出版社：M. 德克尔

作　者：斯坦斯·艾伦·沃尔特

出版时间：2013 年

内容简介：战略管理涉及制定战略和制定政策以实现组织目标。在这个过程中，必须注意外部环境和内部能力。战略管理提供了一个框架，通过该框架，组织可以适应不可预测的环境和变幻莫测的未来。战略管理关注的是将组织资源与更大环境中的挑战和机遇联系起来，并确定与这些资源和机会相关的长期方向。本书内容包括战略管理组织决策；战略管理框架；战略规划：使命，愿景和目标；战略规划：SWOT 分析；战略、政策和执行绩效和质量改进；资源管理：流程再造；资源管理：成本分析；资源管理：预算变革；组织控制；绩效评估信息管理和决策支持系统。

第四章　2013 年公共部门战略管理大事记

1. 2013 战略管理国际会议（International Conference on Strategic Management）于 2013 年 12 月 15 ~ 16 日在四川大学商学院举行。本次会议是为了加强对战略管理及相关领域的研究和探索，促进学术界、教育界和商界的国际交流。会议主题为“新兴市场战略：管理、金融与可持续发展”，具体议题包括：新兴市场国家中小企业成长与发展战略、企业创新与可持续发展战略创业和企业发展战略、企业组织与领导、人力资源管理、全球营销管理和经营策略等。

2. 第八届（2013）中国管理学年会于 2013 年 11 月 8 ~9 日在上海举行。本次会议的主题是“中国管理的国际化与本土化”。参会人员主要有中国管理学术界、企业界以及政府部门。会议的具体议题包括：组织与战略、会计与财务、金融、组织行为与人力资源管理、运作管理、市场营销、管理与决策科学、信息管理、公共管理、创业与中小企业管理、技术与创新管理等。

3. 2013 年 12 月 27 日第七届北京市中青年社科理论人才“百人工程”学者论坛在对外经贸大学隆重召开。本次会议主题探讨“中国梦 · 深化改革与转型发展——聚焦十八届三中全会”。参会人员主要有来自首都哲学社会科学界的专家学者、相关部门的领导和对外经贸大学的老师、同学 160 余人。

4. 第四届中国行政改革论坛于 2013 年 7 月 13 日在北京市国家行政学院会议中心举行。本次会议主题聚焦于“加快政府职能转变深化行政体制改革”。本次论坛围绕主题分设了“推进权力下放激发经济社会活力”“加强和创新管理有效履行政府职能”“大力转变政风提高政府公信力”三个单元。参会人员集中了来自有关党政部门、高等院校、科研院所及企事业单位的 15 位演讲嘉宾。

5. 中国领导科学研究会于 2013 年 11 月 30 日至 12 月 1 日在北京举办理论研讨会及换届大会。本次会议全面总结了研究会成立十年来的工作并围绕学习贯彻党的十八届三中全会精神，紧紧围绕各项改革目标任务，结合纪念毛泽东诞辰 120 周年和全党正在开展的群众路线教育实践活动，集思广益，深入研讨。参加会议的有中央党校常务副校长何毅亭、中央组织部原部长张全景、中央党校副校长张伯里、中央党校原副校长刘海藩、全国领导科学界专家学者 200 余人。

6. “地方大部门制改革与城市科学管理”理论研讨会于 2013 年 6 月在湖北省举行。本次会议主题是“地方大部门制改革与城市科学管理”。

7. 2013 年宏观经济与改革走势座谈会于 2013 年 3 月 30 日在北京举行。本次会议围绕“下一步改革的突破口”这一中心议题展开。与会专家踊跃发言，分析当前改革遇到的重点和难点问题，探讨未来的机遇和出路，对下一步改革提出了问题导引型、目标迫近型、机遇导向型等多种发展路径。

8. “第九届中国软科学学术年会”于 2013 年 12 月 5 ~6 日在北京召开。本次会议主题是“创新驱动与深化改革”。参会人员主要包括科研院所、高校、企业的 200 余名专家学者等。

9. 2012 中国可持续发展论坛暨中国可持续发展研究会学术年会于 2013 年 1 月 16 ~17 日在北京召开。本届年会以“发展方式转变与绿色转型”为主题，由政府、专家、企业家、社会团体、青年学者、媒体组成的六方主题论坛共同探讨发展方式转变和绿色转型议题。会议具体议题包括“保护生态环境建设美丽中国”“发展绿色经济资源合理利用”“建设低碳城镇促进低碳发展”“生态建设管理机制模式创新”等。

10. 第十五届中国管理科学学术年会于 2013 年 10 月 25 ~28 日在湖南长沙举办。本次会议主题为“两型社会”建设与管理创新。参会人员主要有政府官员、企业精英和管理科学界的专家学者等。本次年会特邀 2004 年诺贝尔经济学奖获得者、圣塔芭芭拉加利福尼亚大学教授 Finn E. Kydland、中国优选法统筹法与经济数学研究会副理事长黄海军教授等 11 位专家、学者做主题学术演讲。大会以优选学与优化管理、统筹学与项目管理、经济数学与金融风险管理、供应链与运作管理、决策优化与企业经营管理、能源与复杂系统管理、两型社会与技术创新为专题，设 7 个分会场，开展专题学术交流。

11. 2013 年 1 月 23 日，中国政府网发布《能源发展“十二五”规划》。根据对“十二五”时期经济社会发展趋势的总体判断，从能源消费总量与效率、能源生产与供应能力等方面发布了 2015 年能源发展的主要目标。

12. 2013 年 2 月 6 日，国务院印发了《循环经济发展战略及近期行动计划》，这是我国制订的第一部循环经济发展战略规划。《发展战略及行动计划》全面总结了“十一五”时期我国发展循环经济取得的成效，深入分析了今后一段时期我国循环经济发展面临的形势，提出了“十二五”时期及今后一段时期我国循环经济发展的总体要求、主要任务和保障措施。

13. 北戴河公共管理论坛第一次国际学术会议定于 2013 年 10 月 1 日在燕山大学召开。本次会议的主题是“公共管理与美丽中国”。十八大报告首次专章论述生态文明，首次提出“推进绿色发展、循环发展、低碳发展”和“建设美丽中国”。十八大报告强调，必须把生态文明建设放在突出位置，融入经济建设、政治建设、文化建设、社会建设各方面和全过程，实现中华民族永续发展。思考公共管理、思考美丽中国、思考两者的结合，成为本次会议的核心议题。

第五章　公共部门战略管理 2013年文献索引

第一节　国内文献索引

1. 傅雅儒．政府就业部门人力资源的战略管理时代漫谈［J］．现代经济信息，2013（17）：27－27.

2. 高元琪．战略管理视角下政府绩效评估体系重塑研究［D］．湘潭大学，2013.

3. 耿仁文．以战略管理为牵引　推进医院平稳快速发展［J］．中国医院，2013（2）：18－22.

4. 洪一云．战略管理理论在公共部门中的应用［J］．中国市场，2013（17）：33－34.

5. 侯剑华，朱方伟．战略管理学在中国：历史、现状和未来——基于文献信息可视化分析的视角［J］．社会科学管理与评论，2013（1）：54－62.

6. 贾少龙，张沛．新形势下城乡产业统筹战略管理模式与策略研究——以陕西省西咸新区为例［J］．开发研究，2013，No. 166（3）：54－57.

7. 焦豪，王情．海外华人学者战略管理学研究现状评估——基于1991～2011年间的文献计量分析［J］．经济管理，2013（8）：189－199.

8. 李东来，奚惠娟．图书馆卓越绩效管理的驱动——领导力与战略管理［J］．图书馆建设，2013（7）：2－6.

9. 李维安，戴文涛．公司治理、内部控制、风险管理的关系框架——基于战略管理视角［J］．审计与经济研究，2013（4）：3－12.

10 刘兰明．高等职业院校战略管理要义［J］．中国高教研究，2013（3）：91－93.

11. 刘新华．中国发展海权的战略选择——基于战略管理的SWOT分析视角［J］．世界经济与政治，2013（10）：96－117.

12. 刘志峰．高职院校战略管理的概念内涵、基本特征和主要功能研究［J］．教育与职业，2013（8）：14－16.

13. 卢梅花. 从政府目标管理走向绩效战略——以美国战略规划与绩效评价体系为例［J］. 行政论坛，2013（2）：67－70.

14. 任延东，揭筱纹. 文化视角下的战略领导力：国内战略管理理论述评［J］. 管理世界，2013（6）：178－179.

15. 孙红军，李红，杨晓韬. 大数据时代的战略管理研究——以文化产业为例［J］. 竞争情报，2013（4）：6－10.

16. 谭英俊. 战略管理：21 世纪政府治理的挑战及其应对［J］. 管理现代化，2013（1）：4－6.

17. 王伟，谢茵. 全球化视阈下中国大都市战略管理框架设计——基于多套全球城市指标体系梳理启示［C］//国外城市规划学术委员会及国际城市规划杂志编委会年会，2013.

18. 王岳，潘信林. 战略管理：地方政府食品安全危机管理合目的理性与工具理性的双重需要［J］. 湘潭大学学报（哲学社会科学版），2013，37（1）：22－25.

19. 王智. 战略管理框架下政府绩效管理应用性探究［J］. 经营管理者，2013（1）：126.

20. 吴韬，胡蓉，李平，等. 医院信息战略管理的探索与思考［J］. 中国医院管理，2013，33（9）：12－14.

21. 谢劲松，谢青松. 城市道路交通规划的战略管理研究［J］. 城市建设理论研究：电子版，2013（21）.

22. 余榕. 根植于内部控制审计的战略管理框架研究［J］. 审计研究，2013（6）：108－112.

23. 袁冰. 美国税收战略管理及启示［D］. 西南财经大学，2013.

24. 袁俊丽. 关于政府战略管理会计理论框架的思考［J］. 大江周刊：论坛，2013（3）：18－19.

25. 张真. 国外高校图书馆战略管理中使用的方法研究［J］. 图书馆学研究，2013（2）：42－46.

26. 周省时. 政府战略绩效管理与战略规划关系探讨及对领导干部考核的启示［J］. 管理世界，2013（1）：176－177.

第二节　国外文献索引

1. Ahmad S. Crisis – Strategic Management in Public Relation［J］. International Journal of Academic Research in Accounting Finance & Management Sciences，2013，2（4）：173－193.

2. Cardoso A. L. J., Silva W. V. D., Silva E. D. D., et al. ANáLISE DAS PUBLICAÇÕES MAIS CITADAS DO STRATEGIC MANAGEMENT JOURNAL NO PERíODO DE 2001 A 2010 [J]. Revista Ibero – Americana de Estratégia, 2013, 12 (3): 281 – 312.

3. Ely T. L., Jacob B. Beating the Clock: Strategic Management under the Threat of Direct Democracy [J]. Public Administration Review, 2013, 73 (1): 38 – 48.

4. Gray K. R., Karp R. E. The European Union 1993 – 1994: A Strategic Management Approach [J]. Management Research News, 2013, 17 (5/6): 23 – 50.

5. Güllüpunar H. Public Relations In Strategic Management [J]. Turkish Studies, 2013, 8 (6): 215 – 231.

6. Hernández M. G., Figueras T. Y., Pie C. F. Key variables in the strategic management of an interoperability model: Political decisions or technological co – optation? [J]. 2013.

7. Hou J., Zhu F. Strategic Management Science in China: History Present and Future [J]. Management & Review of Social Sciences, 2013.

8. Huisman J. Strategic management of internationalisation: More emphasis on intra – organisational dynamics [J]. American Journal of Physiology Heart & Circulatory Physiology, 2013, 288 (4): H1893 – 9.

9. Joyce P. Strategic Management and Change in the Public Services [M] // Handbook of Innovation in Public Services, 2013.

10. Joyce P. Strategic management for the public services [J]. British Medical Journal, 2013, 2 (1): 31 – 43.

11. Kostagiolas P. A., Banou C., Laskari E. Strategic planning and management for the public libraries [J]. Library Management, 2013, 30 (4/5): 253 – 265.

12. Krzywinski N. Strategic management and shaping cultural transformation processes at German Universities Transfer and implementation of a cohesion approach of culture [J]. Zhejiang Journal of Traumatic Surgery, 2013, 2 (3): 1 – 6.

13. Mahieu C. Emergence of strategic management practices and devices within changing French public agencies [J]. Post – Print, 2013, 3 (3): 155 – 168.

14. Popova V., Zhukovsky A. Public Center of Strategic Planning as a Mechanism of Strategic Management of Municipal Entity [J]. Social Science Electronic Publishing, 2013.

15. Preface. Strategic Management: Planning for Domestic & Global Competition, 13/e [J]. Executife Management, 2013.

16. Ristic L. Strategic management of sustainable rural development in the Republic of Serbia [J]. Ekonomski Horizonti, 2013, 15 (3): 229 – 243.

17. Said Elbanna. Processes and Impacts of Strategic Management: Evidence From the Public Sector in the United Arab Emirates [J]. International Journal of Public Administration, 2013, 36 (6): 426 – 439.

18. Stead J. G. , Stead W. E. The Coevolution of Sustainable Strategic Management in the Global Marketplace [J] . Organization & Environment, 2013, 26 (2): 162 – 183.

19. Steiss A. W. Strategic management for public and nonprofit organizations [M] . M. Dekker, 2013.

20. Vogel R. , Güttel W. H. The Dynamic Capability View in Strategic Management: A Bibliometric Review [J] . International Journal of Management Reviews, 2013, 15 (4): 426 – 446.